教育部人文社会科学重点研究基地
中山大学中国非物质文化遗产研究中心成果

非物质文化遗产丛书　　宋俊华 ◎ 主编

非物质文化遗产保护法制建设研究

倪彩霞　欧阳光 ◎ 主编

·广州·

版权所有　翻印必究

图书在版编目（CIP）数据

非物质文化遗产保护法制建设研究/倪彩霞，欧阳光主编.—广州：中山大学出版社，2022.10
（非物质文化遗产丛书/宋俊华主编）
ISBN 978-7-306-07544-4

Ⅰ.①非… Ⅱ.①倪… ②欧… Ⅲ.①非物质文化遗产—保护—法律—研究—中国　Ⅳ.①D922.164

中国版本图书馆 CIP 数据核字（2022）第 088717 号

FEIWUZHI WENHUA YICHAN BAOHU FAZHI JIANSHE YANJIU

出 版 人：	王天琪
策划编辑：	王延红
责任编辑：	苏深梅　王延红
封面设计：	曾　斌
责任校对：	舒　思
责任技编：	靳晓虹
出版发行：	中山大学出版社
电　　话：	编辑部 020-84111946，84113349，84111997，84110779，84110776
	发行部 020-84111998，84111981，84111160
地　　址：	广州市新港西路 135 号
邮　　编：	510275　传　真：020-84036565
网　　址：	http://www.zsup.com.cn E-mail：zdcbs@mail.sysu.edu.cn
印 刷 者：	广东虎彩云印刷有限公司
规　　格：	787mm×1092mm　1/16　21.75 印张　424 千字
版次印次：	2022 年 10 月第 1 版　2022 年 10 月第 1 次印刷
定　　价：	68.00 元

如发现本书因印装质量影响阅读，请与出版社发行部联系调换

总　序

非物质文化遗产保护研究的学科独立

  21世纪初联合国教科文组织全面开展的全球性非物质文化遗产保护，对传统文化和学术生态都产生了重大影响。一方面，国家的、族群的、地区的、社区的传统文化正在以新的符号形态被人们所认知、重塑，许多人们习以为常的传统生产和生活技能、经验、知识、习俗和仪式等正在被一种新的概念符号——"非物质文化遗产"所统称，与1972年联合国教科文组织所启动的物质遗产保护相呼应，"文化遗产"正成为新世纪的一个主流词语，"遗产时代"已经正式开启。另一方面，与传统文化一样，学术生态也在经历一个重塑的过程，从"文化遗产""非物质文化遗产"保护视角开展的学术研究和学科建设正在兴起，关于人类生产和生活技能、经验、知识、习俗和仪式的某一侧面、某一领域特殊性的传统研究和传统学科，正在以一种新的面貌进入人们的视野。

  从认识论来看，人类对事物的认识要经历从整体到部分再到整体不断循环递进的过程。"非物质文化遗产学"在21世纪的兴起，正是人类学术研究和学科建设从关注"特殊性"部分到关注"普遍性"整体转变的一个体现。非物质文化遗产所涵盖的对象如民间文学、传统戏剧、传统音乐、传统美术、传统技艺、传统曲艺、传统体育、游艺和杂技、传统医药、民俗等，曾经被作为文学、戏剧学、音乐学、美术学、工艺学、曲艺学、体育学、医学、民俗学以及人类学、民族学、历史学等学科的特殊对象，也是这些学科之所以独立的基础。"非物质文化遗产学"的提出，正在改变这些传统学科的现有格局，推动人们关注这些学科对象背后的一些普遍性问题，即这些学科对象所指的传统文化是如何被当下特定国家、族群、地区、社区、群体乃至个人视为其文化遗产的，如何传承和传播的，以及如何保护和发展的。对这些问题的解决，不是依靠一个短期的社会运动所能完成的，而是需要一个长期、持续的理论研究和科学实践才能实现。这就是非物质文化遗产学之所以兴起、发展的一个主要原因。

联合国教科文组织的《保护非物质文化遗产公约》把非物质文化遗产的保护界定为"采取各种措施，确保非物质文化遗产生命力"，保护措施包括"确认、立档、研究、保存、保护、宣传、弘扬、传承（特别是通过正规和非正规教育）和振兴"。可见，让非物质文化遗产"活着"，是非物质文化遗产保护的核心所在，所有保护措施都要围绕这个核心来实施。在过去十多年间，联合国教科文组织和我国政府在非物质文化遗产保护中所采取的措施，主要可分为两类：一类是宣传性措施，如确认、研究、宣传、弘扬等，主要以评审、公布各种非物质文化遗产名录为代表，如"人类非物质文化遗产代表作名录""急需保护的非物质文化遗产名录""非物质文化遗产优秀实践名册""国家级非物质文化遗产代表性项目名录""国家级非物质文化遗产项目代表性传承人名录"等。另一类是行动性措施，如立档、保存、传承、振兴等，主要以开展普查，建立档案馆、数据库、传习所，开展传承教育、生产实践等为代表；在中国集中表现为"抢救性保护""生产性保护""整体性保护"等实践探索。无论是对非物质文化遗产生命力的理解，还是对非物质文化遗产保护宣传性措施、行动性措施的执行，都要以学科建设为基础。传统学科如文学、戏剧学、音乐学等主要研究非物质文化遗产的对象是什么、有什么发展规律等问题，而对非物质文化遗产生命力是什么、如何保护等问题却关注较少。后两个问题正是非物质文化遗产学要解决的问题，也是非物质文化遗产保护从宣传性措施向行动性措施转换的重要基础。一言概之，传统学科重在"解释世界"，非物质文化遗产学不仅要"解释世界"，而且要试图"保护世界"。

无论是解释这个非物质文化遗产所构成的"世界"，还是要保护它，我们都要面对许多新的问题。如非物质文化遗产保护工作要求的统一性与非物质文化遗产客观存在的多样性的关系问题：一方面，非物质文化遗产是在具体的社区、群体和个体的生产、生活实践中形成并传承的活态文化传统，社区、群体和个体及其生产、生活实践的差异性，自然造成了非物质文化遗产的多样性存在。非物质文化遗产保护就是要承认每种具体非物质文化遗产存在的合法性，并为其多样性存在提供保护。另一方面，非物质文化遗产保护的概念和规则，要求在多样性存在的非物质文化遗产中建立一种统一性或普遍性，而这对非物质文化遗产的多样性存在造成新的干预和规范。这类问题是非物质文化遗产保护中的一个本体性问题，也是只有非物质文化遗产学才能直接面对的问题。又如，非物质文化遗产的"本真性"问题，也是在非物质文化遗产保护中不断被凸显出来的问题。外来访问者往往比本地所有者更加关心这个问题。对外来访问者而言，认识、研究和保护一个特定社区、群体或个人的非物质文化遗产，不能离开"本真性"标准，他们中有些人甚至固执地认为这个"本真性"标准是绝对的、静止的，是不能改变的。事实上，特定社区、群体或个人对其日常生产、生活中从事的非物质文化遗产实践，往往是以能否满足其即时的生产和生活需要为衡量准则的，所以，在他们眼中，非物质文化遗产若能够满足他们即时的生产和生活需要，就有本真性，否则，就没有本真性，绝对的、静止的非物质文化遗产本真性是不存在的。那么，非物质文化遗产保护如何协调外来访问者与本地所有者关于"本真性"认识的不同，建立一个涵盖外来访问者与本地所有者共同认可的"本真性"，也是只有非物质文化遗产学才能真正回答的问题。再如，非物质文化遗产保护中的"抢救性保护""生产性保护""整体性保护"等实践探索，要真正转变为一种普遍性的范式和理论，也只有通过非物质文化遗产学才能实现。此外，非物质文化遗产保护对国家和地区来说，往往与国家和地区的政治、经济和文化发展战略等相联系，这方面的深入和系统研究，也有赖于非物质文化遗产学的发展。

正是基于对非物质文化遗产保护形势与问题的科学认识，基于对传统学科转型和非物质文化遗产学科独立的准确判断，中山大学中国非物质文化遗产研究中心近十五年来，一直致力于非物质文化遗产保护研究和学科理论建设工作。我们除了每年编撰出版《中国非物质文化遗产保护发展报告》（蓝皮书）外，还陆续编撰出版了"岭南濒危剧种研究丛书""中国非物质文化遗产研究丛书"等，这次出版的"非物质文化遗产保护丛书"是上述丛书的延续。我们将按照非物质文化遗产保护理论、非物质文化遗产保护案例、非物质文化遗产保护学术交流等专题进行编撰出版，在推动我国非物质文化遗产学科建设的同时，为弘扬中华民族传统优秀文化、促进我国非物质文化遗产的传承发展提供学术支持。

宋俊华
中山大学中国非物质文化遗产研究中心
2018年2月10日

目 录

总 论

非物质文化遗产保护法制建设研究报告　欧阳光　倪彩霞／2

法律问题研究

从"中国文艺类非物质文化遗产保护维权第一案"说起
　　——兼论我国非物质文化遗产法律保护的现状与思考　欧阳光　倪彩霞／26
《中华人民共和国非物质文化遗产法》形成的法律法规基础　康保成／38
我国非物质文化遗产知识产权保护论纲　严永和／47
我国非物质文化遗产代表性传承人制度之完善　高轩　杨庆／58
论非物质文化遗产与传统知识直接法律保护的融合与排斥
　　——以获取和惠益分享为视角　李一丁／79
非物质文化遗产的公权保护　孙昊亮／88
澳门非物质文化遗产立法的深度思考　简万宁／96
对加强西北地区非物质文化遗产法律保护的思考　赵方／106
民族地区的非物质文化遗产地方立法：必要性、难点和重点
　　——以甘肃省为例　周晓涛／115
少数民族传统知识特别知识产权保护的比较法评析　朱祥贵　余澜　李金玉／125
德国文化遗产保护的政策、理念与法规　［德］白瑞思　王霄冰／135
荷兰的非物质文化遗产保护工作与相关法规　［荷］卡迪亚·卢比娜著　王静波
　　编译／148
国外非物质文化遗产保护法律对我国的启示
　　——以日本、韩国为例　罗艺／158

保护问题研究

《保护非物质文化遗产公约》中的"保护"（safeguarding）意味着什么？
　　周超／174
论文化遗产保护的三组关键理念　钱永平／186

政府在非物质文化遗产保护工作中的合理定位　黄涛/ 196
"红线"：非物质文化遗产保护观念的确定性　高小康/ 206
民间信仰与文化遗产
　　——兼及日本的丰桥鬼祭　周星/ 217

实践举隅

剧团改企与粤剧的非遗保护之路　倪彩霞/ 242
浏阳花炮制作技艺调查报告　李惠/ 255
从"安顺地戏"一案看我国非物质文化遗产保护法律的缺失　王娜　秦彧/ 267
蒙古包营造技艺的传承与法律保护
　　——以正蓝旗察哈尔蒙古包为例　王司宇/ 279
非物质文化遗产跨区域法制建设与保护研究
　　——以冼夫人信俗为例　许浩然/ 296
西溪地区蒋村龙舟胜会的调查研究　郑海健/ 311
和子四珍保护中的法律问题研究　贺萍/ 323

总论

非物质文化遗产保护法制建设研究报告[①]

欧阳光　倪彩霞[②]

21世纪以来，非物质文化遗产保护成为国内和国际社会广泛关注的一个议题，学术界围绕这一议题展开诸多的专题研究。2004年8月，中国签署加入联合国教科文组织的《保护非物质文化遗产公约》，全面启动非物质文化遗产保护工作。2011年2月，全国人大常委会通过了《中华人民共和国非物质文化遗产法》（以下简称《非物质文化遗产法》）。这是世界上第一部关于非物质文化遗产的专门法，也是我国非物质文化遗产保护的一个标志性事件。非物质文化遗产的依法保护不仅涉及立法问题，还包括法律实施、法律监督、普法教育等一系列环节，需要通过政府、学界、社会民众的共同努力来实现。因此，非物质文化遗产法制的建设是一个长期的过程，值得我们进行跨学科的探讨和系统深入的研究。

一、非物质文化遗产概念的提出和保护意义

在国际社会中，日本是最早开始非物质文化遗产保护的国家。1950年，日本颁布《文化财保护法》，第一次提出"无形文化财"的概念。无形文化财指"具有历史或艺术价值的诸如戏剧、音乐、工艺技术等无形的文化表现形式"[③]。1975年的修正案将"民俗资料"改为"民俗文化财"，增加了"民俗艺能"。至此，民俗文化财包括有形民俗文化财和无形民俗文化财，后者主要指"有关衣食住行、职业、信仰、年中节日等方面的风俗习惯、民俗艺能、民俗技术"[④]。日本的无形文化财和无形民俗文化财与非物质文化遗产在内容上非常接近。

从1840年法国颁布世界上第一部文物保护法——《历史性建筑法案》到1972年联合国教科文组织通过《保护世界文化和自然遗产公约》，国际社会更多的是对

[①] 此文为教育部人文社科基地重大项目"非物质文化遗产保护法制建设"的研究成果，完成于2016年9月。项目于2016年12月结项，本书为项目成果结集。

[②] 欧阳光，中山大学中文系、中国非物质文化遗产研究中心教授。倪彩霞，中山大学中文系、中国非物质文化遗产研究中心副教授。作者的职务和身份为文章写作年份时的，未做更新，余不再注。

[③] 日本《文化财保护法》，见康保成等《中日韩非物质文化遗产的比较与研究》附录，中山大学出版社2013年版，第211页。

[④] 日本《文化财保护法》，见康保成等《中日韩非物质文化遗产的比较与研究》附录，中山大学出版社2013年版，第211页。

物质文化遗产的保护，后者的"文化遗产"包括文物、建筑群和遗址。① 这仅指物质文化遗产，还没有涉及非物质文化遗产。1982年，联合国教科文组织设置了一个管理部门，叫作"非物质遗产"（non-physical heritage）部，1992年改为"无形遗产"（intangible heritage）部，开始把保护范围扩展到非物质遗产。1989年，联合国教科文组织通过《保护民间创作建议案》，提出对"民间创作（或传统的民间文化）"的保护。民间创作（或传统的民间文化）指"来自某一文化社区的全部创作，这些创作以传统为依据、由某一群体或一些个体所表达并被认为是符合社区期望的作为其文化和社会特性的表达形式；其准则和价值通过模仿或其他方式口头相传。它的形式包括语言、文学、音乐、舞蹈、游戏、神话、礼仪、习惯、手工艺、建筑术及其他艺术"②。这里所说的民间创作（或传统的民间文化）与非物质遗产在内容上已相当接近。1998年，联合国教科文组织通过《宣布人类口头和非物质遗产代表作条例》，进一步将民间创作（或传统的民间文化）明确界定为"人类口头和非物质遗产"。③ 2001年，联合国教科文组织通过《世界文化多样性宣言》，强调"各种形式的文化遗产都应当作为人类的经历和期望的见证得到保护、开发利用和代代相传，以支持各种创作和建立各种文化之间的真正对话"④。2002年，联合国教科文组织第三届文化部长圆桌会议，以"非物质文化遗产——文化多样性的体现"为主题，最后通过了《伊斯坦布尔宣言》。这次会议提出了"非物质文化遗产"的说法。

2003年，联合国教科文组织通过《保护非物质文化遗产公约》，最后明确了"非物质文化遗产"的概念并做出界定：非物质文化遗产"指被各社区、群体，有时是个人，视为其文化遗产组成部分的各种社会实践、观念表述、表现形式、知识、技能以及相关的工具、实物、手工艺品和文化场所"。非物质文化遗产包括：口头传统和表现形式，包括作为非物质文化遗产媒介的语言；表演艺术；社会实践、仪式、节庆活动；有关自然界和宇宙的知识和实践；传统手工艺。

从非物质文化遗产概念的衍变和文化遗产的保护历程可以看到国际社会对人类生活环境和面临的境况的认知和关注。无论是自然遗产还是文化遗产，无论是物质

---

① 北京大学世界遗产研究中心编：《世界遗产相关文件选编》，北京大学出版社2004年版，第4页。
② 转引自王文章主编《非物质文化遗产概论》，文化艺术出版社2006年版，第5页。
③ 《联合国教科文组织：〈宣布人类口头和非物质遗产代表作条例〉》，见王文章主编《非物质文化遗产概论》附录，文化艺术出版社2006年版，第412页。该条例中关于"人类口头和非物质遗产"的界定与民间创作（或传统的民间文化）的界定基本一致。
④ 范俊军编译：《联合国教科文组织关于保护语言与文化多样性文件汇编》，民族出版社2006年版，第101页。

文化遗产还是非物质文化遗产，都是人类生活的这个星球、我们的先辈给予我们的宝贵财富。保护好这些宝贵财富不仅是对过去的致敬，更是对未来的责任。"文化在不同的时代和不同的地方具有各种不同的表现形式。这种多样性的具体表现是构成人类的各群体和各社会之特性所具有的独特性和多样化。文化多样性是交流、革新和创作的源泉，对人类来讲就像生物多样性对维持生物平衡那样必不可少。从这个意义上讲，文化多样性是人类的共同遗产，应当从当代人和子孙后代的利益考虑予以承认和肯定。"① 各种形式的文化遗产，包括物质文化遗产和非物质文化遗产，正是文化多样性的具体表现和有力保障。文化遗产的保护、开发利用和传承，对人类社会未来的发展有着非常重要的意义。

人类社会曾经在漫长的历史时期过着"小国寡民"的生活，到了16世纪，欧洲文艺复兴以及宗教革命带来现代科技和经济的发展，地球上原来相对独立的大陆开始紧密联系起来，世界进入全球化阶段。科技、经济的发展促进了社会的进步，同时，领土争端、资源掠夺、武力侵略、殖民统治等矛盾冲突开始出现。经过战争的洗礼，人类走到了20世纪末，文化资源成为全球争夺的新焦点。美国政治学家塞缪尔·亨廷顿在《文明的冲突与世界秩序的重建》中提出，20世纪90年代以后，世界冲突的根源不再是意识形态，而是文化的差异，主宰全球的是文明的冲突："随着冷战的结束，意识形态不再重要，各国开始发展新的对抗和协调模式。为此，人们需要一个新的框架来理解世界政治，而'文明的冲突'模式似乎满足了这一需要。这一模式强调文化在塑造全球政治中的主要作用，它唤起了人们对文化因素的注意，而文化因素长期以来一直为西方的国际关系学者所忽视。同时在全世界，人们正在根据文化来重新界定自己的认同。"②

在塞缪尔看来，文明就是放大了的文化，当今世界格局的决定因素表现为七大或八大文明，即中华文明、日本文明、印度文明、伊斯兰文明、东正教文明、西方文明、拉丁美洲文明，还有可能存在的非洲文明。随着全球化进程的加快，文明之间互动、交融、冲突的现象越来越频繁。"在20世纪，文明之间的关系从一个文明对所有其他文明单方向影响所支配的阶段，走向所有文明之间强烈的、持续的和多方向的相互作用的阶段。"③ 文明的冲突甚至具有左右世界政治格局的力量，因此，

---

① 范俊军编译：《联合国教科文组织关于保护语言与文化多样性文件汇编》，民族出版社2006年版，第99—100页。

② [美]塞缪尔·亨廷顿著，周琪、刘绯、张立平等译：《文明的冲突与世界秩序的重建》，新华出版社2010年版，"中文版序言"。

③ [美]塞缪尔·亨廷顿著，周琪、刘绯、张立平等译：《文明的冲突与世界秩序的重建》，新华出版社2010年版，第32页。

塞缪尔期望的是，"唤起人们对文明冲突的危险性的注意，将有助于促进整个世界上'文明的对话'"①。

在全球化高度发展的时代，各种不同文明之间如何相处？怎样才能通过文明的对话实现人类社会的和谐发展呢？中国社会学家、人类学家费孝通提出了他的看法：今后的世界将是一个多极互动的世界，解决文明的冲突，应该在全球范围内提倡"和而不同"的规范，这是中国对世界的最大贡献。"和而不同"是中国春秋时代的思想家、教育家孔子提出来的观点，也是儒家思想的核心内容，在今天依然有着重要的现实意义。"和而不同"文化观的具体表现是"文化自觉"。费孝通先生说："文化自觉只是指生活在一定文化中的人对其文化有'自知之明'，明白它的来历、形成过程、所具有的特色和它发展的趋向，不带任何'文化回归'的意思，不是要复旧，同时也不主张'全盘西化'或'坚守传统'。自知之明是为了增强对文化转型的自主能力，取得为适应新环境、新时代而进行文化选择时的自主地位。达到文化自觉是一个艰巨的任务，要做到这一点，需要一个很长的过程，首先要认识自己的文化，理解所接触的多种文化，才有条件在这个正在形成中的多元文化的世界里确立自己的位置，经过自主的适应，和其他文化一起，取长补短，共同建立一个有共同认可的基本秩序和一套与各种文化能和平共处，各抒所长，联手发展的共处守则。"②

"文化自觉"是对自身文化和异文化的清醒认识，通过"文化自觉"，推动不同文化、不同文明互相尊重、平等对话、和谐共处，这不正是文化遗产保护的根本目的吗？因此，文化遗产保护的意义是：认识历史，传承人类文明；保护人类文化多样性，重建世界秩序，实现不同文明的和平共处；从传统文化中学习，更好地进行文化创新。

二、我国非物质文化遗产的保护模式与相关立法

中国是文明古国，历史悠久，文化遗产丰厚，文化遗产整理的传统也由来已久。早在周朝的时候，我国已经有采诗制度，以便于朝廷搜集民间歌谣。民间文学与表演艺术、传统知识与技能、各种礼仪与民俗文化在史志、笔记、文集、类书中得到相当程度的记录、保存，如《诗经》《山海经》《楚辞》《乐府诗集》《风俗通义》《荆楚岁时记》《齐民要术》《乐府杂录》《东京梦华录》《夷坚志》《梦溪笔

---

① [美] 塞缪尔·亨廷顿著，周琪、刘绯、张立平等译：《文明的冲突与世界秩序的重建》，新华出版社2010年版，"中文版序言"。

② 费孝通著，方李莉编：《全球化与文化自觉——费孝通晚年文选》，外语教学与研究出版社2013年版，第56页。

谈》《永乐大典》《山歌》《挂枝儿》《考工记》《营造法式》《三才图会》《四库全书》等。

20世纪50年代初，国家组织部门和专家对民族民间文化遗产进行大规模的调查、记录。80年代，文化部、中华人民共和国国家民族事务委员会（简称"国家民委"）、中国文学艺术界联合会（简称"中国文联"）共同发起编纂"中国民族民间文艺集成志书"工程，抢救保存了大量珍贵的艺术资源。2009年9月15日，这套被喻为"中华民族文化长城"的志书在京首发。这套志书历时30年编纂而成，共450册，4.5亿字，包括《中国民间歌曲集成》《中国戏曲音乐集成》《中国民族民间器乐曲集成》《中国曲艺音乐集成》《中国民族民间舞蹈集成》《中国戏曲志》《中国民间故事集成》《中国歌谣集成》《中国谚语集成》《中国曲艺志》。

我国非物质文化遗产保护此前采用的是以搜集、整理、出版为主的静态保护模式。2001年，昆曲被列入"世界人类口头和非物质文化遗产代表作"。消息传来，国内掀起了非物质文化遗产保护的热潮。以此为契机，我国的非物质文化遗产保护工作进入一个新的阶段。2004年8月，中国签署加入联合国教科文组织的《保护非物质文化遗产公约》，全面启动非物质文化遗产保护工作，并且逐渐建立起以调查、存档、研究、传承、弘扬为主的活态保护模式。2006年，国务院公布第一批国家级非物质文化遗产名录，把6月的第二个星期六定为中国的"文化遗产日"。2007年，文化部办公厅认定第一批国家级非物质文化遗产项目代表性传承人，建立第一个国家级文化生态保护实验区。2011年，全国人大常委会颁布实施《中华人民共和国非物质文化遗产法》，建立第一批国家级非物质文化遗产生产性保护示范基地。2001—2010年，国家开展全国文化遗产普查，建立起国家、省、市、县四级名录体系和保存保护制度，建立科学、有效的文化传承机制，开展深入、全面、系统的研究。2011年至今，我国非物质文化遗产保护工作已经从抢救性保护发展到整体性保护、生产性保护、依法保护、数字化保护，形成全面、有效的保护机制。据初步统计，我国非物质文化遗产资源总量多达87万项。到2014年年底，已有37个项目入选联合国教科文组织"人类非物质文化遗产代表作名录"（30项）和"急需保护的非物质文化遗产名录"（7项），认定了1517项国家级名录、1986名国家级传承人，建立了18个国家级文化生态保护实验区。

非物质文化遗产的立法保护至关重要。"非物质文化遗产是一个复杂的课题，它不仅仅体现着民族特征和文化多样性，也直接关系到相关民族和群体的政治、经济和文化权益，关系到国家和社会的可持续发展，因此，对非物质文化遗产的保护应是多方面的、全方位的，既包括记录、整理、研究，又包括对它的继承、传播和利用。为了达到保护非物质文化遗产的目标，必须建立各种关于非物质文化遗产保护的法律制度。在法律机制的设定上，必须根据实际情况，统筹兼顾，从而探索出适合中国国情的立法模式。"① 从20世纪90年代开始，我国已经开始探索适合中国国情的关于非物质文化遗产保护的法律制度，陆续制定了相关的专门、单项或地方性法律法规。

2003年11月，全国人大拟定《中华人民共和国民族民间传统文化保护法草案》。2004年8月，中国签署《保护非物质文化遗产公约》后，上述草案改为《中华人民共和国非物质文化遗产保护法草案》，列入全国人大立法规划。2011年2月，《非物质文化遗产法》通过并公布，这是我国第一部关于非物质文化遗产的国家层面的专门法，对非物质文化遗产的调查、代表性项目名录、传承与传播、法律责任等做出了明确的规定。

在此前后，我国先后颁布实施的与非物质文化遗产有关的法规、规章文件包括《中药品种保护条例》（1993年）、《传统工艺美术保护条例》（1997年）、《关于进一步加强少数民族文化工作的意见》（2000年）、《关于实施中国民族民间文化保护工程的通知》（2004年）、《关于加强我国非物质文化遗产保护工作的意见》（2005年）、《关于运用传统节日弘扬民族文化的优秀传统的意见》（2005年）、《国家级非物质文化遗产保护与管理暂行办法》（2006年）、《关于切实加强民族医药事业发展的指导意见》（2007年）、《关于加强老字号非物质文化遗产保护工作的通知》（2007年）、《中国非物质文化遗产标识管理办法》（2007年）、《国家级非物质文化遗产项目代表性传承人认定与管理暂行办法》（2008年）、《关于在未成年人校外活动场所开展非物质文化遗产传承教育活动的通知》（2008年）、《关于加强国家非物质文化遗产保护中央补助地方专项资金使用与管理的通知》（2009年）、《关于加强国家级非物质文化遗产项目代表性传承人补助经费管理的通知》（2010年）、《关于做好少数民族语言文字管理工作的意见》（2010年）、《关于加强国家级文化生态保护区建设的指导意见》（2010年）、《关于加强国家级非物质文化遗产代表性项目保护管理工作的通知》（2011年）、《关于加强国家级文化生态保护区总体规划编制工作的通知》（2011年）、《关于加强非物质文化遗产生产性保护的指导意见》（2012年）、《国家非物质文化遗产保护专项资金管理办法》（2012年）等。

在地方立法方面，2000年5月，云南省率先制定《云南省民族民间传统文化保护条例》。此后，贵州、福建、广西、宁夏、江苏、浙江、江西、新疆、广东、湖北、重庆、山西、河南、安徽、辽宁、陕西、西藏等省、直辖市、自治区分别通过了非物质文化遗产的保护条例。安徽淮南，云南丽江，江苏无锡、苏州，浙江杭

---

① 王鹤云、高绍安：《中国非物质文化遗产保护法律机制研究》，知识产权出版社2009年版，第193页。

州，湖南湘西等地还出台了关于花鼓灯、东巴文化、紫砂、昆曲、龙井茶、土家医药和苗医药等单项非物质文化遗产的保护条例。另外，各地还针对非物质文化遗产代表性项目、代表性传承人、文化生态保护区、数字化保护试点建设、青少年校外非物质文化遗产教育、专项保护资金管理等各项工作制定了相关的规章制度。

除此之外，《中华人民共和国宪法》《中华人民共和国民族区域自治法》《中华人民共和国刑法》《中华人民共和国著作权法》《中华人民共和国教育法》《中华人民共和国义务教育法》《中华人民共和国高等教育法》《中华人民共和国民办教育促进法》《中华人民共和国体育法》《中华人民共和国反不正当竞争法》《中华人民共和国药品管理法》等现行法律也有个别条款涉及非物质文化遗产的原则性保护。[①]

从我国的保护机制和目前的立法情况来看，非物质文化遗产保护的法律制度采取以行政保护为主、民事保护为辅，两者并行的模式。非物质文化遗产是广大民众创造、享用和传承的文化资源，是一个国家、族群、群体的共同财富。非物质文化遗产的公权性质在联合国教科文组织的《伊斯坦布尔宣言》中已得到体现，"非物质文化遗产的多种表现形式是各民族和群体文化特性的基本源泉，也是全人类的共同财富"[②]。日本《文化财保护法》第四条也明确了这一点："文化财的所有者及其他关系者，要自觉认识到文化财是宝贵的国民财富，为了民众的公共利益，在认真保存它们的同时，也要努力做到尽量将它们向公众展示，充分活用文化财的文化价值。"[③] 出于保护"共同财富""国民财富"的需要，政府有必要承担起保护非物质文化遗产的责任。《保护非物质文化遗产公约》就规定了成员国政府通过制定政策，指定管理机构，采取法律、行政、财政、技术等有效措施确保领土上的非物质文化遗产得到保护。因此，对非物质文化遗产的行政保护是首要的。我国2011年通过实施的《非物质文化遗产法》就是国家层面的一部行政法，地方的保护条例则体现了更为具体的行政保护措施。

当然，行政保护是为了确保非物质文化遗产作为公共资源得到保护，而作为人类智力活动的成果，非物质文化遗产又是被国家、族群、群体，有时是个人视为其遗产的文化资源，为了使这些文化资源所蕴含的价值得到公平分配，民事保护制度也十分有必要。联合国教科文组织在积极推动非物质文化遗产的公权保护的同时，

[①] 王鹤云、高绍安：《中国非物质文化遗产保护法律机制研究》，知识产权出版社2009年版，第107—110页。

[②] 范俊军编译：《联合国教科文组织关于保护语言与文化多样性文件汇编》，民族出版社2006年版，第95页。

[③] 日本《文化财保护法》，见康保成等《中日韩非物质文化遗产的比较与研究》附录，中山大学出版社2013年版，第212页。

也一直关注非物质文化遗产的私权保护。1989年的《保护民间创作建议案》就提出："民间创作作为个人或集体的精神创作活动，应当得到维护，这种维护应和精神产品的维护相类似。"建议案吁请成员国注意教科文组织和世界知识产权组织在知识产权方面开展的重要工作，把民间创作纳入知识产权保护体系。① 另外，2001年《实施教科文组织世界文化多样性宣言的行动计划要点》中的第十三条规定："制定保护和开发利用自然遗产和文化遗产，特别是口述和非物质文化遗产的政策和战略，反对文化物品和文化服务方面的非法买卖。"第十六条规定："为了当代创作工作的发展并使创作工作得到合理的酬报，保证著作权及其相关权利得到保护，同时捍卫《世界人权宣言》第二十七条所规定的公众享受文化的权利。"② 这些都是关于非物质文化遗产民事权利的规定。

在国内立法方面，中国一直在积极探索民事保护的有效途径。民事法律是调整平等主体的公民之间、法人之间、公民和法人之间的财产关系和人身关系的法律规范。民事权利主要包括物权、债权、知识产权、继承权和人身权等。非物质文化遗产的民事保护主要解决非物质文化遗产利用过程中产生的问题，保障相关权利人的精神权利和财产权利的实现，比如名称权、名誉权、著作权、专利权、商标专用权、用益物权等。但是，我国的民事立法还不是十分成熟，1986年通过了《中华人民共和国民法通则》，2021年《中华人民共和国民法典》才开始施行，因此，非物质文化遗产的民事保护还需要经历很长的探索过程。

目前，我国在非物质文化遗产知识产权保护方面已经做出了相当多的努力，也有了不小的进展：1990年通过了《中华人民共和国著作权法》，其中与非物质文化遗产知识产权相关的是第六条："民间文学艺术作品的著作权保护办法由国务院另行规定。"与此相衔接的法律条例《民间文学艺术作品著作权保护条例（征求意见稿）》发布于2014年9月，其中第一条就点明宗旨："为保护民间文学艺术作品的著作权，保障民间文学艺术作品的有序使用，鼓励民间文学艺术传承和发展，根据《中华人民共和国著作权法》第六条，制定本条例。"③该条例对民间文学艺术作品做了界定，并从适用范围、主管部门、权利归属、权利内容以及法律责任等方面做出了明确的规定。多年来缺位的民间文学艺术作品著作权立法问题终于有了实质性的进展。

为了加强对专利权的保护，防止窃取遗传资源的行为，我国在1984年通过了

---

① 王鹤云、高绍安：《中国非物质文化遗产保护法律机制研究》，知识产权出版社2009年版，第128页。
② 范俊军编译：《联合国教科文组织关于保护语言与文化多样性文件汇编》，民族出版社2006年版，第104页。
③ 见法律图书馆网站（http：//www.law-lib.com/fzdt/newshtml/20/20140903093017.htm）。

《中华人民共和国专利法》，后来经过三次修订，2008年新修订的《中华人民共和国专利法》第五条增加了以下内容："对违反法律、行政法规的规定获取或者利用遗传资源，并依赖该遗传资源完成的发明创造，不授予专利权。"第二十六条增加了以下内容："依赖遗传资源完成的发明创造，申请人应当在专利申请文件中说明该遗传资源的直接来源和原始来源；申请人无法说明原始来源的，应当陈述理由。"① 2010年1月9日发布的《国务院关于修改〈中华人民共和国专利法实施细则〉的决定》进一步对遗传资源做出了明确界定，对遗传资源的利用也有了更为详细的规定："专利法所称遗传资源，是指取自人体、动物、植物或者微生物等含有遗传功能单位并具有实际或者潜在价值的材料；专利法所称依赖遗传资源完成的发明创造，是指利用了遗传资源的遗传功能完成的发明创造。就依赖遗传资源完成的发明创造申请专利的，申请人应当在请求书中予以说明，并填写国务院专利行政部门制定的表格。"② 当然，遗传资源与非物质文化遗产中的传统知识还不完全一致，但是毕竟为文化遗产提供了部分知识产权的保护。

2001年，我国修订《中华人民共和国商标法》，增加了对驰名商标的保护内容，明确了驰名商标认定的因素，其第十三条提出："就相同或者类似商品申请注册的商标是复制、摹仿或者翻译他人未在中国注册的驰名商标，容易导致混淆的，不予注册并禁止使用。就不相同或者不相类似商品申请注册的商标是复制、摹仿或者翻译他人已经在中国注册的驰名商标，误导公众，致使该驰名商标注册人的利益可能受到损害的，不予注册并禁止使用。"第十四条提出："认定驰名商标应当考虑下列因素：（一）相关公众对该商标的知晓程度；（二）该商标使用的持续时间；（三）该商标的任何宣传工作的持续时间、程度和地理范围；（四）该商标作为驰名商标受保护的记录；（五）该商标驰名的其他因素。"另外，2013年第三次修订的《中华人民共和国商标法》还增加了有关地理商标的内容，第十六条提出："商标中有商品的地理标志，而该商品并非来源于该标志所标示的地区，误导公众的，不予注册并禁止使用；但是，已经善意取得注册的继续有效。前款所称地理标志，是指标示某商品来源于某地区，该商品的特定质量、信誉或者其他特征，主要由该地区的自然因素或者人文因素所决定的标志。"第四十一条提出："已经注册的商标，违反本法第十三条、第十五条、第十六条、第三十一条规定的，自商标注册之日起五年内，商标所有人或者利害关系人可以请求商标评审委员会裁定撤销该注册

---

① 见法律图书馆网站（http：//www.law-lib.com/law/law_view.asp? id＝272526）。
② 见法律图书馆网站（http：//www.law-lib.com/law/law_view.asp? id＝307411）。

商标。对恶意注册的，驰名商标所有人不受五年的时间限制。"①

以上四条内容都可以为传统手工艺技能类型以及老字号等非物质文化遗产提供有利的保护。新修订的《中华人民共和国商标法》进一步加强对驰名商标的保护，对处理驰名商标的争议和法律纠纷有了更为细致、深入的规定。比如，第十三条增加了以下内容："为相关公众所熟知的商标，持有人认为其权利受到侵害时，可以依照本法规定请求驰名商标保护。"第十四条增加了以下内容："在商标注册审查、工商行政管理部门查处商标违法案件过程中，当事人依照本法第十三条规定主张权利的，商标局根据审查、处理案件的需要，可以对商标驰名情况作出认定。在商标争议处理过程中，当事人依照本法第十三条规定主张权利的，商标评审委员会根据处理案件的需要，可以对商标驰名情况作出认定。在商标民事、行政案件审理过程中，当事人依照本法第十三条规定主张权利的，最高人民法院指定的人民法院根据审理案件的需要，可以对商标驰名情况作出认定。"针对非物质文化遗产的文化专属权与商标自主转让可能造成的矛盾，第四十二条还增加了以下内容："对容易导致混淆或者有其他不良影响的转让，商标局不予核准，书面通知申请人并说明理由。"②

以上专门法律的制定和修订，对于非物质文化遗产的知识产权保护有一定的积极作用。

三、国际非物质文化遗产保护模式与立法经验

在世界各国中，法国是最早制定历史文化遗产保护法的国家。1793年的《共和二年法令》规定，法国领土内的艺术品都应受到保护。1840年的《历史性建筑法案》、1887年的《纪念物保护法》、1906年的《历史文物建筑及具有艺术价值的自然景区保护法》、1913年的《保护历史古迹法》、1930年的《景观保护法》、1941年的《考古发掘法》以及此后的一系列律法，表明法国在历史文化遗产的立法保护方面有着200多年的历史。1964年，法国对包括非物质文化遗产在内的文化遗产进行过一次全国大普查，全面登记造册。政府通过实行免税政策或发放津贴、奖励等办法鼓励文化遗产的保护和合理利用。1984年，法国发起"文化遗产日"活动，将每年9月的第三个星期日定为名胜古迹免费开放日。这一倡议很快得到欧洲各国的响应，该开放日也被扩展为"欧洲文化遗产日"。

意大利是欧洲的文明古国，曾孕育出伊特拉斯坎文明和罗马文化，是中世纪文

---

① 见法律图书馆网站（http://www.law-lib.com/law/law_view.asp? id =16432）。
② 见法律图书馆网站（http://www.law-lib.com/law/law_view.asp? id =429461）。

艺复兴的发源地，拥有非常丰富的历史文化遗产。意大利的文化遗产保护采取整体性保护的思路，实行物质文化遗产、非物质文化遗产、文化环境一体保护，在历史文化中心区"把人和房子一起保护"。"意大利政府专门设有文化遗产部，并在保护和管理文物古迹方面摸索出'意大利模式'：政府负责保护，私人或企业进行管理和经营。"①

欧洲有着悠久的历史文化传统和深厚的文化积淀，很早就开始了对文化遗产的立法保护。最早的欧洲委员会，后来的欧洲理事会、欧盟先后通过一系列相关的法律，如《欧洲文化公约》（1954年）、《保护考古遗产欧洲公约》（1969年）、《关于对欧洲不可移动文化遗产的有效保护的法律框架草案》（1970年）、《欧洲文物古迹保护宪章》（1975年）、《欧洲建筑遗产保护公约》（1985年）、《有关与文化遗产相关的违法行为的欧洲协定》（1985年）、《关于文化遗产出口的规章》（1992年）、《关于归还从欧盟领地非法带走的文化遗产的纲领》（1993年）、《关于保护少数民族的框架协定》（1995年）、《欧洲区域或少数民族语言宪章》（1998年）、《欧洲景观公约》（2000年）、《关于社会文化遗产价值的框架公约》（2005年）等。欧洲国家倾向于把非物质文化遗产与物质文化遗产作为一个整体加以保护。截至2015年，37个欧洲国家加入了《保护非物质文化遗产公约》，除了英国、爱尔兰，欧盟其他成员国都已经加入这个公约。

对于不加入《保护非物质文化遗产公约》的原因，"英国官方解释说该公约不适合英国，文化遗产都应当是物质性的，英国注重保护的'历史文化环境'是对国际公约中'非物质文化遗产'的修正"②。英国对文化遗产的保护以"历史文化环境"的保护为核心，对"非物质文化遗产"的概念并未认同，这一思路与欧洲国家把非物质文化遗产与物质文化遗产作为一个整体看待是比较一致的。尽管英国对"非物质文化遗产"的概念有不同看法，但是对于国家的语言、表演艺术、传统风俗礼仪、节庆活动、传统手工技艺等非物质文化遗产，一直在致力保护。英国的文化遗产保护也采取整体保护的思路，通过制定法律、出台政策和鼓励民间参与的途径展开。立法方面主要通过知识产权制度、欧盟区际条约义务、创意产业促进机制三个方面进行推进。其中，《苏格兰格子注册法》（2008年）、《苏格兰威士忌条例》（2009年）分别利用版权制度、地理标志制度实现对传统手工技艺的保护，值得我们借鉴。另外，英国对创意产业的扶植对于非物质文化遗产的利用与发展也有一定的启发。"英国创意产业发达的一个重要原因就在于它具有非物质文化遗产的

---

① 王文章主编：《非物质文化遗产概论》，文化艺术出版社2006年版，第268页。
② 郭玉军、司文：《英国非物质文化遗产保护特色及其启示》，载《文化遗产》2015年第4期，第2页。

精神内核。传统手工艺产品商品化；传统习俗、重大节日成为旅游观光重要项目；古老传说故事甚至语言成为电影和畅销书的素材。英国大力扶植创意产业间接但有力地促进了非物质文化遗产的传承，扩大了非物质文化遗产保护的公众参与程度，为经济创造新增长点的同时也传承了传统文化。"①

欧洲国家对历史文化遗产的保护大多比较有经验，国内以及区际的法律机制比较完善，在推进非物质文化遗产的保护方面也显得比较稳健。2012年，经过反复的讨论斟酌，荷兰、德国先后加入了《保护非物质文化遗产公约》。德国、荷兰都倾向于把文化遗产的保护作为一项社会公共事务来处理。德国在加入《保护非物质文化遗产公约》前就经过了长时间的讨论，"大多数德国人一方面相信现有的法律机制与框架已足以保护本国的传统文化并促其发展，因此不需要进一步采取各种强化措施；另一方面，和中国的文化管理行政化和中央化的趋势不同，'二战'以后德国的文化政策一直倾向于文化遗产的公共化和社会化，即把文化遗产看成是属于社会的公共财产，它的保护与繁荣也应尽可能地由社会力量特别是私人和民间团体来支撑"②。荷兰的情况也比较相似。"仅就政府与其他机构的职责和分工而言，荷兰政府甘于在各项工作中以组织者、召集者和资助者的配角面目出现。如在申请签署联合国公约和制定名录的过程中，专家学者、大众的意见已被充分征求；而在实质的保护工作中，政府也只起到辅助和支持的作用，主要工作则由博物馆、学术机构、社区等来承担。这与日本、韩国等东亚国家以政府为主导的保护模式有着显著区别。"③

俄罗斯和美国是至今仍未加入《保护非物质文化遗产公约》的两个西方大国。但这并不意味着这两个国家对文化遗产不加重视。2002年，俄罗斯出台了《联邦文化遗产法》，提出文化遗产是俄各族人民的精神财富，保护本国文物是联邦和联邦主体的责任，是俄联邦权力机构的首要工作之一。制定该文化遗产法是为了落实俄宪法赋予公民热爱和保护本国文化遗产的权利与义务。根据法律规定，俄境内任何土地开发行为都不能以损害文物为代价，如果在待开发或已开工的土地区域内发现有文化遗产存在，工程必须被取消或立即停止。此外，俄罗斯还设立了专门的历史文物保护区，由俄文化部下属的文物保护局统一管理，一旦列入《世界遗产名录》，就由俄罗斯遗产委员会负责保护。2012年，普京签署了《俄罗斯联邦文化遗

---

① 郭玉军、司文：《英国非物质文化遗产保护特色及其启示》，载《文化遗产》2015年第4期，第11页。
② [德] 白瑞斯、王霄冰：《德国文化遗产保护的政策、理念与法规》，载《文化遗产》2013年第3期，第20页。
③ [荷] 卡迪亚·卢比娜著，王静波编译：《荷兰的非物质文化遗产保护工作与相关法规》，载《文化遗产》2013年第6期，第7页。

产法》和《俄罗斯联邦行政违法法典》修正案，将更多文化遗产纳入法律保护范围，大幅提高毁坏历史文化遗产的罚金数额。普京强调："文化资源的重要性不亚于石油和天然气，保护文化遗产是俄罗斯人的共同责任与使命。"①

美国是一个多元文化的国家，从1776年《独立宣言》宣布美利坚合众国成立算起，只有200多年的历史。美国的文化遗产保护从自然遗产与历史文化遗产开始。1872年，美国通过《设立黄石国家公园法案》，建立了世界上第一个也是世界上最大的国家公园，黄石公园除了拥有多种多样的地形地貌、美丽壮阔的自然风光和品种繁多的动物植物，还保留了美国原住民印第安人的聚居地。此后，美国先后通过《联邦文物保护法》（1906年）、《国家公园系统组织法》（1916年）、《历史遗址与古迹法》（1935年）、《国家历史保护依托基金法》（1949年）、《国家历史遗产保护法》（1966年）等一系列法律法案，对自然与历史文化遗产进行保护。1966年发布的《国家历史遗产保护法》是一部非常重要的法律，提出了国家负责认定并保护国土上的所有历史文化遗产，建立国家历史文化遗址的登录制度和国家历史文化标志的认定制度。该保护法还提出建立国家各级历史文化遗产管理机构，在内政部设立历史遗产保护咨询委员会，作为美国政府管理和咨询历史文化遗产相关事务的部门；在各州设立历史遗产保护办公室，负责所在州的遗产保护法令的制定及管理事务。《国家历史遗产保护法》实施以后，城市规划、住房、税收、交通、环境保护等政府部门也制定了相应的法律条文，保证历史文化遗产在法律框架下得到妥善、全面的保护，特别是历史文化遗产享有财产税减免、地役权转让、开发权转移、税收抵扣等优惠条款，以此调动社会力量积极参与历史文化遗产的保护、修复和开发利用。

美国虽然没有加入联合国教科文组织的《保护非物质文化遗产公约》，但是早已开始了对非物质文化遗产的保护。1976年，美国国会通过《民俗保护法案》，提出："美国民俗所固有的多样性对丰富国家的文化做出了巨大贡献，并培育了美国人民的个性和特性"；"美国的历史有力地证明建设一个强国不需要牺牲文化间的差异"；"美国民俗对美国人民的思想、信仰、观念和性格的形成有着根本性的影响"；"对联邦政府而言，支持研究和探讨美国民俗对理解城乡美国人民的基本思想、信仰及观念等复杂问题十分适合且十分必要"；"保存、支持、复兴并传播美国民俗的传统和艺术是美国民众的全体利益之所在"。《民俗保护法案》界定的"民俗"范围非常广泛，包括"风俗、信仰、技巧、语言、文学、艺术、建筑、音乐、游戏、舞蹈、戏剧、宗教仪式、庆典、手工艺"等在"美国境内各群体所持有的家

---

① 杨政：《俄大力保护文化遗产》，载《光明日报》2013年11月4日第8版。

族的、种族的、职业的、宗教的和地域的表现文化",与联合国教科文组组织提出的非物质文化遗产在内容上其实相当接近。①

美国没有文化部,但是从联邦到地方设有专门的文化机构和各种基金会共同管理文化遗产。美国的文化遗产保护肇始于民众自发的保护运动,此后国家通过立法、经济激励政策进一步吸引民间力量参与文化遗产的保护、修复和开发利用。由此形成一个自民众到国家责权分明、法规完善、相互配合、保护与利用相辅相成的保护架构。

在国际社会中,日本是最早立法保护非物质文化遗产的国家。1950年颁布的《文化财保护法》第一次提出对无形文化财的保护,1975年的保护法修正案又增加了对无形民俗文化财的保护。日本指称的无形文化财和无形民俗文化财与联合国教科文组织提出的非物质文化遗产在内容上非常接近。日本的《文化财保护法》明确规定了各级政府,文化遗产的所有者、占有者和管理者以及国民享有的权利与义务。中央政府制定与完善相关法律、政策并监督实施,负责重要文化遗产的评定与保护,给予必要的财政补助。地方政府依循中央政府的法律、政策制定地方性的法规、政策文件并监督实施。文化遗产的所有者、占有者和管理者主要负责具体文化遗产的管理与维护工作,不定期地向政府汇报文化遗产的保护工作及现状,并将文化遗产的保护情况公开。国民则负责发现并汇报文化遗产,监督相关工作的实施。

韩国紧跟其后,在1962年颁布了《文化财保护法》。韩国的保护框架与日本相似,以《文化财保护法》为核心建立一套完善的法律法规体系,除了《文化财保护法》,还制定了《文物保护法》《文物保护法实施细则》《古都保存法》《乡校财产管理法》《建筑法》《国土利用管理法》《城市规划法》《自然公园法》等相应的法律法规加以呼应、支撑和衔接。除了法律法规,韩国文化财厅还制定了一系列行政指南,如《国家指定文化财周边现状及变更基准指南》《石雕文化财保存处理工事指南》《埋藏文化财调查业务处理指南》《寺庙遗物展示馆建立运营管理指南》《文化财地域水土保存管理指南》《国家指定文化财管理团体业务指南》等,使韩国文化财的保护、管理和开发利用有法可依、有章可循。

韩国的文化遗产保护不仅在保存、修复、管理方面下了很大的功夫,而且在利用和开发方面取得了很大的成绩。1998年,韩国政府提出"文化立国"的战略口号,把文化产业作为21世纪发展国家经济的战略性支柱产业,文化遗产为韩国文化产业提供了源源不断的资源。韩国国立文化财研究所官网上提到,"在21世纪,

---

① 转引自顾军、苑利《美国文化及自然遗产保护的历史与经验》,载《西北民族研究》2005年第3期,第175页。

文化已经成为国家竞争力的核心要素,而处于文化核心位置的正是文化遗产"。韩国文化遗产保护有三个重要的机构:其一,文化体育观光部外厅。它主管行政机构文化财厅,其职责之一是通过推广文化财的价值以建立旅游资源,加深大众对韩国传统文化的认识。其二,由文化财厅设立、得到国库支援和管理的文化财保护财团。它在资助文化遗产保存、保护的同时,多年来一直致力于向游客推广"传统仪式重现计划",支持无形文化财在海内外和地方节庆的公开表演;创建和运营韩国之家、民俗剧场、重要无形文化财传授会馆、南山谷韩屋村等文化产业项目。在国家法律、政策、财政的支持下,韩国以文化遗产为重要资源的文化产业取得了很好的成绩。据统计,21世纪初世界文化产业市场的总规模大概是每年1.4万亿美元,韩国国内文化产业市场就达到每年18.8万亿韩元(约合150亿美元)的规模,韩国国内外的文化市场每年以20%的速度增长,超过了世界市场的平均增长速度。[①]其三,国立文化财研究所。其前身为文化财管理局,也就是现在的文化财厅的文化财研究室,1969年独立出来以后成为专门的研究机构。目前共有来自考古学、美术史学、建筑史学、民俗学、保护科学等相关学科的350余名研究人员在这里供职,为文化遗产的保护、利用提供智力支持。[②]

从韩国文化遗产保护的法律机制和保护架构来看,全民参与的自觉与热情是保护工作顺利开展的基础,完善、可操作性的立法是保护工作的核心,围绕这个核心,合理的保护架构得以展开,成为文化遗产保护与合理开发利用的关键,韩国重视专家的独立调查、研究和监督,成为文化遗产保护的智库保证。

四、我国非物质文化遗产保护法制建设的思考

从我国文化遗产的立法实践和国外的保护经验来看,我国非物质文化遗产保护的立法采取以行政保护为主、民事保护为辅,两者并行的模式。现行的法律制度在一定程度上给我国非物质文化遗产保护提供了法律保障和支持,但仍存在相当的不足。我国的《非物质文化遗产法》是一部行政法,各个地方的保护条例也是行政法规,主要规范政府和行政部门的行为,对非物质文化遗产涉及的权利主体、权利客体以及民事权利的很多内容无法涵盖和体现,导致保护和利用过程中有很多问题得不到法律的保障和支持。

立法是一件慎之又慎的事情,非物质文化遗产的民事立法进展缓慢可以理解。现阶段,法学界对非物质文化遗产的民事权利适用知识产权法还是特别权利法依然

---

① [韩]姜锡一、赵五星编著:《韩国文化产业》,外语教学与研究出版社2009年版,第9页。
② 倪彩霞:《韩国法圣浦端午祭申遗经验对中国的启示》,载《文化遗产》2013年第2期,第22页。

有不同意见。对于非物质文化遗产知识产权立法的现实困境，也有着国际和国内两方面的顾虑。"目前，非物质文化遗产国际知识产权保护的问题一直陷于僵局之中。大多数国家，尤其是绝大多数发达国家尚未立法对非物质文化遗产予以知识产权保护。如果我国在将来的保护非物质文化遗产知识产权的国内立法中采用传统知识产权保护模式，在国民待遇原则下，意味着必须同时给予共同缔结或加入国际条约的缔约方国民所有的外国非物质文化遗产以同等知识产权的保护，而该国却很有可能没有在相关知识产权法中保护非物质文化遗产的权利，由此形成我国保护外国人在我国享有的非物质文化遗产权利，而外国不保护我国国民享有的非物质文化遗产权利的局面。"① 在全球化的背景下，非物质文化遗产的知识产权保护必须具有国际视角，在国际公认的框架下展开对等衔接，而且传统知识权利与现代知识产权之间存在着立法背景、法律主客体以及权利与义务关系的不同，认定的标准不容易取得一致。从国内现实来看，"我国是一个民族众多的国家，各族人民都有丰富多彩的非物质文化遗产。不少民族居住分散，甚至跨境居住。这种情况下，即使能够提炼出非物质文化遗产中的民事权利（如知情同意权、惠益分享权等），确定权利主体也是一件极为困难的事。处理不好的话，甚至会引起族群间的纠纷"②。

　　基于以上原因，一方面，我们要积极推动国际社会在民事权利和传统知识议题上的深层对话，寻求非物质文化遗产的民事权利和传统知识产权制度在国际层面取得法理上的突破和一致；另一方面，国内立法需加快相关专门法的修订工作，补充可以与《非物质文化遗产法》相支撑和衔接的内容。

　　比如《中华人民共和国专利法》在 2008 年修订案中增加了"遗传资源"的条款，2010 年进一步明确了利用"遗传资源"的边界不仅指含有这些遗传功能和价值的材料，还包括利用遗传资源的遗传功能所完成的发明创造。但是遗传资源、遗传功能与传统知识还不能完全等同。"遗传资源获取涉及国家主权，但在很多情况下无法阻止他人合法获取或在别的国家或地区中找到相同的遗传资源，利用我国的传统知识，并由此获得专利权的行为。"③ 遗传功能的量化标准如何衡量？不对遗传功能背后的传统知识加以认定和保护，遗传功能就不好准确判断。因此，"《专利法》应明确利用传统知识（TK）的专利申请必须'披露获得传统知识的来源'，并

---

① 郭蓓：《国际非物质文化遗产法律保护概况及启示》，见中国非物质文化遗产网（http://www.ihchina.cn/luntan_details/7904.html）2014 年 7 月 15 日。
② 王建华：《关于非物质文化遗产立法的几个问题》，见中国社会科学院知识产权中心编《非物质文化遗产保护问题研究》，知识产权出版社 2012 年版，第 9 页。
③ 管育鹰：《非物质文化遗产的法律保护问题》，见中国社会科学院知识产权中心编《非物质文化遗产保护问题研究》，知识产权出版社 2012 年版，第 45 页。

结合上述措施，即将已记录或登记的传统知识（TK）作为现有技术（prior art）而在专利审查中予以考虑。关于记录或登记的传统知识（TK）的任务，可以由主管非物质文化遗产记录或登记的国家机构或其委托的专门机构，或者国家成立的类似印度政府成立的专门机构来完成"①。

另外，颇受关注的《民间文艺作品著作权保护条例》在2014年发布了征求意见稿，终于部分解决了《中华人民共和国著作权法》的衔接条款。然而，单就地方戏、民间戏曲的相关内容来看，有的地方还是语焉不详。对于《中华人民共和国著作权法》中的民事客体"作品""戏剧作品"，2013年《中华人民共和国著作权法实施条例》做了进一步界定。其第二条规定："著作权法所称作品，是指文学、艺术和科学领域内具有独创性并能以某种有形形式复制的智力成果。"第四条规定："戏剧作品，是指话剧、歌剧、地方戏等供舞台演出的作品。"2010年，国内发生了一起颇为引人注目的"安顺地戏维权案"，被媒体称为"中国文艺类非物质文化遗产保护维权第一案"，其一审法院的判决意见大概是：被告将真实存在的"安顺地戏"作为一种文艺创作素材用在影片《千里走单骑》作品中，就戏剧表演的配器及形式加以一定的改动，使表现形式符合电影创作的需要，此种演绎拍摄手法符合电影创作规律。此外，被告主观上并无侵害非物质文化遗产的故意和过失，客观上也未对"安顺地戏"产生歪曲、贬损或者误导混淆的负面效果，故对原告的诉讼请求不予支持。② 其实，电影《千里走单骑》把贵州安顺地戏的表演改成"云南面具戏"，导致很多人跑到云南寻找安顺地戏，这确实产生了误导混淆的负面效果。最值得注意的是：根据判决意见，将安顺地戏作为一种文艺创作素材用在电影作品的创作中，对戏剧表演的配器及形式加以一定的改动，就成了合法合理的利用，不再违反著作权。这个判决对地方戏和民间戏曲的保护是不是一个危险的信号？电影没有完全搬用安顺地戏的完整作品、完整表演，只是利用了安顺地戏的演员、服装面具，剪辑了表演片段，改动了乐器或者舞蹈动作，换句话说，肢解了安顺地戏并将其重新排列组合。这是不是就成了全新的艺术创作？

案件进行到二审的时候，判决意见大概是：现有立法对非物质文化遗产的民事保护主要适用《中华人民共和国著作权法》。依据《中华人民共和国著作权法》的规定，署名权的权利客体仅为作品，该案中构成作品的只能是安顺地戏的具体剧目。安顺地戏是一个剧种，不能构成权力客体因而不受保护，对于原告提出的对

---

① 管育鹰：《非物质文化遗产的法律保护问题》，见中国社会科学院知识产权中心编《非物质文化遗产保护问题研究》，知识产权出版社2012年版，第45-46页。
② 欧阳光、倪彩霞：《从"中国文艺类非物质文化遗产保护维权第一案"说起——兼论我国非物质文化遗产法律保护的现状与思考》，载《文化遗产》2012年第4期，第39页。

"安顺地戏"署名权的主张，法院无法支持。① 如果按照《中华人民共和国著作权法》《中华人民共和国著作权法实施条例》所界定的戏剧作品，安顺地戏不属于具体作品，是一个剧种，根本不适用《中华人民共和国著作权法》，那么我们再来看衔接性的《民间文学艺术作品著作权保护条例（征求意见稿）》，地方戏大部分属于民间戏曲，安顺地戏是地方戏，也是民间戏曲。该保护条例第二条规定："本条例所称民间文学艺术作品，是指由特定的民族、族群或者社群内不特定成员集体创作和世代传承，并体现其传统观念和文化价值的文学艺术的表达。""民间舞蹈、歌舞、戏曲、曲艺等以动作、姿势、表情等形式表达的作品。"这里不再沿用"智力成果""供舞台演出的作品"的说法，而是用了"表达""以动作、姿势、表情等形式表达的作品"的措辞。如果运用保护条例，我们想追问，安顺地戏维权案会有什么不同的结果？以前必须是某一剧目才可以算是作品，现在只要"动作、姿势、表情等形式表达"是不是就可以做出作品认定了？也就是说，除了剧目还有剧种都可以成为民事客体并得到保护了？另外，我们知道，戏曲品种之间最根本的区别不是动作、姿势、表情，而是唱腔，光凭动作、姿势、表情的区分可能会引起剧种的混淆。那么，保护条例关于民间戏曲的界定是不是还不够完善呢？我们在这里仅对民间戏曲的其中一个案例做出分析，其他民间传说、民间故事、民间曲艺等民间文学艺术作品的保护还有很多值得细细斟酌的地方，所以保护条例也许还有修订的空间。

2011年12月，最高人民法院发布了《关于充分发挥知识产权审判职能作用推动社会主义文化大发展大繁荣和促进经济自主协调发展若干问题的意见》，提出推动知识产权立法，加强知识产权诉讼制度建设，完善审判体制和工作机制的指导意见。对非物质文化遗产知识产权保护提到很多实质性内容，比如："本着传承与创新、保护和利用并重的原则，根据现有法律和立法精神，积极保护民间文学艺术、传统知识、遗传资源等非物质文化遗产，公平合理地协调和平衡在发掘、整理、传承、保护、开发和利用过程中各方主体的利益关系。坚持尊重原则，利用非物质文化遗产应尊重其形式和内涵，不得以歪曲、贬损等方式使用非物质文化遗产。坚持来源披露原则，利用非物质文化遗产应以适当方式说明信息来源。鼓励知情同意和惠益分享，非物质文化遗产利用者应尽可能取得保存者、提供者、持有者或者相关保护部门的知情同意，并以适当方式与其分享使用利益。综合运用著作权法、商标法、专利法、反不正当竞争法等多种手段，积极保护非物质文化遗产的传承和商业

---

① 欧阳光、倪彩霞：《从"中国文艺类非物质文化遗产保护维权第一案"说起——兼论我国非物质文化遗产法律保护的现状与思考》，载《文化遗产》2012年第4期，第39－40页。

开发利用。"① 该意见还提到应该充分利用著作权法、商标法、专利法、反不正当竞争法等相关法律对非物质文化遗产进行知识产权的保护。该意见对今后我国的非物质文化遗产知识产权立法必定产生积极的推动作用。

除了以上方面，还可以考虑向欧美和日韩等学习，制定适合我国国情的、与非物质文化遗产相关的部门法，以及与传统知识保护、非物质文化遗产保护、文化遗产保护等相关的法律法规，为我国非物质文化遗产的保护与传承、开发与利用提供完备的法律体系。

目前，我国非物质文化遗产的法制建设在行政立法方面进展更为顺利，现行的《非物质文化遗产法》，地方保护条例和部门规章、办法都属于行政法范畴，这与国际的情况基本一致。"有关非物质文化遗产的行政性保护，国际上的相关讨论虽然开始较晚，但很快达成共识并形成了《保护非物质文化遗产国际公约》一类的具有约束力的国际性文件。这显然是因为，非物质文化遗产的行政性保护，仅仅涉及国家或政府的行为，操作起来比较简单。"② 行政立法的顺利开展，使得我国在短短十多年里建立起一个自上至下、迅速有效的非物质文化遗产保护机制，取得很大的成绩。但是，在行政法的框架内，依然有可进一步完善的地方。首先，我国的《非物质文化遗产法》共6章45条，对非物质文化遗产的定义和内容、判断标准、保护意义、国家和各级政府的职责做了明确的界定，也明确规定了非物质文化遗产的调查、保护名录、传承和传播以及法律责任。随着非物质文化遗产保护工作的深入发展，对《非物质文化遗产法》进行修订、制定实施细则显得非常有必要。日本的《文化财保护法》自1950年颁布以来经过了14次修订，现在共203条。韩国的《文化财保护法》自1962年颁布以来也经过了10多次修订，现在共106条。日韩的《文化财保护法》可操作性比较强，在依法保护的过程中不断根据实际情况修改完善，还制定了其他一系列法律规章加以支持和衔接。日韩关于文化遗产的法制建设经验对我们的法制建设应该有可以借鉴的地方。

在代表性传承人的认定和管理方面，2008年文化部发布了《国家级非物质文化遗产项目代表性传承人认定与管理暂行办法》，但在实际操作中，传承人认定程序的公允性、传承人的退出机制、警惕传承人的文化霸权以及处理好代表性传承人与一般传承人的关系等问题，值得进一步推敲斟酌。按照暂行办法，认定代表性传承人，"应当坚持公开、公平、公正的原则，严格履行申报、审核、评审、公示、

---

① 见法律图书馆网络（mqhttp://www.law-lib.com/law/law_view.asp?id=370632）。
② 李明德、管育鹰：《非物质文化遗产法律保护研究报告》，见中国社会科学院知识产权中心编《非物质文化遗产保护问题研究》，知识产权出版社2012年版，第349页。

审批等程序"①。但是，非物质文化遗产项目保护单位在向所在地县级以上文化行政部门推荐该项目代表性传承人的时候，就有选择的空间。比如，对广东省高州木偶戏国家级代表性传承人的评定就产生过纷争。高州木偶戏的早期形态是单人木偶戏，粤剧木偶戏是后来在发展过程中出现的艺术形态。然而，保护单位在代表性传承人申报工作中，对历史了解不够深入或者夹杂利益考虑，导致申报工作出现误差，对德高望重的老艺人造成感情上的伤害。这样的事在全国不止一起。

　　另外，关于传承人的退出机制问题，"我国非物质文化遗产的保护工作起步较晚，特别是对非物质文化遗产传承人的认定缺乏经验，很容易按照惯例把它和以往评选先进、劳模或技术职称评定，或荣誉称号的授予相互混淆"②。各级代表性传承人获得认定后，基本就是终身荣誉。上述暂行办法第十六条规定："国家级非物质文化遗产项目代表性传承人无正当理由不履行传承义务的，经省级文化行政部门核实后，报国务院文化行政部门批准，取消其代表性传承人资格，重新认定该项目的代表性传承人。"事实上，"无正当理由"该如何判断比较模糊，谁来监督也语焉不详。我们来看日本的情况："被指定为国家的重要无形文化遗产保持者（人间国宝）或保持团体固然是很高的荣誉，但同时他们也必须承担相应的法定责任和义务。例如，不得对'技能'采取密不授人的态度，有责任和义务积极地公开自己的绝活和成果；与此同时，政府也有权对他们就公开其技能与作品或公开其有关记录等提出'劝告'，也有权就他们从事的文化遗产保存与传承活动进行必要的'建议'和'劝告'。此外，当保持者或保持团体发生诸如死亡、团体解散，或保持者因身心健康问题不再适任，或保持团体因人员构成变动导致不再适任等法定事由时，文部科学大臣有权'解除认定'，解除认定后应该予以公告，并将解除认定的结果通知保持者或保持团体的负责人。由于日本政府在重要无形文化遗产的认定，包括其保持者或保持团体的认定上始终处于主导地位，也由于日本媒体有较高的自律性以及认定程序公开、认定依据的调查报告等信息的公开透明等原因，遂使'人间国宝'这一一般国民给予无形文化遗产保持者亦即传承人的荣誉称号很少被滥用，其公信力一直以来得到了较好的维持，其权威性也得到了全社会的公认。"③

　　如果代表性传承人居功自伟，对"技能"密不授人，消极公开自己的绝活和成果，消极培养后继人才，该怎么办？代表性传承人获得荣誉和特权后容易滋生文化霸权，又该怎么办？我们在多年的基层调研中确实遇到了这样的代表性传承人，有

---

①　文化部非物质文化遗产司主编：《非物质文化遗产保护法律法规资料汇编》，文化艺术出版社2013年版，第50页。
②　周超：《中日非物质文化遗产传承人认定制度比较研究》，载《民族艺术》2009年第2期，第17页。
③　周超：《中日非物质文化遗产传承人认定制度比较研究》，载《民族艺术》2009年第2期，第18页。

的甚至对学者开展独立调查研究进行阻挠。比如，我们在做传统戏剧老一辈表演艺术家的口述史研究时，需要查阅老艺术家主演和导演过的剧本资料，年轻的代表性传承人以"这是剧团珍宝，不能随便公开，以防外流"为由进行阻拦，并且警告老艺术家不能提供重要资料。年轻的代表性传承人掌握了剧团的行政权，与地方文化主管部门领导交流顺畅，老艺术家已经退居二线，只能隐忍避让，所以老一辈表演艺术家的口述史研究只能暂时搁浅。这是在第一代代表性传承人与第二代代表性传承人之间出现的资源话语权的矛盾。在代表性传承人与一般性传承人之间也有不少矛盾。在基层调研中，我们发现，民间传承人的热情已经被调动起来，有一些一般性传承人可能出于各种原因自动隐蔽和被动隐蔽在民间，他们在某方面的技艺和才华甚至超过了代表性传承人，但是一般传承人的技艺传承条件远远比不上代表性传承人，他们想建立民间传承基地和协会，实际操作起来困难重重。

代表性传承人出现的这些问题，在韩国同样引起了讨论："被指定为无形文化财传承保有者后，便同时在经济和社会地位、社会影响方面获得极大的特权，包括从事传修教育的权限。首先被指定为传承保有者以后没有特别理由的话，是没有所谓过期一说的。这样被指定后每个月都可以得到固定数额的传承补助金直至去世。当然这笔凭特权和名誉获得的补助金，就金额来说数目不算多。但是，红极一时的'人间文化财'盛誉使这些传承保有者获得了相当于大学教授的社会地位和待遇，作品或者演出报酬方面的获利也几乎可以说一夜之间涨了数十倍。传承保有者的这类特权成为诸多并发症的直接诱因。"① 在韩国，被指定的无形文化财传承保有者与其他没有被指定为传承保有者的匠人或者艺人，因为荣誉与利益的不同，容易出现矛盾和纠纷。"无论如何也要当上传承保有者的想法，与其说会成为促进大家勤奋磨炼技艺的动力，还不如说诱导更多的人热衷于政治斗争。典型的案例就是1996年陶器制作技能传承保有者沙器匠的指定过程中，出现用金钱贿赂评审委员的事件。"② 在培养后继人才方面，"传承保有者拥有从事传修教育权、履修证颁发权、推荐传修教育助教和传修奖学金获得者的权利。这带来的问题是跟着一般的匠人或者艺人，或者非指定的普通学校学习的人，实际上无法获得履修证，而且不能成为传修教育助教，也不能获得传修奖学金。因此参加传修教育者的目标集中在获得成为传承保有者资格上面，而不是为了传承而学习上。传承保有者也借着所持有的传修教育权赚取高额讲课费。举例来说，有的传承保有者一年招15名学生，以传承

---

① ［韩］金镐杰：《韩国无形文化遗产保护经验及亟待解决的课题》，载《文化遗产》2014年第1期，第22页。

② ［韩］金镐杰：《韩国无形文化遗产保护经验及亟待解决的课题》，载《文化遗产》2014年第1期，第22页。

教育费的名义收取每人每年 600 多万元的学费。而且，因为传修教育权限集中在传承保有者身上，甚至出现了学习者充当传承保有者'奴仆'的案例"①。韩国和我国出现的关于传承人的这些问题同样值得注意，我们须以此为戒，进一步完善代表性传承人认定和管理办法以及退出机制。

最后，非物质文化遗产法律制度的建设不仅关系到立法，还包括法律实施、法律监督、普法教育等方面。因此，完善法律监督、加强普法教育也非常重要。非物质文化遗产法律制度的建设任重而道远，让我们共同努力，并拭目以待。

---

① ［韩］金镐杰：《韩国无形文化遗产保护经验及亟待解决的课题》，载《文化遗产》2014 年第 1 期，第 22 页。

法律问题研究

从"中国文艺类非物质文化遗产保护维权第一案"说起
——兼论我国非物质文化遗产法律保护的现状与思考[①]

欧阳光　倪彩霞

一、中国文艺类非物质文化遗产保护维权第一案

2010年1月21日,安顺文化局以侵犯安顺地戏署名权为由,状告电影《千里走单骑》的导演张艺谋、制片人张伟平及发行方北京新画面影业有限公司。这一案件在《中华人民共和国非物质文化遗产法》(以下简称《非物质文化遗产法》)颁布之后开庭审理,被媒体称为"中国文艺类非物质文化遗产保护维权第一案",引起了社会的关注。事情的起因如下。

2005年10月22日,张艺谋导演的《千里走单骑》在日本东京首映,随后在国内各大院线与观众见面。电影开头有一段傩戏表演《战潼关》,影片话外音介绍说:"这是云南省的面具戏。"电影讲述一位日本父亲为实现儿子的心愿,远赴中国云南拍摄傩戏,从而与当地人以及傩戏艺人发生了一系列感人的故事。电影以爱和沟通为主题,贯穿影片始终的一条线索是云南省的面具戏。

云南的确有面具戏,其中以三国戏为主的叫关索戏,2010年入选第三批国家级非物质文化遗产名录。电影选择"云南面具戏"作为故事题材,按道理应该到云南澄江小屯村请傩队表演。但是不知道为什么影片中穿插的傩戏剧目《战潼关》和《千里走单骑》却邀请了贵州安顺文体局局长帅学剑担任戏曲艺术指导,安顺市平坝县詹家屯村傩队进行表演。法律纠纷也由此而生。

贵州安顺地戏是贵州省地方戏曲剧种之一,流行于安顺地区以及长顺、六枝、盘县、都匀等地,因在平地演出而得名。明初,朝廷为平定西南局势,大举南征,在贵州安顺、平坝一带驻扎了大量军队。战事结束后,朱元璋令明军择地建城,逐渐形成了屯堡。中原地区的傩俗随着屯军、移民流入贵州,逐渐形成了安顺地戏。《续修安顺府志》记载说:"当草莱开辟之后,人民习于安逸,积之既久,武事渐废,太平岂能长保?识者忧之,于是乃有跳神戏之举。借以演习武事,不使生疏,

---

[①] 此文为教育部人文社科基地重大项目"非物质文化遗产保护法制建设"的研究成果,曾发表于《文化遗产》2012年第4期,修订后收录入本书。

含有寓兵于农之深意。"安顺地戏以各个朝代的大传正史为题材,有"跳汉书""跳三国""跳说唐""跳征东""跳征西""跳平南""跳杨家将"等系列,剧目全部是武戏,而且全由男性戴面具扮演,表演风格粗犷雄浑。

云南澄江关索戏是西南地区另一种面具戏,专演三国戏,与贵州安顺地戏同属军傩系统。根据学者的考证,关索戏大概形成于清咸丰以后,"或为贵州安顺地区某村的一副戏箱流传到澄江小屯村,而那里相传是关索前部先锋驻地,遂称为关索戏"①。对于它们之间的流播关系,庹修明老师做过进一步考察:"贵州地戏的传承路线,基本上或主要是沿着南征军的行军路线及屯田驻军分布的,呈现出明显的带状构架,其中心是贵州安顺,并一直延伸到云南澄江县阳宗小屯一带。"②也就是说,这两种面具戏在艺术上是一脉相承的,安顺地戏影响了关索戏的形成。安顺地戏因其悠久的历史、丰富的文化内涵早在2006年就入选了国家级非物质文化遗产名录。也许张艺谋不清楚这两种面具戏之间的关系,稀里糊涂地跑到贵州把安顺地戏的艺人请来表演,最后还张冠李戴地定名为"云南面具戏"。

电影上映之后,安顺文化局、参演的安顺地戏演员以及村民们产生了强烈不满,碍于当时张艺谋担任2008年北京奥运会开幕式总导演,为了不影响这一举国盛事,再加上别的原因,安顺文化局拖到2010年才诉诸法律。5月11日,该案在北京市西城区人民法院开庭审理。原告安顺市文化局诉称,贵州安顺地戏有600年的历史,被誉为"中国戏剧的活化石"。电影《千里走单骑》以"云南面具戏"为线索并贯穿始终,该影片所宣传的"云南面具戏"实际上是"安顺地戏",是由安顺市詹家屯的詹学彦等8位地戏演员出演的。被告没有在任何场合为影片中面具戏的真实身份正名,以至观众以为影片中面具戏的起源地、传承地就在云南。被告的这种侵犯"安顺地戏"署名权的行为,严重伤害了安顺人民的情感,因此诉请法院判令被告在媒体上刊登声明以消除影响,今后发行放映该片时注明使用"安顺地戏"的事实。

被告从两方面提出反驳:第一,国家非物质文化遗产的相关法律属于行政法规范畴,不能自然生成民事权利,而且我国文化丰富多彩,非物质文化有无知识产权或由谁享有,没有法律依据;第二,电影是艺术创作,当中的人物、故事情节都是虚构的,不能对号入座。③

---

① 《中国戏曲剧种大辞典》编辑委员会编:《中国戏曲剧种大辞典》"关索戏"条,上海辞书出版社1995年版,第1512页。
② 庹修明:《中国古代军旅祭祀遗韵——屯堡地戏》,见庹修明《叩响古代巫风傩俗之门——人类学民族学视野中的中国傩戏傩文化》,贵州民族出版社2007年版,第211页。
③ 李松、黄洁:《原告坦承诉请无据希望引起重视》,载《法制日报》2010年5月12日第5版。

法院经审理后认为，被告将真实存在的"安顺地戏"作为一种文艺创作素材用在影片《千里走单骑》作品中，就戏剧表演的配器及形式加以一定的改动，使表现形式符合电影创作的需要，此种演绎拍摄手法符合电影创作规律。此外，被告主观上并无侵害非物质文化遗产的故意和过失，客观上也未对"安顺地戏"产生歪曲、贬损或者误导混淆的负面效果，故对原告的诉讼请求不予支持。在判决书中，法院还肯定了各级有关机关和社会公众对"安顺地戏"的重视和保护，同时也提醒电影从业者应当增强对中国著作权法和新颁布的《非物质文化遗产法》的学习运用，谨慎从业，尽可能预防和避免民事纠纷的发生。①

宣判结束后，安顺市文化局不服，向北京市第一中级人民法院提起上诉。2011年9月14日，北京市第一中级人民法院认定"安顺地戏"不属于"作品"的范畴，不受《中华人民共和国著作权法》（以下简称《著作权法》）保护，维持一审原判。负责此案的北京市第一中级人民法院知识产权庭审判长芮松艳表示，现有立法对非物质文化遗产的民事保护，主要适用《著作权法》。根据《著作权法》的规定，署名权的权利客体仅为作品，该案中构成作品的只能是安顺地戏的具体剧目。安顺地戏是一个剧种，不能构成权力客体因而不受保护，对于原告提出的对"安顺地戏"署名权的主张，法院无法支持。芮松艳说："《著作权法》明确规定，民间文学艺术作品的保护办法由国务院另行规定，但相关规定目前并未出台，这使得民间文学艺术作品仅能获得与一般意义上的作品同等的保护，特殊层面的救济较难实现。"对于这一结果，"多数公众认为，被告行为有所不当，因而对原告最终败诉不能理解"②。原告更是觉得委屈："就像自己的孩子，被别人抱走了，还被别人取了名字。"安顺文体局局长邹正明说，二审败诉后他们将提起申诉。③

二、从案件分析我国非物质文化遗产保护适用法规

从案件的诉讼过程来看，关键在于该案提出的法律依据《著作权法》是否妥当，安顺地戏的署名权到底成不成立。

首先，我们来分析《著作权法》关于民间文学艺术保护的有关条文。《著作权法》第三条规定："本法所称的作品，包括以下列形式创作的文学、艺术和自然科学、社会科学、工程技术等作品：（一）文字作品；（二）口述作品；（三）音乐、戏剧、曲艺、舞蹈、杂技艺术作品。"按照法院解释，《著作权法》所保护的权利

---

① 涂铭、李京华：《"中国文艺类非物质文化遗产保护维权第一案"宣判》，见新华网2011年5月24日。
② 周斌：《法律缺位致"非遗"难获司法特殊救济》，载《法制日报》2012年4月25日。
③ 张媛：《"安顺地戏"告张艺谋侵权败诉，将再提起申诉》，载《新京报》2012年9月15日。

客体是具体的戏剧作品而不是剧种，安顺地戏作为一个剧种，无法受到《著作权法》的保护。

这种割裂剧目与剧种、艺术表现形式与其来源之间联系的司法解释，既不符合非物质文化遗产的文化属性，更有损于非物质文化遗产的保护。《著作权法》第六条进行了一定的补充："民间文学艺术作品的著作权保护办法由国务院另行规定。"

根据2005年3月国务院办公厅颁发的《关于加强我国非物质文化遗产保护工作的意见》，非物质文化遗产指"各族人民世代相承的、与群众生活密切相关的各种传统文化表现形式（如民俗活动、表演艺术、传统知识和技能，以及与之相关的器具、实物、手工制品等）和文化空间。"① 表演艺术不仅是一个故事表达（剧目），还包括音乐、舞蹈、肢体、舞台的表达（表演形态），是一种综合的"表现形式"（expression），而非简单的"作品"（work）。

《著作权法》认定的权利客体无法涵盖非物质文化遗产的文化内涵，有学者认为："严格说起来，著作权法不适用于保护民间文学艺术。把民间文学艺术列入著作权法保护的作品之列，予以保护是不妥当的。"② 因此，安顺地戏署名权案仅适用《著作权法》是不够的，应该从相关非物质文化遗产保护法规方面寻求法律支撑。

其次，从相关法规分析安顺地戏的署名权到底成不成立。《关于加强我国非物质文化遗产保护工作的意见》提出："坚持非物质文化遗产保护的真实性和整体性，在有效保护的前提下合理利用，防止对非物质文化遗产的误解、歪曲或滥用。在科学认定的基础上，采取有力措施，使非物质文化遗产在全社会得到确认、尊重和弘扬。"电影《千里走单骑》请安顺市文化局官员担任戏曲艺术指导，由安顺地戏演员演出传统剧目《战潼关》《千里走单骑》，却在影片中介绍说这是"云南面具戏"，虽是无心之过，却在事实上造成了观众的误解，混淆了安顺地戏与澄江关索戏的艺术表现形式，直接妨害了安顺地戏"在全社会得到确认、尊重和弘扬"。

2006年11月，文化部发布《国家级非物质文化遗产保护与管理暂行办法》，其中第二十六条第一款提出："有下列行为之一的，对负有责任的主管人员和其他直接责任人员依法给予行政处分；构成犯罪的，依法追究刑事责任：（一）擅自变更国家级非物质文化遗产项目名称或者保护单位的。"安顺地戏拥有几百年的历史，

---

① 国际社会上，"非物质文化遗产"的概念有一个演进的过程，从20世纪80年代开始称民间文学艺术、民间传统文化、传统文化表现形式，发展到21世纪初又称民族民间文化、无形文化遗产、非物质文化遗产。具体参见王鹤云、高绍安《中国非物质文化遗产保护法律机制研究》第一章"非物质文化遗产的界定"，知识产权出版社2009年版。

② 严永和：《民间文学艺术的知识产权保护论》，法律出版社2009年版，第123页。

是安顺地区、贵州省具有代表性的传统表演艺术，虽然2006年才入选第一批国家级非物质文化遗产名录，其名实却由来已久。电影《千里走单骑》早在2004年就完成了地戏的拍摄，不一定适用上述办法的处罚，但辩称安顺地戏只是一种艺术素材，影片中的面具戏是艺术创作，这种取其实去其名的做法有失公义，有"擅自变更国家级非物质文化遗产项目名称"的嫌疑。

安顺文化局提起二审诉讼期间，备受期待的《中华人民共和国非物质文化遗产法》于2011年2月颁布，6月1日起施行。其总则部分的第五条明确规定："使用非物质文化遗产，应当尊重其形式与内涵。禁止以歪曲、贬损等方式使用非物质文化遗产。"从国家立法层面再一次强调了非物质文化遗产名实合一的整理性保护原则。署名权是《著作权法》的权利内容，因为现行《著作权法》无法为非物质文化遗产提供有效保护，因此，安顺地戏维权案中可以改变署名权的提法，在《非物质文化遗产法》的框架内提出诉求：安顺地戏作为国家级非物质文化遗产，根据整体性保护原则应该得到名实相符的尊重。

另外，《非物质文化遗产法》鼓励在有效保护的前提下对非物质文化遗产项目进行传播与合理利用。其中第三十七条提出："开发利用非物质文化遗产代表性项目的，应当支持代表性传承人开展传承活动，保护属于该项目组成部分的实物和场所。"作为安顺地戏的保护单位和传承人，安顺方面原本希望通过这次文化服务机会扩大安顺地戏的影响，因《千里走单骑》由我国著名导演张艺谋执导，又由日本资深电影演员高仓健主演，其国际、国内的影响是可以预期的。

2010年年底，中山大学中国非物质文化遗产研究中心承担了教育部社科基地重大项目"中国非物质文化遗产法制建设研究"，课题组成员分赴全国各地开展非物质文化遗产保护的调研。其中，王娜老师于2011年8月深入贵州安顺詹家屯村访问了参加表演的地戏演员，鼓手詹学友等讲述了当时的情况。当年，电影摄影组通过各种关系，费尽苦心联系上安顺市文化局和安顺地戏队，邀请他们到云南丽江参加表演。大家很高兴，八个人一起提前到了丽江，在摄影组待了二十天。大家没想到表演的节目剪辑到电影里之后，成了"云南面具戏"，而且在长达四年多的传播中，制片方和导演也没有发表声明，说明片中的戏剧片段来源于贵州安顺地戏。"云南丽江不应该把我们的地戏说成他们的。就是张艺谋忽悠了我们。""早晓得会是这样，根本就不会去跳！"大家觉得很委屈。很显然，电影方不了解我国非物质文化遗产保护的形势以及作为公众传媒对传播非物质文化遗产应负的社会责任，没有想到在利用安顺地戏的时候应该"支持代表性传承人开展传承活动"。

最后，安顺地戏维权案可以参考援引的国际法规。我国关于非物质文化遗产知识产权立法尚处于摸索阶段，在维权过程中有诸多问题无法得到很好地解决，这时可以参考相关的国际法规。1982年，世界知识产权组织和教科文组织发布《保护民间文学艺术表达形式，防止不正当利用及其他侵害行为的国内法示范法条》（以下简称《示范法条》），这是鉴于非物质文化遗产著作权保护模式的不足，国际社会转而寻求专有权利的保护。

《示范法条》提出为非物质文化遗产提供一种特殊的保护模式：（1）权利客体方面，采用"民间文学表现形式"（expressions of folklore）的称谓，而未沿用《著作权法》上"作品"（work）的表述。民间文学表现形式的范围包括口头表达、音乐表达、动作表达和有形表达。（2）权利内容方面，有别于《著作权法》作品授权使用的做法，凡以营利为目的且在传统方式之外的使用，须经相关社区主管机关授权同意；但属于传统方式的使用，不论是否具有营利目的，均无须取得授权。至于传统方式以外的使用，如不以营利为目的，亦不受禁止。（3）强调民间文学表现形式与其来源之间的联系，做出"注明出处"的规定，有关民间文学表现形式的任何公开传播，必须以恰当方式标明其来源，提及民间文学表现形式的起源社区或其地理位置。①

《示范法条》出台后，国际社会关于传统文化的知识产权保护有了进一步的认识。2002年，太平洋共同体与联合国教科文组织共同推出《太平洋地区保护传统知识和文化表达形式的框架协议》（以下简称《太平洋示范法》）。《太平洋示范法》提出对传统知识与传统文化表达形式的"综合性特别权利"保护模式，主要包括传统文化权和精神权利。其中，传统文化权包括以下事先知情同意权：（1）复制权；（2）出版权；（3）表演或者展览权；（4）播送权；（5）翻译权、改编权、选编权、修改权；（6）固定权；（7）网络传播权和电讯传播权；（8）创作衍生作品权；（9）制造、使用、许诺销售、销售、进口或者出口权；（10）其他使用权。

而精神权利包括归属权和排除贬损权，归属权（the rights of attribution of ownership）指"与'传统'的所有者的传统知识和传统文化表达形式有关的所有权归属的权利。对传统知识或者传统文化表达形式的所有权错误归属于他人时，享有排除权。对传统知识和传统文化表达形式衍生作品的利用，利用者也应披露有关传统知识和传统文化表达形式的所有人或者该作品的来源地"②。

根据国际立法情况，国际社会早就肯定了传统知识、传统文化表达形式的知识产权，并在相当程度上规定了非物质文化遗产的特殊文化权利，安顺地戏是贵州省

---

① 吴汉东：《论传统文化的法律保护——以非物质文化遗产和传统文化表现形式为对象》，载《中国法学》2010年第1期，第53页。

② 严永和：《民间文学艺术的知识产权保护论》，法律出版社2009年版，第179页。

安顺地区具有标志性的传统文化表达形式，为安顺屯堡人所拥有，安顺文化局作为文化主管机关，与安顺屯堡人都可作为权利主体。屯堡人享有对安顺地戏的表演、改编、创作衍生作品等权利，文化局对安顺地戏有授权使用的权利。不管电影《千里走单骑》是直接使用安顺地戏，或者改编，又或者是利用安顺地戏作为素材进行艺术加工、创作，都应该取得授权，并且必须标明其出处，"以恰当方式标明其来源，提及民间文学表现形式的起源社区或其地理位置"，否则就损害了安顺地戏的文化归属权。

三、我国非物质文化遗产法律保护的现状

从安顺地戏维权案中被告律师反驳的理由以及原告一再败诉的事实来看，我国非物质文化遗产的立法工作相对滞后，不能给予非物质文化遗产足够的法律保护。中国拥有丰富的非物质文化遗产，据初步统计，资源总量多达87万项，已有36个项目入选联合国教科文组织"人类非物质文化遗产代表作名录"和"急需保护的非物质文化遗产名录"，认定了1219项国家级名录、1488名国家级传承人，建立了12个国家级文化生态保护实验区。随着保护工作的全面铺开和深入进行，立法保护成了刻不容缓的事情。

从20世纪90年代开始，我国已经开始制定有关民族民间传统文化的单项或地方性法律法规。2003年11月，全国人大拟定了《中华人民共和国民族民间传统文化保护法草案》。2004年8月，中国加入联合国教科文组织《保护非物质文化遗产公约》，上述草案改为《中华人民共和国非物质文化遗产保护法草案》，列入了全国人大立法规划。2011年2月，《非物质文化遗产法》颁布，这是我国第一部关于非物质文化遗产的国家层面的专门法，对非物质文化遗产的调查、代表性项目名录、传承与传播、法律责任等做出了明确规定。

在此前后，我国先后颁布实施的与非物质文化遗产有关的行政法规、法规性规章性的文件包括《中医药品种保护条例》（1993年）、《传统工艺美术保护条例》（1997年）、《关于加强我国非物质文化遗产保护工作的意见》（2005年）、《国家级非物质文化遗产保护与管理暂行办法》（2006年）、《关于切实加强民族医药事业发展的指导意见》（2007年）、《关于加强老字号非物质文化遗产保护工作的通知》（2007年）、《中国非物质文化遗产标识管理办法》（2007年）、《国家级非物质文化遗产项目代表性传承人命名办法》（2008年）、《关于做好少数民族语言文字管理工作的意见》（2010年）。

在地方立法方面，2000年5月，云南省率先制定《云南省民族民间传统文化保护条例》。此后，贵州、福建、广西、江苏、浙江、宁夏、新疆、广东等省、自治

区分别通过了非物质文化遗产的保护条例。安徽淮南,云南丽江,江苏的无锡、苏州,浙江杭州等地还出台了关于花鼓灯、东巴文化、紫砂、昆曲、龙井茶等单项非物质文化遗产的保护条例。

除此之外,《中华人民共和国宪法》《中华人民共和国民族区域自治法》《中华人民共和国刑法》《中华人民共和国著作权法》《中华人民共和国教育法》《中华人民共和国义务教育法》《中华人民共和国高等教育法》《中华人民共和国民办教育促进法》《中华人民共和国体育法》《中华人民共和国反不正当竞争法》《中华人民共和国药品管理法》等现行法律也有个别条款涉及非物质文化遗产的原则性保护。①

非物质文化遗产具有经济和文化双重属性,基于不同的属性,表现为私人财产权和集体文化权两种不同的权利形式,对应私法和公法两种不同的保护方式。② 我国现有的法律法规基本上立足于对非物质文化遗产的公权保护,侧重于行政保护方法,对非物质文化遗产的私权保护力度不够。在行政法保护框架内,偏重于原则性的规定,对确认、保存、保护、宣传、传承、振兴过程中出现的具体问题缺乏实施性指引,对政府部门的作为或不作为缺乏监督。再就是民众的非物质文化遗产法律保护意识薄弱,对权利与义务、侵权与维权缺乏认识。根据"中国非物质文化遗产法制建设研究"课题组在过去两年中对不同地区、不同类型、不同级别的非物质文化遗产展开的调研③,我国非物质文化遗产的法律保护在以下问题上有待深入。

(1) 在申报认证环节,跨区域非物质文化遗产如何有效实现资源整合、协调申报?中华文明历史悠久,地域广阔,行政区划变动更迭,加上文化资源同源共生等现象,造成非物质文化遗产跨区域存在。现行法规中,《非物质文化遗产法》第二十一条规定:"相同的非物质文化遗产项目,其形式和内涵在两个以上地区均保持完整的,可以同时列入国家级非物质文化遗产代表性项目名录。"这是非物质文化遗产认定扩展项目的法律依据,适用于在不同区域流传、在形式与内涵上相对完整的非物质文化遗产。对于同一项非物质文化遗产分跨不同区域,只在地方立法中提到,《广东省非物质文化遗产保护条例》第六条提出:"非物质文化遗产保护、保存工作涉及两个以上行政区域的,由共同的上级人民政府及其文化主管部门予以协

---

① 王鹤云、高绍安:《中国非物质文化遗产保护法律机制研究》,知识产权出版社2009年版,第107－110页。

② 吴汉东:《论传统文化的法律保护——以非物质文化遗产和传统文化表现形式为对象》,载《中国法学》2010年第1期,第55页。

③ 本课题组成员许浩然、郑海健、王司宇、贺萍四位研究生分别对冼夫人信俗、西溪地区蒋村龙舟胜会、蒙古包营造技艺、江西永新和子四珍展开调研,安顺地戏、浏阳花炮、高州单人木偶戏由王娜、李惠、倪彩霞三位老师展开调研。

调。"粤剧作为广东省第一个世界级非物质文化遗产项目,是粤港澳联合申报的成功范例。

"岭南圣母"冼夫人,高凉郡人,德高望重的百越首领,历梁、陈、隋三朝而致力于维护国家统一、民族团结。冼夫人信仰广泛流传于广东、海南,影响远及广西、港澳台地区,以及东南亚和部分欧美国家。多年来,茂名市辖下高州市和电白县因冼夫人故里之争,延误了冼夫人信仰民俗的申报工作。专家们多年前提出的广东与海南联合申报国家级非物质文化遗产的建议,也因缺乏协调机制,至今没有落实。2008年,以冼夫人为信仰内核的"海南军坡节"列入海南省非物质文化遗产。2011年,茂名市才以"冼夫人信俗"向上申报,列入广东省非物质文化遗产。这种各自为政、地方保护主义的现象影响了冼夫人信俗的保护与传播,实为憾事。在非物质文化遗产跨区域合作申报的问题上,行政方面可以制定在不同层级联合申报的实施条例,鼓励公民、法人和其他组织参与申报。

(2) 在保护传承环节,如何保证非物质文化遗产传承人认定的公信力,提高对地方政府以及主管部门作为或不作为的监督力度?《非物质文化遗产法》第二十九、第三十一条对传承人的资格、义务提出了要求,但对传承人的权利、传承人认定的操作规程、如何保证认定的公信力没有相关规定。事实上,"出于利益的考虑,撇开一流传承人于不顾而将二流乃至三流传承人申报上来的情况并不少见"[1]。

广东高州有一位老艺人叫梁东兴,他是单人木偶演艺世家的第四代传人,演艺精湛,在高州享有盛誉。2006年,高州木偶戏列入国家级非物质文化遗产,在推荐国家级传承人的时候,当地文化局整理了他的有关材料。2008年年底结果出来的时候,高州木偶剧团的两位团长被认定为国家级传承人,梁东兴的材料却根本就没有报上去。这件事对老艺人造成很大的打击,一度想放弃毕生的表演事业远走他乡,也想过提起诉讼。经过内心的挣扎,最终还是放不下演出担子和观众留了下来。茂名文化局得知此事后进行调停,对事情做了补救。2009年,梁东兴被认定为省级传承人。在今后的法律工作中,应该对传承人的认定程序、传承人的权利与义务做出明确的规定。

(3) 在发展振兴环节,在生活方式、社会环境发生变化的情况下,如何切实保护非物质文化遗产所有者的文化选择权,平衡经济权益与文化传统之间的关系?随着非物质文化遗产保护主观认识和客观形势的发展,我国非物质文化遗产保护方式从抢救性保护发展为整体性保护、生产性保护。《非物质文化遗产法》第二十六条

---

[1] 苑利、顾军:《非物质文化遗产项目普查申报的五项原则》,载《温州大学学报》2010年第1期,第19页。

规定:"对非物质文化遗产代表性项目集中、特色鲜明、形式和内涵保持完整的特定区域,当地文化主管部门可以制定专项保护规划,报经本级人民政府批准后,实行区域性整体保护。确定对非物质文化遗产实行区域性整体保护,应当尊重当地居民的意愿,并保护属于非物质文化遗产组成部分的实物和场所,避免遭受破坏。实行区域性整体保护涉及非物质文化遗产集中地村镇或者街区空间规划的,应当由当地城乡规划主管部门依据相关法规制定专项保护规划。"

事实上,在区域性整体保护的实施过程中,非物质文化遗产所有者可能面临着被动选择。2010年,蒋村龙舟胜会被列入国家第三批非物质文化遗产扩展项目。由于蒋村位于杭州西溪国家湿地公园的中心,随着保护景区的建设,实行封闭式管理,村民已经全部外迁。龙舟胜会由原来单纯的水乡民俗变成了与旅游项目挂钩的景区民俗。从2005年起,每年端午,村民必须由蒋村街道办与湿地管委会协调,得到允许后才能进入深潭口景区赛龙舟。生活环境的变化,使村民对赛龙舟失去了往日的热情,龙舟的制造和装饰技艺面临失传的危险。

《非物质文化遗产法》第三十七条规定:"国家鼓励和支持发挥非物质文化遗产资源的特殊优势,在有效保护的基础上,合理利用非物质文化遗产代表性项目开发具有地方、民族特色和市场潜力的文化产品和文化服务。开发利用非物质文化遗产代表性项目的,应当支持代表性传承人开展传承活动,保护属于该项目组成部分的实物和场所。县级以上地方人民政府应当对合理利用非物质文化遗产代表性项目的单位予以扶持。单位合理利用非物质文化遗产代表性项目的,依法享受国家规定的税收优惠。"

2006年,湖南浏阳花炮制作技艺被列入第一批国家级非物质文化遗产。但是从20世纪80年代开始,浏阳花炮已经逐渐从传统手工制作转为机械化生产,项目的传承人也都是该领域技术革新的领军人物。2008年,蒙古包营造技艺被列入第二批国家级非物质文化遗产。近年来,随着草原环境的变化、旅游业的发展,牧民逐渐从游牧转向定居,蒙古包由牧民居住方式变为旅游用品,出现了砖头、铁皮制作甚至方形的蒙古包,传统的蒙古包技艺发生了改变。对于这些与现代技术挂钩、适合转化为现代化产业的非物质文化遗产,我们保护的传统文化是什么?

如何保护传统手工技艺的核心技术和文化内涵?在尊重保护非物质文化遗产所有者文化选择权的时候,如何平衡经济权益与文化传统之间的关系,在法律方面是否可以给予合理的支持?这些问题值得我们深思。

(4)在生产性保护、产业化发展当中,如何保障非物质文化遗产的民事权益?保护是为了更好地发展,在非物质文化遗产中,传统技艺、传统医药、民俗以及部分传统文学艺术都可以走向市场,甚至实现产业化发展。在生产性保护当中,其民事权益在缺乏专门法律保护的时候，只能在现行法律，比如《中华人民共和国专利法》（以下简称《专利法》）、《中华人民共和国商标法》（以下简称《商标法》）、《中华人民共和国反不正当竞争法》（以下简称《反不正当竞争法》）中寻求保护，但末者直接适用于非物质文化遗产的内容不多。比如江西省吉安市永新县的"和子四珍"制作技艺，2006年被列入省级非物质文化遗产。"和子四珍"是永新民间用当地出产的姜、萝卜、橙皮、茄子经特殊酱晒而成的绿色食品。目前以家庭作坊、中小企业生产为主，没有统一商标，产品种类与质量也参差不齐，对"和子四珍"传统技艺的保护与传承造成了损害，也直接妨碍了"和子四珍"产业化发展的进程。

《商标法》第十六条规定："商标中有商品的地理标志，而该商品并非来源于该标志所标示的地区，误导公众的，不予注册并禁止使用；但是，已经善意取得注册的继续有效。前款所称地理标志，是指标示某商品来源于某地区，该商品的特定质量、信誉或者其他特征，主要由该地区的自然因素或者人文因素所决定的标志。"对于像"和子四珍"这样的项目来说，注册地理商标不失为生产性保护的一个有效办法，但是《商标法》关于商标使用期限、转让和使用许可的规定与非物质文化遗产的文化属性、文化权产生冲突，还是无法为非物质文化遗产提供周全的保护。

（5）面对不正当使用非物质文化遗产的侵权行为，如何保护非物质文化遗产的知识产权？安顺地戏维权案原告的一再败诉，突显了现有法律法规对非物质文化遗产知识产权保护的力不从心。我国非物质文化遗产数量庞大，资源被滥用、盗用、篡改、歪曲、贬损的事件不少。1996年，美国迪士尼公司以中国民间故事"木兰从军"为题材拍了一部动画片《花木兰》，全球票房收入超过20亿美元，中国并未从中受益。德国Enigma乐团在歌曲 *Return to Innocence* 中撷取台湾南部地区阿美人郭英男所唱《老人饮酒歌》的吟唱和旋律。*Return to Innocence* 此曲被誉为"20世纪新世纪音乐三大天唱"之一，还被选为1996年亚特兰大奥运的宣传片主题曲，而收录此曲的 *The Cross of Changes* 专辑并未注明该曲演唱者包括郭英男夫妇。云南南部少数民族世代相传的治病良药灯台树、灯盏花，被他人进行商业性开发，成为止咳、治疗心脑血管疾病的特效药，信息来源地人民却未获得任何经济上的回报。面对种种不正当使用非物质文化遗产的侵权行为，诉诸法律并获得保护的案例屈指可数。安顺地戏维权案中，就是由于非物质文化遗产与现行《著作权法》在权利客体认定上存在不一致，无法得到《著作权法》的保护；而《非物质文化遗产法》属于行政法，指导性强，操作性相对较弱，也无法为安顺地戏提供有效的知识产权保护。

四、建设我国非物质文化遗产法律制度的思考

根据联合国教科文组织的《保护非物质文化遗产公约》（2003年），非物质文化遗产指"被各社区、群体，有时是个人，视为其文化遗产组成部分的各种社会实践、观念表述、表现形式、知识、技能以及相关的工具、实物、手工艺品和文化场所"。"这种非物质文化遗产世代相传，在各社区和群体适应周围环境以及与自然和历史的互动中，被不断地再创造，为这些社区和群体提供认同感和持续感，从而增强对文化多样性和人类创造力的尊重。"非物质文化遗产包括：口头传统和表现形式；表演艺术；社会实践、仪式、节庆活动；有关自然界和宇宙的知识和实践；传统手工艺。也就是说，非物质文化遗产既包括传统文化的各种表现形式，也包括各类型的传统知识，具有文化权利和知识产权的双重权利形式。保护非物质文化遗产的根本目的是尊重文化多样性的存在，更是实现民族、区域文化的可持续发展。因此，非物质文化遗产的法律保护应该针对文化权利和知识产权建立一个公法与私法相结合的保护体系。

首先，在公法建设方面，我国已经在2004年加入了联合国《保护非物质文化遗产公约》，颁行了国家层面的《非物质文化遗产法》，以及省市的地方法规、条例。今后，随着保护工作的深入开展，应该进一步完善行政法律法规。其次，对现行的知识产权法如《著作权法》《商标法》《专利法》《反不正当竞争法》等进行修订，增加相关的非物质文化遗产保护内容，使非物质文化遗产适用于以上法律的部分有法可依。再次，制定一部专门的非物质文化遗产知识产权保护法，明确权利主体和客体、权利内容以及相应的法律责任。再次，加强法律宣传，提高公民、企业、社会团体的法律意识。最后，建设、完善有关法律，使非物质文化遗产得到根本性的保护。

《中华人民共和国非物质文化遗产法》形成的法律法规基础[①]

康保成[②]

2011年2月25日,《中华人民共和国非物质文化遗产法》(以下简称《非物质文化遗产法》)在第十一届全国人民代表大会常务委员会第十九次会议上获得通过。当天,胡锦涛主席签发《中华人民共和国主席令》(第四十二号)予以公布,并宣布《非物质文化遗产法》自2011年6月1日起施行。

我国从20世纪90年代末启动"民族民间文化保护"立法,到《非物质文化遗产法》的正式颁布,其间走过了十多年并不平坦的路。本文不再一一叙述《非物质文化遗产法》的立法过程和细节,而只想梳理其形成的法律法规基础,借以从中窥见《非物质文化遗产法》的立法依据和相关参照。

一、《中华人民共和国宪法》及国家相关法律

宪法是一个国家的根本大法。一切团体和个人的所有活动都必须在宪法和法律的框架内进行。《非物质文化遗产法》的制定无疑应当与《中华人民共和国宪法》(以下简称《宪法》)的相关条款相吻合。

虽然"非物质文化遗产"这个被整合起来的带有外来词色彩的新概念传入我国仅仅十年,但对非物质文化遗产所涵盖的具体内容进行保护,早在我国的《宪法》中就已经有明确的表述。例如《宪法》第四条第四款规定:"各民族都有使用和发展自己的语言文字的自由,都有保持或者改革自己的风俗习惯的自由。"这里提到的两个"自由",含有不允许干涉的、受法律保护的意味。第二十二条第二款更明确规定:"国家保护名胜古迹、珍贵文物和其他重要历史文化遗产。"这里所说的"其他重要历史文化遗产"无疑应当包括非物质文化遗产。

《宪法》之外,《中华人民共和国民族区域自治法》《中华人民共和国刑法》《中华人民共和国著作权法》《中华人民共和国教育法》《中华人民共和国体育法》

[①] 此文为教育部人文社科基地重大项目"非物质文化遗产保护法制建设"的研究成果,曾发表于《民族艺术》2012年第1期,修订后收入本书。

[②] 康保成,中山大学中文系、中国非物质文化遗产研究中心教授。

《中华人民共和国药品管理法》等国家级法律也都有与《非物质文化遗产法》相吻合的相关条款（见表1）。

表1 《宪法》等国家级法律与《非物质文化遗产法》相吻合的条款

序号	法律名称		相关内容
1	《中华人民共和国宪法》	第四条第四款	各民族都有使用和发展自己的语言文字的自由，都有保持或改革自己的风俗习惯的自由
		第二十二条第二款	国家保护名胜古迹、珍贵文物和其他重要历史文化遗产
		第四十七条	中华人民共和国公民有进行科学研究、文学艺术创作和其他文化活动的自由。国家对于从事教育、科学、技术、文学、艺术和其他文化事业的公民的有益于人民的创造性工作，给以鼓励和帮助
		第一百一十九条	民族自治地方的自治机关自主地管理本地方的教育、科学、文化、卫生、体育事业，保护和整理民族的文化遗产，发展和繁荣民族文化
2	《中华人民共和国民族区域自治法》	第六条第四款	民族自治地方的自治机关继续和发扬民族文化的优良传统，建设具有民族特点的社会主义精神文明
		第三十八条	民族自治地方的自治机关自主地发展具有民族形式和民族特点的文学、艺术、新闻、出版、广播、电影、电视等民族文化事业，加大对文化事业的投入，加强文化设施建设，加快各项文化事业的发展。民族自治地方的自治机关组织、支持有关单位和部门收集、整理、翻译和出版民族历史文化书籍，保护民族的名胜古迹、珍贵文学和其他重要历史文化遗产，继承和发展优秀的民族传统文化
		第五十九条	国家设立各项专用资金，扶助民族自治地方发展经济文化建设事业
3	《中华人民共和国刑法》	第二百五十一条	国家机关工作人员非法剥夺公民的宗教信仰自由和侵犯少数民族风俗习惯，情节严重的，处二年以下有期徒刑或者拘役

(续表1)

序号	法律名称		相关内容
4	《中华人民共和国著作权法》	第三条	本法所称的作品，包括以下列形式创作的文学、艺术和自然科学、社会科学、工程技术等作品：（一）文字作品；（二）口述作品；（三）音乐、戏剧、曲艺、舞蹈、杂技艺术作品
		第六条	民间文学艺术作品的著作权保护办法由国务院另行规定
5	《中华人民共和国教育法》	第七条	教育应当继承和弘扬中华民族优秀的历史文化传统，吸收人类文明发展的一切优秀成果
6	《中华人民共和国义务教育法》	第六条	招收少数民族学生为主的学校，可以用少数民族通用的语言文字教学
7	《中华人民共和国高等教育法》	第十条	国家依法保障高等学校中的科学研究、文学艺术创作和其他文化活动的自由
8	《中华人民共和国民办教育促进法》	第十一条	举办实施学历教育、学前教育、自学考试助学及其他文化教育的民办学校，由县级以上人民政府教育行政部门按照国家规定的权限审批；举办实施以职业技能为主的职业资格培训、职业技能培训的民办学校，由县级以上人民政府劳动和社会保障行政部门按照国家规定的权限审批，并抄送同级教育行政部门备案
9	《中华人民共和国体育法》	第十五条	国家鼓励、支持民族、民间传统体育项目的发掘、整理和提高
10	《中华人民共和国药品管理法》	第三条	国家发展现代药和传统药，充分发挥其在预防、医疗和保健中的作用

上述法律虽然都不是从非物质文化遗产保护的角度制定的，却为制定非物质文化遗产保护的法律体系提供了依据。此外，《中华人民共和国反不正当竞争法》第十条关于惩罚侵犯商业秘密行为的有关规定，也可以作为非物质文化遗产知识产权保护的法律依据。

二、国家行政法规

按照我国《宪法》《中华人民共和国立法法》和《行政法规制定程序条例》的相关规定，我国的法律体系包括法律、行政法规、地方性法规、自治条例和单行条例。法律由全国人民代表大会及其常务委员会制定，而行政法则由国务院各部门根据全国人大及其常委会授权制定。

在《非物质文化遗产法》正式出台之前，行政法规一直是我国非物质文化遗产保护的法律依据。其中，2005年3月，国务院办公厅颁发的《关于加强我国非物质文化遗产保护工作的意见》（以下简称《意见》），以及同时印发的作为《意见》附件的《国家级非物质文化遗产代表作申报评定暂行办法》（以下简称《办法》），在六年来的非物质文化遗产保护中发挥了十分重要的号召、推动和规范作用。这两个文件下发后，围绕着申报第一批国家级非物质文化遗产名录，在全国上下掀起了文化遗产保护的热潮。

其实早在1998年，我国就已经着手进行民族民间文化保护的立法准备。在"先地方、后中央"的立法思路指导下，于2000年产生了第一部省级保护法规——《云南省民族民间传统文化保护条例》。在此基础上，文化部和全国人大教科文卫委员会组织起草了《中华人民共和国民族民间传统文化保护法（建议稿）》。2003年11月，全国人大教科文卫委员会拟定了《中华人民共和国民族民间传统文化保护法草案》。2004年8月我国加入联合国教科文组织《保护非物质文化遗产公约》（以下简称《公约》）后，该草案修改为《中华人民共和国非物质文化遗产保护法草案》，并列入全国人大立法规划。鉴于立法程序之复杂和保护工作的急需，国务院办公厅（简称"国办"）的《意见》和《办法》应运而生。可见，《意见》和《办法》虽然是行政法规，但从某种意义上起到了法律的作用。也可以说，从国家的层面上看，《意见》和《办法》是《非物质文化遗产法》的前身。

2004年4月8日，文化部、财政部联合颁发了《关于实施中国民族民间文化保护工程的通知》（以下简称《通知》），并同时印发了附件《中国民族民间文化保护工程实施方案》（以下简称《方案》）。这两个文件显然是与民族民间文化保护的立法相配套的产物。

除了综合性的行政法规之外，某些专门法规更早产生，例如：

1993年1月1日，国务院颁布施行了《中医药品种保护条例》。本条例旨在建立一套中医药品种的分级保护制度，以保护中药生产企业的合法权益，与后来非物质文化遗产框架下的中医药保护有一定的关联。

1997年5月20日，国务院发布《传统工艺美术保护条例》。这是一部与现行的非物质文化遗产保护理念相吻合、针对传统工艺美术门类的专门保护条例。条例包括对传统工艺美术品种和技艺、制作者（相当于传承人）的认定，对珍品的收藏、命名和禁止出口，对保密制度的规定，以及对传统工艺美术原材料的管理规定等内容。

2000年2月13日，文化部、国家民委印发了《关于进一步加强少数民族文化工作的意见》，提出要加强少数民族传统文化的保持和利用，扶持优秀的少数民族文化，建立少数民族文化生态保护区。

以上是"非物质文化遗产"概念引入我国之前相关领域的法规建设情况。2005年以后，以联合国教科文组织《公约》和国办《意见》为依据，文化部、财政部、商务部和国家民委先后或联合或单独制定了一系列行政法规，例如《国家非物质文化遗产保护专项资金管理暂行办法》（2006年7月，财政部、文化部）、《国家级非物质文化遗产保护与管理暂行办法》（2006年11月，文化部）、《关于加强老字号非物质文化遗产保护工作的通知》（2007年2月，商务部、文化部）、《关于印发中国非物质文化遗产标识管理办法的通知》（2007年7月，文化部）、《国家级非物质文化遗产项目代表性传承人认定与管理暂行办法》（2008年5月，文化部）。

其中，文化部制定的《国家级非物质文化遗产保护与管理暂行办法》是综合性法规，可看成是国办《意见》和《办法》的实施细则，所以从某种程度上也是通向《非物质文化遗产法》的过渡性法规。

三、地方性法规

（一）综合性法规

据有关介绍，1998年年底，全国人大常委会教科文卫委员会主任委员朱开轩率队对云南省民族民间传统文化保护工作进行了考察。考察后，朱开轩向云南省人大建议，可否在全国率先制定有关保护民族民间传统文化的地方性法规，既为各地制定类似的法规提供借鉴，也为国家立法积累经验。云南省人大采纳了这一建议，组织班子起草文件并做了十四次较大的修改。2000年5月26日，云南省第九届人大常委会第十六次会议表决通过了《云南省民族民间传统文化保护条例》。这是我国第一个通过立法对传统文化进行保护的地方性法规。①

资料显示，国内出台的此类省级保护条例共有四部，即《云南省民族民间传统文化保护条例》（2000年）、《贵州省民族民间传统文化保护条例》（2002年）、《福

---

① 李小林：《用法律来保护我们的传统文化——〈云南省民族民间传统文化保护条例〉出台记》，载《民族团结》2000年第7期，第37页。

建省民族民间传统文化保护条例》（2004年）、《广西壮族自治区民族民间传统文化保护条例》（2005年）。

2006年以后，各地出台的省级保护条例已经改用"非物质文化遗产"的名称，如《宁夏回族自治区非物质文化遗产保护条例》（2006年）、《江苏省非物质文化遗产保护条例》（2006年）、《浙江省非物质文化遗产保护条例》（2007年）、《江西省非物质文化遗产保护与管理暂行办法》（2007年）、《新疆维吾尔自治区非物质文化遗产保护条例》（2008年）。另外，广东省和河北省的《非物质文化遗产保护条例》已公布征求意见稿。

从上述情况看，已有《民族民间文化保护条例》的省区并未重复出台《非物质文化遗产保护条例》，这既反映出我国民族民间文化保护与非物质文化遗产保护一脉相承的事实，也反映出各地普遍存在的将二者基本画等号的理念。

值得关注的是，某些县级行政单位，直到2008年乃至2010年，还在出台《民族民间文化保护条例》，其原因多是受上级"引导"。例如2008年通过的《云南省维西傈僳族自治县民族民间传统文化保护条例》第一条就说："为保护、传承和弘扬民族民间优秀传统文化，根据《云南省民族民间传统文化保护条例》，结合维西傈僳族自治县实际，制定本条例。"①

可想而知，各地的非物质文化遗产保护条例（或非物质文化遗产保护与管理暂行办法）受联合国教科文组织《公约》、国办《意见》等上一级法规文件的引导，不仅在基本精神的层面，而且在条款设置、遣词用语等方面与上位法律法规基本一致。

另外，依照《国家级非物质文化遗产代表作申报评定暂行办法》，许多地方也制定本地的评定办法，以指导本地的省级、市级或县级非物质文化遗产代表作名录申报。值得一提的是，2008年6月，澳门发布了《澳门非物质文化遗产申报评定暂行办法》。这是港澳地区首个非物质文化遗产的地方保护法规，其条款在内容和思想上都与国内同类法规相同或相似，显示了澳门对国家保护非物质文化遗产的认同。

（二）传承人认定与管理办法

2008年5月，文化部出台了《国家级非物质文化遗产项目代表性传承人认定与管理暂行办法》。迄今为止，已经出台省级传承人认定与管理条例的省、自治区和直辖市有陕西省（2007年）、宁夏回族自治区（2008年）、安徽省（2008年）、山西省（2008年）、海南省（2009年）、上海市（2009年）、湖南省（2009年）、

---

① 见法律图书馆（http://www.law-lib.com/law/law_view.asp?id=293419）。

福建省（2010年）。其中，陕西和宁夏的出台时间略早于文化部的法规，宁夏还曾于1990年出台《宁夏回族自治区民间美术、民间美术艺人、传承人保护办法》。

（三）专项保护条例

在地方专项保护条例中，最普遍的一种是传统工艺美术保护条例。据有关资料，国内各地已出台此类条例（或规定、办法）的省区共有9个，其中除江苏省（1993年发布，1997年修改）外，河北省（1999年）、浙江省（2000年）、北京市（2002年）、上海市（2004年）、四川省（2004年）、广东省（2005年）、山东省（2010年）、福建省（2011年）均晚于国务院颁发的《传统工艺美术保护条例》（1997年）。不过，多数省份的传统工艺美术保护条例都早于该省份的非物质文化遗产保护条例，这不仅为传统工艺美术的保护做出了贡献，也为其他门类保护法规乃至综合性的非物质文化遗产保护法规提供了借鉴。

但是，这类保护条例与非物质文化遗产传承人的保护如何协调值得研究。例如，工艺美术大师与非物质文化遗产代表性传承人之间有没有区别？"大师"是不是不需要"传承"？简言之，非物质文化遗产传承人的认定与保护制度是否可以取代传统工艺美术保护条例？这些问题都需要经过深入细致的调查研究方能做出合乎实际的结论。

此外，还有一些专项法规值得关注，如《云南省丽江纳西族自治县东巴文化保护条例》（2001年）、《杭州市西湖龙井茶基地保护条例》（2001年）、《哈尔滨市冰雪艺术、民间工艺大师评定办法》（2005年）、《苏州市昆曲保护条例》（2006年）、《维吾尔木卡姆艺术保护条例》（2010年）。

其中，《苏州市昆曲保护条例》和《维吾尔木卡姆艺术保护条例》都是在昆曲和木卡姆艺术入选人类非物质文化遗产代表作之后颁布的，从确认、立档、研究、保存、保护、宣传、弘扬、传承和振兴等角度为这两个代表作项目提供了有针对性的法律保障。后者更是专门提出了保护木卡姆艺术传承人的知识产权，并设置了详细的违规处罚条款。

四、联合国相关组织的法规文件[①]

如上所述，我国的"非物质文化遗产"保护立法是从"民族民间文化"保护立法"转"过来的，其名称和部分内涵的改变，是为了与联合国教科文组织的提法接轨。然而，从联合国相关组织的法规看，其"非物质文化遗产"保护理念既有一

---

① 本小节内容参考巴莫曲布嫫《非物质文化遗产：从概念到实践》，载《民族艺术》2008年第1期，第6—17页。

贯性，也处在不断完善中。以下所介绍的相关文件，不一定对我国《非物质文化遗产法》的制定有直接借鉴作用，但其精神相当吻合。以时间先后为序，这些文件包括：

（1）《保护民间文学艺术表达、防止不正当利用及其他侵害行为国内法示范法条》（1982年）。该法条将世界各国保护民间文学表现（表达）形式（expressions of folklore）的代表性法规予以示范性的介绍，其精神实质是提倡保护民间文学艺术。

（2）《保护民间文化和传统文化建议案》（1989年）。该建议案的英文原题是 *Recommendation on the Safeguarding of Traditional Culture and Folklore*，或译为《保护传统的民间文化建议案》《保护民间创作（民间传统文化）建议案》。文件第一段提出："民间创作（或传统的民间文化）是指来自某一文化社区的全部创作，这些创作以传统为依据、由某一群体或一些个体所表达并被认为是符合社区期望的作为其文化和社会特性的表达形式；准则和价值通过模仿或其他方式口头相传。它的形式包括：语言、文学、音乐、舞蹈、游戏、神话、礼仪、习惯、手工艺、建筑术及其它艺术。"这与后来《公约》中定义的非物质文化遗产已经相当接近。

（3）《关于保护土著人民遗产的报告》及其附件《保护土著人民遗产的原则和指导方针》（1995年）。

（4）《人类口头及非物质文化遗产代表作宣言》（1997年）。

（5）《世界文化多样性宣言》（2001年）。该宣言第一条指出：人类文化具有多样性，多样性文化是人类的共同遗产。第六条指出，在保障思想通过文字和图像自由交流的同时，务必使所有的文化都能表现自己和宣传自己。言论自由，传媒多元化，语言多元化，平等享有各种艺术表现形式，科学和技术知识——包括数码知识——以及所有文化都有利用表达和传播手段的机会等，均是文化多样性的可靠保证。

（6）《伊斯坦布尔宣言》（2002年）。2002年9月19日，来自100多个国家的包括70位文化部长在内的400余名代表参加了联合国教科文组织在土耳其伊斯坦布尔召开的为期两天的会议。以中国文化部副部长潘震宙为团长的中国代表团和以澳门特别行政区社会文化司司长崔世安为团长的中国澳门代表团出席了会议。会议发布的《伊斯坦布尔宣言》指出，非物质文化是构成世界各民族特性的重要因素，保护和发展非物质文化遗产对于促进人类文明的多样性、增强人类社会的凝聚力和推动社会的发展具有重要意义。

（7）《保护非物质文化遗产公约》（2003年）。该公约的英文版用词"intangible cultural heritage"在中文文本中被译为"非物质文化遗产"。

（8）《保护和促进文化表现形式多样性公约》（2005年）。

上述各种文件，除第一种为联合国教科文组织与世界知识产权组织联合发布，第三种为联合国人权委员会防止歧视和保护少数民族小组委员会提出的之外，其余均为联合国教科文组织所发布。可以看出，提倡人类文化的平等、主张保护文化的多样性是捍卫人权的一个重要方面，而口述的、土著的、容易濒危的非物质文化遗产保护品种应予以优先保护是联合国教科文组织以及相关组织的一贯主张，也是形成非物质文化遗产保护理念的重要基石。我国是联合国教科文组织《公约》的缔约国，无论是国办的《意见》还是后来的《非物质文化遗产法》，都不同程度地借鉴了联合国教科文组织的相关法规。当然，也根据本国情况进行了重大调整。

五、结语

单独为非物质文化遗产立法，在世界上是首创。从这个意义上讲，《非物质文化遗产法》具有里程碑式的意义。立法的过程，是先自下而上、后自上而下，先专项、后综合的过程，同时受到相关国际法规设立的推动。在这个过程中，国内外一些先行的法律法规为《非物质文化遗产法》的制定奠定了基础，提供了有益的借鉴。例如，《非物质文化遗产法》对非物质文化遗产内涵和外延的界定，就与联合国教科文组织的《公约》和国办的《通知》一脉相承。再如，《非物质文化遗产法》第六条规定的"国家扶持民族地区、边远地区、贫困地区的非物质文化遗产的保护、保存工作"就与联合国教科文组织相关法规的精神一致，只是还不够具体。

在先行的法律法规的基础上，《非物质文化遗产法》的创新之一就是没有继续沿用"保护法"的名称。综观国内外的相关法规，几乎无一不使用"保护"的名称。如国办颁发的《意见》全称是《关于加强我国非物质文化遗产保护工作的意见》。然而，事实上，并不是所有的非物质文化遗产都值得保护。《非物质文化遗产法》第三条规定："国家对非物质文化遗产采取认定、记录、建档等措施予以保存，对体现中华民族优秀传统文化，具有历史、文学、艺术、科学价值的非物质文化遗产采取传承、传播等措施予以保护。"从而既避开了"精华""糟粕"的两分法，又用"保护"和"保存"的不同措施，对不同价值的非物质文化遗产予以区别。

当然，《非物质文化遗产法》可以完善和细化的空间还不小。例如，联合国教科文组织的相关法规以及国办的《意见》都提到非物质文化遗产保护与文化多样性的关系，而《非物质文化遗产法》却一语未涉及文化多样性，这点值得商榷；其第五条规定"禁止以歪曲、贬损等方式使用非物质文化遗产"，何谓"歪曲、贬损"应予以说明；第十五条对境外组织和个人来华进行非物质文化遗产调查的限制条款亦有待细化；等等。

我国非物质文化遗产知识产权保护论纲①

严永和②

对非物质文化遗产（以下简称"非遗"）的知识产权保护，世界知识产权组织（WIPO）"知识产权与遗传资源、传统知识、民间文艺"政府间委员会（IGC）已召开21次会议，目前已进入拟订条约文案的关键阶段。对于遗传资源保护，《生物多样性公约》（以下简称CBD）及其缔约方会议的相关决定，承认了遗传资源利益分享权，并建构了有关权利实现机制；2010年，《〈生物多样性公约〉关于获取遗传资源和公正公平分享因其利用所产生惠益的名古屋议定书》（以下简称《名古屋议定书》）在CBD的基础上，进一步认可了遗传资源及其相关传统知识的利益分享权，并完善了有关权利实现机制；2001年，联合国粮食及农业组织的《粮食和农业植物遗传资源国际条约》则建立了农民权机制，承认对农民保有的粮农植物遗传资源和有关传统知识的财产权保护。

非遗知识产权保护战略是我国知识产权战略的重要内容，非遗知识产权保护及其制度设计是非遗知识产权战略的基础。《国家知识产权战略纲要》把非遗知识产权保护问题作为"战略重点"和"专项任务"之一，做出了原则性规定。③ 我国颁布的《中华人民共和国非物质文化遗产法》（以下简称《非物质文化遗产法》）主要规定了非遗行政保护的措施，但关于非遗知识产权保护的问题，则留给"有关法律、行政法规"来解决，为非遗知识产权保护立法做出了安排。④ 国家版权局长期以来一直以我国现行著作权法第六条为根据研究并制定民间文艺保护条例，国家知识产权局正在进行传统知识保护的试点，已经确定两批传统知识保护县级试点单位，环保部正在研究制定遗传资源保护相关规则。"非遗第一案"——"安顺地戏与《千里走单骑》纠纷案"已由北京市第一中级人民法院审结，司法实践正在以自己的方式对非遗知识产权保护进行探讨。我国非遗知识产权保护立法正处于攻坚时期，但是，我国学术界对非遗的内涵及其与知识产权的关系、非遗与现行知识产

---

① 此文为2012年12月14—16日中山大学中国非物质文化遗产研究中心主办的"中国非物质文化遗产法治建设学术研讨会"论文，修订后收录入本书。

② 严永和，暨南大学法学院、知识产权学院、知识产权与法治研究中心教授。

③ 《国家知识产权战略纲要》"战略重点"及"专项任务"部分。

④ 《中华人民共和国非物质文化遗产法》第四十四条第一款。

权法的容斥关系、非遗保护与知识产权制度创新的思路等基本问题仍然存在模糊认识。本文即对上述问题进行纲要式讨论,以期为我国非遗知识产权保护立法和司法提供学理支持。

一、知识产权视野下非遗的类型化

在实质意义上,非遗涵盖与土地密切相关的原住民、当地社区"所有的知识和技术、审美及精神品质、有形和无形的资源","包括植物、动物和其他物质上的物品等,它们可能是祭祀用的礼仪用的世袭物品或具有审美价值的",相当于一些学者所使用的"传统资源"这一术语。[①] 非遗涉及原住民和当地社区所有具有经济意义和文化价值的无形资源以及部分有形资源。《保护非物质文化遗产公约》(以下简称《非遗公约》)第二条规定,非遗包括:(1)口头传统和表现形式,包括作为非遗媒介的语言;(2)表演艺术;(3)社会实践、仪式、节庆活动;(4)有关自然界和宇宙的知识和实践;(5)传统手工艺。我国《非物质文化遗产法》第二条把非遗概括为以下几种:(1)传统口头文学以及作为其载体的语言;(2)传统美术、书法、音乐、舞蹈、戏剧、曲艺和杂技;(3)传统技艺、医药和历法;(4)传统礼仪、节庆等民俗;(5)传统体育和游艺;(6)其他非遗。但是,需要特别指出的是,并不是所有非遗都具有知识产权意义,因而也不是所有非遗都涉及知识产权保护问题,如传统风俗、礼仪、节庆、原住民语言等,与知识产权保护没有关联。[②] 这些非遗虽然不具有知识产权意义,但是具有文化意义,应纳入行政保护的范畴。具有知识产权意义、涉及知识产权保护的非遗,可以称为知识产权性非遗,IGC 会议文件主要将其分为传统知识、民间文艺两种。事实上,参照现行国际知识产权制度对知识产权客体所做出的规定,知识产权性非遗可以比较精确地概括为以下五种。

(1)传统口头文学、表演艺术和美术等,即 IGC 会议文件所说的民间文艺表达形式或者传统文化表达形式,我国一般简称为民间文艺或者民间文学艺术。其是指以下四种民间文艺最近版本中的模仿性版本以及创造性版本中的继承性部分,并且仅限于它们的"表达形式",但"思想"与"表达形式"密不可分的除外:第一,民间文学,如民间故事、史诗、传说、诗歌、谜语以及其他叙述形式;第二,民间音乐,如民间歌曲和器乐等;第三,民间舞蹈与其他动作表达形式,如杂耍、典礼

---

① [美]达里尔·A. 波塞、[美]格雷厄姆·杜特费尔德著,许建初、张兰英、钱洁等译:《超越知识产权——为原住民和当地社区争取传统资源权利》,云南科技出版社2003年版,第7、69页。
② 当然,作为传统风俗、礼仪、节庆实质内涵的民间音乐、民间舞蹈等具有知识产权意义,但我们将这些部分纳入下文所述的民间文艺范畴。

上的表演、仪式上的表演以及其他表演；第四，民间美术，如民间雕刻、雕塑、陶艺、瓷艺、家具、编织、刺绣、服饰、乐器、建筑等；第五，其他类型及上述各种类型的组合。①

（2）传统知识，是指原住民或者当地社区在其漫长的生产生活过程中所创造的知识、技术、诀窍的总和。②其主要包括传统的有关自然界和宇宙的知识和实践，如传统医药、传统手工艺技能、传统动植物品种等。③作为传统知识体现的遗传资源或者生物物种或者生物资源也属于传统知识的范畴，如亚马逊流域原住民作为药物长期使用并视为"精神的葡萄酒"的"死藤水"（the ayahuasca vine）这一药用植物。④

（3）传统设计，其是相对于现行知识产权法上的外观设计或者工业设计而言的，是指那些传统的、大多不适合工业应用的设计，主要包括：第一，传统服装、地毯、帐篷等设计；第二，与宗教信仰相联系的建筑、木屋、吊脚楼等房屋设计；第三，农具、陶器、木器、藤篮以及银器、珠宝等手工艺品设计。⑤

（4）传统名号，即 IGC 会议文件所说的"语词（words）、标记、名称和符号"⑥，主要是指原住民或者当地社区所有的、凝结和表达其传统知识和传统设计

---

① 严永和：《民族民间文艺知识产权保护的制度设计：评价与反思》，载《民族研究》2010 年第 3 期，第 15 页。

② 严永和：《论传统知识的知识产权保护》，法律出版社 2006 年版，第 33 页。

③ 对传统知识的定义，1998—1999 年 WIPO《知识产权与传统知识事实调查团报告——传统知识持有人的知识产权需要与期待》对其进行了广义的界定："传统知识"是指，"以传统为基础的文学、艺术或者科学作品，表演，发明，科学发现，设计，标志、名称和符号，未披露的信息，以及所有其他以传统为基础的、位于产业、科学、文学和艺术领域的、起源于智力活动的创新和创造。传统知识包括：农业知识、科学知识、技术知识、生态知识、医药知识、与生物多样性有关的知识、音乐、舞蹈、歌曲、手工艺品、设计、故事、插图（artwork）；语言要素如名称、地理标志和符号；可移动的文化财产"。但传统知识不包括产业、科学、文学、艺术领域内不起源于智力活动的事物，如人类遗迹、日常语言和其他类似的广义的文化遗产要素。（WIPO, *Intellectual Property Needs and Expectations of Traditional Knowledge Holders*: *WIPO Report on Fact-Finding Missions on Intellectual Property and Traditional Knowledge* (1998 - 1999), Geneva, April 2001, Methodology, p. 25）不过，自 2003 年 7 月第五届会议开始，IGC 开始在狭义和严格意义上使用"传统知识"这一术语：所谓传统知识，是指"传统的诀窍、技术、习惯性做法（practices）和学问的内容或者实质等。（Document WIPO/GRT-KF/IC/5/12, at para. 44; WIPO/GRTKF/IC/5/8, at para. 18; WIPO/GRTKF/IC/21/4, Annex, p. 6）但我国有的学者至今仍未注意到这一重要变化。（古祖雪：《TRIPS 框架下保护传统知识的制度建构》，载《法学研究》2010 年第 1 期）

④ Leanne M. Fecteau, "The Ayahuasca Patent Revocation: Raising Questions About Current U. S. Patent Policy," 21 *B. C. Third World L. J.*, January 2001, pp. 69, 70.

⑤ 截至目前，关于传统设计及其知识产权保护问题，并没有引起 IGC 等各国际论坛的注意和重视。笔者率先把传统设计作为一个专门论题进行初步的研究。（严永和：《民间文学艺术的知识产权保护论》，法律出版社 2009 年版，第 291 页）

⑥ WIPO/GRTKF/IC/22/4, Annex.

商誉的各种长期存在的传统性名称、标记、符号、语词等，如传统部族名称、传统部族图腾、有关传统知识和民间文艺名称等。①

二、非遗的知识产权利益结构

知识产权性非遗，是有关国家原住民或者当地社区或者个人在长期的生产生活历程中创造的各种智力成果及其衍生性成果。在这些非遗中存在不同的知识产权性利益，形成不同的知识产权利益结构。根据利益内容及其性质的不同，知识产权性非遗一般存在着消极知识产权利益和积极知识产权利益。消极知识产权利益是指排除他人就知识产权性非遗获得知识产权的利益；积极知识产权利益是指权利人就知识产权性非遗本身获得一种知识产权或者类似于知识产权的利益。非遗的知识产权利益结构是建构传统知识产权保护制度的基础。

（一）民间文艺的知识产权利益

民间文艺与著作权法意义上的作品具有颇多相似之处。民间文艺存在消极知识产权利益和积极知识产权利益。前者是指排除他人就民间文艺获得著作权等知识产权的利益，如我国某音乐家将某少数民族村寨长期传唱的民歌曲调加以记录或者做适当编辑或者整理后予以出版而享有该民歌曲调的著作权等。后者是指权利主体就其民间文艺直接获得某种著作权或类似于著作权的知识产权的利益，如上述民歌曲调由该村寨有关成员或者成员代表加以记录、整理后予以出版，而使该村寨享有著作权或者其他有关权利等。

（二）传统知识的知识产权利益

笔者前些年提出传统知识上存在着消极、积极、衍生三种知识产权利益。② 实际上，传统知识的衍生知识产权利益，放在传统名号框架下予以探讨更为妥当，本文即做这种处置。故本文把传统知识上的知识产权利益区分为消极知识产权利益和积极知识产权利益。传统知识的消极知识产权利益，即权利主体对其传统知识从反面获得一种排除他人获得知识产权的利益。在现行知识产权制度下，由于各国授予知识产权的条件和标准的差异，一个国家内的传统知识可为他国人用以直接获得知识产权，并反过来限制权利主体原来就存在和享有的权利。国际上已有不少这方面的案例。在这里，权利主体就应享有一种排除他人就其传统知识获得知识产权的利益。对传统知识权利主体而言，这种他人权利排除权益即表现为一种消极知识产权利益，使传统知识权利人在客观上获得某种消极的利益。在制度上，主要表现为把

---

① 严永和：《论商标法的创新与传统名号的知识产权保护》，载《法商研究》2006年第4期，第13页。
② 严永和：《论传统知识的知识产权保护》，法律出版社2006年版，第124页。

传统知识纳入专利法在先技术的范畴。我国 2008 年修订的专利法已经完成这一立法任务。传统知识的积极知识产权利益，即直接对经过界定的传统知识授予一种专利权、植物新品种权或者类似上述权利的知识产权利益。传统知识作为智力成果，应是智慧财产。虽然其科学意义上的特征与专利法下的现代知识技术有所不同，如创造性欠佳、新颖性也存在瑕疵等，但由于其具有创造性和智慧性，同时其商业价值并未得到实现，故应授予某种积极知识产权利益。

（三）传统设计的知识产权利益

对传统设计，目前国内外尚没有将其作为专门的、独立的非遗进行探讨。从内容来看，IGC 会议文件规定的第四种民间文艺表达形式或者传统文化表达形式，即有形表现表达形式，涵盖了传统设计。[①] 由于传统设计与民间文学、民间音乐、民间舞蹈、民间美术以及上文所述的传统知识等存在显著区别，应当把传统设计作为独立的对象研究其知识产权保护问题。在传统设计上也存在消极和积极两种知识产权利益。传统设计的消极知识产权利益，是指权利主体排除他人就有关传统设计获得知识产权的利益，如我国很多传统工艺美术制品，其权利主体对其就应当享有排除他人就该制品获得外观设计专利权等有关知识产权的利益。传统设计的积极知识产权利益，是指权利主体就其传统设计直接获得某种类似于外观设计专利权的知识产权利益，如我国有关端砚制品权利主体对其有关端砚制品传统设计直接获得某种知识产权授权等。

（四）传统名号的知识产权利益

传统知识在长期使用过程中得到社会公众和市场的认可、信赖和优良评价，形成了良好的商业声誉。这些商业声誉就积载在传统名称、传统标志等传统名号上。传统名号能够为持有人在市场竞争中带来某种竞争优势。故传统名号具有商业价值。传统名号是传统知识商誉的载体，属于传统知识衍生的无形财产利益。如将其置于传统知识范畴内来研究，传统名号的知识产权利益就是笔者前文提及的传统知识的衍生知识产权利益；如将其作为独立的对象来研究，传统名号也存在消极知识产权利益和积极知识产权利益。传统名号的消极知识产权利益，是指权利主体对其传统名号从反面获得一种排除他人获得有关知识产权的权利。这种消极知识产权利益主要表现为权利主体对传统名号的在先权，如对他人就某些传统名称、传统标志获得一种商标权的排除权等。传统名号的积极知识产权利益，就是有关权利主体对其传统名号从正面获得一种知识产权利益，如有关权利主体就其传统名号获得商标权、商号权、地理标志权、网络域名权、反不正当竞争权等知识产权利益。

---

① WIPO/GRTKF/IC/22/4，Annex.

三、现行知识产权法的利用与非遗的知识产权保护

（一）民间文艺

从国际层面来看，《保护文学艺术作品伯尔尼公约》（以下简称《伯尔尼公约》）、《与贸易有关的知识产权协议》（以下简称《TRIPS协议》）、《表演与录音制品条约》以及2012年通过的《视听表演北京条约》可以为民间文艺提供一定程度的保护。《伯尔尼公约》的未出版作品制度可以保护符合作品条件的"未出版"的民间文艺。《TRIPS协议》的数据库保护制度可以保护具有独创性的民间文艺数据库。《表演与录音制品条约》和《视听表演北京条约》可以为民间文艺的表演者提供邻接权保护。但是，上述保护都存在很多不足。就《伯尔尼公约》而言，其存在的问题主要在于：第一，一般来说，民间文艺很难符合现行著作权法下的作品条件；第二，《伯尔尼公约》第七条规定，本同盟成员国没有义务保护有充分理由推定其作者已死去50年的不具名作品或假名作品。就《TRIPS协议》而言，其存在的问题主要在于：第一，数据库制度只能保护民间文艺数据库的独创性编排，不能保护民间文艺本身；第二，如果该数据库没有独创性，则有关民间文艺就不可能得到任何保护。就《表演与录音制品条约》和《视听表演北京条约》而言，其所保护的"民间文艺表演"，本质上属于现行著作权法下"表演"的范畴。

在地区层面，1993年欧盟《协调著作权和某些保护期的指令》所创建的"作者死后出版权"制度对符合著作权法作品条件的民间文艺可以提供一定的保护。但其实质是对民间文艺的"发现者"如某些人类学家、民族学家的保护。[①] 1996年欧盟《数据库保护指令》所创设的数据库版权和数据库特别权利，可以为具有独创性的民间文艺数据库提供版权保护；对不具有独创性的民间文艺数据库，亦可以提供特别权利保护。但是，这两种保护都只能保护数据库本身，而不能对构成数据库的民间文艺提供保护。1999年非洲知识产权组织《班吉协定》直接把"民间文艺表达形式"视为作品给予著作权保护，又过于武断。

在我国，根据当前《著作权法》第三、第十条，对民间文艺进行改编、翻译、注释、整理，可以形成新的作品，并对其享有著作权；对有关民间文艺进行摄影或者利用民间文艺摄制影视作品，可以形成摄影作品或者影视作品，摄影者和影视作品制片人对其享有著作权；根据第十四条，汇编民间文艺构成的汇编作品，汇编人对其享有著作权；根据第三十六、第三十七条，使用民间文艺进行演出或者使用他人改编、翻译、注释、整理的民间文艺进行演出，表演者对其表演享有邻接权，包

---

① S. von Lewinski, *Indigenous Heritage and Intellectual Property*, Kluwer Law International, 2004, p. 274.

括精神方面的权利和财产权利。但是，在上述情形下，均不是有关民间文艺本身享有相关的权利。虽然当前《著作权法》第六条规定，民间文学艺术作品的著作权保护办法由国务院另行规定；我国《非物质文化遗产法》第四十四条规定，使用非遗涉及知识产权的，适用有关法律、行政法规的规定。但这些法律法规一直没有制定，从而导致民间文艺的知识产权保护缺乏明确的法律根据。现行法只能为民间文艺提供极为有限的保护，即民间文艺权利人自身对民间文艺进行上述各种情形的利用，从而使民间文艺权利人与利用者身份发生重合时，有关民间文艺才能得到一定的保护。

（二）传统知识

传统知识的知识产权保护，从国际层面来看，CBD、《名古屋议定书》、《粮食和农业植物遗传资源国际条约》为与遗传资源保存与利用相关传统知识提供了一定的保护。CBD第八条要求保护与生物多样性保存、利用有关的传统知识；《粮食和农业植物遗传资源国际条约》第九条要求保护农民保存与利用粮食、农业植物遗传资源有关的传统知识；《名古屋议定书》建立了与遗传资源有关传统知识利益分享权制度。

目前我国存在一些零星的法律制度，如我国现行专利法相关制度、《中药品种保护条例》、《传统工艺美术保护条例》等，可以为有关传统知识提供一定的保护。按照我国现行专利法，传统知识属于现有技术的范畴，传统知识的消极知识产权利益可以得到保护。但是，这里存在一个重大问题：既然传统知识被视为现有技术，其积极知识产权利益在法律上就不存在了。因此，在这里就需要对专利法上的现有技术做出解释，即不包含传统知识。《中药品种保护条例》给符合条件的中药品种授予了一种新型的知识产权，可以对传统中药知识产权利益提供一定程度的保护；但这种保护仅仅适用于传统中药，并且存在效力较弱、不能对抗专利权等问题。[①]

（三）传统设计

传统设计的知识产权保护，目前主要与现行专利法和《传统工艺美术保护条例》相关。我国现行专利法第二十三条规定，授予专利权的外观设计，应当不属于现有设计。现有设计，是指申请日以前在国内外为公众所知的设计。传统设计是在传统社区内甚至在传统社区外为公众知晓的设计，因此，一般情况下可以纳入现有设计的范畴。可见，现行专利法可以为传统设计的消极知识产权利益提供法律保护。不过，这里存在两个问题：第一，把传统设计纳入现有设计的范畴，虽然保护了传统设计上的消极知识产权利益，但实际上在法律上排除了传统设计获得直接的

---

① 严永和：《论传统知识的知识产权保护》，法律出版社2006年版，第257–265页。

知识产权保护，即享有积极知识产权利益的可能性，二者存在冲突；第二，现行专利法只能为传统设计的消极知识产权利益提供保护，不能保护传统知识的积极知识产权利益。就《传统工艺美术保护条例》而言，该条例可以为符合条件的传统工艺美术品种的设计提供一定程度的保护，即如前所述，按法定程序将符合条件的传统工艺美术品种的设计命名为"中国工艺美术珍品"，按法定程序给符合条件的传统工艺美术品种设计的设计人授予"中国工艺美术大师"称号，使其在市场竞争中处于一定的优势地位，从而获得一种间接的利益。但是，这毕竟没有对传统工艺美术品种设计授予某种类似外观设计专利权的知识产权，不能使传统工艺美术品种设计的积极知识产权利益得到比较有力的保护。

（四）传统名号

传统名号的知识产权保护主要涉及商标法、地理标志、反不正当竞争法等。就商标法而言，商标公共秩序制度可以排除他人就宗教信仰性传统名号获得商标注册，而他人就传统名号申请商标注册构成欺骗性标识和不正当竞争之标识，亦可排除注册；商标创造性制度可以排除他人就描述性的、不具有"第二含义"的传统名号申请商标注册。这样，现行商标制度可以为传统名号的消极知识产权利益提供初步的、有限的保护。就积极利益而言，传统名号权利人可以在现行商标法下，对符合商标法要求的传统名号申请注册商品或服务商标、证明商标、集体商标等。这些商业标识，不仅权利人自己可以使用，而且可以形成商标法上的在先权。应该说，传统名号积极利益的保护，在现行商标法上不存在大的障碍。① 另外，传统名号权利主体还可以按照有关规定对符合条件的传统名号申请注册为商号、网络域名，从而享有相关权益。

就地理标志制度而言，根据《TRIPS协议》第二十二条，地理标志是指识别某一商品来源于某一成员的领土或者其境内的某一地区或者地点的标志，而该商品的特定质量、声誉或者其他特征，本质上应归因于该地理背景（essentially attributable to its geographical origin）。我国现行商标法第十六条规定，地理标志是指标示某商品来源于某地区，该商品的特定质量、信誉或者其他特征，主要由该地区的自然因素或者人文因素所决定的标志。如果来源于某地区的某商品的特定质量、声誉或者其他特征本质上应归因于该地理背景，而该地理背景系由地名组成的传统名号，就发生了地理标志与传统名号的交叉及重合。在这种情况下，传统名号就可以通过地理标志制度作为一种地理标志得到保护。如贵州茅台，是与生产优质白酒相关的传统名号，其已经作为地理标志得到保护。

---

① 严永和：《论商标法的创新与传统名号的知识产权保护》，载《法商研究》2006年第4期。

就反不正当竞争法而言,《保护工业产权巴黎公约》第十条第二款规定,凡在工商业事务中违反诚实的习惯做法的竞争行为构成不正当竞争的行为,如引起竞争者营业所、商品或者工商业活动混淆的任何行为等。我国现行《反不正当竞争法》第二条规定,经营者在市场交易中应当遵循诚实信用等原则,遵守公认的商业道德;经营者违反本法规定,损害其他经营者的合法权益,扰乱社会经济秩序的行为即构成不正当竞争行为。因此,未经权利人许可,擅自在有关产品上或者服务中使用有关传统名号,就构成不正当竞争行为。具体来说,涉及传统名号保护的竞争法规则主要有假冒行为、虚假宣传行为、商业诽谤行为三项。根据我国现行反不正当竞争法第五条,如果经营者在工商业活动中擅自使用他人构成传统名号的企业名称或者姓名引人误认为是他人的商品或者伪造构成传统名号的商品产地对商品质量做引人误解的虚假表示,就构成假冒行为。根据第九条,经营者利用广告或者其他方法,对构成传统名号的商品生产者名称或者商品产地做引人误解的虚假宣传,就构成虚假宣传行为。根据第十四条,经营者捏造、散布虚伪事实,损害竞争对手的传统名号商誉的行为,构成商业诽谤行为。但是,我国现行反不正当竞争法对传统名号的保护存在如下问题:第一,根据反假冒规则,只有当传统名号与权利主体的企业名称或者姓名或者商品产地重合时,亦即只有构成企业名称或者自然人姓名或者特定商品产地的传统名号才能得到反假冒规则的保护,没有把传统名号直接纳入假冒对象的范围,从而使其他传统名号不能得到反假冒制度的保护;第二,根据反虚假宣传规则,只有构成商品生产者名称或者商品产地的传统名号,才能得到该规则的保护;第三,反商业诽谤规则,只能为传统名号提供商誉不受损害的保护。

四、制度创新与非遗的知识产权保护

根据上述内容,现行知识产权制度只能为上述非遗知识产权提供极为有限的保护。要想为非遗知识产权提供较好的保护,促进非遗的维系和可持续利用,必须对现行知识产权制度进行改革和创新。就我国而言,可以在现行知识产权法律框架下制定以下相关条例,进行适当的制度创新,为非遗知识产权提供适度的保护。

(一)民间文艺保护条例

就民间文艺保护条例的制定而言,由于民间文艺与著作权法上的作品含义相近,故以著作权法为参照,对民间文艺授予某种类似于著作权的特别知识产权,建构相关制度,是比较好的选择。事实上,1982年联合国教科文组织和WIPO共同推出的《保护民间文艺表达形式、防止不正当利用及其他侵害行为的国内法示范法条》、晚近以来IGC拟订的民间文艺保护条款草案以及我国学术界拟订的相关民间文艺保护条款对民间文艺所授予的权利,主要是一种类似著作权的知识产权。我国应参照著作权法,制定民间文艺保护条例。同时,应将民间文艺保护条例作为著作权法的下位法,未尽事宜可类推适用或者参照适用著作权法的相关规定。民间文艺保护条例的主要内容,应当包括立法目的、基本原则、权利客体、权利主体、保护标准、权利内容、权利限制与例外、保护期间、法律责任等条款。

(二) 传统知识保护条例

就传统知识保护条例而言,CBD 第八条、《粮食和农业植物遗传资源国际条约》第九条、《名古屋议定书》建立了与遗传资源有关的传统知识利益分享权制度,为创设新制度保护传统知识的积极知识产权利益提供了一定的国际法依据。至于制度创新的方式,笔者前几年就已提出间接保护和直接保护两种机制。前者可以通过修改专利申请程序规则,要求涉及传统知识的专利申请提交事先知情同意、许可等证明,以间接保护传统知识的积极知识产权利益;但是,间接保护存在一个问题:如果传统知识利用人对新的成果不申请专利而采用商业秘密的形式予以保护与利用的话,则针对传统知识的积极知识产权利益保护就毫无办法了;而利用传统植物品种(这也是一种传统知识)培育的植物新品种,申请植物新品种权保护,专利法上的间接保护机制也鞭长莫及。因此,需要创设类似专利法的传统知识特别权利保护制度,以直接保护传统知识的积极知识产权利益。① 由于 CBD、《名古屋议定书》、《粮食和农业植物遗传资源国际条约》以及 IGC 后来拟订的传统知识保护条款草案,均把传统知识界定为狭义的严格意义上的"技术方案",与专利法上《发明创造》的含义比较接近,而 IGC 晚近拟订的传统知识保护条款草案对传统知识授予的权利,基本上是一种类似于专利权的知识产权。故以专利法为参照,对传统知识授予某种类似于专利权的知识产权、建构相关制度是比较好的选择。我国应参照专利法,制定"传统知识保护条例"。同时,应将该条例视为专利法的下位法,未尽事宜应类推适用专利法的相关规定。传统知识保护条例的主要内容,包括立法目的、基本原则、权利客体、权利主体、授权标准、权利内容、权利限制与例外、保护期间、保护程序、法律责任等条款。

(三) 传统设计保护条例

根据前述,传统设计与《TRIPS 协议》规定的工业设计和我国现行专利法上的外观设计比较接近,事实上,IGC 晚近拟订的相关条款草案对传统设计授予的权利基本类似于外观设计专利权。故以专利法上外观设计制度为参照,对传统设计授予某种类似于外观设计专利权的知识产权,制定传统设计保护条例,是比较好的选择。同时,将该条例视为专利法的下位法,未尽事宜可类推适用或者参照适用专利

---

① 严永和:《论传统知识的知识产权保护》,法律出版社 2006 年版,第 127 页。

法的相关规定。传统设计保护条例的主要内容包括立法目的、基本原则、权利客体、权利主体、授权标准、权利内容、权利限制与例外、保护期间、保护程序、法律责任等条款。

由于我国把外观设计作为发明创造的一种，与发明、实用新型集中规定于专利法中，故我国也可以将传统知识保护条例与传统设计保护条例合并规定为传统知识与传统设计保护条例，或者将传统设计纳入传统知识的范畴，制定传统知识保护条例。

（四）传统名号保护条例

如前所述，传统名号的知识产权保护涉及商标法、地理标志制度、商号制度、网络域名制度、反不正当竞争制度等，颇为复杂。传统名号与商标等商业标识含义接近，故我们可以参照商标法、地理标志制度、商号制度、网络域名制度、反不正当竞争制度等，将相关规则加以整合，吸收商标法、地理标志保护制度、商号制度、网络域名制度、反不正当竞争制度的相关规则，制定传统名号保护条例，以全面保护传统名号上的知识产权利益。传统名号保护条例的主要内容，包括立法目的、基本原则、权利客体、权利主体、授权标准、权利内容、权利限制与例外、保护期间、保护程序、法律责任等条款。当然，对传统名号的知识产权保护，也可以通过对商标法、商号制度、反不正当竞争法等进行适当的修改，为其提供适度的保护。

非遗知识产权保护已成为后 TRIPS 时代知识产权制度变革与发展的主要问题之一。① 非遗是传统文化和民间文化的重要载体和表现形式，具有重要的文化价值。同时，非遗具有重要的经济价值，"各种形式的文化已经成为现今世界市场上一直具有重要意义的商品"，对民间文艺等非遗"允许商业使用带来的最终收益可以用来促进当地和本土的文化发展"。② 我国是世界上最大的发展中国家，拥有大量的非遗（特别是西部地区），尽快建立非遗知识产权保护法律体系，对于促进我国经济可持续发展、弘扬中华传统文化具有重要意义。

---

① 吴汉东：《国际变革大势与中国发展大局中的知识产权制度》，载《法学研究》2009 年第 2 期，第 3－18 页。

② Daniel Wüger：《通过知识产权法防止对无形文化遗产的盗用》，见 [美] J. Michael Finger，Philip Schuler 编，全先银等译《穷人的知识：改善发展中国家的知识产权》，中国财政经济出版社 2004 年版，第 128、132 页。

我国非物质文化遗产代表性传承人制度之完善[①]

高轩　杨庆[②]

非物质文化遗产（下文简称"非遗"）传承人作为非遗活态传承的载体，其生存状态直接影响着非遗"香火"的延续。为了保障我国非遗的有效传承，我国加强了对非遗传承人的保护，启动了代表性传承人保护制度，并取得了大量卓有成效的成绩。但是，由于这一制度尚处于起步阶段，政府如何主导代表性传承人的保护，怎样构建科学、合理的保护体系，怎样在保障增进公共利益的同时，最大限度地保障代表性传承人的私人利益，都是目前我国保护非遗传承人所面临的现实问题。

一、我国非遗代表性传承人制度的现状与缺陷分析

我国有关传承人的保护最早见于一些地方性法规及政策，真正确立非遗代表性传承人制度是 2008 年 5 月 14 日文化部部务会议通过的《国家级非物质文化遗产项目代表性传承人认定与管理暂行办法》，明确了国家级非遗代表性传承人的认定标准、认定程序、代表性资格解除及代表性传承人的义务等。《国家级非物质文化遗产项目代表性传承人认定与管理暂行办法》的出台在制度层面推动了政府依法行政的步伐，加强了我国对非遗代表性传承人的保护力度。2011 年 2 月 25 日，全国人大常委会第十九次会议通过了《中华人民共和国非物质文化遗产法》（以下简称《非物质文化遗产法》），从人大立法的层面确立了我国非遗代表性传承人制度。然而，由于起步较晚，我国有关非遗代表性传承人制度在立法上还极不完善，存在立法等级较低、法律规范缺乏体系性等问题，导致在实践中，主管机关在行使行政权力时，权力寻租、于法无据、"重申报、轻保护"等现象时有发生，以至于我国对非遗及其传承人的保护并未达到预期的效果。

（一）立法规范缺乏体系性

20 世纪 90 年代，宁夏、江苏先后制定了保护民间美术和民间艺术的地方性法

[①] 此文为 2012 年 12 月 14—16 日中山大学中国非物质文化遗产研究中心主办的"中国非物质文化遗产法治建设学术研讨会"论文，修订后收录入本书。
[②] 高轩，暨南大学法学院副教授。杨庆，暨南大学法学院教师。

规或政府规章，云南、贵州、福建和广西也颁布了省级保护条例。① 2006年10月25日，文化部部务会议审议通过了《国家级非物质文化遗产保护与管理暂行办法》，其中第十二、第十三条分别规定了代表性传承人的认定与解除。2008年5月14日，文化部部务会议审议通过了《国家级非物质文化遗产项目代表性传承人认定与管理暂行办法》，这是代表性传承人的首次单独立法，但在法律层级上仍属部门规章。2011年2月25日，全国人大常委会通过《非物质文化遗产法》，其第四章的部分条款规定了对代表性传承人的保护。总体而言，虽然从中央到地方均对我国代表性传承人的保护做了规范，但是制度规范缺少存在统一的指导原则、宏观体系不健全、微观规范缺乏衔接等不足。

1. 缺少统一的指导原则

制度构建缺少统一的法律原则做指导，导致代表性传承人制度规范偏离了"增进公共利益"的宗旨，政府权力无限膨胀，为增进公共利益而部分让渡私人权利的非遗权利人，实则被政府所制定的"契约"所绑架。一方面，由于缺少统一的法律原则做指导，代表性传承人制度规范对公共利益与私人利益的利益调整机制②失灵。如现行制度规范过分强调代表性传承人的义务，并将义务的履行与代表性传承人资格的认定及解除相联结，代表性传承人的私人利益未得到有效的保护，甚至其自主权利受到主管机关的严格控制，主管机关过度干预私权，看似保护，实为控制。另一方面，在代表性传承人制度规则冲突或规则缺失的情况下，制度规范因法律原则缺失而难以有效地运行。如现行制度规范有关代表性传承人的认定程序及解除程序的具体规则不完善，法律原则的缺失导致主管机关行使行政权力缺少必要的"度"的限制，有违依法行政的法治理念。

2. 宏观体系不健全

首先，全国性人大立法操作性不强。全国人大常委会通过《非物质文化遗产法》确定非遗代表性传承人保护的综合性政策和措施，该法第四章对代表性传承人的保护范围、代表性传承人的认定与解除、代表性传承人的权利与义务、主管机关的权力与责任等做了原则性的规定，然而实际操作性不强。其次，不同法规间存在规范冲突。《非物质文化遗产法》作为一般法、上位法、新法，并未适当借鉴或承继作为特别法的《国家级非物质文化遗产项目代表性传承人认定与管理暂行办法》，

---

① 郑文明：《我国非物质文化遗产的法律保护——以北京为例》，载《首都经济贸易大学学报》2006年第4期，第82页。

② "利益调整机制"主要是通过将利益要求转化为一定权利（权利主张、自由、特权、权力），并把它们及相对的义务归诸法律主体，同时还要有维护权利和强制义务的补救办法——惩罚、赔偿和制止等来实现的。（张文显：《法理学》，高等教育出版社2003年版，第371页）

导致规范冲突的存在,如国家级非遗项目代表性传承人认定程序不一致。① 最后,地方性立法相对滞后。对非遗传承人的保护发挥主要作用的还是各地方性法规。各地方性法规制定于20世纪与21世纪之交,20年来我国经济与社会飞速发展,这些地方性法规明显滞后,不再能满足现行非遗及其传承人保护的要求,如保护范围较《非物质文化遗产法》小,各地方性法规对非遗传承人的保护大多仅限于民族民间文化传承人的保护,部分地方性立法并未明确区分传承人与代表性传承人,等等,各地方人大却未适时地对地方性法规进行修改。

3. 微观规范缺乏衔接

现行制度规范在微观上明显缺乏衔接性。现行制度规范仅就代表性传承人的认定及资格解除做了原则性的规定,并将代表性传承人资格的认定和解除与代表性传承人的义务简单地联系在一起。然而,这种制度规范间明显缺乏衔接:其一,代表性传承人的义务作为认定标准本身存在不合理性;其二,资格解除有关代表性传承人的事后监督的法律后果并未在制度规范中予以规范;其三,资格解除时代表性传承人的救济措施也缺少法律的明确规范。要知道,"法律程序是约束适用法律者的权力的重要机制"②,依据法律授权而行使行政权力的行政机关适用法律时更应予以法律程序的明确规范,以保证其行为的合法性与有效性。然而,现行制度规范有关代表性传承人的认定—事后监督—资格解除—救济措施的程序性规范或不明确,或不具体,或未予规定,缺失制度规范间必要的衔接,这必将导致主管机关行使行政权力时欠缺法律依据,或自由裁量权过大,从而影响行政行为的合法性与有效性,有悖于依法行政的法治要求。

(二) 代表性传承人的认定缺乏有效的法律规范

代表性传承人的认定是非遗代表性传承人制度的核心,其认定标准直接反映了我国保护代表性传承人的价值取向,其认定程序则影响我国非遗代表性传承人保护的公平、公正性,这对非遗的保护及活态传承起着举足轻重的作用。然而,我国现行立法对代表性传承人的认定标准、认定程序、认定权限、事后监督等方面缺乏有效的法律规范。

1. 代表性传承人的认定标准不统一

我国现行立法上对认定标准缺乏准确的定位,导致实践中存在两种困境:一方

---

① 《中华人民共和国非物质文化遗产法》第二十九条第三款规定:"认定非物质文化遗产代表性项目的代表性传承人,应当参照执行本法有关非物质文化遗产代表性项目评审的规定,并将所认定的代表性传承人名单予以公布。"《国家级非物质文化遗产项目代表性传承人认定与管理暂行办法》对国家级非遗项目代表性传承人的认定程序做了明确的规范。

② 张文显:《法理学》,法律出版社2006年版,第269页。

面，早期地方性法规不区分"传承人"与"代表性传承人"而形成的宽泛的认定标准，赋予行政机关较大的自由裁量权，易滋生权力腐败；另一方面，后期立法明确代表性传承人，却又存在认定标准过于严格而难以便捷、有效地执行。

第一，宽泛的认定标准扩大了执行中人为量度的范围和尺度。各地方性法规不区分"传承人"与"代表性传承人"，对非遗传承人的认定标准做了规范，如《贵州省民族民间文化保护条例》（2003年）第十五条规定："符合下列条件之一的公民，可以申请命名贵州省民族民间文化传承人：（一）熟练掌握某种民间传统技艺，在当地有较大影响或者被公认为技艺精湛的；（二）在一定地域内被群众公认为通晓本民族或者本区域民族民间文化形式和内涵的；（三）形成了只有本人和徒弟才有的特殊技艺的；（四）大量掌握和保存本民族民间传统文化原始文献、资料和实物，并且有一定研究成果的。"地方性法规不区分"传承人"与"代表性传承人"，制定的认定标准过于宽泛：一方面，"符合条件之一"即可被认定为"传承人"；另一方面，"原始资料、实物的保存者""形成了只有本人和徒弟才有的特殊技艺的"亦可被认定为传承人，而这些保存者不一定熟练展示或传播这些知识和技能，与保护非遗活态传承的初衷相悖。这些有关认定标准的规定过于随意，给了认定机关较大的自由裁量权，当遇到多人符合上述认定标准的情况时，在政府财政能力有限的情况下，可能导致权力腐败。

第二，法律及行政法规规范过于严格而难以有效执行。《国家级非物质文化遗产项目代表性传承人认定与管理暂行办法》第四条规定的认定标准为："符合下列条件的公民可以申请或者被推荐为国家级非物质文化遗产项目代表性传承人：（一）掌握并承续某项国家级非物质文化遗产；（二）在一定区域或领域内被公认为具有代表性和影响力；（三）积极开展传承活动，培养后继人才。"2011年2月25日通过的《非物质文化遗产法》第二十九条第二款与此略有不同：其一，删去"承续"二字，即排除了"传承谱系"这一认定标准；其二，将"代表性"与"影响力"分开，强调代表性传承人的认定是主客观相结合的，"在特定领域内具有代表性"是客观衡量，而"在一定区域内具有较大影响"是主观评价，它依赖于该区域内的群体认同感。显然，这一认定标准过于严格：一方面，代表性传承人开展传承活动，在影响程度的大小方面有很多客观的制约因素，因此"较大影响"不一定可以作为传承人的必要条件；[①] 另一方面，积极开展传承活动应是代表性传承人

[①] 《十一届全国人大常委会第十六次会议审议非物质文化遗产法草案的意见》。

的义务，而非认定标准。①

2. 代表性传承人的认定程序不合理

程序正义是实现实体正义的根本保障。由于非遗具有历史流传性、民族性、群体性、非物质性等复杂特性，这使得非遗代表性传承人的认定难以形成正当性的独立标准，但是存在着有关形成结果的过程或者程序正当性和合理性的独立标准，②因此，制定合理、有效的认定程序，是认定机关据以做出公开、公平、公正认定结果的根本保障。然而，我国现行代表性传承人认定程序存在诸多不合理之处。

第一，代表性传承人认定程序过于复杂。代表性传承人认定程序过于复杂，有违行政效能原则。《国家级非物质文化遗产项目代表性传承人认定与管理暂行办法》第五至第十条对国家级非遗代表性传承人的认定程序做了具体的规定，概括为以下十个步骤：（1）公民申报或项目保护单位推荐；（2）县级以上文化行政部门备案；（3）文化行政部门组织专家审核；（4）逐级上报；（5）非遗专家委员会评审；（6）国务院非遗项目专家组初评；（7）非遗项目代表性传承人主评审委员会提出推荐名单；（8）公示（15天）；（9）国务院文化行政部门审定；（10）公布代表性传承人名单。根据这一认定程序，2008年8月26日，文化部办公厅启动第三批国家级非遗代表性传承人认定程序，直到2009年5月26日，文化部才公布了第三批国家级非遗代表性传承人名单。这一认定过程持续时间长达一年，不少传承人在认定的过程中死亡，连同他们所掌握的非遗。很明显，一套过于复杂的认定程序，并不利于及时、有效地保护非遗代表性传承人，尤其是那些濒临绝境的非遗。

第二，代表性传承人的认定程序缺乏公开性。《国家级非物质文化遗产项目代表性传承人认定与管理暂行办法》第三条规定："认定国家级非物质文化遗产项目代表性传承人，应当坚持公开、公平、公正的原则"，然而，在以上认定程序规范中，公开、公平、公正原则却无迹可寻。《非物质文化遗产法》第二十九条明确规定非遗项目代表性传承人的认定标准之一是"在特定领域内具有代表性，并在一定区域内具有较大影响"，"特定领域""较大影响"不是专家组通过审议可以评定的，而取决于特定领域内，非遗项目所在地的群体或社区的认同感。我国现行制度规范虽然考虑到这一影响代表性传承人认定的因素，却采取了不合宜的评定程序，未将非遗所在地群体或社区的参与程序纳入制度规范中。主管机关组织专家审核、项目专家组初评、项目代表性传承人评审委员会审议，各环节评审应参照的标准、

---

① 李华成：《论非物质文化遗产传承人的认定与支持——兼评〈中华人民共和国非物质文化遗产法〉第29至31条》，载《河南教育学院学报（哲学社会科学版）》2011年第3期，第64页。
② ［美］约翰·罗尔斯著，何怀宏等译：《正义论》，中国社会科学出版社1988年版，第81-82页。

表决通过的比例等法律均未有明确规范。

3. 代表性传承人的事后监督缺少法律的明确规范

代表性传承人认定的宗旨是保障非遗的活态传承。非遗作为发展经济的"软经济资源",在全球化的经济竞争中,被作为经济发展可以依赖的比较优势用于商业开发。然而,在商业开发中,部分代表性传承人及开发商为追求个人利益最大化,使得这些不可再生资源面临着"异化"的威胁。① 非遗商品化、民俗表演原貌被扭曲或改变等现象时有发生,偏离了认定与保护代表性传承人的初衷。

分析其原因,主要是我国现行立法缺少对代表性传承人保护和传播非遗的事后监督。《国家级非物质文化遗产项目代表性传承人认定与管理暂行办法》第十三条第五项明确了代表性传承人应定期向所在地文化行政部门报告非遗项目的传承情况。该条款虽然明确了代表性传承人负有提交项目传承情况报告的义务,却未明确规范监督与评价应依据的标准、程序及法律后果。该规章第十六条第一款规定,非遗代表性传承人不履行传承义务,经省级文化行政部门核查为无正当理由的,则面临被代表性资格取消的法律后果。但是,该条款虽然规定了因不履行非遗传承义务而面临代表性资格取消的法律后果,却由于事后监督程序的缺失,制度规范间缺少必要的衔接,导致"重经济开发、轻生态保护"、非遗异化等现象大量存在,违背了我国认定与保护非遗代表性传承人的宗旨。

(三) 代表性传承人的资格解除程序缺乏可操作性

根据现行立法,代表性传承人的资格解除是指取消丧失传承能力或者不履行传承义务的传承人的代表性资格,以便于重新认定代表性传承人,保障非遗的有效传承。然而,解除事由不合理、解除程序不明确及必要的救济途径缺失,使得现行制度规范有关代表性传承人的资格解除程序可操作性不强。

1. 解除事由不合理

根据《非物质文化遗产法》第三十一条第二款及《国家级非物质文化遗产项目代表性传承人认定与管理暂行办法》第十六条第一款的规定,代表性传承人资格解除的事由包括:(1) 代表性传承人无正当理由不履行传承义务的;(2) 代表性传承人丧失传承能力。首先,解除事由不全面,简单地将解除事由与传承义务挂钩,忽略了可能导致非遗异化或破坏非遗等更应作为解除其代表性资格的事由。其次,"无正当理由"的价值判断标准及免责事由缺乏法律的明确规定,如因身体或精神不适而丧失传承能力能否作为正当理由。最后,代表性传承人的认定标准之一

---

① 李晓秋、齐爱民:《商业开发和非物质文化遗产的"异化"与"反异化"——以韩国"人类活的珍宝制度"设计为视角》,载《电子知识产权》2007 年第 7 期,第 38 – 40 页。

——"在一定区域内具有较大影响",带有浓厚的身份色彩,取消代表性传承人的代表性资格,可能产生学者所担忧的"耻辱性惩罚"。① 由于解除事由不合理,到目前为止,我国并未出现或需要启动代表性传承人资格解除程序的案例。

2. 解除程序不明确

如何发现代表性传承人不履行传承义务?哪些行政机关有权受理该事宜?受理机关依据什么标准及程序审理该事宜?由哪个行政机关做出最终解除代表性资格的决定?这一系列问题的产生,源于我国现行法律法规对代表性传承人解除程序缺乏明确的法律规范。《国家级非物质文化遗产项目代表性传承人认定与管理暂行办法》第十六条第一款②对代表性传承人资格解除程序做了简要的规范,然而,该解除程序不明确,缺乏可操作性:一方面,该条款虽然规定省级文化行政部门有权对不履行传承义务的国家级非遗代表性传承人进行核查,但是核查的标准"无正当理由"过于原则化,扩大了省级文化行政部门在执行过程中人为量度的范围及尺度;另一方面,该条款虽然规定国务院文化行政部门享有批准解除代表性资格的权力,但是这一决定做出后的通知与公开等均未有法律的明确规定。解除程序有关的启动程序、受理程序、审查标准及审理程序、决定程序等均缺少法律的明确规范,不具有可操作性。

3. 权利救济不足

权利依赖于救济,无救济则无权利。代表性传承人的代表性资格解除,代表性传承人的权利必将受到影响,其利益面临重新分配。然而,我国现行立法并没有就代表性传承人资格解除的救济途径予以法律的明确规范,代表性传承人的权利随时都有可能受到侵犯,且申诉无路。因此,可以说,现行有关非遗项目代表性传承人的法律、法规所保护的代表性传承人的权利都只不过是法律上的一纸空文。

(四)代表性传承人的权利与义务规范不完善

从《保护非物质文化遗产公约》第二条第一款③对非遗的定义可以看出,它强调非遗的传承离不开传承个体、传承群体,同时强调非遗具有巨大的文化价值,能

---

① 李华成:《论非物质文化遗产传承人的认定与支持——兼评〈中华人民共和国非物质文化遗产法〉第29至31条》,载《河南教育学院学报(哲学社会科学版)》2011年第3期,第65—66页。
② 《国家级非物质文化遗产项目代表性传承人认定与管理暂行办法》第十六条第一款规定:国家级非物质文化遗产代表性传承人无正当理由不履行传承义务的,经省级文化行政部门核实后,报国务院文化行政部门批准,取消代表性传承人资格,重新认定该项目的代表性传承人。
③ 《保护非物质文化遗产公约》第二条第一款规定:"非物质文化遗产",指被各社区、群体,有时是个人,视为其文化遗产组成部分的各种社会实践、观念表述、表现形式、知识、技能以及相关的工具、实物、手工艺品和文化场所。这种非物质文化遗产世代相传,在各社区和群体适应周围环境以及与自然和历史的互动中,被不断地再创造,为这些社区和群体提供认同感和持续感,从而增强对文化多样性和人类创造力的尊重。

够促进人类文化多样性和人的创造力。这一规定反映了非遗是私益与公益的结合：一方面，非遗是某个人、团体或群体的智力成果，具有私益性；另一方面，作为人类文化多样性的表现形式，它是人类的共同遗产，具有明显的公益性。然而，在现代市场经济的冲击下，由于非遗经济价值有限，不少非遗传承人转行，另谋他图，大量非遗因而面临"用进废退"的达尔文进化论的洗礼。为大力抢救非遗，各国加强了对非遗及其传承人的行政法保护。行政权力出于对公共利益的保护而进入私人利益领域，当公共利益与私人利益发生冲突的时候，利益平衡就不得不纳入法律考虑的范围。然而，我国有关代表性传承人的权利与义务规范还极不完善，为公共利益"侵占"私人利益提供了法律依据，使代表性传承人的利益难以得到有效的保障，非遗的"活态传承"受到一定的阻滞。

1. 代表性传承人的政策资助不足

我国有关代表性传承人的政策性资助在法律规范上存在明显不足。总结《非物质文化遗产法》《国家级非物质文化遗产项目代表性传承人认定与管理暂行办法》及各地方性法规与政策，有关代表性传承人政策性资助范围包括以下几个方面：（1）支持代表性传承人开展传承、传播活动；（2）生存保障资助，即对"无经济收入来源、生活确有困难的"代表性传承人给予资助或生活补助，①保障其基本生活需求；（3）荣誉表彰，即给有突出贡献的代表性传承人授予相应的荣誉称号，并给予相应的奖励。相较于日本"人间国宝"及韩国的"人类活珍宝"，我国的代表性传承人的政策性资助远远不够，且我国现行立法并没有设立非遗代表性传承人专项补贴，这势必难以激发代表性传承人传承、传播非遗的积极性。因为根据马斯洛的需求层次理论，如果代表性传承人的生存需要都难以得到满足，就更不用说通过传承非遗来满足其自我实现的更高层次的需要。

2. 代表性传承人的私益保护缺失

非遗不仅是一种群体性民俗文化，而且是发展我国经济、提高国际经济实力的"软经济资源"，其在国家建设和民族发展中发挥着重要的作用。因此，走商业开发的道路，培育非遗自身的造血功能，是保护和振兴我国非遗的必然道路。② 目前，

---

① 《国家级非物质文化遗产项目代表性传承人认定与管理暂行办法》第十二条第二款规定："对无经济收入来源、生活确有困难的国家级非物质文化遗产项目代表性传承人，所在地文化行政部门应积极创造条件，并鼓励社会组织和个人进行资助，保障其基本生活需求。"较此前的地方性法规似乎有些倒退，如《云南省民族民间传统文化保护条例》（2000年）第二十七条第三款规定："对于被命名的民族民间传统文化的传承人，命名部门应当为他们建立档案，支持其传承活动。生活确有困难的，由当地人民政府适当给予生活补助。"

② 李晓秋、齐爱民：《商业开发和非物质文化遗产的"异化"与"反异化"——以韩国"人类活的珍宝制度"设计为视角》，载《电子知识产权》2007年第7期，第38–40页。

我国非遗的开发，以地方政府为主导，大力开发非遗，在为当地带来巨大经济利益的同时，也导致了大量非遗的"异化"。究其原因，主要是以政府为主导的非遗商业开发模式"重经济开发、轻生态保护，重政策应用、轻人文关怀"①，可以说，非遗及其传承人只是政府政绩工程的"砖瓦"，完全背离了"以人为本"的社会主义和谐社会理念。这种现象产生的深层次原因是公共利益与私人利益平衡制度规范的缺失，为打着公共利益旗帜的行政机关侵占代表性传承人及其群体私益提供了法律依据。

3. 代表性传承人的义务规范不合理

第一，代表性传承人的一般义务过于繁重。总结《非物质文化遗产法》《国家级非物质文化遗产项目代表性传承人认定与管理暂行办法》及相关地方性政策法规，我国现行立法对代表性传承人的主要义务规范如下：传承义务，即代表性传承人必须积极开展传习活动，培养后继人才；传播义务，即代表性传承人必须积极参与有关非遗演出、展示、研讨、交流等活动；说明义务，即代表性传承人在不违反国家有关法律法规的前提下，根据文化行政部门的要求，提供完整的项目操作程序、技术规范、原材料要求、技艺要领等；报告义务，即代表性传承人就制订的项目传承计划和具体目标任务，须报文化行政部门备案，并定期向所在地文化行政部门提交项目传承情况的报告；参与非遗公益性宣传；等等。这些条文所规定的义务在法理上属于"应当"的范畴，要求被认定的代表性传承人必须依法履行，具有强制性。更有甚者，现行立法将这些义务的履行程度与代表性传承人资格的解除与否相联结，则有严苛之嫌。

第二，代表性传承人对非遗群体的义务缺失。由于非遗的群体性，且其依附于特定的文化空间，因此，应充分考虑代表性传承人与其他传承人或传承群体的利益。毕竟传承人只是非遗的代表而非所有人，非遗的延续最终还要靠其赖以产生和成长的文化土壤。②然而，我国现行立法并没有确立代表性传承人与其他传承人或传承群体的利益分享机制，存在代表性传承人由"代表性"向"专有性"过渡的危险，不但可能引发代表性传承人与社群之间的矛盾，而且明显不利于非遗的有效传承。

（五）主管机关的权限与责任分配不均衡

规范主管机关的权限范围和行为标准是"依法行政"的法治要求，有权力的人

---

① 罗义华、闫丽霞：《非物质文化遗产传承人保护的问题与对策——以湖北长阳对传承人的保护为个案》，载《三峡文化研究》2008 年第 8 辑，第 198 - 199 页。
② 徐辉鸿：《非物质文化遗产传承人的法律保护机制探讨》，载《理论导刊》2008 年第 1 期，第 93 页。

使用权力,一直到遇有界限的地方才休止。① 权力与责任是相对应的,有多少权力就有多少责任。然而,现行立法并未明确主管机关的权限范围,亦未就主管机关的责任追究做出具体的规定,导致个别主管部门有利益就,有责任则相互推诿等混乱状况时有发生。

1. 主管机关的权限划分不具体

《国家级非物质文化遗产项目代表性传承人认定与管理暂行办法》及地方性立法均未就主管机关的权限范围予以明确规范,有违"依法行政"的法治理念。按照2005年《国务院办公厅关于加强我国非物质文化遗产保护工作的意见》的要求,由文化部牵头,建立中国非遗保护工作部际联席会议制度,统一协调非遗保护工作。其后,《非物质文化遗产法》第七条第一款规定了文化主管部门对非遗的保护、保存工作,第二款则规定了县级以上人民政府其他有关部门在各自的职责范围内,负责有关非遗保护、保存工作。虽然明确了文化主管部门的主导地位,但是并未明确区分各行政机关的权限范围,均有权对非遗进行保护、保存工作。主管机关及相关行政机关的权限范围及行为标准缺乏明确的法律规范,这必将导致主管机关在行使行政权力时出现于法无据的法治漏洞。

2. 主管机关的责任承担不明确

《国家级非物质文化遗产项目代表性传承人认定与管理暂行办法》通篇未提到主管机关的责任追究制度,有违"有权力必有责任"的法治理念。早期的地方性法规只是在保护非遗项目的基础上,对主管机关的责任追究做了原则性的规范:"县级以上地方人民政府文化行政部门及其他有关部门工作人员,在非物质文化遗产保护工作中玩忽职守、滥用职权、徇私舞弊的,依法给予行政处分;构成犯罪的,依法追究刑事责任。"该规定过于原则性,缺乏可操作性:其一,有权做出行政处分的权力机关不明确;其二,应受法律追究的行政行为范围不明确;其三,可能承担的责任缺乏法律的明确规范。2007年浙江省第十届人大常委会第三十二次会议通过的《浙江省非物质文化遗产保护条例》第四十六条就有权做出行政处分的权力机关做了规定,即"由其上级主管部门或者监察部门对直接负责的主管人员和其他直接责任人员依法给予行政处分",同时对依法应给予行政处分的行政行为做了列举性的罗列,但仍不全面。"人非圣贤,孰能无过","很难想象,一个现行有效的行政法制度在未规定法院或某种其他公正机构及裁判庭对政府官员的行动至少做一种有限的

---

① [法]孟德斯鸠著,张雁深译:《论法的精神》(上册),商务印书馆1982年版,第153页。

审查的情况下，就能防阻政府官员任意滥用权力的现象"①。

二、我国非遗代表性传承人制度的完善建议

托马斯·杰弗逊曾经说过："我并不提倡经常修改法律和宪法，但是法律和制度必须同人类的心智一道携手并进。随着时移境迁，只要人的心智变得更为发达、更为开明，只要有了新的发现，揭示了新的真理，行为方式和舆论发生了变化，制度就必须保持与时代同步向前发展。"② 随着《非物质文化遗产法》的出台，非遗的保护与传承被提高到法律保护的高度，非遗的经济价值日益突显，作为非遗"活态传承"不可或缺的载体——传承人也因此备受关注。然而，非遗传承人的保护制度却存在相对的滞后性，导致非遗后继乏人、"北京泥人张"与"天津泥人张"之争等现象的产生。因此，应加快完善我国非遗代表性传承人制度，保持与时代同步向前发展。本部分立足我国基本国情，通过以上对我国现行代表性传承人制度立法现状及缺陷的分析与研究，借鉴对日本"人间国宝"制度和韩国"人类活珍宝"制度的理解与分析，提出完善我国非遗代表性传承人制度的建议。

（一）代表性传承人制度的系统性构建

最初的地方性立法为大力抢救非遗及其传承人，对传承人的认定标准过于宽泛，试图通过大量认定传承人，对非遗及其传承人进行保护，并通过立法承诺给予传承人以资助及奖励。当时的地方性政府似乎是无所不能的"救世主"，然而，现实是政府能力有限，导致"重申报、轻保护，重开发、轻管理"的现象大量存在。2005年以后，在"保护为主、抢救第一，合理利用、传承发展""将有限的政府资源合理地运用于保护非物质文化遗产保护工作"的政策指导下，出现了"代表性传承人"的认定制度，并严格规范代表性传承人的认定标准，有关代表性传承人的资助与奖励不再是法律关注的重点。代表性传承人的资格认定与解除、代表性传承人的权利与义务、主管机关的权限与责任等在立法上存在明显的不足，这主要是因为我国现行立法在代表性传承人制度构建上的目的及原则上缺乏准确的定位，因此，明确代表性传承人制度构建的目的及应遵循的基本法律原则，是完善代表性传承人制度的关键及前提。

1. 明确代表性传承人制度构建的目的

制度构建的过程是对制度构建的目的的主观形态的否定和对客观形态的肯定，

---

① [美] E. 博登海默著，邓正来译：《法理学：法律哲学与法律方法》，中国政法大学出版社1999年版，第384页。
② [美] 阿兰·S. 罗森鲍姆著，郑戈省、刘茂林译：《宪政的哲学之维》，读书·生活·新知三联书店2001年版，第103页。

作为制度构建结果的规范文件则是制度构建目的的现实化。只有准确、客观地表达制度构建目的的制度规范，才是良好的制度。代表性传承人由于其权利客体——非遗兼具公益性与私益性，因此应从以下两个方面来理解：从微观方面而言，代表性传承人的制度构建的目的在于切实保障代表性传承人的利益，鼓励和支持代表性传承人开展传习活动，促进非遗的活态传承；从宏观上来看，代表性传承人制度构建的目的在于通过对代表性传承人私人利益的保护与鼓励，维护社会公共利益，增进公共福祉。正如曾宪义、张文显所说，"在公共部门与私人部门之间进行密切合作的背景下，行政法无疑应当兼顾公共权力的'有限'和'有效'，从而完整地刻画出现代行政法的双重面貌"①。因此，在文化行政主管部门与代表性传承人密切合作的背景下，代表性传承人制度的构建，应平衡公共利益与私人利益，一方面可通过法律规范明确主管机关的权限与行为准则，实现"依法行政"的法治理念，保障权力实现的"有限"与"有效"；另一方面，需明确代表性传承人的利益范围，平衡代表性传承人及传承群体的私益与公共利益，保障非遗的和谐传承与发展。

2. 规范代表性传承人制度构建应遵循的法律原则

法律原则是法律规则的生命，体现了法律规则所内蕴的价值，是其正当化的根据。② 明确代表性制度应遵循的法律原则，一方面，在制度构建过程中，指引制度构建者依据法律原则制定具体的制度规范，提高制度规范的内在体系；另一方面，在行政执法过程中，帮助弥补制度规范的漏洞，有效控制行政裁量权。代表性传承人制度作为行政法律制度的一种，应遵循一般的行政法原则，包括依法行政原则、行政合理原则、程序正当性原则等。同时，代表性传承人由于其权利客体私益性与公益性的结合，应遵循的特殊行政法原则包括公益原则、行政效能原则。此处仅就特殊行政法原则予以阐明。

其一，公益原则。公益原则要求行政机关进行行政活动，必须以达成公益而不是某一部分人的特殊利益为目的。其适用应遵循一定的规则，即当公共利益与私人利益发生冲突时，需根据个案的具体情况，平衡公共利益与私人利益，当私人利益对公共利益退让时，则必须符合比例原则，并为正当私人利益的牺牲提供合理的补偿。非遗作为中华民族传统文化遗产的重要组成部分，对凝聚民族力量，促进社会主义精神文明建设大有裨益，因此，通过行政力量大力保护非遗可以有效增进公共福祉。然而，非遗大都是由特定群体或个人所有的，具有明显的私益性，因此，为增进社会公共福祉，非遗代表性传承人必须公开其特殊技艺并积极开展传播、传承

---

① 姜民安、余凌云主编：《行政法》，科学出版社2010年版，第60页。
② 姜民安、余凌云主编：《行政法》，科学出版社2010年版，第64页。

活动。而私人利益对公共利益的退让必须有一定的限度，符合比例原则，公共权力应对非遗代表性传承人予以行政资助及制度保护。

其二，行政效能原则。行政效能原则即要求行政机关应当以尽可能少的时间、人员、财务等方面的行政成本，获取最大可能、最高质量的行政绩效。行政效能原则的逻辑起点是"有限政府"宪政理论，即政府的认知能力、行为能力、财政能力及责任能力有限。行政效能原则的具体要求包括：完善行政管理体系，提高文化主管部门工作人员的素质；制定合理的程序规范，增加行政执法行为的科学性与民主性，提高行政效率；合理配置资源，利用有限的资源及财力获取最大的绩效成果；规范文化主管部门的责任承担，有效防阻行政腐败。

（二）规范代表性传承人认定制度

代表性传承人的认定看似是对私人利益的保护与认可，但其最终的目的是保护世界文化的多样性，是为增进公共福祉而服务的。因此，代表性传承人的认定规范必须紧密围绕保护非遗活态传承的公共利益进行。认定制度构建的合理与否直接影响着代表性传承人保护的效果：一方面，认定标准严格性或宽泛性决定着政府财政支出的多寡；另一方面，认定程序是行政效能原则的内在要求。因此，完善代表性传承人机制必须统一代表性传承人的认定标准及建立便捷公开公正的认定程序。

1. 统一代表性传承人的认定标准

代表性传承人的认定标准，作为一种价值评判，有学者提出以下应考虑的因素：对非遗的掌握程度；在原住民中的被认可程度；传承谱系的清晰程度；对传承事业的积极程度。① 经过对以上因素的考量，必将会对我国非遗传承人及其传承非遗的整个文化背景、历史发展有一个清晰而全面的认识。然而，需要说明的是：第一，关于"传承谱系的清晰程度"，传承谱系不仅限于"家族传承"，还包括"社会传承""群体传承""神授传承"②；第二，"对传承事业的积极程度"作为一种考量因素，与"代表性传承人的传承义务"不可等同视之，"对传承事业的积极程度"并非简单的传承活动或培养多少后继人才就能衡量的，它需要结合非遗的特点及其对传承人素质等综合因素的考量。因此，积极开展传承活动、培养后继人才应是代表性传承人的义务，而非认定代表性传承人的条件。③

总结以上观点，在现行立法的基础上，笔者建议将我国非遗项目代表性传承人

---

① 徐辉鸿：《非物质文化遗产传承人的法律保护机制探讨》，载《理论导刊》2008年第1期，第92页。
② 刘锡诚：《传承与传承人论》，载《河南教育学院学报（哲学社会科学版）》2006年第5期，第25－30页。该文中，作者将传承的方式分为四种：家族传承、社会传承、群体传承和神授传承。
③ 李华成：《论非物质文化遗产传承人的认定与支持——兼评〈中华人民共和国非物质文化遗产法〉第29至31条》，载《河南教育学院学报（哲学社会科学版）》2011年第3期，第66页。

的认定标准规范如下：有清晰的传承谱系，即确保代表性传承人是原真非遗的传承人，而非经篡改或变异的；熟练掌握某项特定的非遗知识与技能，并能熟练操作或展示或表演；在特定区域内具有公认的代表性。

2. 建立便捷公开公正的认定程序

第一，公开审核标准及认定时限。公开审核标准及认定时限，是保障代表性传承人认定公开、公平、公正的具体体现。一方面，公开审核标准，使得申报人或推荐人能够清楚预见评定过程中可能发生的情况，这是法律的可预见性的具体体现；另一方面，"迟到的正义非正义"，这虽然是诉讼中的规则，但是运用在这里也不为不可，因为，由于以往认定时限不明确，导致一些申报久拖未决，不少代表性传承人在等待中度过余生。因此，公开审核标准及认定时限，增强文化行政部门认定的透明度与民主性，提高办事效率，保障代表性传承人认定在公开、公平与公正的情况下进行。

第二，有条件地引入公众参与制度。公众参与不仅可以起到对政府执政的外部监督作用，降低政府的决策成本，减少决策失误①，还可以扩大非遗及其传承人的影响力，因为保护非遗不只是某些政府部门、专家的事，更是需要全社会共同参与且常抓不懈的大事。② 非遗项目是特定社区、群体共同智力活动的结晶，因此，对代表性传承人的认定，该特定区域内的成员有权参与，尤其在代表性传承人代表性及影响力大小的评定中，该特定区域的成员更有直接的发言权与表决权。但是，同时需要注意的是，公众参与作为直接民主的具体表现形式，存在耗时长、效率低等特点，因此笔者建议有条件地将公众参与制度引入我国代表性传承人认定程序中，作为公众评审程序。具体程序设计为：①参与时间的确定。公众作为公众评审，应在专家小组普查、审核结束后，认为必要时进行；②参与主体的选择。公众参与的最初目的是评选出特定区域内最具代表性及最有影响力的传承人，因此，参与主体以特定区域内的社区或群体成员为宜。③参与方式。以听证会的方式为宜，但需要注意对听证会时限的控制。

综上所述，建立便捷公开公正的认定程序，构建"阳光政府"，是"依法行政"的法治要求，亦是行政效能原则的具体体现。因此，笔者建议，代表性传承人的认定程序应该采取这样的设计思路：根据非遗项目的级别，分别上报；收到申请或推荐的文化行政部门予以备案，并组织该非遗调查小组成员再次对非遗传承人进

---

① 胡春华、游晓兰：《公众参与民族民间文化遗产保护的法理基础及制度安排》，载《西华大学学报（哲学社会科学版）》2008 年第 6 期，第 29 - 31 页。

② 赵方：《我国非物质文化遗产的法律保护研究》，中国社会科学出版社 2009 年版，第 192 页。

行翔实、严谨的调查与研究;若只有一名传承人的,经评估后直接"指定";若有多名传承人的,政府组织公众参与对申请人的影响力进行投票,若超过有效投票数的50%的可以"指定";向社会公示,公示期为15天;对公示日内未提出异议的,予以批准认定,并按不同的级别公开颁发证书,授予代表性传承人称号。

3. 明确代表性传承人事后监督及其法律后果

对代表性传承人的事后监督,是指对代表性传承人传承、传播活动进行事后监督与评价,旨在防阻非遗传承、传播过程中的异化。因此,应借鉴日本"人间国宝"制度及韩国"人类活珍宝"制度,明确我国代表性传承人事后监督的评定事项及其法律后果。

第一,代表性传承人事后监督的评定事项。(1)传承经费的监督。传承经费,即对作为支持代表性传承人及其团体开展传播活动的经费。关于经费监管的办法,有人提出由有关的民间组织来统一管理政府拨付的以及社会资助的经费,[①]但是,笔者认为,这种民间组织的主体构成、法律地位难以界定,而且这种民间组织不一定较非遗群体或非遗项目保护单位更能有效监督传承经费的使用。因此,笔者建议,由非遗项目保护单位统一管理政府拨付的以及社会资助的经费,并由非遗项目保护单位向主管机关提交经由代表性传承人及其群体审定后的经费报告书。(2)传承情况的监督。借鉴日本"人间国宝"及韩国"人类活珍宝"的监督机制,我国文化行政管理部门应对代表性传承人的如下传承情况予以监督与评价:代表性传承人传播非遗的积极程度;代表性传承人培养后继人才的积极程度;对代表性传承人所掌握的非遗进行定期评审,看代表性传承人是否保有非遗的原真性。

第二,明确事后监督的法律后果。一方面,使保障主管机关行使行政权力时有法可依;另一方面,使代表性传承人知晓其权益的边界,指引其行为在合法的范围内行使。对于法律后果的设想,由于对经费的报告义务已转交给项目保护单位,因此,此处法律后果的设想仅限于对传承情况的监督。笔者以为应包括两种影响代表性传承人及其群体传承非遗的实体性结果:(1)对于事后监督与评价不合格的,做出解除代表性资格的决定;(2)对于经监督与评价后,做出重大贡献的代表性传承人,给予"杰出代表性传承人"的荣誉称号。

(三)增强代表性传承人资格解除程序的可操作性

代表性传承人资格解除的目的是保障非遗的有效传承,然而,由于长期以来我国代表性资格解除程序操作性不强,不但严重阻碍了行政效率的提高,同时也影响了非遗的有效传承。因此,应完善代表性传承人资格解除制度,有效规范主管机关

---

① 徐辉鸿:《非物质文化遗产传承人的法律保护机制探讨》,载《理论导刊》2008年第1期,第93页。

的权限，切实保障代表性传承人的利益，保障非遗的有效传承。

1. 明确代表性传承人资格解除事由

代表性传承人制度设计的初衷是保障非遗原真性的活态传承，因此，对于那些不再满足传承条件的或者导致非遗异化的代表性传承人，应当解除其代表性资格。代表性传承人资格解除的事由具体化为：（1）无正当理由拒不收授徒弟、传承非遗，导致非遗后继无人或濒临消失的；（2）无正当理由拒不公开、展示、表演非遗，且连续两年及两年以上未按规定履行定期公益传播义务的；（3）在非遗传播或商业开发过程中，导致非遗异化，失去非遗原真性的。

2. 规范代表性传承人资格解除程序

对于代表性传承人资格的解除，应予以一定的程序规范保障，防阻主管机关权力的滥用。因此，笔者建议规范代表性传承人资格解除程序如下：（1）主管机关定期对代表性传承人进行审核，当发现资格解除事由时，应启动代表性资格解除程序，鼓励丧失传承能力的代表性传承人自动申请解除代表性资格，鼓励非遗所在特定区域的民众举报可能或者已经损害非遗原真性的代表性传承人；（2）明确只有文化行政部门有权受理代表性传承人资格解除事宜，并通知当事人；（3）受理代表性传承人资格解除的文化行政部门组织专家小组进行调查审核，并听取该代表性传承人的答辩，后由专家小组做出审核意见；（4）文化行政部门依据审核意见做出决定，通知当事人，并告知其享有的救济权及救济途径；（5）公示解除代表性传承人代表性资格的行政决定。

3. 完善资格解除救济措施

依据"权利依赖于救济"的法谚，为防阻法律意义上的权利成为空头支票，应完善代表性传承人资格解除的复议与诉讼机制。由于我国代表性传承人资格解除机制起步较晚，因此，代表性资格解除引起的纠纷还不普遍。但是，代表性传承人资格解除与代表性传承人的利益有着密切的联系，因此，应完善代表性传承人资格解除程序，有效规范主管机关的权限与行为准则，切实保障代表性传承人的利益。笔者建议，应明确代表性传承人行政复议申请权与行政诉讼权：一方面，宜将代表性传承人资格解除纳入行政复议前置事项，因为代表性传承人所享有的权利客体——非遗过于复杂且专业性强，所以宜先利用行政机关的专业知识和技术优势解决此类纠纷。另一方面，明确相应的救济程序，代表性传承人在收到文化行政主管部门的行政决定起30日内，有权向文化行政部门的上级部门或者该文化行政部门所属的人民政府申请行政复议；当代表性传承人不服行政复议决定时，可以在收到行政复议裁定起30日内，向代表性传承人所在地仲裁机构提起仲裁或向有管辖权的人民法院提起行政诉讼。

(四) 完善代表性传承人的权利与义务

代表性传承人制度虽然是以私人受益为前提的，但是其制度构建的根本目的是在非遗经济价值有限的前提下，通过行政资助等激励代表性传承人积极开展非遗传承与传播活动，从而保障非遗的活态传承，实现保护文化多样性的公共利益。因此，代表性传承人制度要想达到维护法律秩序的目的，须通过：（1）承认特定的利益，包括个人利益、集体（或群体）利益及公共利益；（2）在明确三种利益后，通过法律规范完善代表性传承人的权利与义务——代表性传承人行政资助、事先知情同意与惠益分享制度、代表性传承人的义务规范——予以承认和实现以上三种特定利益；（3）保障该法律规范在行政过程得到有效遵守与实施，尽力保护在确定的范围内得到认可的个人利益、集体利益和公共利益，平衡个人利益与集体利益，平衡私人利益与公共利益，通过保护私人利益，促使增进社会福利的最终目的的实现。

1. 完善代表性传承人的行政资助途径

正如当代新自由主义者所言，主张群体利益的愿望永远滞后于个人利益的主张，尽管前者应该先于后者受保护。因为主张群体利益必以群体意志的形成为前提，由于受其成员利益多元化的影响，群体意志的形成成本徒增，最终导致"三个和尚没水喝""大锅饭，低效率"。[①] 代表性传承人制度的构建正好能弥补这种群体惰性与低效率，通过资助代表性传承人对非遗的传承与传播，激发代表性传承人的创造能力以实现其自身利益，从而积极地推动非遗的活态传承，保障非遗的多样性。因此，应建立多种行政资助相结合的方式，激励代表性传承人积极履行传承义务，最终增进公共福祉。

第一，设立代表性传承人专项保障基金。根据马斯洛的需求层次理论，人只有在最低的需求——生理上的需求得到满足后，后面的需要才会显现出其激励作用，因此，设立代表性传承人专项补助基金，以保障代表性传承人的基本生存需要。如日本"人间国宝"每年可从政府那里得到 200 万日元补助金，韩国政府给予被命名的传承人每人每月 100 万韩元的生活补助。因此，笔者建议我国亦应设立代表性传承人专项补助基金，定期发放给代表性传承人，保障代表性传承人基本的生理需求，从而激发代表性传承人积极开展传承活动以实现自身利益——情感和归属需求的实现。

第二，设立代表性传承人表彰及奖励基金。对于那些做出重大贡献的代表性传

---

① 刘云升：《论传承人精神利益的保护——关于歪曲、篡改与戏仿非物质文化遗产行为的认定及责任》，载《河北法学》2009 年第 6 期，第 120 页。

承人，应在全国范围内公开予以表彰及奖励，以提升代表性传承人的地位，并扩大代表性传承人及其所代表的非遗的影响力。代表性传承人表彰与奖励是事后监督与评价的结果：一方面，它肯定代表性传承人在传承、传播中的贡献，提高代表性传承人的地位，满足代表性传承人的精神需要；另一方面，公开的表彰与奖励，扩大了代表性传承人及其所代表的非遗项目的影响力，有助于更多人参与到非遗的学习与传播活动中来。

第三，设立支持代表性传承人传承活动的专项基金。非遗由于其特定地域性，虽然极具创造性及艺术价值，但是其经济价值有限。不但经济价值有限，而且非遗的传承与传播成本很高——不少非遗的传承与传播需要消耗大量的人力、物力和财力，这是代表性传承人个人（有时甚至是群体）难以承担的，即使承担得起，也会因为理性经济人追求利益最大化而放弃非遗的传承与传播活动。因此，建议设立支持代表性传承人开展非遗传承活动的专项基金，保障代表性传承人及其传承群体有效传承非遗。

2. 引入事先知情同意与利益分享机制

事先知情同意，是《生物多样性公约》创立用以保护遗传资源和传统知识的一项国际法原则，要求资源获取方在获取遗传资源前须经提供资源的缔约国事先知情同意（除非该缔约国另有规定）。[①] 这一原则在国内非遗法保护中的运用，即指在对非遗进行商业开发前，应该事先通知非遗的代表性传承人、群体和主管机关，使其知晓非遗开发和利用的详情，并获得同意后方可进行。将事先知情同意机制引入我国代表性传承人制度，首先必须明确以下三个方面的内容：第一，明确代表性传承人、传承群体和主管机关的法律地位；第二，事先知情同意权与许可权的分配；第三，代表性传承人、传承群体与开发商的利益分享制度。

第一，各主体法律地位的确定。非遗的商业开发，一方面可能带来巨大的经济利益，非遗的代表性传承人及其群体是非遗的创造者，理应享有商业开发中所带来的经济利益；另一方面存在异化的风险，非遗的地域性决定了非遗必须依附于特定地域独特的地理环境、自然条件、文化传统、宗教信仰、生产方式、生活水平以及风俗习惯等，而商业开发中往往脱离这种地域特征，导致非遗在传承与传播过程中发生异化。因此，非遗商业开发过程中，一方面，必须明确代表性传承人及其群体作为非遗的权利主体，与非遗开发商一同作为非遗商业开发合同的双方当事人；另一方面，必须明确主管机关作为商业开发的监督机关。

第二，事先知情同意权与许可权分配。通过以上非遗商业开发中代表性传承

---

① 严永和：《论传统知识的知识产权保护》，法律出版社 2006 年版，第 108 页。

人、传承群体及主管机关的法律地位的确定,在非遗开发过程中,代表性传承人及其传承群体行使事先知情同意权,文化行政部门行使行政许可权,但须经非遗保护工作部际联席会议审核通过。因此,开发商在开发非遗前,须经过以下两道"关卡":一是开发商在获取非遗资源前须经非遗代表性传承人及其群体事先知情同意;二是借鉴《印度生物多样性法》第六条的内容——"任何人想对基于从印度获得的生物资源或传统知识的研究成果获得知识产权,必须事先获得印度生物多样性国家管理局的许可"。非遗的商业开发商想对非遗进行开发、利用,必须事先获得非遗所属级别的非遗保护工作部际联席会议审核通过,后经文化行政部门批准许可。非遗事先知情同意和许可尊重了非遗代表性传承人及群体的所有权,又为代表性传承人及其群体参与非遗利用过程中的利益分享创造了条件。

第三,代表性传承人、传承群体与开发商的利益分享。利益分享,其基本内涵是利益应由利益创造者和创造利益的相关贡献者共享。① 建立利益分享制度的根本目的,从微观上讲,在于保护代表性传承人及传承群体的利益;从宏观上讲,在于保护世界文化多样性,增进社会公共福祉。因此,利益分享制度的构建,是在促进经济开发与资源保护的基础上平衡开发商与代表性传承人及传承群体的利益:一方面,非遗的开发应在平等互利、友好协商的基础上进行,鼓励开发商与代表性传承人及传承群体通过平等协商分享利益,通过友好协商确立非遗的利益分配方法;另一方面,通过立法明确利益分享的具体方法和额度,立法机制构建的主要原因在于非遗代表性传承人及传承群体更看重的是非遗的精神利益或艺术价值,难以估量非遗所带来的经济价值,而非遗的使用者往往是拥有一定市场地位或者掌握市场规律的大公司,通过立法规范给代表性传承人及传承群体以指引,防阻非遗使用者利用其强势地位损害非遗拥有者的利益。②

3. 明确代表性传承人的义务范围

非遗是中华民族共有的精神家园,因此全社会都有保护的责任。③ 面对不少非遗后继乏人、传承断代等现象,作为非遗最具代表性的"活态载体"——代表性传承人,更应承担传承非遗的职责,保障非遗的香火得以延续。因此,笔者建议通过立法明确代表性传承人的义务范围,保障非遗的有效传承。

第一,代表性传承人的传承传播义务。保障非遗的"活态传承",实现"薪尽

---

① 史学瀛、杨新莹:《生物剽窃背景下的知识产权利益分享机制——兼析中国的对策》,载国家知识产权局条法司编《专利法研究 2005》,知识产权出版社2006年版,第65页。
② 吴白丁:《非物质文化遗产的法律保护——以浙江省为例》,见 http://blog.sina.com.cn/s/blog_4efd8f150100agx5.html~type=v5_one&label=rela_prevartiacle,2011年12月7日。
③ 信春鹰主编:《非物质文化遗产法解读》,中国法制出版社2011年版,第89页。

火传"是代表性传承人保护公共利益应有的责任,因此,体现在维护公共利益上的义务具体为:传承义务,收授徒弟,开展传习活动,培养后继人才;传播义务,公开展示、表演、传播非遗知识与技能,每年至少参与两次非遗公益性宣传;记录、保存相关的实物、资料,并予以公开;配合文化主管部门和其他有关部门进行非遗调查;定期向文化主管部门汇报非遗传承与传播情况及传承传播经费的使用情况。

第二,代表性传承人对传承群体的义务。毕竟代表性传承人只是非遗的代表性传承人而非专属所有权人,非遗的延续最终还要靠其赖以产生和成长的文化土壤及传承群体和社区,因此,用于非遗传承、传播的经费及非遗商业开发过程中产生的经营性收益不能只让少数传承人受益,还要考虑到传承群体和社区的集体利益。其一,代表性传承人应与其传承群体分享除生活补助经费以外的其他利益,包括政府拨付的用于支持非遗传承、传播活动的经费,以及非遗商业开发过程中产生的经营性利益等;其二,维护非遗权益的义务,如提起非遗保护公益诉讼的义务等。诉权原本是一种权利,但在这里把它划入代表性传承人应尽的义务,是督促代表性传承人积极行使诉权,保障传承群体的利益,避免出现给侵权人以像"乌苏里船歌案"中"与本案无直接利害关系"诉讼主体资格不适格的诉讼不能的辩护理由。在公益诉讼制度不完善的前提下,确定代表性传承人作为维护非遗权利的代表性人物,有利于非遗的有效保护。

(五)合理配置主管机关的权限与责任

行政法所主要关心的是法律制度对政府官员和行政机构行使这种自由裁量权所做的约束。① 为了避免或最大限度降低政府权力滥用的风险,政府权力在构成上应当被限定、在配置上应当有限度、在运行上应当受限制。因此,非遗代表性传承人的行政法保护应完善主管机关的权限与责任,防阻权力的滥用,实现"有法可依、依法行政"的法治理念。

1. 明确主管机关的权限划分

《非物质文化遗产法》及《国家级非物质文化遗产项目代表性传承人认定与管理暂行办法》均明确了文化行政部门作为代表性传承人认定与管理的权力机关,但是正如非遗所涉及的范围相当广泛,关于非遗的保护需要多部门的共同努力一样,非遗代表性传承人保护同样需要多部门的协调工作。文化行政部门作为认定与管理代表性传承人的主管机关,其权限范围应仅限于法律授予的范围内,而不得越入其他行政部门的权限范围内。因此,代表性传承人制度的构建,应明确规定文化行政

---

① [美]E. 博登海默著,邓正来译:《法理学:法律哲学与法律方法》,中国政法大学出版社1999年版,第383-384页。

部门的权限范围：其一，对代表性传承人的认定权与解除权；其二，对代表性传承人申请的传承、传播非遗的经费予以审批和监督的权力；其三，对代表性传承人传承传播非遗的行为进行监督与评价的权力；其四，非遗商业化开发过程中的监督权。且法律授予文化行政部门的权力必须通过上述制度构建中所规范的法律程序行使，以保障文化行政部门的行为的合法性与有效性，提高行政执法效能。

2. 规范主管机关的责任承担

规范主管机关责任承担机制，将行政权力置于行政监督与司法裁判的审查之下。根据权力与责任的对等，笔者建议文化行政主管部门的责任承担机制应明确以下三个方面：其一，有权做出行政处分的权力机关，包括该文化行政部门所属的人民政府机关及上级文化行政部门；其二，应受法律追究的行政行为范围，包括在代表性传承人认定与解除工作中或对代表性传承人传承行为监督与评价工作中玩忽职守、滥用职权、徇私舞弊，侵害代表性传承人利益的，在非遗商业开发中不尊重代表性传承人及传承群体的意见、滥用职权许可开发的；其三，对于以上行为，依法应当给予行政处分，构成犯罪的依法追究其刑事责任。

论非物质文化遗产与传统知识直接法律保护的融合与排斥
——以获取和惠益分享为视角①

李一丁②

近年来，我国非物质文化遗产、传统知识以及知识产权保护问题的讨论经历了一个相互更替、持续不断的过程。③ 诚然，非物质文化遗产、传统知识都是知识产权的重要来源，但是作为一项私权利、独占性权利，知识产权毕竟保护的是付出实质性劳动的权利人，对于实质性劳动的对象——非物质文化遗产、传统知识仅能在保护权利人的基础上提供间接法律保护。对非物质文化遗产、传统知识两者进行直接法律保护也存在着融合和排斥，本文拟从获取和惠益分享视角，即直接法律保护机制出发，探讨非物质文化遗产和传统知识直接法律保护之间的融合和排斥问题。

一、获取和惠益分享基本问题

获取和惠益分享是1992年《生物多样性公约》提出并被2010年《〈生物多样性公约〉关于获取遗传资源和公正公平分享因其利用所产生惠益的名古屋议定书》（以下简称《名古屋议定书》）确认的有关保护和持续利用遗传资源和相关传统知识的一种法律保护机制。④ 获取和惠益分享机制的创设和实施涉及提供者（provider）、使用者（user）以及民族和当地社区（local community）等多方主体利益的实现和平衡，是该公约和议定书的最大亮点。随着《名古屋议定书》的通过，越来越多的国家已经或正在创设生物资源、遗传资源、相关传统知识获取和惠益分享的立法。知识产权系列制度亦是遗传资源和相关传统知识的另外一种法律保护手段。它通过授予实质性劳动者独占性权利，进而给予遗传资源和相关传统知识间接保护。

---

① 此文为2012年12月14—16日中山大学中国非物质文化遗产研究中心主办的"中国非物质文化遗产法治建设学术研讨会"论文，曾发表于《甘肃理论学刊》2013年第3期，修订后收录入本书。
② 李一丁，武汉大学环境研究所2010级博士研究生。
③ 笔者对各大数据库收录的与该三个主题相关的文献进行总结后发现：2000—2005年间，从知识产权视角讨论传统知识的相关文献不下200篇；从2005年至今，传统知识议题讨论日渐减少，从知识产权视角讨论非物质文化遗产的议题日渐增多。
④ 因为《生物多样性公约》第一条、《〈生物多样性公约〉关于获取遗传资源和公正公平分享因其利用所产生惠益的名古屋议定书》第一条均规定该公约目标之一是实现公平合理惠益分享，所以笔者认为获取和惠益分享是机制，也是目标。

不过，与知识产权系列制度不同的是，获取和惠益分享机制通过授予利益主体分享惠益权利，可以达到直接保护遗传资源和相关传统知识提供者的目的。但是获取和惠益分享机制和知识产权系列制度也存在一定程度的交叉。

获取和惠益分享机制主要由事先知情同意制度、共同商定制度和来源披露制度等具体制度构成。从动态的视角来看，上述三项制度贯穿于整个获取行为的全过程，它们是一种依次递进、相互影响的关系。比如，获取者在获得提供者、民族和当地社区以及该国行政主管机关遗传资源和相关传统知识获取许可之后，要与对方就惠益分享问题展开讨论和商谈。共同商定制度属于实体性法律制度，与事先知情同意制度的内容有所重合，事先知情同意制度也是共同商定制度实现的程序上的保障。只有在事先知情同意过后，才能实施共同商定制度。我们应将共同商定制度和事先知情同意制度结合起来，共同保护遗传资源和相关的传统知识提供者以及提供者所在国的国家利益。这两项制度的内容可以总结如下："共同商定条件的主体、形式和内容，与事先知情同意的主体、形式和内容基本一致。共同商定条件的主体以授予事先知情同意的主体为主；其形式上也同样采用公法框架内格式合同的表现形式；在内容上，共同商定条件除了包含事先知情同意关于获取与惠益分享活动的性质、范围、期限等授权条件外，还包含了获取与惠益分享协定和/或许可证应有的法律性条款。"来源披露制度属于获取和惠益分享机制，但其本质仍属于知识产权制度，它是知识产权法对遗传资源相关传统法律保护的适度回应。该制度要求申请人在提交遗传资源和相关传统知识的专利申请时，披露其遗传资源和相关的传统知识的来源地信息或许可证明，以便确立其来源的正当性和合理性。我国2008年新修正的专利法也对来源披露做出了规定。例如，对违法获取或者利用遗传资源的发明创造不授予专利权；对依赖遗传资源完成的发明创造，申请人应当在专利申请文件中说明该遗传资源的直接来源和原始来源，或者在无法说明来源时，须陈述理由；等等。不过，值得一提的是，为确保获取遗传资源和相关传统知识能够得到公平公正的惠益分享，《名古屋议定书》要求各缔约国设置"检查点"（checkpoints）来监测获取行为，大多数国家将本国知识产权机构设置为"检查点"监测本国遗传资源或相关传统知识获取和惠益分享情况，并对来源于遗传资源或相关传统知识的发明专利申请规定来源披露义务。①

二、非物质文化遗产与传统知识直接法律保护的融合

非物质文化遗产与物质文化遗产相对，两者合称"文化遗产"，与自然遗产一

---

① 《名古屋议定书》第十七条。

道被认为是世界遗产的组成部分。根据 2003 年《保护非物质文化遗产公约》第二条第一款，非物质文化遗产指"被各社区、群体，有时是个人，视为其文化遗产组成部分的各种社会实践、观念表述、表现形式、知识、技能以及相关的工具、实物、手工艺品和文化场所"。根据该定义，非物质文化遗产传承主体既可为社群集体，也可为单独个人；表现形式既可为无形的社会实践、观念表述、表现形式、知识、技能，也可为有形的工具、实物、手工艺品和文化场所。该公约主要是从实现各国公民经济、社会，尤其是文化方面的权利出发，对主要具有文化价值的无形财产（亦称"无形部分"，intangible property）以及体现无形财产文化价值的有形财产（亦称"有形部分"，tangible property）进行法律保护的一部国际公约。而传统知识是一个涉及范围较为广泛的概念。根据世界知识产权组织遗传资源、传统知识和民间文学艺术政府间委员会讨论的成果，广义传统知识包括传统社区（包括民族和当地社区）的物质和非物质文化遗产、做法和知识体系。一般而言，广义传统知识主要是指传统文化表现形式（又称"民间文学艺术表现形式"）和狭义传统知识。而狭义传统知识亦主要指遗传资源相关传统知识。所谓传统文化表现形式，主要是指传统知识和文化得到表现、沟通或表达的物质和非物质形式，具体包括但不限于语言、文字、音乐、声音、动作以及艺术的物质表现形式。遗传资源相关传统主要是指与遗传资源具有特殊或一般关系的传统知识。

从上述非物质文化遗产和广义传统知识的定义可以看出，运用获取和惠益分享对其进行直接保护在以下方面存在融合。

（一）来源

非物质文化遗产或传统知识在形成理念和具体来源上高度相近，它们是特定地域、社区、群体的居民或成员对自然、人文以及生活环境的一种客观反映。这是一种人类与客观自然和谐共生、共荣共进的朴素世界观和价值观，它认为，只有运用传统方式、方法和手段保存、发展、延续的体现特定民族或地区的文化、知识，才最具有价值。在这种世界观和价值观基础上建立的方法论要求人类尊重自然、尊重集体、尊重历史。然而，当今世界的价值观则是占有、控制和主宰，强调人性的欲望，很显然，上述世界观和价值观不能被主流世界所接受。但是，对非物质文化遗产或传统知识的来源进行辨认、承认、肯定和保护，不仅会促使人们发现并认识它们，进而挖掘其存在的意义和价值，这本身也是现代法律尊重人权、体会多样性的一种表现。

（二）内容

根据上述定义，广义的传统知识包括非物质文化遗产。而非物质文化遗产的主要内容包括有形部分和无形部分。无形部分主要是指各种社会实践、观念表述、表现形式、知识、技能等，它们主要囊括在狭义的传统知识内，但又不限于前者。比如2003年《保护非物质文化遗产公约》第二条规定，非物质文化遗产的无形部分还包括口头传统和表现形式，表演艺术，社会实践、仪式、节庆活动，以及传统手工艺等，即部分传统文化表现形式。这说明从国际法的视角来看，非物质文化遗产和广义传统知识在内容上呈现出一种交错复杂的关系。

2011年我国通过的《中华人民共和国非物质文化遗产法》第二条也对非物质文化遗产的内容进行了界定，具体包括："（一）传统口头文学以及作为其载体的语言；（二）传统美术、书法、音乐、舞蹈、戏剧、曲艺和杂技；（三）传统技艺、医药和历法；（四）传统礼仪、节庆等民俗；（五）传统体育和游艺；（六）其他非物质文化遗产。"从该定义来看，我国对非物质文化遗产的范围与国际公约的规定大致相似，只不过无形部分所包括的传统文化表现形式范围较国际公约宽泛，狭义传统知识范围较国际公约规定狭小，仅包括传统医药。我国非物质文化遗产、广义传统知识、狭义传统知识、传统文化表现形式之间的关系可以通过图1来表现。

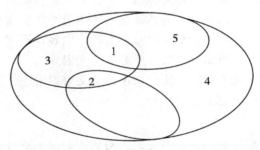

1. 能作为非物质文化遗产的传统医药（知识）；2. 能作为非物质文化遗产的传统文化表达形式，如语言、音乐；3. 非物质文化遗产；4. 广义传统知识；5. 狭义传统知识。

图1 我国非物质文化遗产、广义传统知识、狭义传统知识、传统文化表现形式关系

根据图1所示，我国非物质文化遗产的内容是可以通过获取和惠益分享机制得到直接保护的，但是不同的内容还是有所区别的。比如，对于传统礼仪、节庆、体育和游艺这几项非物质文化遗产而言，它们本身并不具有经济价值，而是属于各国、各民族传统文化、习惯、风俗的重要内容，具有非常广泛的群众基础，无须通过惠益分享，只需通过传承和传播，就能达到保护和持续利用的目的；对于传统口头文学、美术、书法、音乐、舞蹈、戏剧、曲艺和杂技等表现形式而言，它们可能具有经济价值，可以通过获取和惠益分享达到保护和持续利用的目的；而对于传统技艺和传统医药，它不但属于遗传资源相关的传统知识，富有经济价值，而且具有文化多样性意义，应当进行获取和惠益分享。

（三）特征

非物质文化遗产和传统知识来源具有一致性，即主要来自民族和当地社区，但是它们是分别从文化多样性和生物多样性的角度对体现民族和当地社区特色的风俗、文化、习惯的一种反映。虽然这两种反映是通过有形部分和无形部分予以分别展现的，但它们具有一些相同的特征。

1. 传统性

此处的"传统"主要是指依照特定民族和当地社区的风俗、文化、习惯发展起来的一系列规则、制度，它主要指方法，而不是非物质文化遗产或传统知识本身。大量事实证明，非物质文化和传统知识在经历较长时间的发展之后，更多的是对以前状态的一种累积和沉淀。虽然这种累积和沉淀是通过传统方法继续进行的，但是累积和沉淀的过程本身和结果均体现出新颖性和创造性。

2. 群体性

群体性又称"集体性"，它主要是指非物质文化遗产或传统知识主要来源于或以集体状态而予以所有和持有。群体性有以下两层解释：首先，这说明非物质文化遗产或传统知识并非个人智慧，而主要是民族和当地社区所有居民、村民的集体智慧的结晶。其次，集体性的特征并不排斥个人传承、持有以及特殊情况下所有的情形。例如，非物质文化遗产的传承人、传统知识的持有人和所有人仍有权利使用、处分和通过非物质文化遗产或传统知识获得收益。

3. 地域性

地域性主要是指非物质文化遗产或传统知识的来源、保护、传承、发展有特定的地域。但是这种地域性不宜简单地理解为区位明确、分割清晰的特定地区，而是具有相同文化背景、历史源流、自然环境、生活风俗、习俗习惯的某几个或若干个特定地域的集合体。这一方面说明非物质文化遗产和传统知识大多数情况下是无法离开特定地域而单独存在的；另一方面也说明地域性也成为非物质文化遗产或传统知识进行分类和区分的一个重要问题。①

三、非物质文化遗产与传统知识直接法律保护的排斥

获取和惠益分享机制虽然能够对大部分非物质文化遗产和传统知识给予直接保

---

① 如中国和韩国文化背景和历史源流高度相似，这几年两国也相继引发端午节等非物质文化遗产的申报权限之争。又如两国都拥有类似的传统知识，如果该传统知识遭到不当滥用或者剽窃，理论上两国均有权主张权益。但两国如何在传统知识的拥有量大小、分布比例高低等进行讨论的时候，就必须考虑到地域性这个问题。

护，但是在实施过程中，仍需要考虑这种机制对两种适用对象的兼容性和适应性。在获取和惠益分享机制实施过程中，可能会在以下方面出现冲突。

(一) 传承人、所有人（持有人）、受益人

在传统知识获取和惠益分享过程中，所有人（持有人）、使用人和国家行政主管机关均是该过程的参与主体。传统知识的提供者主要是民族和当地社区，但是也不排除个别情况下的传统知识所有者和持有者（stakeholder）。而在某些特殊情形下，也不能排除国家行政主管机关作为权利主体代为管理。这些情形包括：（1）国家利益或传统社区利益发生国际损害；（2）出现无法确定传统知识权利主体、两个或多个社区对传统知识的权利归属存在争议，以及权利主体欠缺权利行使能力；（3）狭义传统知识进入"公有领域"；（4）狭义传统知识找不到来源的社区等。传统知识的所有人（持有人）具有多样性，但是无论是集体、个人还是国家代为行使权利，它所享有的惠益分享权利是一项完全的私权利。传承人是非物质文化遗产里面最重要的个体。联合国教科文组织对传承人的定义为："为社区或者在社区内能够认识、复制、传递、转换、创造和形成特定文化的人，他既可以是创造者，也可以是实践者，还可以是管理者。"我国文化部2008年发布的《国家级非物质文化遗产项目代表性传承人认定与管理暂行办法》第二条规定传承人认定标准包括："（1）掌握并承续某项国家级非物质文化遗产；（2）在一定区域或领域内被公认为具有代表性和影响力；（3）积极开展传承活动，培养后继人才。"从这个角度来看，我国国家级非物质文化遗产传承人必须是实践者。但是传承人既可以存在于特定的民族和地区，也可以指个体传承人。"受益人"来自世界知识产权组织遗传资源、传统知识和民间文学艺术政府间委员会对传统知识和民间文学艺术问题的讨论。① 该委员会提交给世界知识产权组织第四十次大会的提案对传统文化表达和狭义传统知识的受益人的定义各提供了三种方案和两种方案，这些方案几乎做了相同的表述，即该委员会认为受益人主要为："土著和当地社区，以及传统社区、文化社区、家族、民族以及上述各类中的个人；以及不能归属于或者不限于一个土著或当地社区，或者无法确认创造它的社区的，国内法所确定的任何国家机构。"这说明受益人基本上是指传统文化表达形式和传统知识的所有人（持有人），两者在外延上基本一致。

传承人主要是通过公权力机关给予扶持和资助来实现非物质文化遗产传承和发

---

① 本文接受世界知识产权组织遗传资源、传统知识和民间文学艺术政府间委员会对民间文化艺术和传统知识表达两个概念之间关系的阐述，即认为这两个概念可以互换。（WIPO/GRTKF/IC/22/INF/8, p.6）

展，我国传承人是否有权获取惠益，国家立法和地方立法规定存在冲突。① 不过我国地方立法对传承人享有获取惠益的权利性质、内容以及适用条件均与传统知识获取和惠益分享存在差别。这种差别具体是指：（1）传承人对非物质文化遗产的处分性质比较复杂，兼具公权利和私权利两种属性，而所有人（持有人）对传统知识的处分则完全是一种私权利；（2）传承人可以通过自身对非物质文化遗产的实质处分而享有收益，而所有人（持有人）主要是通过获取人的实质处分（包括科学研究、商业开发等）而享有收益；（3）传承人获取惠益权利主要是指报酬权，而所有人（持有人）获取惠益权利不仅包括利益共享的权利，还包括集体管理的权利、防止盗用的权利、坚持事先知情同意的权利、拒绝获取的权利以及承认传统知识来源的权利。

（二）名录制度、登记制度

名录制度是指各级行政主管机关对具有重大历史、文学、艺术、科学价值的非物质文化遗产进行收录以及保护的一系列规则的总称。根据2011年《中华人民共和国非物质文化遗产法》，我国共分为国家级、省级、市级和县级四级名录。而登记制度是指通过登记簿或数据库的形式对传统知识进行提供收集、整理、编撰和记录。世界上对传统知识登记制度规定最完善的当属秘鲁2002年通过的《关于建立土著生物资源集体知识保护制度的法律》。该法律第十五条规定："土著集体知识可以在下列三类登记处进行登记：（1）土著集体知识国家公共登记处；（2）土著集体知识国家机密登记处；（3）土著集体知识地方登记。"该法条说明，为了协调公开与保密之间的关系，秘鲁采取分类登记制度，对于公共领域的传统知识和仍属保密的传统知识分别登记。前者可供公开查阅，后者除非法律有特殊规定，否则不提供公开查阅。登记制度按照法律性质可以分为宣示登记和创设登记，秘鲁的登记制度则主要属于宣示登记；创设登记主要是指通过登记使精神、经济和法律利益得到保护和承认而向传统知识持有人的权利授予（即专有财产权）。

从对这两项制度的定义中可以看出，两者在制度设置目的、实施方式以及效果等方面存在差别：（1）名录制度主要是廓清非物质文化遗产的具体保护范围，通过设置各级名录，对非物质文化遗产采取不同的手段和措施，进行不同力度的保护；登记制度则主要是为了了解掌握传统知识的存在形式、物质基础、具体内容等方

---

① 如《福建省民族民间文化保护条例》第十四条、《江苏省非物质文化遗产保护条例》第二十条、《宁夏回族自治区非物质文化遗产保护条例》第二十九条、《浙江省非物质文化遗产保护条例》第二十条以及其他自治州、自治县的非物质文化遗产保护条例均规定传承人享有获取传艺、讲学以及艺术创作、学术研究等活动的报酬权利；有偿提供其掌握的知识和技艺以及有关的原始材料、实物、建筑物、场所的权利。但《中华人民共和国非物质文化遗产法》并没有上述规定。

面，一来确认传统知识的权利主体，二来也能为申请专利提供在先技术证明。（2）名录制度主要通过对普查和申报两种方式来予以确认，而登记制度主要是通过申报来予以确认，但是也不排除国家机构对传统知识进行普查后直接登记。（3）名录制度的实施效果是纳入名录的非物质文化遗产项目和该项目的传承人将得到国家资助和扶持，而登记制度的实施效果则是传统知识将得到普遍性的保护。

（三）传承人资助制度、共同商定制度

传承人资助制度是指国家通过物质帮助、经济资助，扶持各级非物质文化遗产项目传承人传承和发展。而共同商定制度贯穿于传统知识的获取、使用和惠益分享的始终，传统知识的获取和使用必然导致惠益的分享，如果将其过程分开讨论，可能会导致不公平的结果。它主要是指："（遗传资源）提供国的相关主体与（遗传资源）获取者在法定最低标准的基础上，通过协商或谈判而达成的（遗传资源）获取与惠益分享协定的条款和条件。"

传承人资助制度与共同商定制度在设置目的、实施方式以及效果等方面仍旧存在差别：（1）传承人资助制度的设置目的在于通过国家行政给付的手段确保传承人物质保障，以利于其更好地传承和发展非物质文化遗产；共同商定制度是获取和惠益分享机制的重要制度，依照民法基本理论，它是尊重和实现传统知识所有人（持有人）财产利益和精神利益的重要手段。（2）传承人资助制度根据纳入各级非物质文化遗产名录的具体项目确定，各级政府依照各级财政支付能力对不同传承人给予不同力度的扶持；相应地，传承人也应当积极履行传承义务，不得有消极懈怠传承事项。共同商定制度是所有人（持有人）和使用人通过平等友好协商，就进行的活动名称、参与人数、活动地点、活动规模、拟进行活动的内容和步骤、预期达到的效果、可能会对生物多样性与人文环境和生态环境保护产生的影响、拟开发的活动可能形成的惠益分享及安排、定期报告生物开发活动进展的要求、传统知识的知识产权问题安排、土著权利保障和实现的要求，以及一些合同性基础条款，如协定有效期、协定发生变更、中止、解除、终止的条件，争端解决条款，保密条款等内容进行确定和实施的过程。（3）传承人资助制度通过国家给予各种扶持达到非物质文化遗产的传承、保护和发展的目的，而共同商定制度旨在确保传统知识所有人（持有人）的利益能够得到确认、保证和实现。

四、结语

获取和惠益分享机制来源于1992年《生物多样性公约》，并经2010年《名古屋议定书》确认，它是由多项具体制度如事先知情同意、共同商定条件、来源披露制度等多项具体制度构成的一项重要的直接保护传统知识的法律机制。因为非物质文化遗产和传统知识在来源、内容和特征等方面具有高度融合性，所以它也适用于非物质文化遗产的直接法律保护。

但是在适用过程中，因非物质文化遗产和传统知识是从完全不同的角度出发构建相应的法律制度体系，在非物质文化遗产方面运用获取和惠益分享机制也存在一些问题。这些问题如果能够得到圆满的兼容和解决，非物质文化遗产的法律保护将会更具实效。

非物质文化遗产的公权保护[①]

孙昊亮[②]

一、引言

自 2003 年《保护非物质文化遗产公约》签订以来，我国掀起了一股非物质文化遗产保护热，这一学术领域的研究也持续升温。如何从法律的角度保护非物质文化遗产，成了法律界讨论的热门话题。有学者认为，应该在政府主导下通过增加政府责任的方式，将非物质文化遗产的保护作为政府责任，通过公权保护非物质文化遗产。[③] 也有学者指出，对非物质文化遗产，有必要在公权保护之外予以私权保护，私权保护有助于非物质文化遗产的保存、保护与弘扬。[④] 而多数学者主张采取公权与私权相结合的方式对非物质文化遗产进行保护。[⑤] 随着研究的进一步深入，学者们在单纯公权与私权保护之争的基础上提出了更为深入、具体的观点。有学者认为，应当从传统文化的客体属性出发，对传统文化实行双重权利保护，即传统文化表现形式的知识产权和非物质文化遗产的文化权利。传统文化表现形式的知识产权是一种"集体产权"，而非物质文化遗产的文化权利是一种"集体人权"。因此，主张在传统文化领域，分别在私法和公法领域建立"传统文化表现形式保护制度"和"非物质文化遗产保护制度"。[⑥] 也有学者主张对非物质文化遗产的保护采取特别权利模式——设立无形文化标志权，将非物质文化遗产保护与知识产权进行有机对接。[⑦] 还有学者提出，对民族民间文艺等非物质文化遗产应当以集体主义作者观为

[①] 此文为 2012 年 12 月 14—16 日中山大学中国非物质文化遗产研究中心主办的"中国非物质文化遗产法治建设学术研讨会"论文，修订后收录入本书。

[②] 孙昊亮，西北政法大学经济法学院教授。

[③] 牟延林、吴安新：《非物质文化遗产保护中的政府主导与政府责任》，载《现代法学》2008 年第 1 期，第 179 – 186 页。

[④] 黄玉烨：《论非物质文化遗产的私权保护》，载《中国法学》2008 年第 5 期，第 136 – 145 页。

[⑤] 徐辉鸿：《非物质文化遗产传承人的公法与私法保护研究》，载《政法与法律》2008 年第 2 期，第 76 – 81 页；张玉敏：《民间文学艺术保护模式的选择》，载吴汉东主编《知识产权年刊》2007 年号，法律出版社 2008 年版；黄玉烨、戈光应：《非物质文化遗产的法律保护模式》，载《重庆工学院学报（社会科学版）》2009 年第 5 期，第 46 – 50 页。

[⑥] 吴汉东：《论传统文化的法律保护——以非物质文化遗产和传统文化表现形式为对象》，载《中国法学》2010 年第 1 期，第 50 – 62 页。

[⑦] 曹新明：《非物质文化遗产保护模式研究》，载《法商研究》2009 年第 2 期，第 75 – 84 页。

指导，把有关少数民族或其村寨确定为权利主体；以独创性、集体性、传统性为保护标准，确认其精神权利、消极经济权利和以"经济补偿权"为内容的积极经济权利，并对精神权利和消极经济权利提供无期限保护，对积极经济权利给予有期限保护。① 这些学者的观点都从不同视角进一步剖析了公权保护与私权保护的具体措施及其内部的逻辑关系。从以上学者们的研究来看，尽管对是否应该通过私权保护非物质文化遗产有着不同的观点，但对于非物质文化遗产的公权保护，学者们是一致认可的。甚至对非物质文化遗产主张私权保护的学者们也不否认，公权保护是重要的而且是主要的保护方式。② 这一点在我国 2011 年通过的《中华人民共和国非物质文化遗产法》（以下简称《非物质文化遗产法》）中得到了体现和确认，公权保护成了非物质文化遗产保护的主要方式。

二、非物质文化遗产应由政府通过公权进行保护

非物质文化遗产具有文化本位性，属于公共物品，关系到公共利益，对它的保护是在公法框架下的公权问题，必须在政府的主导下进行。政府是公共利益的代言人、公共事务的执行者。正如约翰·梅纳德·凯恩斯在他的《自由放任主义的终结》（1926 年）中所说："政府的当务之急，不是要去做那些人们已经在做的事，无论结果是好一点还是坏一点，而是要去做那些迄今为止还根本不曾为人们付诸行动的事情。"著作权法、商标法等私法是为了保护"私利益"而创设的制度体系，不可能从根本上起到保护非物质文化遗产的作用。市场规则只能解决非物质文化遗产的利益归属问题，而不能解决非物质文化遗产日渐衰亡的问题。政府作为公共利益的代表者，理应承担起保护非物质文化遗产的重任。

目前，我国的一些地方政府和团体保护非物质文化遗产的热情主要来源于其所带来的经济利益，期望通过非物质文化遗产的开发带动旅游等文化产业的发展。这造成了地方政府和团体往往只对能够申报非物质文化遗产保护名录的少数非物质文化遗产进行关注。对列入世界级、国家级名录的全力支持，对列入省级、市级名录的适当支持，对其他则是基本不支持。而且，往往是申报积极、包装积极、表演积极，在实质性保护时却没有了积极性。虽然少数非物质文化遗产幸运地被重视和保护起来，但更多的非物质文化遗产却无人问津、濒临灭绝。

笔者认为，文化产品包括作为客体被大众所消费的"文化商品"和作为主体塑

---

① 严永和：《民族民间文艺知识产权保护的制度设计：评价与反思》，载《民族研究》2010 年第 3 期，第 10 – 24、107 页。

② 黄玉烨：《论非物质文化遗产的私权保护》，载《中国法学》2008 年第 5 期，第 136 – 145 页。

造健全人格的"文化公共品"。"文化商品"用来满足或者说迎合大众的需求，成为大众文化消费的对象；"文化公共品"则作为主体来塑造人类的精神世界，往往由国家通过教育、宣传等方式提供给公众，起到提高人民素质、增强凝聚力等作用。"作为消费品的文化产品是完全可以也应该市场化，而作为政府政治权力行使的一部分的文化产品则是纯公共物品，不能市场化。作为艺术的文化具有公共性，属于文化公共领域，具有不同于权力领域和市场经济领域的特点。"① "因此，知识的创新、文化的更新，不能依赖文化工业的制作方式来推动，只能靠公共领域中文化的交流和传播。"② 非物质文化遗产一方面具有文化本位性，另一方面属于纯公共物品的文化产品，所以理应在政府的主导下进行保护。

当然，政府主导下以公共利益为目标的公权保护，并不意味着排斥个人利益。实际上，"作为政府目标的公共利益应该是对社会每个个体利益的反映。人们为了更好地享有并实现个体权利，必须依赖公共利益，并为了公共利益的目的而设立政府，政府是公共利益的代表者与维护者"③。"公共利益的保障为政府行为的目标，而公共利益是由无数个体利益汇聚而成的，个体利益存在于公共利益之中，公共利益与个体利益之间是互相促进的关系。"④ 所以，非物质文化遗产公权保护并不意味着不考虑个人利益，甚至可以说由于公共利益就是个体利益的集合，所以公权保护非物质文化遗产就是"集体利益"的实现。这也许为许多学者所提出的通过"集体权利"保护非物质文化遗产的观点提供了注解。但从本质上说，无论制度设计如何，这种所谓的个体利益"集合"而成的"集体权利"更多的是公权性质，应通过公法进行保护。

然而，如何通过公权保护非物质文化遗产是个复杂的问题。非物质文化遗产立法本来就是个世界性的难题，到目前为止，除我国外，世界上还没有哪一个国家或地区制定保护非物质文化遗产的专门法律。这种现象表明，制定保护非物质文化遗产的专门法律不是一件容易的事情。⑤ 我国从2002年向全国人大递交《中华人民共和国民族民间传统文化保护法草案》（2004年全国人大将其名称调整为《中华人民共和国非物质文化遗产保护法草案》）开始，《中华人民共和国非物质文化遗产法》

---

① 王晓升：《文化：意识形态抑或商品？——兼与〈科学发展观与新文化观〉一文商榷》，载《哲学动态》2007年第11期，第9-10页。
② 王晓升：《文化：意识形态抑或商品？——兼与〈科学发展观与新文化观〉一文商榷》，载《哲学动态》2007年第11期，第8页。
③ 高轩：《非物质文化遗产保护立法的宪政考量》，载《法商研究》2009年第1期，第63页。
④ 高轩：《非物质文化遗产保护立法的宪政考量》，载《法商研究》2009年第1期，第63页。
⑤ 曹新明：《非物质文化遗产保护模式研究》，载《法商研究》2009年第2期，第78页。

的立法进程可谓步履艰难。现在，我国的《非物质文化遗产法》已经颁布多年，效果尚不得而知。然而，从该法条文多为宣誓和行政授权的角度而言，要想取得立竿见影的效果，显然是不太可能的。

实际上，目前我国在非物质文化遗产保护方面存在着诸多问题。许多地方政府和企业表面上热衷于非物质文化遗产的保护，实际上却以保护的名义对非物质文化遗产进行产业化开发，非物质文化遗产成为拉动经济的工具。随着文化产业的飞速发展，非物质文化遗产变成了商品化过程中的生产要素，旅游、影视、大众文化产业的繁荣成了非物质文化遗产保护的目标，而真正意义上的非物质文化遗产则被割裂和异化。

目前，在我国非物质文化遗产的保护和利用过程中，很多人看到的是非物质文化遗产的经济效应，而忽视了文化效应。"当前在一些地方，把申报非物质文化遗产当作是开发旅游或者是兴办其他文化产业的手段，而这些非物质文化遗产的本质在于，它是广大民众的生活方式，一旦这种生活方式被当作谋取利润的商品时，它的性质就完全改变了。旅游业使非物质文化遗产的各种表现形式在性质、功能等方面发生了根本性的改变，当一种生活方式变成商品时就很难再完好地保持其原来的功能。"① 特别是个别地区以营利为目的的市场化运作，往往会发生盲目追逐经济利益和杀鸡取卵的短视行为。一些地区把民间习俗搬上现代化舞台，通过"演员"表演的方式进行保护和传承，使民间习俗脱离了原来的原生态文化土壤。这种简单的嫁接和抽离极大地损害了民间习俗的形象，最后造成只保留了非物质文化遗产的形式和皮毛，却丢掉了实质和精髓。非物质文化遗产保护应该从文化本位和公共利益的角度进行，避免功利化。在韩国，随着非物质文化遗产保护活动的开展，大规模的非物质文化遗产产业化运动也开始兴起。"资本的触角开始伸向这块前景诱人的领域。商人们恨不得把被指定为'韩国文化财'和'无形文化财'的东西都开发成商品。非物质文化遗产保有者们的表演逐渐变成了纯商业性的演出。""韩国非物质文化遗产的商品化已经引起了人们的不安，商品化使非物质文化遗产变得规模化、模式化，表演艺术本身也成了一种商品，正在逐步失去韩国传统文化原有的文化内涵。"② 在我国，为了更加有效地运用公权保护非物质文化遗产，防止非物质文化遗产遭到破坏，应当出台更加具体、有效的规定。

---

① 刘魁立：《论全球化背景下的中国非物质文化遗产保护》，载《河南社会科学》2007年第1期，第30页。

② 飞龙：《国外保护非物质文化遗产的现状》，载《文艺理论与批评》2005年第6期，第60页。

三、非物质文化遗产公权保护的模式

（一）行政保护

行政保护是非物质文化遗产公权保护的主要模式之一。在《保护非物质文化遗产公约》中就规定："为了确保缔约国领土上的非物质文化遗产得到保护、弘扬和展示，各缔约国应努力做到：（a）制定一项总的政策，使非物质文化遗产在社会中发挥应有的作用，并将这种遗产的保护纳入规划工作；（b）指定或建立一个或数个主管保护其领土上的非物质文化遗产的机构；（c）鼓励开展有效保护非物质文化遗产，特别是濒危非物质文化遗产的科学、技术和艺术研究以及方法研究；（d）采取适当的法律、技术、行政和财政措施。"[①] 该《公约》中所规定的"制定政策""指定或建立机构"等都是典型的行政保护手段。

根据《保护非物质文化遗产公约》的相关内容，我国国务院办公厅 2005 年发布了《关于加强我国非物质文化遗产保护工作的意见》《国家级非物质文化遗产代表作申报评定暂行办法》和《非物质文化遗产保护工作部际联席会议制度》；文化部 2006 年发布了《国家级非物质文化遗产保护与管理暂行办法》（中华人民共和国文化部令第 39 号）；国务院 2005 年发布了《国务院关于加强文化遗产保护的通知》（国发〔2005〕42 号）。国务院在 2006 年和 2008 年分别公布了第一批和第二批"国家级非物质文化遗产名录"，还成立了"中国非物质文化遗产保护中心"等机构。

政府部门针对非物质文化遗产的保护发布规章和文件，专设保护机构，制定具体的行政保护措施，从某种程度上起到了"立竿见影"的保护效果。通过行政手段保护非物质文化遗产虽然具有时间短、见效快的好处，但是也存在容易导致政府权力滥用、政策不连续，以及缺乏长远规划和系统措施等弊端。比如，一些学者指出，"非物质文化遗产保护工作中的政府主导，必然是建立在政府权力基础上的，故而，必须要考虑政府主导的界限"[②]。笔者认为，要解决这些问题，让政府的权力有限制，政策具有连续性、科学性，就必须通过立法来解决。

（二）法律保护

首先，宪法作为法律的根本性宪政基础，也是非物质文化遗产法律保护的基础。"人权保障是宪政的价值目标，非物质文化遗产保护立法体现了人权保障之核

---

① 《保护非物质文化遗产公约》第十三条。
② 牟延林、吴安新：《非物质文化遗产保护中的政府主导与政府责任》，载《现代法学》2008 年第 1 期，第 180 - 181 页。

心价值,并应把其贯彻落实到《非物质文化遗产法》从起草、内容设计到实施的各个环节。"① 实际上,我国 2011 年颁布的《非物质文化遗产法》第一条就规定:"为了继承和弘扬中华民族优秀传统文化,促进社会主义精神文明建设,加强非物质文化遗产保护、保存工作,制定本法。"

其次,《非物质文化遗产法》的制定当然是非物质文化遗产保护最核心的内容。《非物质文化遗产法》规定:"国家对非物质文化遗产采取认定、记录、建档等措施予以保存,对体现中华民族优秀传统文化,具有历史、文学、艺术、科学价值的非物质文化遗产采取传承、传播等措施予以保护。"(第三条)"县级以上人民政府应当将非物质文化遗产保护、保存工作纳入本级国民经济和社会发展规划,并将保护、保存经费列入本级财政预算。国家扶持民族地区、边远地区、贫困地区的非物质文化遗产保护、保存工作。"(第六条)"国务院文化主管部门负责全国非物质文化遗产的保护、保存工作;县级以上地方人民政府文化主管部门负责本行政区域内非物质文化遗产的保护、保存工作。县级以上人民政府其他有关部门在各自职责范围内,负责有关非物质文化遗产的保护、保存工作。"(第七条)"县级以上人民政府应当加强对非物质文化遗产保护工作的宣传,提高全社会保护非物质文化遗产的意识。"(第八条)这些规定都属于公权保护的方式。笔者认为,非物质文化遗产具有公共属性,关系到公共利益,很难用私权的方式给予保护。所以,通过公权手段保护非物质文化遗产应是一种理想的选择。以公权保护为内容的《非物质文化遗产法》也不会出现与现有私权制度难以衔接、私权利难以实现等问题。

(三)非物质文化遗产公权保护的内容和措施

公权保护非物质文化遗产的主要内容包括:对非物质文化遗产进行挖掘、整理、归档和研究;宣传、弘扬、传承和振兴非物质文化遗产;非物质文化遗产传承人的保护;防止非物质文化遗产不当利用;等等。政府在非物质文化遗产保护过程中主要是引导作用,实际上非物质文化遗产的存续具有其规律性和自发性,政府所要做的并不一定是投入大量的资金、人力和物力。如前文所述,相对于浩如烟海的非物质文化遗产而言,政府的资金、物质投入都是杯水车薪。幸运的是,非物质文化遗产的创造者和传承者们,不是而且从来都不是为了获得经济利益,甚至不是"为了艺术而艺术"。② 非物质文化遗产作为一种文化的"载体",是特定群体行为

---

① 高轩:《非物质文化遗产保护立法的宪政考量》,载《法商研究》2009 年第 1 期,第 63 页。
② 汤跃:《传统知识保护进程的促进力——基因资源、传统知识和民间文学保护学术研讨会纪实》,载《中国知识产权报》2005 年 7 月 27 日第 7 版。

抽象聚合的反映，换句话说，非物质文化遗产就是其创造者们生活的一部分。如今遇到的问题是，现代科技手段和商品经济的无限扩张压缩了非物质文化遗产传承的空间。政府所要做的主要是扶持、引导工作，为非物质文化遗产的传承和发展排除障碍、搭建平台。

例如，陕西就针对秦腔的振兴推出了"天天有戏看"活动，取得了很好的效果。据陕西省戏曲研究院院长陈彦介绍，如今在西安，一年365天，天天有秦腔，票价定得很低。2009年，陕西省戏曲研究院还发放赠票10000张，吸引秦腔爱好者，主要是为了培育秦腔市场，弘扬这个古老的戏剧品种。这是一个长期的、艰难的过程。据了解，2009年，陕西省戏曲研究院能容纳500人的中型剧场几乎天天满场，上座率达到95%以上。① 此外，西安市还将在市区建立7个24小时全开放式主题公园，其中"秦腔园"里将建设手工绘制的经典秦腔剧目的景墙和脸谱，附近的戏迷可以在这里尽情"吼秦腔"。② 在传承人保护方面，国家和地方政府也做了很多切实有效的工作。2010年3月5日，在新疆文化文物工作会议上，16位国家级非物质文化遗产传承人领到了每年8000元的国家补助金，这些补助很好地解除了他们生活上的后顾之忧，让他们能够安心传承艺术、教育后人。③ 可见，政府在保护非物质文化遗产过程中所要做的事情并不一定需要巨大的投入。非物质文化遗产具有"活态性"和巨大的生命力，只要提供良好的平台和创造适宜的条件，就可以很好地存活下去。甚至政府仅仅需要调整放假时间，增加传统节日为法定节假日，就可以起到非常好的弘扬传统文化、保护非物质文化遗产的作用。④ 相反，单纯依靠经济手段很可能会忽略非物质文化遗产的本质属性，而且会造成其异化或者加速其灭绝。

总之，非物质文化遗产保护热是人们在物质生活日益满足的情况下，对精神文化需求的一种表现。但是，从本质上来说，非物质文化遗产具有文化本位性和公共物品的属性，关系公共利益，其保护的根本目标不是为了生产更多的文化商品，而是为了实现文化多样性、增强群体认同感，以及为文化繁荣提供源泉等公共利益目标。保护非物质文化遗产必须以公权为基础，主要运用公法手段，在政府主导下充

---

① 田朝旭：《秦腔：天天有戏看，票价低至10元》，载《华商报》2009年3月27日。
② 刘俊锋：《西安南三环下月建成7个主题公园，赏画品茶吼秦腔》，载《华商报》2009年9月3日。
③ 王瑟：《新疆再次向"非遗"代表性传承人发放国家补助金》，载《光明日报》2010年3月6日第8版。
④ 2006年5月20日，国务院批准将端午节列入第一批国家级非物质文化遗产名录。2007年12月，国务院颁布《国务院关于修改〈全国年节及纪念日放假办法〉的决定》（中华人民共和国国务院令第513号）。从2008年起，端午节被列为法定节假日，全国放假一天。同时，清明节、中秋节也都增加为法定节假日。自从成为法定节假日之后，每到端午节，全国各地"艾叶飘香、龙舟似箭、锣鼓喧天，传统民俗文化活动得到了发掘和复兴"。（李舫、崔鹏、王伟健等：《今年端午民俗味更浓》，载《人民日报》2009年5月29日第1版）

分挖掘、整理现存的非物质文化遗产，做好宣传、弘扬、传承和振兴非物质文化遗产以及传承人保护方面的工作，积极引导和规范非物质文化遗产的产业化开发，防止对非物质文化遗产的不当利用，实现非物质文化遗产保护的根本目标。

澳门非物质文化遗产立法的深度思考[①]

简万宁[②]

一、引言

虽然截至今天，澳门已经拥有10项被列入世界级、国家级和地区级（本地级）的非物质文化遗产项目[③]，但其在立法方面仍然是空白。与物质文化遗产立法相比[④]，有过之而无不及。澳门启动文化遗产保护法立法工作起步较晚，且进程缓慢。澳门特别行政区政府虽然已于2009年2月推出《文化遗产保护法》（草案）（内含"非物质文化遗产"一章）咨询文件，向社会公开咨询。由于草案文本的立法内容和立法技术存在诸多问题，没有形成社会共识，加上这方面的立法经验尚浅，因而拖了三年多的时间。2012年4月才完成咨询程序，由特区政府以法案形式向立法会提交法案，进入立法会的立法程序。10月中旬已经完成第二步"一般性讨论和表决"的立法程序，进入第三步"细则性讨论和表决"的立法程序[⑤]，能否在2012年内完成所有程序并公布实施仍是未知数。

从立法例分析，澳门非物质文化遗产保护法没有独立成法，而与物质文化遗产合并为一部法律，名为《澳门文化遗产保护法》。足见澳门非物质文化遗产立法例的独特性，其与目前的国际通行做法不同。例如，联合国教科文组织于2003年10月17日通过的《保护非物质文化遗产公约》、中国内地于2011年2月25日通过的

[①] 此文为2012年12月14—16日中山大学中国非物质文化遗产研究中心主办的"中国非物质文化遗产法治建设学术研讨会"论文，修订后收录入本书。

[②] 简万宁，澳门科技大学民商法博士，澳门文化遗产导游协会主席、澳门特别行政区旅游发展委员会委员。

[③] 澳门拥有世界级非物质文化遗产项目1项：粤剧（粤、港、澳三地联合申请）；国家级非物质文化遗产项目5项：凉茶配制技艺、木雕神像、道教科仪音乐（传统音乐类中的道教音乐的扩展项目）、南音说唱（曲艺类）、鱼行醉龙节（民俗类中的民间信俗的扩展项目）；地区级非物质文化遗产项目4项：妈祖信俗、哪吒信俗、土生葡人美食烹饪技艺、土生土语话剧。

[④] 从不严格的立法意义上讲，在澳葡管治时期，政府有关文物保护的立法工作最早应追溯到1953年12月10日，时任澳门总督史柏泰（Jaime Silverio Marques）批示成立一个委员会，主要负责评定建筑文物名单。但是，严格意义上的文化遗产保护立法行为应是1976年8月7日公布的第34/76/M号法令（全文共16条条文），比内地1982年11月9日颁布的文物保护法还早。

[⑤] 澳门立法会的普通立法程序：(1)法案提出（议员或特区政府）；(2)一般性讨论和表决；(3)细则性讨论和表决；(4)全体会议的总体最后表决；(5)行政长官签署公布。

《中华人民共和国非物质文化遗产法》都是独立成法。

从结构和内容分析，澳门非物质文化遗产保护法仅占澳门《文化遗产保护法》的其中一章，仅有9条条文，且内容较粗糙，与联合国《保护非物质文化遗产公约》的40条条文、中国内地《中华人民共和国非物质文化遗产法》的45条条文相比，存在数量和质量上的差距，足见其内容的欠缺。

仔细比较和分析澳门非物质文化遗产的法案、联合国《保护非物质文化遗产公约》和中国内地《中华人民共和国非物质文化遗产法》的条文内容之后，笔者发现，澳门非物质文化遗产法案内容与后两者存在许多不一致的地方，有些内容根本被忽视，留下诸多立法空白，势必导致将来实施过程中因无法可依而出现难以解决的大问题。本文主要从被法案忽视的内容切入，提出问题，引导思考，进行讨论，从而引起关注，使澳门非物质文化遗产立法得以完善。

二、非物质文化遗产立法与国际人权保护一脉相承

联合国《保护非物质文化遗产公约》序言第二段表明：本公约参照现有的国际人权文书，尤其是1948年的《世界人权宣言》以及1966年的《经济、社会、文化权利国际公约》和《公民及政治权利国际公约》这两个公约。因此，我们认识到，联合国教科文组织在确认、保护、传承和发展世界非物质文化遗产代表性项目时，把保护和发展国际人权事业相提并论，把它们紧密联系在一起，要求理顺非物质文化遗产与国际人权保护之间的关系，做到并行不悖、相得益彰，获得协调和平衡发展。

非物质文化遗产是指被各社区、群体，有时是个人，视为其文化遗产组成部分的各种社会实践、观念表述、表现形式、知识、技能以及相关的工具、实物、手工艺品和文化场所。但是，并非所有上述所指的对象都当然地被列入公约保护的范围，只有那些富有时代进步意义，具有历史、文学、艺术、科学等普遍价值和文化重要性，展现人类文明以及尊重人权的非物质文化遗产才能列入世界非物质文化遗产代表性项目名录。《保护非物质文化遗产公约》第二条第一款有类似的表述：在本公约中，只考虑符合现有的国际人权文件，各社区、群体和个人之间相互尊重的需要和顺应可持续发展的非物质文化遗产。据此，该条款可作为评审非物质文化遗产的法律依据和专业评判标准。例如，我们不可能把宣扬民族分裂与仇恨、种族隔离、宗教鄙视、单一信仰等习俗和仪式列入非物质文化遗产名录，也不可能把那些用于教授犯罪、违反人道等技艺列入非物质文化遗产名录。这就是公约第二条第一款的含义。为此，非物质文化遗产评审机构必须严格把握此标准。《中华人民共和国非物质文化遗产法》第四条和第五条的规定，可以认为是对保护非物质文化遗产

与保护国际人权做出合理的安排。其第四条规定："保护非物质文化遗产,应当注重其真实性、整体性和传承性,有利于增强中华民族的文化认同,有利于维护国家统一和民族团结,有利于促进社会和谐和可持续发展。"第五条规定："使用非物质文化遗产,应当尊重形式和内涵。禁止以歪曲、贬损等方式使用非物质文化遗产。"澳门《文化遗产保护法》(草案)的"非物质文化遗产"一章没有类同的规定,与国际公约和国家法律脱轨。

三、理顺非物质文化遗产与知识产权的关系

(一)两者的对立统一关系

联合国《保护非物质文化遗产公约》第三条(b)规定:本公约的任何条款均不得解释为:影响缔约国从其作为缔约方的任何有关知识产权或使用生物和生态资源的国际文书所获得的权利和所负有的义务。此条文提示我们,非物质文化遗产和知识产权之间存在联系和冲突的关系,必须引起我们的高度重视。因此,我们在调查、评审、保护、传承、传播非物质文化遗产时应该确保与特定非物质文化遗产关联的知识产权不受侵害,保护知识产权权利人的合法权益。我们知道,知识产权涉及专有技术秘密以及商业秘密,这些秘密都受到法律的保护,不得随意向外公开,否则就侵犯了知识产权权利人的权益。然而,根据国际和各国的通行做法,在调查、确认、保护、传承和传播非物质文化遗产工作中,几乎都要求遵循鼓励公众参与以及公开信息这些原则,因而不可避免地与知识产权的保密问题产生矛盾。为此,我们必须谨慎对待,合理地处理这些问题。本文建议参照《中华人民共和国非物质文化遗产法》第十三条的规定:"对于非物质文化遗产进行调查以及建立非物质文化遗产档案及相关数据库时,除依法应当保密外,应当公开,便于公众查阅。"这是我们正确处理非物质文化遗产和知识产权紧张关系可借鉴的做法。为此,本文建议,澳门在调查、评审、传承和传播非物质文化遗产时,必须结合澳门现行的知识产权法律,严格遵守法律规定的保密义务,防范专利技术秘密和商业秘密外泄;无须保密的其他非物质文化遗产档案及相关数据信息应当公开,以便于公众查阅,满足公众对非物质文化遗产的知悉权。

以凉茶配制技艺为例,假设传承人已向专利主管部门申请专利并获得专利权,我们在传播和传承这项非物质文化遗产时应该慎重其事,以防凉茶配方秘密外泄。但是,该项非物质文化遗产代表性传承人又得肩负开展传承活动和培养后继人才的义务。在此情况下,如何在开展非遗传承义务的同时,确保其配方秘密不外泄,是一个矛盾的问题。对此,我们该如何处理,如何适用法律?这需要我们进行深入的思考。对此,《中华人民共和国非物质文化遗产法》第四十四条做了明确规定:

"使用非物质文化遗产涉及知识产权的，适用有关法律、行政法规的规定。对于传统医药、传统工艺美术等的保护，其他法律、行政法规另有规定的，依照其规定。"澳门《文化遗产保护法》（草案）有关"非物质文化遗产保护"一章没有关于知识产权保护的规定，建议借鉴国家立法的做法予以补充。

非物质文化遗产与知识产权（包括著作权、邻接权、商标权、商号权、商业秘密权、专利权、集成电路布图设计权、植物新品种权等）皆是人靠智力劳动发明创造或创作出来的精神产品。从物理学角度来看，两者本身皆没有物质形态，是人的思想或创意的表现形式，但是这些思想或创意表现形式都可以通过创意人的劳动作用于特定的物质载体如书画或生产出物质形态的产品如凉茶而体现出来。虽然这些物质（载体、产品、工具和道具）与非物质文化遗产和知识产权密不可分，但它们不是我们所关注的知识产权和非物质文化遗产的本体，只是载体（如书画）、产品（如苹果手机），以及所借助的工具（如雕刻神像所使用的雕刻工具）或道具（如道教科仪音乐使用的乐器）。

（二）两者的差异性

经过以上分析，不可否认非物质文化遗产和知识产权在许多地方具有相同点，或有重叠的地方，或具有两面性。但是，两者并不等同，而且具有本质上的差异。其差异主要表现在以下几个方面。

1. 评判的价值标准不同

非物质文化遗产主要是从历史、文学、艺术和科学等价值视角进行评判的，关注其稀有性和濒危性，目的是保护、弘扬、传承和传播其普遍价值和文化重要性，以展现和延续一个群体、团体的优良传统文化。知识产权主要是从独创性、新颖性、实用性、创造性等视角进行评判，关注其经济效用价值和财产利益，目的是保护知识产权权利人的人身权益和财产利益，保障知识产权权利人依法有效地行使对自己智力劳动成果的人身权和财产权，确保智力成果的完整、真实以及不受非法剽窃、盗取、假冒、伪造和侵占等权益。

2. 权属性质与权能限制不同

一项非物质文化遗产一旦被列入世界级、国家级或地区级非物质文化遗产名录，其权属的性质必然发生变化，即从个体性质转变为公共性质，因而权利人的所有权权能（占有、使用、处分、收益）必然受到限制，不可依照自己的意志进行自由处分，如转让给别人。然而，专利权、著作权、商标权不同，这些权利仍然属于私权性质，权利主体可以根据自己的自由意志处分除人身性质以外的其他权利并获取报酬，例如允许其他人使用或转让给其他人，公权不得随意干预。

3. 法律与保护措施不同

出于对非物质文化遗产的历史、文学、艺术和科学等普遍价值的特别保护，以实现弘扬、传承和传播族群、团体的优良传统文化和文化重要性，基于每部法律调整对象的不同以及保护措施针对性程度的不同，综观现行其他法律法规，皆无法有针对性、有效地发挥规范作用。因而必须制定非物质文化遗产保护法律，如此才能确保特别对象获得有效的规制，使保护、弘扬、传承和传播达致既定的目标。对非物质文化遗产的保护，主要是确保其历史、文学、艺术和科学等普遍价值的完整性和真实性，以及抢救濒危非物质文化遗产，使之获得重生、获得传承，不断延续下去。相较而言，知识产权法的调整对象和内容主要是专利权、著作权和商标权以及这些权利如何申请、许可使用、转让、保护，等等。打击的对象主要是假冒、仿造等侵权行为，最终目的是保护权利人的财产利益不受侵害。

四、严格区分非物质文化遗产与物质文化遗产

根据是否具有物质形态，是否能触摸到实物，可以把文化遗产划分为物质文化遗产和非物质文化遗产。根据《保护非物质文化遗产公约》第二条，非物质文化遗产"指被各社区、群体，有时是个人，视为其文化遗产组成部分的各种社会实践、观念表述、表现形式、知识、技能以及相关的工具、实物、手工艺品和文化场所"。虽然有提到"相关的工具、实物、手工艺品和文化场所"，但是我们不能因此而本末倒置，否定上面做出分类的依据。

依笔者之见，首先，虽然定义中有提到有形实物，但是它们只是附带的构成部分，只发挥辅助和陪衬作用，而非决定和主导作用，并且不能独立存在。换言之，这些有形物质仅作为传承人进行制作、创作所借助的载体（如书画用的纸张）、工具（如雕刻神像用的刻刀）和道具（如粤剧用的服饰），或者是成果或产品（如煮好的凉茶）。其次，定义中提到有形实物，不具有普遍性，即并非所有的非物质文化遗产都必须与之结合或者缺之不可。例如，中国功夫中的拳术就不一定需要与有形实物结合才能表演，为了提高表演的美观程度，可以穿上功夫服装，但并不是非它不可，没有服装对演示的质量影响不大。再次，这些有形实物也不具有独立性，即其独立存在时根本不具有非物质文化遗产的意义，而是一种普通物质。例如，用于表演粤剧的服饰如果离开了表演场所，放到商店里或家里，你认为它还是非物质文化遗产吗？显然不是。最后，这些有形实物不具有唯一性、不可复制性和不可替代性，因为作为起辅助作用的工具、实物等可以被复制和被替代。例如，醉龙舞用的"龙头"并非原始的，其他道具也是如此，再者，使用替代品并不影响表演的质量，也不失节庆的意义。况且，我们不可能强求这些道具必须是原始的，事实上，

这也无法做到。道具经多次使用后总会破损，甚至变得无法使用，因此得替换。工艺品也是可被复制出来的。由此可见，有形实物不具有唯一性，是可以被复制和替代的，因而不具有非物质文化遗产的特性，不是非物质文化遗产。

至于定义中提到的"场所"，是一个特指的场所，具有特殊的意义，而不是一般意义上的"场所"。也就是说，这种场所已经因长期被习俗、节庆等活动反复使用而被定格化，如澳门特别行政区的耶稣受难神像巡游、中国的丝绸之路等场所或线路已被历史确定而具有固定性，不得随意更改或分割，否则将失去其意义。相反，为了演示其他非物质文化遗产项目而临时占用场地，不应等同于定义中所提到的"场所"。前者所使用的场地可以因表演的需要而变换，况且，变换场地并不影响其意义和表演的质量和效果。例如，道教科仪音乐可以到任何地方乃至出国表演，其占用的场地可因时因地而更换。

值得注意的是，如果定义中提到的有形实物在历史、文学、艺术和科学等方面具有突出的普遍价值，那它们就应该被确认为物质文化遗产，由文化遗产保护法予以保护。"文化场所"在历史、文学、艺术和科学等方面具有普遍价值，也应该被确认为文化遗产，成为特定种类的"文化场所"，而非普通的场所，由文化遗产保护法予以保护，否则就由普通民法中的物权法予以保护。《中华人民共和国非物质文化遗产法》第二条第二款有类似的规定："属于物质文化遗产组成部分的实物和场所，凡属文物的，适用《中华人民共和国文物保护法》的有关规定。"

五、本地立法须与国际公约和国家法律接轨

对我国来说，保护非物质文化遗产的规范性文件由三个层次构成：国际性保护非物质文化遗产公约、国家保护非物质文化遗产法律、地方（省、自治区、直辖市和两个特别行政区）保护非物质文化遗产法律法规。《保护非物质文化遗产公约》（2003年10月17日）属于国际规范性文件，对所有的缔约国包括批准、接受、赞同和加入的成员方（主权国家）具有效力，成员方必受其约束，并应自觉履行国际义务。按照国际通例，国际公约一般不是在国内直接适用，而是先转化为国内法律，由国内法律予以实施。除非国内法律与国际公约不一致或者没有规定的，在民商事方面，可优先适用国际公约。对2011年6月1日颁布实施的《中华人民共和国非物质文化遗产法》的框架和内容进行分析，可以看出，它基本是以《保护非物质文化遗产公约》为蓝本。笔者认为，作为一部全国性法律，其效力应该是国家主权管辖的全部领土范围，包括两个特别行政区和台湾地区。虽然基于"一国两制"的方针，澳门特别行政区有其独特的立法和司法制度，可以制定适用于特别行政区政府管辖范围内的非物质文化遗产保护法，并可以依法评审和建立本地的非物质文

化遗产名录；但是，澳门特别行政区拥有的非物质文化遗产项目要提名参选国家级或者世界级非物质文化遗产项目，就得依照国家的法律规定，遵循有关的评审程序和标准要求，而不是依照自己制定的法律。对此，《中华人民共和国非物质文化遗产法》第十八条已有明确规定：＂国务院建立国家级非物质文化遗产代表性项目名录，将体现中华民族优秀传统文化，具有重大历史、文学、艺术、科学价值的非物质文化遗产项目列入名录予以保护。省、自治区、直辖市人民政府建立地方非物质文化遗产代表性项目名录，将本行政区域内体现中华民族优秀传统文化，具有历史、文学、艺术、科学价值的非物质文化遗产项目列入名录予以保护。＂对此条文做扩大解释，澳门特别行政区政府可以依照本地的非物质文化遗产保护法律建立本地的非物质文化遗产名录，并可以向国务院提名参选国家级非物质文化遗产项目。至今，澳门已经获10项非物质文化遗产项目，如凉茶配制技术、木雕神像、粤剧（粤、港、澳三地联合申请）、道教科仪音乐（传统音乐类中的道教音乐的扩展项目）、南音说唱（曲艺类）、鱼行醉龙节（民俗类中的民间信俗的扩展项目）等。

根据《中华人民共和国非物质文化遗产法》第十八条的内容，当一项非物质文化遗产被列入国家级非物质文化遗产时，其价值体现了整个中华民族优秀传统文化，并在历史、文学、艺术、科学方面具有重大价值。由此可见，它已经超出了本地的传统文化价值，超出了澳门特别行政区本身管理的事务范围，而应由国务院代表整个国家行使管理和保护权力。正如澳门特别行政区境内的土地和自然资源一样，除了特别行政区成立前属于私人所有的土地，其他皆属于国家所有，只是中央人民政府授权特别行政区政府负责管理、使用、开发（《中华人民共和国澳门特别行政区基本法》第七条）。对此，《中华人民共和国非物质文化遗产法》第二十五条第一款已做出明确规定：＂国务院文化主管部门应当组织制定保护规划，对国家级非物质文化遗产代表性项目予以保护。＂

六、建立和完善非物质文化遗产名录

遗产相关学科理论研究结果表明，无论是自然遗产还是文化遗产（包括物质文化遗产和非物质文化遗产），都能被列入遗产名录，是客观和主观两者结合的结果。从客观方面分析，遗产（对象物）是不以人的意志为转移的客观存在，即历史遗存（包括有物质形态和非物质形态），它们都被视为＂哲学的物＂。从主观方面分析，能否被列入遗产名录，遗产对象物必须满足两个条件：其一，遗产对象物的价值（历史、文学、艺术和科学等价值）被一个族群、一个团体普遍认同，并须具有进步意义，代表主流和核心价值，体现整个族群或团体的优良传统文化，因而获得向主管部门提名参选的资格；其二，被提名的遗产还要严格按照法定的评审程序，根

据专业评定标准，获得评委的认同和支持，如此才能脱颖而出，才可能被列入遗产名录。因此，我们可以说，被列入名录的遗产是客观和主观结合的产物。我们也可从中认识到这样一个问题：并非所有的历史遗存都可以当然地成为名录中的遗产，这是"名录中的遗产"与"一般生活中的遗产"的本质差别。

综上所述，为有效地保护、保存、弘扬、传承和传播澳门的非物质文化遗产，调查制定非物质文化遗产清单以及评定列入非物质文化遗产名录是一项至关重要的工作，工作的成败决定着澳门非物质文化遗产事业的成败，因此，我们不可等闲视之。本文建议，政府必须着手开展此项工作，并广泛发动民众参与，对澳门现存的非物质文化遗产展开全面调查。根据它们受澳门居民认同的程度，以及在历史、文学、艺术和科学价值等方面是否具有突出的普遍价值及其文化的重要性，进行分析、研究和论证，广泛听取和收集民间意见。在此基础上进行筛选，并推荐进入后续的专家评审程序。具有重大价值和文化重要性的项目理应被确认列入遗产名录，并予以公开。具有重大价值但濒临消失的非物质文化遗产项目应该优先列入《急需保护的非物质文化遗产名录》，立即采取抢救性保护、保存，以突出保护重点，区别对待。同时，非物质文化遗产名录应该进行广泛宣传，让广大居民了解和认识，从而提高他们保护、保存、弘扬、传承和传播的自觉性。

没有完整的非物质文化遗产名录，市民连非物质文化遗产项目都无从得知，谈何保护、保存、弘扬、传承和传播，政府有关部门也会因无法可依而使保护乏力。鉴于此，本文认为，政府制定、公布非物质文化遗产名录刻不容缓，同时，要建立和完善非物质文化遗产名录的评定和审查机制，使编辑、更新和公布名录成为一项恒常性制度，确保被列入名录的非物质文化遗产项目符合评定标准，淘汰不再符合标准的非物质文化遗产项目，以实现保护、保存、弘扬、传承和传播优良传统文化的目标。

七、正确认识和处理真实性、完整性与创新性

真实性和完整性是任何遗产项目的本质要求，是衡量其本身价值的重要标志。严格而言，真实性和完整性一般是同时出现的，两者是紧密联系在一起的，互为依存，缺一不可。由此可见，如果一项非物质文化遗产项目欠缺真实性和完整性，那么该项非物质文化遗产则无价值可言，也与我们评定列入非物质文化遗产名录的初衷大相径庭。

根据遗产旅游学科的界定，我们可以把真实性理解为原有的样态，即在保持事物或现象的原有样态的基础上做最少的改动，以保持其原来的面目，或者对历史不做隐瞒、扭曲和篡改，尊重其本来面貌。完整性包括两方面含义：一方面是遗产实

物本身的完整；另一方面，是指遗产实物本身与周围环境协调和配套。如此才是严格意义上的完整性。与物质文化遗产不同，非物质文化遗产主要是无形的对象物（当然也包含实物形态的组成部分），如技术、音乐、实践、表演、习俗，主要与传承人的人身融为一体，具有游移的特点，所占用的场所非固定化，且所占用的空间相对较小，如剪纸技术。因此，对场所周边环境的协调要求不是很严格，但是对非物质文化遗产本身的完整性有要求，即不可残缺不全。

非物质文化遗产是人类在社会实践中所创造出来的智慧结晶或创意表现形式的历史遗存。社会由社会行为主体——人、社会关系和文化三者构成，人是社会的一分子。文化是人在长期的社会实践中创造出来的。人首先组成群体或团体，再由后者组成社会。随着时代的不断向前发展和演进，社会不断进步，人类的文明程度、文化也处在不断交流、融合、借取、涵化、发展等一系列动态的变异过程。文化需要创新，以求适应时代的要求并保持活力。所以，一个群体或一个团体在社会实践中形成的核心或主流文化不是千古不变的，而是随着时代的发展而不断地创新，汲收和增加一些具有进步性、积极性和时代性的新元素，以丰富文化的内涵，保持文化的生命力，确保一个群体或一个团体能与时俱进，不被社会所抛弃。然而，创新性必须以不损害非物质文化遗产的核心价值为底线，以不损害其真实性和完整性为检视标准。为此，我们应该处理好它们之间的关系，不得为保持真实性和完整性而排斥和反对创新性，也不得为追求创新性而损害其真实性和完整性，要设法使它们获得协调和统一。

八、合理利用和开发非物质文化遗产

《中华人民共和国非物质文化遗产法》第三十七条第一款提到，国家鼓励和支持发挥非物质文化遗产资源的特殊优势，在有效保护的基础上，合理利用非物质文化遗产代表性项目，开发具有地方、民族特色和市场潜力的文化产品和文化服务。由此可见，非物质文化遗产项目不应是为了保护和保存而不利用，这无疑是对非物质文化遗产的片面理解。相反，在确保非物质文化遗产获得有效保护和保存的基础上，可以进行合理的利用。本文认为，合理利用是根据科学发展的理念，充分认识和把握非物质文化遗产的稀缺性、脆弱性等特性，在尊重非物质文化遗产的真实性和完整性的基础上，充分发挥人的主观能动性，在不损害非物质文化遗产的保护、保存、弘扬、传承和传播的前提下，科学和合理地利用非物质文化遗产的历史、文学、艺术和科学等价值，用于开发具有地方特色、民族特色和市场潜力的文化产品和文化服务，创造经济价值。但是，必须注意，我们在利用非物质文化遗产代表性项目开发产品和服务时，必须把握好"合理"这个度，不得滥用，不得因过分追求商业利益而故意扭曲和贬损其价值，因为这严重违背合理利用的初衷。

我们必须清醒地认识到，并非所有的非物质文化遗产项目都可被利用和开发成为产业，或者以之作为生财和谋生的手段。例如，南音说唱至多只是给表演者些微的酬劳而已，难以发展壮大成为一个产业，或者作为传承人赚钱谋生之道。但是，作为一项代表一个地方或者一个国家的优良传统文化的非物质文化遗产项目，即便不能发展成为产业或者作为传承人赚钱谋生的手段，我们也应该把它当作事业，并予以政策和财政方面的大力支持，让这种优良的传统文化传承下去，并发扬光大，为后代保留更多的艺术形式。为此，无论是政府、团体，还是传承人，必须确立正确的理念，彻底摒弃"唯金钱论"的商业理念，尊重非物质文化遗产的内在规定性及其历史、艺术、文学和科学等方面的重要价值，切莫随心所欲，采取扭曲、贬损非物质文化遗产价值的方法或方式，滥用乃至糟蹋非物质文化遗产。

对加强西北地区非物质文化遗产法律保护的思考[①]

赵方[②]

西北地区历史悠久,民风淳朴。劳动人民因其不同的地域特征、行为习惯、传统观念、宗教信仰及其他复杂的物质载体,在长期的生产实践和生活礼仪中逐步衍生出独具特色、绚丽灿烂的非物质文化遗产。这是我国民族传统文化的精华之一,是民族艺术的重要组成部分。但由于该地区经济发展滞后,对非物质文化遗产的法律保护意识淡薄,所以还没有建立起符合西北地区自身特点的非物质文化遗产法律保护机制。对西北地区非物质文化遗产法律保护的研究,不仅为了解西北地区非物质文化遗产的存在现状,也为创建符合西北非物质文化遗产特点的法律保护制度和提高法律适用水平提供理论依据,更为国家非物质文化遗产的法律保护积累经验。

一、西北地区非物质文化遗产的特殊价值定位

历史传承价值、文化价值、艺术价值、社会经济价值等是非物质文化遗产共同具有的一般价值特点,而西北地区非物质文化遗产有其形成的特殊环境、背景,再加上特殊的地理位置,造就了其不同于非物质文化遗产一般价值的特殊价值。

(一) 生活相价值

这是由非物质文化遗产的活态性特点所决定的,非物质文化遗产应当是具有现实生命力的文化遗产,具有"鲜活"的要素。该特征要求我们在对非物质文化遗产进行保护时应坚持"生活相"立场。"生活相,就是生活的样子或样式,非物质文化遗产保护在现实社会中,不应束之于高阁,藏之于深闺。对于非物质文化遗产的保护,首先要立足并恢复它生活样式的本色。"[③]

西北地区是我国少数民族聚集的主要地区,由于历史、文化等因素,他们多居住在边疆、偏僻山区等相对封闭的自然、社会环境中,因此,其保存下更多尚未被主流文化所吞没的非物质文化遗产类型。很多地区的节日文化呈现出与劳作文化并

---

① 此文为 2012 年 12 月 14—16 日中山大学中国非物质文化遗产研究中心主办的"中国非物质文化遗产法治建设学术研讨会"论文,修订后收录入本书。
② 赵方,中共甘肃省委党校《甘肃理论学刊》编辑部编辑。
③ 陈勤建:《当代中国非物质文化遗产保护——在华东师范大学的演讲》,见人民网,2005 年 10 月 31 日。

存的表现形式，传统的节日文化是生产方式的伴生物，农牧业节日是农牧生产活动的里程碑。人们的吃、住、穿、行、用，生、老、病、死几乎都与当地的传统文化有关，包括非物质文化遗产，可以说非物质文化遗产与人们的生产生活实践联系得极为密切。"少数民族传统文化本身就是文化遗产，而且多为具有延续性的非物质文化遗产。""对于生活在少数民族文化之外的民众来说，或许少数民族传统文化是人类文化的宝贵财富，是人类文化遗产。而对生活在这种文化中的少数民族来说，则是自身文化的延续和发展。"①

（二）社会和谐价值

和谐社会是人类追求的共同目标，也是人类社会可持续发展的保证。《保护非物质文化遗产公约》也特别强调了非物质文化遗产对和谐的价值与促进作用，认为："非物质文化遗产是密切人与人之间的关系以及他们之间进行交流和了解的要素。"保护优秀的非物质文化遗产是我们建设和谐社会的有效途径。

这种价值在少数民族和边疆地区体现得尤为突出。非物质文化遗产中的某些传统文化内容，反映和表现了该民族的心理结构、思维习惯、生活风习等内容，规范着该民族的群体生活方式、思想价值取向，能产生强大的民族凝聚力，对促进民族共识和认同也具有重要的社会和谐价值。② 尊重和保护该地区非物质文化遗产，能促进族群与族群、地区与地区之间的和谐，例如，起源于回族的"花儿"在甘肃很流行，每年的"花儿"盛会也有越来越多的东乡族和裕固族等民族参与进来，这对促进回族、东乡族人民与当地其他族人民的和谐相处、共存共荣具有重要的作用，这种和谐无疑对整个国家的社会和谐也起着至关重要的作用。

（三）文化开放性价值

西北地区是东亚、中亚的连接带。从文化区域来看，又处于东方文化、中西亚文化和欧洲文化相接触、撞击的交汇点上。地理位置的特殊使西北各省自古以来就同周边地区有着交往和联系，特别是地处欧亚大陆腹地，具有峻奇、浩渺和广袤自然风貌的新疆，因其承载古丝绸之路的中枢职能而成为古代中华文明、印度文明、波斯文明和希腊文明等古文明体系碰撞聚融之地。中国最早的开放之路——丝绸之路横贯中国西北。通过丝绸之路，中国的丝绸、铁器、打井技术等传到西域，西域的土特产、乐器，印度的佛教等也传入中国。丝绸之路是汉唐千余年间中外经济、文化交流的重要通道。在这个过程中对外来文化的认同是一个兼收并蓄的吸收过

---

① 孟慧英：《如何认识和保护少数民族文化》，见郝苏民、文化主编《抢救·保护非物质文化遗产：西北各民族在行动》，民族出版社2006年版，第335、347页。

② 程惠哲：《非物质文化遗产的价值》，见杭州网，2006年8月16日。

程，也是一个不断改造融合的过程。在吸收的新文化中不断注入本民族的文化精髓，对外来文化进行选择和取舍，再融入本土文化结构中，最终形成特点鲜明、文化多元的西北文化。

二、西北地区非物质文化遗产保护的立法概况

为了贯彻落实国务院关于加强文化遗产保护工作的通知精神，西北各省、自治区政府先后下发了《关于贯彻落实国务院通知精神加强文化遗产保护工作的实施意见》，提出各省区保护非物质文化遗产的指导思想、基本方针和具体目标，并提出保护的具体步骤、方法和措施，为非物质文化遗产保护实际工作的开展提供了纲领指南。为鼓励支持非物质文化遗产项目代表性传承人开展传习活动，促进优秀非物质文化遗产的传承和弘扬，各省颁布《非物质文化遗产项目代表性传承人认定与管理暂行办法》。

在法规的制定方面，宁夏和新疆走在了西北乃至全国的前列。2006年7月21日，宁夏回族自治区第九届人民代表大会常务委员会第二十三次会议通过了《宁夏回族自治区非物质文化遗产保护条例》；2008年1月5日，新疆维吾尔自治区第十届人民代表大会常务委员会第三十六次会议通过了《新疆维吾尔自治区非物质文化遗产保护条例》。这两个条例的公布实施不但为当地非物质文化遗产的保护提供了法律保障，而且对整个西北地区非物质文化遗产保护的法制化进程起到了积极的推动作用。《陕西省非物质文化遗产保护条例》目前正在调研起草中，甘肃省已经出台了《甘肃省非物质文化遗产保护条例（修订草案）》。虽然青海还没有起草类似的法规条例，但其文化部门则提出另一套思路，对省内原生态文化和具有浓郁民族文化特色的遗产，研究其自身规律、环境和土壤，进行科学认定，分别设立一些专门的非物质文化遗产保护区、保护点和保护带。在民族历史文化内涵深厚、民俗文化形态多样的村落或地区，可建立非物质文化遗产生态保护区，以"活文化"的方式予以保留和保护。①

三、西北地区非物质文化遗产法律保护制度的构建

一项法律制度的建立，必定是为了解决某个或某些特定的问题。非物质文化遗产是一个复杂的课题，它不仅体现着民族特征和文化多样性，还直接关系到相关民族和群体的政治、经济和文化权益。因此，对非物质文化遗产的保护应该是多方面的、全方位的。在法律的适用和机制的设定上，必须根据实际情况，统筹兼顾，探

---

① 郝苏民：《保护非物质文化遗产——大西北在行动》，载《中国民族报》2006年6月6日第4版。

索出符合西北地方特色和省情的保护模式。

（一）立法模式的选择

对非物质文化遗产的保护是用行政法保护还是依靠知识产权法的民事保护，不能一概而论。从理论上讲，行政法律关系与民事法律关系具有本质的区别，行政立法规范的是国家的行政保护行为，如普查、建档、研究、保存、传承等，以及为实现这些保护行为而提供的财政、政策、技术等措施，其实质是行政保障。① 民事立法提供的是一种民事保护，保障相关知识产权人的精神权利和财产权利的实现，主要解决非物质文化遗产在利用中所产生的问题。

现行的知识产权法对非物质文化遗产进行的民事保护依赖于权利人权利的确认和对权利的主张，也依赖于其保护的作品的价值。所以，仅仅用民事的方式来保护非物质文化遗产有它的缺陷。而如果只侧重行政保护，靠"确认、立档、研究、保存、保护、弘扬、传承"等公立救济手段，一方面，会由于公共资源有限，加上其配置要受多重因素影响，导致执法难度很大；另一方面，由于非物质文化遗产内容庞杂，导致很难达到预期的保护效果。因此，对非物质文化遗产的保护，知识产权法不能取代行政法等公法保护，反过来，公法保护也不能简单取代私法保护，在法律机制上采取行政保护和民事保护并行的保护模式已在当前达成共识。

（二）利用综合法进行统一保护

1. 国家法律

《中华人民共和国非物质文化遗产法》（以下简称《非物质文化遗产法》）是继《中华人民共和国文物保护法》颁布近30年来文化领域的又一部重要法律，为我国非物质文化遗产保护提供了根本性的依据，使经费投入、传承人扶持等得到有效保障，有力地提升非物质文化遗产保护工作的科学水平。《非物质文化遗产法》的出台，将党中央、国务院关于文化遗产保护的方针政策上升为国家意志，将非物质文化遗产保护的有效经验上升为法律制度，将各级政府部门保护非物质文化遗产的职责上升为法律责任，有利于建立健全科学有效的保护体系，为非物质文化遗产保护政策的长期实施和有效运行提供了坚实的保障。《非物质文化遗产法》在法律性质上，定位于行政保护为主，它以基本法的形式制定一个总的非物质文化遗产保护指南性质的法律法规，所确立的目标、原则、制度等为各省区的地方立法提供了有益的借鉴，是各省区进行物质文化遗产保护首先需要适用的法律。

这部法律对非物质文化遗产的重要性、保护目的和保护范围进行界定，承认非物质文化遗产的价值及其保护的必要性，承认和尊重非物质文化遗产拥有者权利的

---

① 王鹤云、高绍安：《中国非物质文化遗产保护法律机制研究》，知识产权出版社2009年版，第200页。

需求，树立保护非物质文化遗产的中心目标和原则，规定了非物质文化遗产保护的"三项制度"。这些都对各省区制定具体的保护法规提供了原则指导和立法借鉴。

2. 地方法规

对《非物质文化遗产法》而言，不可能细致规定针对各个省区的个性特点进行特别保护，因为作为国家法，必须具有普遍适用性的特点，不论对东部发达地区还是西部欠发达地区，对汉族还是少数民族都应适用。所以在国家法的立法原则和指导基础上，制定符合各自区域特点和实际情况的本省区的非物质文化遗产保护条例是非常必要的。在这方面，宁夏和新疆走在了西北乃至全国的前列，分别制定了《宁夏回族自治区非物质文化遗产保护条例》和《新疆维吾尔自治区非物质文化遗产保护条例》。这两个条例的公布实施不但为当地非物质文化遗产的保护提供了法律保障，而且对整个西北地区非物质文化遗产保护的法制化进程起到了积极的推动作用。甘肃省也已经出台了《甘肃省非物质文化遗产保护条例（修订草案）》，陕西省的《陕西省非物质文化遗产保护条例》目前正在调研起草中。地方基本法应作为各省区非物质文化遗产保护的核心法律规范，统领非物质文化遗产的立法、执法和司法工作。性质上还应当是一部综合性行政法律，既有指导性和原则性，又有可实施性和可操作性；既是实体法，又兼有程序法的性质。① 从已有的条例来看，笔者认为以下方面还有待完善。

第一，注重立法中的制度创新。以多民族聚居、多宗教、多社会经济形态和多文明群体共存为基本特点的西北地区，其非物质文化遗产立法保护中的问题是复杂而独特的。非物质文化遗产立法保护必须立足省情、区情，联系西北民族传统文化的历史和实际，进行非物质文化遗产立法的制度创新。结合文化遗产的特点，进行创制性的立法以解决文化遗产保护中的实际问题，实现法规的可行性与实用性。"地方立法之所以应该具有自身的领域和特色，一个重要的方面，就是地方立法有着独特的立法根基，地方立法者必须注重把握立法的客观条件，从各地不同的地理环境、人口状况、生活方式、经济特点、风俗文化出发，解决立法问题，确定立法目标，突出立法重点。"② 因此，确立少数民族非物质文化遗产特殊保护机制就非常必要。以甘肃为例，作为一个多民族聚居的省份，甘肃有着独特的少数民族非物质文化遗产，包括回族的民歌"花儿"，裕固族的民歌、服饰，保安族的腰刀锻造技术，东乡族的民间文学米拉尕黑、毛纺织及擀制技艺，藏族民间文学格萨（斯）

---

① 罗艺：《地方非物质文化遗产保护的立法进路》，载《重庆文理学院学报（社会科学版）》2010年第6期，第1－3页。

② 汤唯、毕可志等：《地方立法的民主化与科学化构想》，北京大学出版社2006年版，第20－21页。

尔等都被列入国家级非物质文化遗产名录，"花儿"更是搭上申报世界非物质文化遗产的快车，获准入选人类非物质文化遗产代表作名录。所以，如何保护好丰富的少数民族非物质文化遗产是必须重视的问题。尤其是甘肃特有的东乡族、保安族、裕固族这三个民族，有着丰富多彩的非物质文化遗产，包括文学、语言、手工技艺、民族服饰和民族习俗多个方面，但都面临严峻的形势，出现了传承危机和消失的危险。确立少数民族非物质文化遗产特殊保护机制有助于对这些濒危、稀有的遗产进行妥善的保护。

在对西北地区民族非物质文化遗产的保护上，还要考虑文化生态保护机制，因为这些民族的非物质文化遗产都与适合它们的生存环境紧密联系在一起。特别是甘肃省特有的三个少数民族非物质文化遗产保护面临严峻形势，根本原因是这些少数民族生存的周边环境发生了很大的变化，因而，通过对某种非物质文化遗产的单独保护并不能解决最根本的问题。要实现对这些非物质文化遗产的有效保护和持久传承，必须从保护非物质文化遗产得以存在的生存环境入手，建立立体的保护体系。

第二，突出"保护"，鼓励合理开发。在地方立法中，笔者认为更应该突出"保护"，目前各地对非物质文化遗产的开发还是相当重视的，因其涉及地方的经济利益，这一点与国家立法有很大的不同。《非物质文化遗产法》是站在国家的高度对文化遗产进行保护，完全是从如何"保护好"出发，提倡的是"适度开发"。而地方是对遗产进行实际开发的操作者，实践中经常会从地方的经济利益出发，对遗产过度开发。笔者认为，地方立法中应该侧重保护，阻止过度开发，鼓励合理开发。一方面，在全人类共同走向现代化的背景下保持世界文化形态的多样性；另一方面，积极挖掘非物质文化遗产在人类生产与生活中特有的作用和价值，使其服务于现代社会与现代文明。① 非物质文化遗产的生命及作用是有限的，开发利用必须有度，保护管理必须有序。非物质文化遗产的开发利用必须与坚持原则、加强管理和保护结合起来，无形的文化遗产的不可再生性和脆弱性决定了我们必须在既不改变其自然生长过程，又不影响其未来发展方向，并且具有规范保护管理措施保障的前提下，进行良性的、有度的开发利用。否则，过度的开发、无序的利用，必将是竭泽而渔、饮鸩止渴，毁灭非物质文化遗产。②

第三，将事先知情同意制度明确化。事先知情同意制度是指传统群体以外的组织和个人在获取相关的非物质文化遗产并对其进行商业化利用前，必须事先通知有

---

① 唐广良：《遗传资源与传统知识保护》，中国方正出版社2002年版，第109页。
② 常洁琨：《西北少数民族文化遗产保护的法律思考》，载《黑龙江省政法管理干部学院学报》2008年第6期，第91—93页。

关国家和传统群体，使其知晓相关非物质文化遗产商业化利用的有关情况，并获得依该国法律确定的该国有关部门或传统群体的同意（一般依该国传统群体习惯法做出同意表示）。这意味着开发者应得到非物质文化遗产持有人在充分了解合作内容、过程、结果和利益分配模式等所有方面后的同意。

西北各省的保护条例看似涉及事先知情同意的条款是："境外团体和个人到本省行政区域内对非物质文化遗产进行学术性考察与研究，应当事先报县级以上人民政府文化行政部门备案；对具有保密性非物质文化遗产进行学术性考察与研究，应当报经省人民政府文化行政部门会同有关部门批准。"笔者认为，应将此制度明确提出来，写进条例，这样可以从广度上拓展事先知情同意制度所保护的对象。

因为，事先知情同意制度使非物质文化遗产拥有者对非物质文化遗产的商业利益进行分享提供了一定的保障和可行性，并可限制他人对非物质文化遗产取得专利权，因而对非物质文化遗产起到一定的保护作用。它要保护的就是非物质文化遗产拥有者拥有对非物质文化遗产的使用的"知情"权，其落脚点在于非物质文化遗产拥有者的同意，但是这种"同意"在时间上以"事先"为要件，在实质内容上以"知情"为要件。同时要说明的是，非物质文化遗产可能存在偶然利用的情形。在这种情况下，非物质文化遗产使用者也应该采取适当、及时的补救措施。当非物质文化遗产使用者改变原来的条件使用非物质文化遗产时，需重新获得事先知情权，同样需就此与拥有者达成新的协议。事先知情同意为非物质文化遗产的提供者和使用者进行共同商定条件和争取惠益分享提供了一个平台。

第四，增加诉讼程序方面的内容。这部具有最高法律效力的地方非物质文化遗产类的法规应兼有程序法的性质。综观西北地区各省区的非物质文化遗产保护条例，都涉及诉讼问题："当事人对行政处罚决定不服的，可以依法申请行政复议或者提起行政诉讼。"但所述都非常概括。如将诉讼请求用法律的形式固定下来，将会增加案件受理过程中的可操作性。

（三）利用专门法进行分别保护

非物质文化遗产种类繁多，而且门类之间的差别也较大，面对不同主题（如作品、技术或标记等），一部《非物质文化遗产法》和地方非物质文化遗产保护条例很难为它们制定共同规则并将它们全部纳入保护范围。采用专门法对其保护是必不可少的，也是对综合保护的有益补充。一些国际组织以及部分国家对此也做了有益尝试，尤其是对民间艺术创作、传统医药等制定专门法先行给予分别保护。例如，泰国制定的《传统泰药知识法》，为传统医学建立了全面的专门保护制度；1996年，世界知识产权组织在其《表演与录音制品条约》中将民间文艺列入受保护的表演范畴；2000年，欧洲委员会提出"关于知识产权法下民间文化表现形式的国际保护报告"等都属于专门保护制度。① 这种制度保护对象明确，权利界定清楚，其立法有可资借鉴之处。

1997年5月，国务院颁布了《传统工艺美术保护条例》，为保护我国传统工艺美术品种、技艺及人才提供了法律依据，这是我国第一部非物质文化遗产中有关民间艺术创作的专门保护法。西北各地区在非物质文化遗产的专门法保护上也做了很多努力。《新疆维吾尔自治区维吾尔木卡姆艺术保护条例》《环县道情皮影保护传承暂行规定》及其实施细则等都对地方非物质文化遗产的专门保护做了很好的尝试。

1. 地方非物质文化遗产特别法

特别法是指政府部门以条例、办法、规定等形式，针对非物质文化遗产的某种类型，或者具体保护范围予以专门规范的法律、法规。一是依据国家的行政法规制定适用西北地方的法规细则。例如，可以依据国家有关非物质文化遗产保护的相关法规、办法等，制定西北各省自己的法律条例、办法等，如《陕西省非物质文化遗产名录申报评定暂行办法》《甘肃省非物质文化遗产保护专项资金管理暂行办法》等。二是依据本省区实际情况需要，主要针对本省区特定地区、特定非物质文化遗产或是特别保护方式，制定专门保护的单行法规。例如，可以依据各地各具特色的非物质文化遗产，制定专门保护法，如《甘肃临夏东乡县东乡文化保护条例》《陕西凤翔木板年画保护办法》《临夏州保护和发展保安腰刀艺术条例》等特别法规，制定主要通过知识产权手段来保护非物质文化遗产的各省《传统工艺美术保护办法》等法规。

2. 知识产权方面的专门法

适用于非物质文化遗产保护的专门法主要是知识产权方面的，主要有著作权法、专利法、商标法和商业秘密保护法。国家现有的知识产权法无疑也可以用于地方的非物质文化遗产保护。

著作权法是对文学艺术作品提供保护的最佳方式，它可以用于保护具体体现非物质文化遗产的作品；专利制度可以适用于保护少数基于非物质文化遗产而产生的创新；利用商标进行保护就是通过保护含有非物质文化遗产的商品或服务而间接地保护非物质文化遗产。商标保护期可以通过续展而不断延长，商标权可以为集体所有。这两点特别适合非物质文化遗产的保护。《与贸易有关的知识产权协议》赋予各成员国在国内法中自由采取有效措施保护未披露信息、商业秘密。这给那些未经

---

① 吴汉东：《知识产权国际保护制度的变革与发展（二）》，见国际经济法网（http：www. Intereconomiclaw. com），2007年8月8日。

公开、秘密的非物质文化遗产的保护提供了好处，例如，我国传统医药中的中药、藏药等的祖传秘方，工艺美术制品的生产工艺等。西北各省区的具体情况也需要制定本省区的知识产权法来对非物质文化遗产进行专门保护。

抢救与保护非物质文化遗产是一项任重道远的工程，西北地区非物质文化遗产保护的立法工作总的来说还处于起步阶段。只要坚持采取科学、正确的方法措施，通过全社会的共同努力，相信在不久的将来就能建立起符合西北特点的文化遗产法律保护制度，进而推进我国的非物质文化遗产保护工作。

民族地区的非物质文化遗产地方立法：
必要性、难点和重点
——以甘肃省为例①

周晓涛②

2011年6月1日，《中华人民共和国非物质文化遗产法》（以下简称《非物质文化遗产法》）正式实施，这部法律对非物质文化遗产（以下简称"非遗"）的调查、代表性项目名录、传承与传播、法律责任等做出了明确的规定，从而结束了我国非遗保存和保护"无法可依"的局面，将有力改善随着中国经济社会的变化，非遗依存的社会环境日益狭窄、许多珍贵的非遗濒临消亡的消极现状，不仅使非遗保护工作走上更加规范的制度化道路，更将进一步调动起全社会的非遗保护意识。与此同时，《非物质文化遗产法》的出台，也对非遗的地方性立法提出了迫切的要求，尤其是历史文化悠久、民族传统丰富的少数民族地区，在巨大的社会变迁中受到的文化冲击十分严重，非遗保存和保护的任务更加艰巨。尽快制定《非物质文化遗产法》的实施细则或相关条例，是贯彻《非物质文化遗产法》的精神、依法保存和保护地方和民族非遗的当务之急。

一、民族地区非遗地方立法的必要性

（一）民族地区非遗资源丰富，但生存环境堪忧

《非物质文化遗产法》将非遗定义为："各族人民世代相传并视为其文化遗产组成部分的各种传统文化表现形式，以及与传统文化表现形式相关的实物和场所。包括：（一）传统口头文学以及作为其载体的语言；（二）传统美术、书法、音乐、舞蹈、戏剧、曲艺和杂技；（三）传统技艺、医药和历法；（四）传统礼仪、节庆等民俗；（五）传统体育和游艺；（六）其他非物质文化遗产。"③少数民族的文化传统是其中重要的组成部分。各少数民族地区都拥有丰富多彩的非遗资源。比如甘

---

① 此文为2012年12月14—16日中山大学中国非物质文化遗产研究中心主办的"中国非物质文化遗产法治建设学术研讨会"论文，修订后收录入本书。
② 周晓涛，甘肃农业大学人文学院西部农村发展与社会保障研究中心副教授。
③ 《中华人民共和国非物质文化遗产法》第一章第二条。

肃省2004年以来，共发现非遗线索27000多条，整理出16类4000多项非遗，建立了四级名录体系，其中国家级名录53项，省级名录175项，市级名录811项，县级名录2422项，296名传承人分别入选国家级和省级传承人名录，甘南"藏戏"和甘肃"花儿"成功入选联合国"人类非物质文化遗产代表作名录"。①

甘肃非遗资源众多，首先是因为甘肃是一个多民族的省份，世代居住着回族、藏族、东乡族、土族、裕固族、保安族、蒙古族、撒拉族、哈萨克族、满族等16个少数民族。其中，东乡族、裕固族、保安族为甘肃独有的民族，各民族的传统文化各具特色，交相辉映。例如，传唱千年、悲壮苍凉的藏族、蒙古族、土族、裕固族的《格萨（斯）尔》、土族的《拉仁布与吉门索》等民间文学，婉转动听、粗犷嘹亮的"花儿"等各民族民歌，流派众多的民族舞蹈和戏曲、曲艺，美轮美奂的土族盘绣艺术、临夏砖雕等民间美术和保安族腰刀锻制等传统手工技艺，以及独具特色的土族纳顿节、裕固族人生礼仪等民俗和各民族服饰等，无不展现出独有或典型的民族风情。

甘肃省不仅民族文化遗产丰富，而且历史悠久。在漫长的历史长河中，积淀了极其深厚的文化传统和丰富的文化资源。在当地民间，有所谓"五千年文化看陕西，八千年文化看甘肃"之说。伏羲文化、西王母文化、黄河文化、敦煌文化、丝绸之路文化早已是甘肃脍炙人口的文化名片。近年来，甘肃着力挖掘和整理周先祖文化，已经取得了丰硕的成果。《史记·周本纪》记载，周人在豳地（今甘肃庆阳和陕西彬县一带）建国（"国于豳"）。《诗经·豳风》反映了周族先贤在豳地的经历、生活和文化，是周人创建农耕文明的有力证据，也证明了甘肃是中国农耕文明重要的发源地之一。

然而，在全球化和现代化进程加速的背景下，少数民族传统文化正受到西方文化和汉文化的双重冲击，外来强势文化的蚕食、瓦解和分化使民族文化不断消融，传承和发展举步维艰。由于同汉族混居，甘肃省的东乡语、裕固语、保安语等小民族语言正面临日益被同化、灭失的危险。东乡语里的汉语借词已达到50%以上，10以上的数词，表示年、月、周、日、时的词，量词和虚词均已用汉语词汇。保安语里的汉语借词可达40.4%，其音位系统已发生变化。裕固语受藏语、汉语的影响涉及词量、语法和功能各方面，一部分裕固人（明花前滩等）已经全部讲汉语。② 除了民族语言的衰退，民族服饰、民族习俗、民族传统技艺等无不面临着严峻的生存

---

① 数据由甘肃省文化厅提供。
② 郝苏明：《无形文化遗产的保护与语言问题的讨论——从甘青"小民族"语言说起》，载《甘肃社会科学》2004年第5期，第71-74页。

挑战。市场经济带来的多元文化诱惑、成本经济考量等因素使得缝制、穿戴民族服饰的人越来越少，其中年轻人更是少之又少。传统的民族习俗正在发生变异，比如甘肃保安族传统婚礼上的"篝火会"被看电影所代替，"宴席曲"被迪斯科所代替，"迎亲赛马"仪式和"砸枕头"等闹洞房游戏已逐渐消失。甘肃大型的"花儿会"，过去能达到四五万人，甚至十万人，现在能有一两千人就不错了。过去广泛流行于甘肃城乡的皮影戏、木偶戏等曲艺已经基本看不到了。① 民族传统语言、服饰、习俗的消退不仅从外部表现上淡化了民族特征，更为严重的是，导致了民族思维方式的异化，从根本上消解了民族特性，不利于各民族共同发展。

（二）《非物质文化遗产法》的出台呼唤民族地区的相关地方立法

毋庸置疑，《非物质文化遗产法》的颁布，在我国非遗保存和保护工作中具有划时代的意义。但是，我国幅员辽阔、民族众多，不仅各民族的非遗资源各具特色，而且各地区经济和社会发展程度和文化背景各不相同，指望一部《非物质文化遗产法》解决所有问题显然是不现实的。

首先，《非物质文化遗产法》中的大量原则性规定需要地方立法加以细化。比如，《非物质文化遗产法》第六条虽然规定"县级以上人民政府应当将非物质文化遗产保护、保存工作纳入本级国民经济和社会发展规划，并将保护、保存经费列入本级财政预算。国家扶持民族地区、边远地区、贫困地区的非物质文化遗产保护、保存工作"②，但是没有规定明确的监督、惩罚举措，因而降低了其法律执行力。由于各地情况不同，《非物质文化遗产法》无法规定保护、保存经费的具体数额或比例，也无法将对民族地区、边远地区、贫困地区的扶持举措具体化。另外，《非物质文化遗产法》中多处规定了地方政府应当就调查、建立名录、制定保护规划、传承与传播等内容做出具体规定的义务性规范。凡此种种，都要求地方性法规对《非物质文化遗产法》进行细化、补充。

其次，民族地区文化遗产的地方性、民族性特征需要通过地方立法予以彰显。《非物质文化遗产法》的适用范围面向全国，主要就非遗保存、保护的普适性问题予以规范。但是，各民族、各地区有各自面临的特殊矛盾。比如，西北少数民族与西南少数民族的民族文化和民族心理大不相同，发达地区的少数民族和欠发达地区的少数民族的文化生存状况大不相同，因此，保存和保护的方法和角度也应各有侧重。有些民族地区，比如像甘肃这样的文化大省，除了民族文化遗产以外，还有地

---

① 罗艺、吴临霞：《甘肃省非物质文化遗产保护的现状浅析》，载《西部法学评论》2009年第5期，第108页。

② 《中华人民共和国非物质文化遗产法》第六条。

方历史文化遗产，这些都需要通过地方立法加以突出和强化，才能使非遗得到切实的保存、保护。

最后，弥补非遗保护立法模式过于单一的缺憾需要地方立法。我国"对于非遗的立法保护基本上依靠的是行政法规，主要规范和调整政府的领导、管理和监督职能。而对于权利主体所能享有的私权利的取得和行使以及侵犯该权利应该受到的惩罚很少涉及，尚未建立起包括知识产权在内的涵盖公法与私法的综合法律保护体系"①。《非物质文化遗产法》仍然是一部行政法，立法保护模式过于单一的问题并没有解决。因此，只能先通过地方立法的形式进行私法补充，从知识产权、民商事权利保护等角度加以丰富。

（三）民族地区已做出的法律保护努力促进了地方立法的条件成熟

多年来，我国非遗的法律保护一直处于"地方有，中央无"的状态。在《非物质文化遗产法》正式出台前，各民族地区已经有相关的政策、法规对当地的非遗保护工作进行规范、指导。比如，甘肃省先后颁布的法规政策主要有《甘肃省民族民间文化保护工程实施方案》《甘肃省民族民间艺术之乡命名管理办法》《甘肃省政府关于进一步加强文化遗产保护工作的意见》《非物质文化遗产代表作申报评定暂行办法》及《公布非物质文化遗产代表作名录的通知》等。还有一些民族地区甚至已经出台了地方条例，如《宁夏回族自治区非物质文化遗产保护条例》《新疆维吾尔自治区非物质文化遗产保护条例》等。《非物质文化遗产法》颁布后，各地的地方立法都要以它为指导进行制定、修改。但是这些前期所做的大量工作为地方立法积累了丰富的经验，使民族地区的相关地方立法能够在一个较高的技术平台上展开，促进了立法条件的成熟。

二、民族地区非遗保存、保护的难点

在我国，民族地区大多是经济相对贫困的欠发达地区。对这些地区来说，非遗保存、保护所需要的大笔费用无疑是较沉重的经济压力。除了这个显而易见、无法避免、短期内又难以解决的难题以外，民族地区非遗保存、保护还存在以下难点。

（一）少数民族非遗调查、整理、记录、建档体系的建立

开发和保护的前提是了解。因此有效保存、保护非遗的首要任务是对之进行细致的调查、整理、记录和建档。但是，这是一个极其烦琐而又浩大的工程，民族地区非遗线索和非遗名录的调查和梳理工作尤为艰巨。首先，我国少数民族分布呈现

---

① 周晓涛：《西北民族非物质文化遗产旅游开发中的地方立法保护》，载《文化遗产》2012年第2期，第21页。

出"大杂居、小聚居"的特征。各民族并没有壁垒分明地截然分开,不同的民族文化相互交叠,不易分类。其次,我国民族传统保存得相对完整的地方大多处于偏远的、受外来文化影响较少的农村和牧区,交通不便使许多调查难以完成。再次,一些人数较少的民族,文化传统虽然独特,但流失很严重,这也给调查工作带来了一定的困难。最后,少数民族传统文化往往受到宗教的影响,民族传统习俗与宗教信仰仪式结合较紧密,需要仔细甄别。例如,维吾尔族和甘肃的保安族都信仰伊斯兰教,他们的丧葬习俗都按照伊斯兰教规,遵循从简、从速、土葬的丧葬原则。但是在细节上又截然不同。维吾尔族特别强调"叶落归根",即人若在外地去世,家属千方百计也要把尸体运回家乡埋葬。但是保安族则规定人在哪里去世,就在哪里埋葬,绝不把尸体从遥远的地方长途搬运回来。甘肃信仰伊斯兰教的少数民族——回族、东乡族、保安族、撒拉族在饮食和生活中有共同的禁忌,但是保安族还有不得跨越镰刀、斧子、绳索等生产工具的生产性禁忌。①

完成如此浩大的工程必须要依赖一个分工协作、高效严谨的运作体系,既要有明确的领导机构、充足的经费保证,又要有整合了政府组织、专家学者、研究机构、民间经验等各方面力量的合理分工配合的系统。但遗憾的是,这样的运作体系在许多民族地区还远未建立。比如甘肃,虽然《非物质文化遗产法》明确了各级文化主管部门负责本行政区域内非遗的保存、保护工作。但是甘肃非遗资源的调查、整理仍然存在各自为政、自发随意的现象。不仅只有很少专门的研究机构,就连各高校、科研单位也缺乏专业研究团队。除了政府的调查、整理、记录、建档以外,各种研究者也为了相关课题或其他目的展开调查。这样既出现了大量的重复劳动,也可能因为调查者的素质良莠不齐而得到不准确,甚至是错误的结果。因此,如何在政府的牵头下,将散落在社会各处的研究力量凝聚起来,能够统一调度、集团作战、成果共享,以达到事半功倍的目的,是一个需要探索的难点。

(二) 少数民族非遗保护异化的规避

《非物质文化遗产法》第三条规定:"国家对非物质文化遗产采取认定、记录、建档等措施予以保存,对体现中华民族优秀传统文化,具有历史、文学、艺术、科学价值的非物质文化遗产采取传承、传播等措施予以保护。"可见,我国对非遗保护的基本原则是:对历史记录的静态保存原则和对活态文化的动态保护原则。有些已经因时代的变迁而退出历史舞台,但仍记录着民族生产生活痕迹的文化遗产,比如人们生活方式变化后,不再使用的生活器皿及其锻造手艺、不再经常穿着的服饰、不再举办的礼仪习俗和表演,可以采用文字、声音、视频等方式记录下来,保

---

① 宋蜀华、陈克进:《中国民族概论》,中央民族大学出版社2001年版,第609—626页。

存在博物馆、高校及科研机构，成为民族繁衍历史轨迹的证明和民族艺术珍品供人们学习、研究和鉴赏。而有些民族传统文化仍然鲜活地存在于各民族的生活常态之中，与人们的生产生活紧密相关。比如人们仍在使用的语言文字和服饰，仍然严格遵循的禁忌和习俗，仍然发挥作用的医药、历法等传统知识等，则不仅要以记录、归档的方式保存，更要大力传承和传播，按照"保护为主、抢救第一，合理利用、传承发展"的方针在保护中开发、以开发促保护，实现少数民族传统文化传承发展的良性循环。

背离基本原则可能导致非遗保护的两大异化：过度封闭导致民族文化保存的流失和过度开发导致民族文化传承的异化。

时代发展，社会变迁，在以西方文化为主流的现代化浪潮席卷全球的大背景下，各民族传统文化受到前所未有的冲击。"在世界全球化的今天，此种文化遗产的诸多形式受到文化单一化、武装冲突、旅游业、工业化、农业人口外流、移民和环境恶化的威胁，正面临消失的危险。"①

大量传统文化随着生态生活环境的变化而不断流失，从某种意义上来说，是历史的必然。滚滚的历史长河中，没有什么是一成不变的。今天少数民族中的年轻人离开家乡，外出工作，受到外来文化的熏陶，宁愿以时尚的现代舞代替传统的篝火集会，宁愿以唱卡拉 OK 或看电视代替"花儿会"，虽令人惋惜，但也不用过于悲观。当然，这并不是说我们应当放任传统文化的流失。毕竟，民族自豪感和民族凝聚力的提升，多元文化的传承，都要求我们保持独立的民族文化和民族传统。"纳西人要走向世界，是以一个纳西人的形象，而不是西装革履、旗袍短裙。"② 因此，我们要思考的是怎样在民族文化传承中因势利导，按照时代的需要和社会现实积极引导文化传统的开放性发展，使民族文化在保有民族特性和民族精神的基础上接受现代元素，适应现代化变革。如果无视时代大潮，以封闭的观念机械固守已经明显不合潮流的所谓"传统"，或者放任民族传统被强势文化分解，就可能导致民族传统文化的流失如"一江春水向东流"，成为不可逆转的趋势。

赋予民族传统文化现实的生命力，开发、利用其蕴藏的文化价值和经济价值，将传统融入生活常态之中，在保护中开发、以开发促保护，既增强民族向心力，又促进民族经济发展，是民族非遗保护比较有效的手段。但是，有些地方对民族文化遗产过度开发，也可能导致民族文化传承的异化。尤其是旅游开发中，有些地方过

---

① 转引自梁保尔、马波《非物质文化遗产旅游资源研究——概念、分类、保护、利用》，载《旅游科学》2008 年第 4 期，第 10－11 页。

② 宗晓莲：《旅游开发与文化变迁——以云南省丽江县纳西族文化为例》，中国旅游出版社 2006 年版，第 73 页。

分关注经济利益，将非遗资源当成发展地方经济、提升地方知名度的招牌，只关心商业价值，忽视其作为文化的精神元素，以致杀鸡取卵，对本地、本民族的非遗过度开发和假开发，使民族服饰、习俗、节日等成为旅游景点招揽游客的噱头，远离了真实的生活。"商业气息过于浓厚以及表演成分太多，不仅导致游客产生逆反心理，影响了旅游地和当地民族的声誉和形象，而且严重脱离、歪曲原生态民族风俗的表演，也伤害了民族情感，引起少数民族群众的不满。"[①] 民族文化的传承，是民族生命力的象征，应该深深根植于现实生活的土壤中，流淌在本族群众的血液里，浸润在本族群众的灵魂中。因此对民族传统文化的保护，也应该还原其生活的本来面目，使少数民族群众在自然而然地使用、开发中赢得赞誉、获得传承，从而规避可能出现的在保护中使民族文化异化为"伪民俗文化"的遗憾。

（三）少数民族非遗传承后继乏人问题的解决

作为传统文化的表现形式，大部分非遗以声音、形象、技艺为表现形式，以口授心传的文化链得以延续，有较强的人身依附性。因此，非遗保护的核心是非遗传承人保护。但是，目前民族非遗普遍存在传承人青黄不接、传承后继乏人的现象。一方面，许多民间曲艺、传统技能的掌握者已经年逾古稀，一旦去世，这些技艺也将随之流失；另一方面，传统文化生产成本较高，市场需求却不大，年轻人不愿意成为学徒。

《非物质文化遗产法》对传承人制度做了专门规定，但是，仍然存在许多问题。

首先，传承人认定机制过于严苛。《非物质文化遗产法》第二十九条第二款规定非遗代表性项目的代表性传承人应当符合的条件有三：熟练掌握其传承的非遗；在特定领域内具有代表性，并在一定区域内具有较大影响；积极开展传承活动。其中，"积极开展传承活动"应是传承人的义务而非认定条件。现实中，许多民间老艺人虽然拥有独门绝艺，但迫于生存压力转而从事其他行业。如果以此作为认定标准，他们无疑将被拒之门外。在传承人非常紧缺的今天，这显然是不经济的。另外，"积极开展传承活动"之"积极"的程度，并没有硬性标准，在操作中也很难把握，这在无形中加大了认定传承人工作的难度。不仅如此，第二十九条第三款还规定了认定传承人的评审规定，要求提交项目介绍、传承情况介绍、保护要求、有助于说明项目的视听资料等材料。这种"表格式申报，是学院式评审，没有进入田野的深度，更没有细致地观察到传承人的丰富性和复杂性，也不利于将真正的传承

---

① 周晓涛：《西北民族非物质文化遗产旅游开发中的地方立法保护》，载《文化遗产》2012年第2期，第20页。

人纳入到保护中来"①。面对精神文化领域的价值判断，必须寻求和拓宽认定的条件和方式，才能使尽可能多的民间艺术家、民间能工巧匠受到保护。

其次，对传承人的扶助力度不够。《非物质文化遗产法》第三十条规定了政府根据需要，支持非遗代表性项目的代表性传承人开展传承、传播活动。但是这是一条任意性规定，地方政府如果不提供支持，也不会受到任何惩罚。另外，该条规定的支持举措包括：提供必要的传承场所、提供必要的经费资助代表性传承人开展授徒、传艺、交流等活动，支持其参与社会公益活动等。很显然，其中并没有规定对传承人的补助。这可能使得经济相对贫困的民族地区地方政府为减轻经济压力而降低甚至取消对传承人的经济补贴。比如浙江省对于65岁以上的国家级、省级代表性传承人，每人每年补助3000元至4000元的津贴。但是甘肃每年给国家级非遗项目道情皮影剧的传承人仅500元的传习补贴。另一方面，《非物质文化遗产法》第三十一条又以强制性规范规定了传承人应当履行若干义务，并且规定无正当理由不履行前款规定义务的，文化主管部门可以取消其代表性传承人资格，给这些老艺人以荣誉上的惩罚。得与失的巨大反差，会严重挫伤传承人的申报积极性，不利于实现保护的初衷。

此外，《非物质文化遗产法》中关于传承人规定的传承人资格取消制度以及未涉及的集体主体的传承人资格认定等法律问题都仍然存在可商榷的空间，需要我们进一步思考和探索。

三、民族地区非遗地方性立法的重点

针对以上难点，民族地区在贯彻《非物质文化遗产法》的精神、制定实施细则和地方性条例时，重点应当落在对《非物质文化遗产法》中若干制度的细化和补充。

（一）关于主体责任制度

《非物质文化遗产法》规定了政府文化主管部门是非遗保存和保护的主管部门和责任主体，有效防止了"政出多门"和"临事推诿"的弊端，并且规定了制定保护规划制度和对实施情况的监督检查制度及退出制度，进一步明确了主体责任，扭转非遗保护工作中普遍存在的"重申报、轻保护"现象。在保护规划制度中，还专门规定了针对濒临消失的非遗代表性项目予以重点保护的抢救性保护机制和针对非遗代表性项目集中、特色鲜明、形式和内涵保持完整的特定区域实行专项保护

---

① 李华成：《论非物质文化遗产传承人制度之完善》，载《贵州师范大学学报（社会科学版）》2011年第4期，第83页。

的区域性整体保护机制。

这些规定非常有利于民族地区的非遗保护。在地方立法中,应着重于进一步细化,使其更突出民族性和地域性特征。比如甘肃在体现抢救性机制时,可以通过一些更具体的规定明确"濒临消失"的标准,将保护倾向于较小的民族。还可以明确规定对以天水为中心的伏羲文化保护区、以庆阳为中心的周先祖文化保护区、以敦煌为中心的敦煌文化保护区等带有甘肃名片性质的非遗保护区实施区域性整体保护,彰显鲜明的地域特色和民族特色。

(二) 关于经费保障制度

对于相对贫困的民族地区来说,完善的经费保障制度是落实非遗保存和保护的关键。《非物质文化遗产法》没有规定非遗保护经费占地方财政预算的数额比例,需要地方立法加以细化和规定,发挥政府拨款和社会募资的双重作用。

首先,以义务性规范明确经费列入本级财政预算的比例,以此实现强制性经费保障。各地可以根据财政收入和支出的具体情况制定或高或低的比例底线。其次,以授权性规范建立生产性保护机制,根据《非物质文化遗产法》的精神,以具体措施鼓励公民、法人和其他组织合理利用和开发具有地方和民族特色的非遗文化产品和文化服务,以此实现鼓励性经费保障,变非遗保护经费支持方式的"输血式"为"造血式"。比如,甘肃省天祝藏族自治县天堂乡利用自然风光和佛教文化开发宗教旅游资源,2008 年人均纯收入达到 2552 元,较 2007 年人均提高 300 元。[①] 甘肃庆阳的香包已经形成文化产业,至 2003 年,全市从事香包制作的农户已达 71977 户,从业人员 102698 人,分别占总农户和农村妇女总人数的 14.6% 和 11.8%。这些都是对民族传统文化合理开发和利用的成功范例。

(三) 关于传承人保护制度

在地方立法中完善非遗传承人保护制度,可以从以下两个方面入手。

首先,细化《非物质文化遗产法》关于代表性传承人制度的规定。比如可以规定认定市、县级非遗代表性项目的代表性传承人。在市、县级代表性传承人的认定中,可以根据实际情况适当放宽认定条件,增加代表人数额。关于评审方式,在参照执行《非物质文化遗产法》规定的基础上,可以根据地方非遗资源和民族非遗资源的具体情况,探索更多的方式。在政府支持传承人开展传承、传播活动的规定中,除了任意性规范,还可以适当规定一些强制性义务,进一步增强政府主管部门的责任心。

其次,增加对于代表性传承人权利保障的规定。对传承人的权利可以从经济和

---

① 数据由甘肃省天祝藏族自治县政府提供。

荣誉两个方面进行保护。除了可以明确规定给予传承人一定数额的补助以保障其经济状况，尽可能使他们没有后顾之忧地开展文化传承、传播工作以外，还可以通过授予代表性传承人称号，要求学校、文化馆、博物馆、科技馆等机构进行非遗展示时，应当有偿地邀请传承人表演等方式，增强他们的荣誉感，吸引年轻人前来拜师学艺。在相对贫困的民族地区，在可能无力支付较高补助的情况下，更多地提升传承人的荣誉感是更为可行的措施。

四、结语

《非物质文化遗产法》的出台，是我国非遗保存、保护进程中的里程碑。但是，面对纷繁复杂的非遗现状，不能使用简单化、一刀切的方式予以处理，尤其是我国少数民族众多，各民族历史传统和发展现状各不相同，更需要谨慎对待。《非物质文化遗产法》许多条款的原则性规定都需要进一步细化、量化和补充。因此，各民族地区亟待制定相关的地方性法规。充分认识到地方保护的难点和地方立法的重点所在，有助于提高立法质量，真正实现以法律手段为民族非遗的传承、开发保驾护航。

少数民族传统知识特别知识产权保护的比较法评析[①]

朱祥贵 余澜 李金玉[②]

少数民族传统知识是以其传统为基础，由智力活动创造并传承的技术、诀窍和经验的知识体系，包括农业、环境、医学、生物等知识，不局限于具体的技术领域。少数民族传统知识是现代知识的源头，具有重要的经济价值和文化价值。由于少数民族传统知识与现代知识有不同的理念、结构、归属、存在方式，现代知识产权制度无法兼容少数民族传统知识，导致针对少数民族传统知识的生物剽窃及滥用行为的出现，使其商业价值未得到合理的承认与补偿，精神利益受到损害。部分国家及国际组织、区域性组织尝试在现行知识产权法律制度之外专门立法对少数民族传统知识进行特别知识产权保护。目前相关立法在少数民族传统知识特别知识产权的权利性质、权利主体、权利内容等方面未达成共识。本文从比较法角度分析少数民族传统知识特别知识产权相关立法的差异，总结出具有规律的要素，以期为我国少数民族传统知识的立法提供借鉴。

一、权利性质

针对少数民族传统知识处于公共领域被无偿利用的现象，目前有关立法赋予少数民族传统知识特别知识产权，但在权利性质方面存在差异。少数民族传统知识的特别知识产权定性决定了其受保护的程度。从功能角度看，权利的性质可分为积极性独占权和消极性禁止权。目前少数民族传统知识的特别知识产权的立法存在积极性独占权和消极性禁止权的差异。

（一）积极性独占权性质

积极性独占权赋予少数民族专有使用和许可他人使用的积极性权利。积极性独占权有垄断和排他功能，能从源头上有效预防和控制他人任意利用少数民族传统知识的行为；积极性独占权具有绝对权性质，对少数民族传统知识的特别权利保护程

[①] 此文为2012年12月14—16日中山大学中国非物质文化遗产研究中心主办的"中国非物质文化遗产法治建设学术研讨会"论文，修订后收录入本书。

[②] 朱祥贵，三峡大学法学院教授。余澜，三峡大学法学院副教授。李金玉，三峡大学法学院学院2012级研究生。

度最强。目前，一些区域性立法及国家层面立法直接确认少数民族传统知识特别知识产权的积极性独占权，而国际立法仅仅是原则性确认。

1. 国际立法

少数民族传统知识在现代社会逐渐边缘化，被无偿利用甚至滥用，损害了少数民族文化身份，导致经济利益失衡。现代国际法原则性确认少数民族传统知识的积极性权利。1966年的国际基本人权公约《公民权利和政治权利国际公约》（以下简称《公约》）第二条第一款确立了少数民族权利平等原则，规定"本公约每一缔约国承担尊重和保证在其领土内和受其管辖的一切个人享有本公约所承认的权利，不分种族……等任何区别"。第二十六条确立了禁止歧视少数民族原则，"所有的人在法律面前平等，并有权受法律的平等保护，无所歧视。在这方面，法律应禁止任何歧视并保证所有的人得到平等的和有效的保护，以免受基于种族……等任何理由的歧视"。在少数民族平等保护和禁止歧视原则的基础上，《公约》第27条又确立了少数民族特殊保护原则，规定"在那些存在着人种的、宗教的或语言的少数人的国家中，不得否认这种少数人同他们的集团中的其他成员共同享有自己的文化、信奉和实行自己的宗教或使用自己的语言的权利"。《公约》确立的少数民族平等保护原则、禁止歧视原则及特殊保护原则，奠定了少数民族包括传统知识在内的文化权利的国际法基础。

在《公约》原则性确认少数民族文化权利的基础上，其他专门针对少数民族权利的国际立法进行了具体实施规定。1989年《国际劳工组织关于独立国家土著和部落民族的第109号公约》①确认土著和部落民族传统文化的积极性独占权，其第一条第一款第一项规定"独立国家内的部落民族，其社会、文化和经济条件使他们有别于国家社会的其他部分，其地位完全或部分地由他们自己的习惯或传统或由特殊的法律或规定来加以确定"；第七条规定"尽可能地行使对他们自己的经济、社会和文化发展的控制"。1992年《在民族或族裔、宗教和语言上属于少数群体的人的权利宣言》②重申确认少数民族传统文化的积极性独占权，第二条规定"在民族或族裔、宗教和语言上属于少数群体的人有权私下和公开、自由而不受干扰或任何歧视地享受其文化、信奉其宗教并举行其仪式及使用其语言"。2007年《联合国土著人民权利宣言》则具体确认土著传统知识特别知识产权的积极性独占权，第三十一条规定"土著有权保持、掌管、保护和发展其文化遗产、传统知识和传统文化体

---

① 秦天宝：《国际与外国遗传资源法规选编》，法律出版社2005年版，第68页。以下法律条文未特别注明者均参见此书。

② 周勇：《少数人权利的法理》，社会科学文献出版社2002年版，第242页。

现形式，以及其科学、技术和文化表现形式……他们还有权保持、掌管、保护和发展自己对其文化遗产、传统知识和传统文化体现形式的知识产权"。

目前，国际法对少数民族传统知识的积极性权利仅从人权角度进行原则确认，尚无专门的国际公约做出具体规定。同时，由于现代知识产权制度也无法为传统知识提供充分、有效的保护，少数民族传统知识积极权利的私权性质在国际立法层面呈现弱化和虚化状态，尚不具有基本人权地位。

2. 区域性立法

少数民族传统知识主要集中于发展中国家，在经济全球化背景下，发达国家利用科技实力和现代知识产权制度自由开发、利用和占有发展中国家少数民族传统知识，获得巨大的商业利益，并损害发展中国家少数民族传统知识的精神利益。发展中国家积极进行区域合作，通过区域立法确认少数民族传统知识特别知识产权的积极性权利，维护国家和少数民族的经济和文化利益，对抗发达国家的知识产权霸权和文化殖民。目前，区域性立法确认少数民族传统知识特别知识产权积极性权利的主要有安第斯共同体、非洲联盟、东盟、太平洋共同体等区域共同体。

1996 年《安第斯共同体关于遗产资源获取共同制度的第 391 号决议》确认了少数民族传统知识的特别知识产权权利。决议在序言中承认"安第斯国家具有多种族性和多文化性"，"土著、美洲黑人和当地社区与其有关的知识、创新和实践，在国际上具有战略价值"。决议第二章标题为"对传统做法，知识和创新的承认"，第七条规定"成员国根据本协议和各自的国内立法，承认并重视土著、美洲黑人和当地社区对与遗产资源及其衍生物有关的传统做法、知识和创新的权利"。在决议原则性确认少数民族传统知识特别知识产权的基础上，2000 年《安第斯共同体关于知识产权共同制度的第 48 号决议》具体确认了少数民族传统知识的积极性权利，该决议第二十六条第一款第七项规定"如果所申请的产品或方法从原产任何一个成员国的土著、非洲裔美洲人或当地社区的传统知识的基础上获得或开发而来，则应根据《第 391 号决议》及其有效修订案和条例的规定，提供可证明其得到了利用该传统知识的许可"。

2000 年《非洲联盟关于保护当地社区、农民与育种者权利、管理生物资源获取的示范法》在序言中确认了少数民族的传统知识所有权，承认"当地社区对代表他们生活体系，历经人类世代演化的生物资源、知识和技术的权利，是集体的权利，是优先于基于私有利益和权利的先验权利"。该示范法第一条将"社区知识"或"土著知识"定义为土著或当地社区成千上万年积累的"知识"；第三条第一款确认少数民族传统知识特别知识产权的积极性权利，规定"在一国内任何部分获取生物资源和当地社区的知识或技术，都必须申请必要的事先知情同意和书面许可"。

由于该示范法仅对与遗产资源相关的少数民族传统知识提供保护，2010年非洲地区知识产权组织《斯瓦科普蒙德协定》①系统、全面地确认了少数民族传统知识特别知识产权的积极性权利。该协定第二条规定"传统知识是源自当地或传统社群范围内的智力活动和认识结果的任何知识，包括体现在该社群传统生活方式中或者存在未经整理的世代相传的知识体系里的技术秘密、技艺、创新、实践和学问"，第七条则明确规定了少数民族传统知识专有利用的积极性权利。

2000年《东盟生物与遗传资源获取框架协定》在序言中确认了少数民族传统知识特别知识产权积极权利，要求利用传统知识必须遵循获得"保留传统生活方式的土著与当地社区事先知情同意的原则"；第二条第二款规定"承认与保护土著与当地社区的传统知识"。

2002年《太平洋地区保护传统知识与传统文化表现形式框架协议》②第四条规定传统所有人指拥有传统知识及传统文化表现形式的"族群、部落或社区居民"；第六条确认了少数民族传统知识的所有权，规定"传统知识及传统文化表现形式的传统所有人是传统文化权的持有人"；第七条第二款确认了少数民族传统知识专有利用的积极性权利，规定利用少数民族传统知识须"征得传统所有人的事先同意"。

相对于国际法针对少数民族传统知识特别知识产权积极性权利的原则性、宣言式规定，这些相关区域性立法对少数民族传统知识特别知识产权的积极性权利进行了具体确认，使该权利得到强化和实体化，有利于少数民族传统知识特别知识产权积极性权利的运作实效。但这些立法多为示范性立法，不具有直接法律强制力，同时，这些规则仍然过于原则化，操作性不强。

3. 国家立法

少数民族传统知识面临由于现代文化冲击所带来的濒临灭失和生物剽窃双重危机，部分发展中国家在20世纪末就提出并探索少数民族传统知识特别知识产权的立法保护。针对目前少数民族传统知识被自由无偿利用的严峻现实，相关国家立法基本采纳积极性权利取向。

目前仅有少数发展中国家专门立法保护少数民族传统知识特别知识产权。重要代表性国家有菲律宾、秘鲁、巴拿马、埃及、印度、泰国等。如1997年《菲律宾土著权利法》第三十四条"土著知识体系和实践权和发展自身科学技术权"直接确认了土著传统知识许可的积极权利，规定"文化社区或土著人有权获得对其文化

---

① 中国社会科学院知识产权中心编：《非物质文化遗产保护问题研究》，知识产权出版社2012年版，第207页。

② 管育鹰：《知识产权视野中的民间文艺保护》，法律出版社2006年版，第282页。

和知识权利的充分所有权，控制权和保护权的承认"；2002年《秘鲁关于建立土著生物资源集体知识保护制度的法律》第一条"权利的承认"确认了土著传统知识许可的积极权利，规定"秘鲁承认土著社区以其合适的方式处理其集体知识的权利与权力"；1998年《哥斯达黎加共和国生物多样性法》第六十六条"文化异议权"确认了土著传统知识许可的积极权利，规定"本法承认地方社区和土著人出于文化、宗教、社会、经济或其他原因而反对获取他们的资源和相关知识的权利"，第八十二条确认土著传统知识利用权，规定"国家明确承认和保护土著和地方社区与生物多样性组成部分的利用及相关知识有关的知识、实践和创新的权利，即专门的社区知识权"；2000年《巴拿马土著集体权利特别登记制度》第二条确认了土著传统知识积极许可权，规定"土著的习惯、传统、信仰、灵性、宗教、宇宙观、民俗表达、艺术表现形式、传统知识及其他的表现形式，是其文化遗产的组成部分；其他人未经土著的明确授权不得通过知识产权制度，如版权、外观设计、商业标识、地理标志或其他标记将上述内容作为自己专有权的客体"，第二十条规定"本法禁止对受本法授予的集体权利保护的传统服饰等进行全部或部分的工商业复制，但获得土著议会事先明确同意和工商部许可，并不违反本法其他条款规定的除外"。我国台湾地区有关原住民族传统智慧创作保护的规定明确承认原住民族传统知识的积极权利，其第十三条规定"智慧创作专用权，指智慧创作财产权及智慧创作人专用权人得将智慧创作财产权授权他人使用"。

相关国家立法对少数民族传统知识特别知识产权积极性权利的确认，改变了少数民族传统知识处于"公有领域"被任意自由利用甚至滥用、盗用的状况，对维护少数民族传统知识的经济权利和文化多样性具有重要意义。但目前仅有极少数国家立法进行保护，相对于现代知识的全球化保护水平，将少数民族传统知识特别知识产权确认为积极性权利进行保护的区域与程度仍处于落后与弱势地位。

（二）消极性禁止权性质

少数民族传统知识是现代知识之源，现代知识须基于传统知识才能创新。少数民族传统知识是发展中国家的强项，现代知识是发达国家的强项。发达国家为了维护自身垄断利益，反对给予少数民族传统知识法律保护。在发展中国家不断呼吁并进行立法保护的情况下，相关国际组织专门立法对发达国家和发展中国家的权利冲突进行协调。目前已有专门的国际协调立法确认了少数民族传统知识的消极禁止权性质，但并未赋予少数民族传统知识的积极性权利。

专门规定少数民族传统知识特别知识产权消极禁止权的国际立法仅有1992年的《生物多样性公约》（CBD）和2011年世界知识产权组织知识产权与遗传资源、

传统知识和民间文学艺术政府间委员会最新的《保护传统知识：经修订的目标与原则》①（WIPO/GRTKF/IC/18/4）。CBD 在序言中承认"认识到许多体现传统生活方式的土著和地方社区同生物资源有着密切和传统的生存关系，应公平分享从利用与保护生物资源及持续利用其组成部分有关的传统知识，创新和实践而产生的惠益"，第八条（j）款明确规定"依照国家立法，尊重、保存和维持土著和地方社区体现传统生活方式而与生物多样性的保护和持续利用相关的知识、创新和实践并促进其广泛应用"。CBD 在承认少数民族传统知识利益的基础上，赋予少数民族传统知识消极禁止权性质。CBD 第十五条第五款规定"遗传资源的取得须经提供这种资源的缔约国事先知情同意"。2000 年 CBD 第五次缔约国大会第 5/16 号决议明确将事先知情同意适用于传统知识。决议规定"获取土著和当地社区的传统知识、创新与实践必须获得这些知识、创新与实践持有者的事先知情同意或事先知情认可"。CBD 通过让少数民族传统知识利用者承担义务的方式间接确认少数民族传统知识的权利，但未直接赋予少数民族传统知识的权利，具有消极禁止权性质。2011 年最新的世界知识产权组织文件（WIPO/GRTKF/IC/18/4）以反不正当竞争和反不当占有为中心确认少数民族传统知识的消极禁止权，文件的政策目标中规定"禁止对传统知识不正当和不公平利用"和"确保事先知情同意和根据双方议定的条款进行交换"。

少数民族传统知识特别知识产权的消极禁止权性质仅能被动间接控制他人利用少数民族传统知识的行为，不能主动行使控制他人利用少数民族传统知识的行为，具有相对性性质，对少数民族传统知识的保护程度较弱。

二、权利主体

权利主体决定利益归属于谁和权利由谁行使。少数民族传统知识是少数民族群体长期实践中创新和传承的智力成果，应确立少数民族群体对其传统知识的主体法律地位。目前有关立法基本确认少数民族传统知识所有权归属于少数民族，但在权利行使方面存在所有权与行使权一体化和所有权与行使权分离化两种类型。

（一）所有权和行使权主体的一体化

少数民族传统知识权利主体一体化立法确认少数民族是其传统知识特别知识产权的所有权主体和行使权主体。权利主体一体化类型占已有立法的多数。

1. 国际立法

国际立法确认少数民族传统知识特别知识产权的权利主体始于 1989 年《国际

---

① 杨建斌：《知识产权体系下非物质传统资源权利保护研究》，法律出版社 2011 年版，第 291–303 页。

劳工组织关于独立国家土著和部落民族的第 169 号公约》。该公约第一条第二款确立了少数民族的权利主体地位，规定"自我认可为土著和部落民族应为确定可适用本公约规定的团体的一项根本标准"；第七条确立了少数民族传统知识特别知识产权的所有权和行使权，规定"有权决定自己的优先事项。并尽可能地行使对他们自己的经济、社会和文化发展的控制"。1992 的 CBD 明确承认了少数民族传统知识特别知识产权的所有权和行使权的主体地位，其第 8 条（j）款规定"由此等知识、创新和实践的拥有者认可和参与下并鼓励公平地分享因利用此等知识、创新和做法而获得的惠益"。2007 年《联合国土著人民权利宣言》重申了少数民族传统知识特别权利的所有权和行使权的主体地位，其第三条规定"土著享有自决权。基于这一权利，他们可自由地决定自己的政治地位和自由地谋求自身经济、社会和文化发展"。

专门针对少数民族传统知识保护的国际立法也明确了少数民族对传统知识特别知识产权的所有权和行使权的主体地位。2011 年世界知识产权组织文件（WIPO/GRTKF/IC/18/4）第四条规定了"事先知情同意原则，直接和公平分享利益以及对知识持有人的承认"的实质性条款。上述国际立法说明国际社会直接或间接达成了少数民族传统知识特别知识产权所有权与行使权一体化的原则性共识。

2. 区域性立法

目前，非洲、太平洋共同体等部分发展中国家区域性立法对少数民族传统知识特别知识产权权利的归属主体采用一体化制度。

区域性立法确认少数民族传统知识特别知识产权的权利主体一体化始于 2000 年《非洲联盟关于保护当地社区、农民与育种者权利、管理生物资源获取的示范法》。该示范法第十六条承认土著社区权利；第十八条确立了少数民族事先知情同意权，规定"获取任何生物资源、创新、实践、知识或技术都必须获得相关社区的事先知情同意"；第十九条确立了少数民族拒绝同意与获取的权利，规定"如果获取有损于其自然或文化遗产的完整性，当地社区有权拒绝获取其生物资源、创新、实践、知识和技术"；第二十条确立了撤销或限制同意与获取的权利，规定"如果获取活动有可能损害其社会经济生活或其自然或文化遗产，当地社区有权撤销同意或对与获取有关的活动施加限制"。该示范法较完整地规范了少数民族同意、拒绝同意、撤销和限制同意的权利行使主体资格。2002 年《太平洋地区保护传统知识及传统文化表现形式框架协议》也确认了少数民族传统知识特别知识产权的主体一体化。该协议第七十六条第二款规定对传统知识及传统文化表现形式的适用须"征得传统所有人的事先知情同意"。上述区域性立法集中于发展中国家的区域组织，说明发达国家区域组织尚未承认少数民族传统知识特别知识产权所有权与行使权一体化的地位。

3. 国家立法

目前确认少数民族传统知识特别知识产权权利主体一体化的国家有菲律宾、秘鲁、哥斯达黎加、巴西、孟加拉国等。如1997年《菲律宾土著权利法》第三十五条规定"获取生物与遗传资源和关于保护、利用和改进这些资源的土著知识，只有在根据相关社区的自由与事先知情同意的前提下，才可以在土著文化社区或土著的祖传土地和领地进行"；2002年《秘鲁关于建立土著生物资源集体知识保护制度的法律》第六条规定"希望为科学商业和工业应用等目的获取集体知识的人，应申请持有集体知识的土著代表机构的事先知情同意"；1998年《哥斯达黎共和国生物多样性法》第六十条和六十五条规定了少数民族的事先知情同意程序。

少数民族传统知识特别知识产权主体一体化立法赋予少数民族对传统知识特别知识产权的所有权能和行使权能，充分保障少数民族主体的权利能力与行为能力，有效保护少数民族占有、使用、收益、处分传统知识的利益。

（二）所有权和行使权主体的分离化

少数民族传统知识特别知识产权权利主体分离化指立法确认少数民族为传统知识特别知识产权所有权的主体，而行使权主体是国家。目前采用此种权利主体模式的主要是安第斯共同体区域性立法和印度国家立法，占已有立法的少数。

1996年《安第斯共同体关于遗传资源获取共同制度的第391号决议》确认利用少数民族传统知识的批准机构是国家，不包括少数民族。其第二十六条规定"获取程序由向国家主管部门提交获取申请启动"，第三十二条规定"获取合同的当事方是：（a）由国家主管部门代表的国家；（b）获取申请者"。2002年《印度生物多样性法》确认的批准机构也仅指国家，其第三条规定"任何人都不得在未经国家生物多样性总局事先批准的情况，为了研究或商业利用、或生物勘查和生物利用而获取印度境内的任何生物资源或相关知识"。

少数民族传统知识特别知识产权主体分离化立法将少数民族主体对传统知识特别知识产权的占有权能和使用、收益、处分权能相分离，虽然改变了少数民族传统知识"公有财产"的地位，但由于少数民族主体没有对传统知识的使用、收益和处分的权利，其自由和按意愿自主利用和分享传统知识的利益无法得到保障。

三、权利内容

现代科学技术知识纯粹是实践性工具，而少数民族传统科学技术知识是少数民族群体价值观的产物，具有文化身份和经济价值双重功能。如何确立少数民族传统知识特别知识产权的权利内容，关系到少数民族传统知识特别知识产权的权利类型与范围。目前立法分为经济权利和精神权利双重权利内容和单一经济权利内容两种类型。

（一）经济权利和精神权利双重权利内容

目前大部分国际、区域、国家立法确认少数民族传统知识特别知识产权的经济权利和精神权利。

在国际立法层面，如2011年世界知识产权组织文件（WIPO/GRTKF/IC/18/4）第三条规定"提供保护、禁止盗用和滥用"，确立了少数民族传统知识特别知识产权的经济权利；第四条规定"事先知情同意原则，直接和公平分享利益以及对知识持有人的承认"，确立了少数民族传统知识特别知识产权的许可使用权和惠益分享权等经济权利；第四条第二款（c）项规定"除传统知识的持有人以外对传统知识进行超出其传统范围的使用者，应说明来源，注明持有人，并以尊重和承认持有人的文化价值的适当方式使用该知识"，确立了少数民族传统知识特别知识产权的表明来源权、文化完整权等精神权利。

在区域立法层面，如2002年《太平洋地区保护传统知识及传统文化表现形式框架协议》第二章"传统文化权"和第四章"获得传统所有人的事先知情同意"规定了少数民族传统知识特别知识产权的专有使用权、许可使用权和惠益分享权等经济权利；第三章"精神权利"第十三条第二款规定了署名权、制止虚假署名权、不受贬损权等精神权利。2010年非洲地区知识产权组织《保护传统知识及民间文艺表现形式斯瓦科普猛德协定》第七条规定了少数民族传统知识特别知识产权的专有使用权和许可使用权；第九条规定"如果他人将传统知识用于工业领域，传统知识的持有者有权公平公正地分享由此产生的利益"，确立了少数民族传统知识特别知识产权的惠益分享权等经济权利；第十条第一款规定"任何人超出传统范围使用传统知识都必须承认其持有者，表明其来源"，确立了少数民族传统知识特别知识产权的身份表明精神权；第十条第二款规定"任何人在传统范围之外使用传统知识，必须以尊重传统知识持有者的价值观的方式使用"，确立了少数民族传统知识特别知识产权的禁止歪曲使用精神权。

在国家立法层面，如2000年《巴拿马土著集体权利特别登记制度》第三章"集体权利之版权"和第五章"利用及商业化权利"规定了少数民族传统知识特别知识产权的专有使用权和许可使用权等经济权利；第七章第二十九条第二项规定"巴拿马的非土著手工艺人应当以张贴、书写或指明等方式明确该物品系复制品及真正的来源地"，确立了少数民族传统知识特别知识产权的表明来源精神权。2001年《巴西保护生物多样性和遗传资源暂行条例》第三章"相关传统知识的保护"确立了少数民族传统知识特别知识产权的经济权利和精神权利。

少数民族传统知识经济权利和精神权利双重内容的立法，兼顾和全面保障少数民族传统知识特别知识产权的经济利益和精神利益，符合该权利经济利益和精神利益不可分割的整体性和特殊性,促进了该权利所保护利益的平衡,适应少数民族传统知识文化属性和经济属性的可持续发展与创新。

（二）经济权利单一内容

目前少部分立法仅确认了少数民族传统知识特别知识产权的经济权利。在国际立法层面,如1992年的CBD第八条（j）款仅规定了惠益分享权,第十五条第五款仅规定了许可使用权等经济权利,没有确认少数民族传统知识特别知识产权的精神权利。在区域立法层面,1996年《安第斯共同体关于遗产资源获取共同制度的第391号决议》、2000年《非洲联盟关于保护当地社区,农民与育种者权利、管理生物资源获取的示范法》、2000年《东盟生物与遗传资源获取框架协定》等也仅确认了少数民族传统知识特别知识产权的经济权利。在国家立法层面,1997年《菲律宾土著权利法》、2002年《秘鲁关于建立土著生物资源集体知识保护制度的法律》等也仅确认少数民族传统知识特别知识产权的经济权利。

少数民族传统知识特别知识产权的单一经济权利内容的立法,忽略了少数民族传统知识文化多样性的利益,且容易引起过度商业化和扭曲、丑化、淡化文化品格,最终导致少数民族传统知识文化内涵的消失,破坏文化生态平衡。

四、结论

少数民族传统知识是少数民族基于传统长期传承和创新的智力成果,具有经济和文化双重内涵,是文化多样性的表现。保护少数民族对传统知识特别知识产权的经济利益和文化利益,有利于传统知识与现代知识的利益平衡,保障少数民族传统知识的可持续利用,维护文化生态多样性。针对少数民族传统知识的濒危和利益失衡,"解决这一矛盾的办法是寻找或创建这样一种文化遗产权利:该权利不仅仅禁止侵犯本土文化的行为,同时只要满足该权利的构成要件,任何人（无论是原住民或非原住民）都可以得到该权利的保护。建立在这一基础上的文化遗产权利将会有更强的可靠性和适应性"[1]。要达到实现全面、直接、积极保护少数民族传统知识特别知识产权的目标,须在权利性质上确立其为积极性独占权,赋予该权利以绝对性和排他性,在权利主体上采取所有权和行使权主体一体化,赋予该权利主体自由和自主控制能力,在权利内容上确立经济权利和精神权利双重内容,保护少数民族传统知识特别知识产权利益的全面性和完整性,才能构建充分、有效、全面的制度体系和良性机制。

---

[1] Robert K. Paterson, Dennis S. Karjala, "Looking Beyond Intellectual Property in Resolving Protection of Intangible Cultural Heritage of Indigenous Peoples," *Cardozo Journal of International and Comparative Law*, Summer 2003.

德国文化遗产保护的政策、理念与法规①

[德] 白瑞思　王霄冰②

联合国教科文组织《保护非物质文化遗产公约》（以下简称《非遗公约》）自2003年10月通过以来，得到了包括中国在内的许多国家的支持。中国全国人大常务委员会早在2004年就已批准政府加入，到2006年已有107个国家同意签署该公约。然而，包括美国、德国、英国在内的一些欧美国家却迟迟没有加盟，原因何在？本文将从德国的政体、法律机制和文化遗产保护理念出发探讨此问题，并对其近年来筹备加入《非遗公约》的过程与现况进行介绍。

一、德国政体与法律机制

德国，一般指1949年建立的联邦德国（西德）以及1990年通过东西德和平统一而建立的德意志联邦共和国。顾名思义，它和美利坚合众国一样，是一个联邦制的国家。也就是说，任何政治与法制方面的重大决定，都必须由联邦政府与州政府共同商议后才能得到确立。这一关系明显地体现在了"联邦共和国"（Bundsrepublik）和"邦州"（Bundesland）③的概念当中。

"邦州"（以下根据中文习惯直接称"州"）是联邦国家之下最重要的行政机构。联邦参议院（Bundesrat）是州与联邦之间的最高合作机构，它的成员由每州政府选派的代表组成。参议院与联邦众议院（Bundestag，由民众直接选出代表组成的国会），共同构成了国家最高立法机构。一些法律即便在国会审核通过，但如果没有得到由各州政府代表组成的参议院的同意，也不能得到确立。各州政府往往通过这一方式来保障本州的地方利益。

各州也拥有自己的立法机构，即州议会。州级机关之下的行政单位为区县

---

① 此文为教育部人文社科基地重大项目"非物质文化遗产保护法制建设"的研究成果，曾发表于《文化遗产》2013年第3期，修订后收入本书。
② [德] 白瑞斯（Berthold Riese），德国波恩大学民族学教授、中山大学中国非物质文化遗产研究中心兼职研究员。王霄冰，中山大学中文系、中国非物质文化遗产研究中心教授。
③ 目前德国共有16个邦州：巴登-符腾堡、巴伐利亚、柏林、勃兰登堡、不来梅、汉堡、黑森、梅克伦堡-前波莫瑞、下萨克森、北莱茵-威斯特法伦、莱茵兰-法耳茨、萨尔、萨克森、萨克森-安哈特、石勒苏益格-荷尔斯泰因和图林根。

(Kreis）和乡镇（Gemeinde），二者之间是并列的，没有从属关系。这些下属机构只负责法律的执行，但可以出台相应的执法细则。就文化保护而言，它们是直接的监管机构，必要时也可采取一些强制性措施（如借助于公安机关），以确保法律制度得以执行。

在行政系统之外，还存在着一些代表公共权益的非地域性组织，如教会和正式登记在册的各种民间团体。当然，最重要的还是处于基层的每一个个体的公民。他们是文化的生产者和消费者，且拥有相关的权利与义务。其中也包括目前生活在德国的大约占总人口10%的非德国籍外国公民，德国的部分法律也适用于他们。

二、概念术语和理念

以下列举的，是一些在德语法律文献中经常出现的、与文化保护有关的术语。我们试图从德国人的视角和理念出发，对这些概念进行解释。①

（一）当事人（Akteur）

在法律场上，当事人既可以是实体机构，也可以是个人。他们因其行为而干预法制体系及其执行。在国际层面上，当事人即主权国家、国际组织、非政府组织（NGO）和教宗。在欧洲层面上，当事人与上述组织有部分重叠。在国家层面上——就德国而言——当事人即各联邦州、教会、民间团体或民间法人。

（二）层级（Ebene）

法律意义上的层级指的是彼此相互关联的政治与社会组织，如民族国家、国家联盟（由许多相邻国家缔结而成，主要指欧盟这样的区域性联盟）、全球性的国家联盟（和文化相关的主要有联合国、联合国教科文组织、海牙公约、国际法庭、其他国际民事方面的公约）。在德国，民族国家以下的层级有邦州、地方联盟、城市、区县与乡镇。

（三）法理（Rechtsdogmatik）与规范体系（Normensystem）

法理和规范体系制约着法制法规、法律组织及其相互作用。规范体系指的是在文化财产范畴内生效的法制法规的整体及其内在关联，即以文字形式公布的正式通过的相关法律文件。法理指的是关于有效法制规范整体内部的关系及其内容的学问。法理的研究意在发现个别条款之间的关系，并由此上达法律体系的建立。目的在于确立稳定的结构，以及切合正确的法制规范关系的内容条款。

---

① Kerstin Odendahl, *Kulturgüterschutz: Entwicklung, Struktur und Dogmatik eines ebenenübergreifenden Normensystems*, Tübingen: Mohr & Siebeck, 2005, pp. 237, 353–354, 386–389, 399–400, 671.

（四）危害（Gefaehrdung）

和以下三种危害类别相关的文化遗产保护显示出不同的保护维度：实质的危害、文化关系的破坏及文化价值的削弱或破坏。

（五）权限（Kompetenz）

权限指的是赋予当事人执法以及监督执法的权力。

（六）文化遗产（Kulturgüt）①

文化遗产的主要特征：（1）人类性，只有经过人类创造的东西才能称为文化；（2）社会性，只有那些有效性超越了个体的东西才能算作文化；（3）精神性，即通过精神作用而创造出的文化元素。此外还有：（4）表现性；（5）历史性；（6）变迁性；（7）公共性；（8）文化认同性。

文化遗产可分为以下两类。

1. 物质文化遗产

物质文化遗产包括可移动的和不可移动的、单体的和群体的物体。它们由人类所创造并为其所改变，带有人为的痕迹且反映出人类文化的发展进程，从而具备了历史的、艺术的、科学的和其他的文化价值。这一定义包含以下几个概念。

（1）"物体"：用以与非物质文化遗产（音乐、舞蹈、文学、习俗等）相区别。

（2）"可移动的和不可移动的"：在历史发展的早期阶段，只有不动产才被看成是文化遗产；但在今天，可移动的物体也被视为文化遗产而得到保护。

（3）"单体的和群体的"：一些文化遗产的价值只有通过一群物体的同时存在才能得到体现。这一认识也是到了现当代才成为共识。过去的博物馆经常把物品拆解开来单独展出，因此有时会使得文化产品丧失其光彩和魅力。不过，在城市景观以及建筑群方面，人们很早就已认识到了它们的群体性特征，因此在欧洲也很早就出现了露天博物馆的形式。

（4）"由人类所创造并为其所改变，带有人为的痕迹且反映出人类文化的发展进程"：文化必定带有人为的因素。文化遗产也必定和人有关。这点强调了物体是由人创造的，但并不尽然——有些物体是人类对自然物加以改变（如洞窟绘画、景观造型）、加以铸造（如自然科学的标本搜集）的结果，或是被人们赋予了美学的和宗教的价值（如麦加的玄石）。在这三种情况之外，还有一些物体尽管是纯天然的，但也能反映出人类文化的发展进程，包括一些考古发现的自然物，如石器时代为人所杀的动物，或者甚至是人类自身，如木乃伊。它们都能映照出人类的文化发

---

① Kulturgüt 的直译是"文化财产"（和"文化遗产"相对应的德语词应该是 Kulturerbe），但在这里照顾到中文读者的阅读习惯，我们把它直接翻译为"文化遗产"。

展史。

（5）"具备了历史的、艺术的、科学的和其他的文化价值"：所有这些物体只有被一个社会（不是个人！）赋予相关的文化价值之后才能成为文化遗产。这就要求社会必须对一种事物的文化价值做出评价。

2. 非物质文化遗产

根据《非遗公约》的定义，与物质文化遗产相对应的非物质文化遗产是"被各社区、群体，有时是个人，视为其文化遗产组成部分的各种社会实践、观念表述、表现形式、知识、技能以及相关的工具、实物、手工艺品和文化场所"。

在德国人的心目中，非物质文化遗产和物质文化遗产一样，也是文化的组成部分与表现形式，因此也需要得到法律的保护。但其保护方式有所不同，传统上主要以保护知识产权的形式（如音乐、文学、建筑），以及通过各种形式的赞助，并且经常和某种物质性的文化表现形式联系在一起。譬如贝多芬的《第九交响曲》虽然是一种非物质的文化遗产，但它的演奏却必须有一份书写的乐谱作为基础。

（七）文化遗产保护

文化遗产的保护一般通过预防（在可以预见的危害发生之前）、复原和镇压（对于危害文化遗产行为的制裁）措施来进行。与预防性保护措施相关的概念有"文物古迹保护"（Denkmalschutz/Denkmalpflege①）和"家乡文化保护"（Heimatschutz/Heimatpflege）。在物质文化遗产方面，问题较多的是复原措施，因为复原往往导致新创或失控的模仿。20世纪50年代，德国人曾针对法兰克福老城区的罗马贝格广场的修复问题进行过大规模的讨论，结果不了了之。从法律角度来看，复制一件已被毁坏的文化遗产其实是不可能的事情，所以来自肇事者的经济赔偿实际上只能被用来采取其他的文化保护措施。

三、机构层级及相关法规

对德国而言，和文化保护有关的机构层级及其所制定的现行法规有：

（一）联合国和联合国教科文组织

应该指出的是，达成文化遗产保护之国际共识的努力并非始于联合国的成立，而是早在1889年，国际社会就曾在巴黎召开"艺术品和文物古迹保护国际大会"（Congrès officiel international pour la protection des oeuvres d'art et des monuments），并做出了如下决议："艺术品和文物古迹属于全人类。因此每个政府都必须指定专门人员，对每个国家所拥有的文物古迹进行研究，鉴定出有哪些在发生战争的情况下

---

① 直译应为"纪念物保护"，这里根据中文习惯翻译为"文物古迹保护"。

需要通过国际公约得到保护。"① 显然,"世界文化遗产"的概念这时就已经诞生了。

然而,相应的国际公约却在半个多世纪以后才正式出台,也就是大家所熟悉的由联合国教科文组织发起缔结的一系列公约和条例:《关于在武装冲突中保护文化遗产的海牙公约及其实施规定》(1954年)、《关于禁止和防止非法进出口文化遗产和非法转让其所有权的方法的公约》(1970年)、《保护世界文化和自然遗产公约》(1972年)、《宣布人类口头和非物质遗产代表作条例》(1998年)、《世界文化多样性宣言》(2001年)、《非遗公约》(2003年)、《保护和促进文化表现形式多样性公约》(2005年)。②

(二) 欧洲联盟

欧洲联盟(简称"欧盟",即前"欧洲共同体")最早成立于1957年。原来只是一个纯粹的经济共同体,现在已发展成为包含了几乎所有中西欧国家、涵盖了三亿人口的区域性国际联盟,并且拥有自己的立法机构。欧盟颁布的与文化保护有关的法律有:《关于对欧洲不可移动文化遗产的有效保护的法律框架草案》(1970年)、《欧洲文物古迹保护宪章》(1975年)、《有关与文化遗产相关的违法行为的欧洲协定》(1985年)、《关于文化遗产出口的规章》(1992年)、《关于归还从欧盟领地非法带走的文化遗产的纲领》(1993年)、《关于社会文化遗产价值的框架公约》(2005年)等。此外,1995年,欧盟还缔结了一份《关于保护少数民族的框架协定》,要求成员国"在必要情况下采取适当措施,以在经济、社会、政治和文化生活的各个领域,推进本国少数民族与主体民族之间事实上的完全平等"③。这虽然是一种社会措施,但在事实上也能起到保护文化遗产的作用。颁布于2000年的《欧盟基本权利宪章》虽然不包含专门针对文化的条款,但其中有关人权(第一条),思想、良知、言论与宗教自由(第十、第十一条),艺术与科学自由(第十三条),教育权利(第十四条)等的条款都有涉及文化。

(三) 联邦国家

由德意志联邦共和国颁布的相关法律主要有:(1) 1955年8月起生效的《保护文化遗产以防流失法》及其颁布于1998年的修改案;(2)《在武装冲突中保护文化遗产的法规》,生效于1967年,并于1971年被修改;(3)《关于联邦法规中应

---

① Kerstin Odendahl, *Kulturgüterschutz: Entwicklung, Struktur und Dogmatik eines ebenenübergreifenden Normensystems*, Tübingen: Mohr & Siebeck, 2005, pp. 28 – 29.

② 见中国非物质文化遗产网 http://www.ihchina.cn/inc/faguiwenjian.jsp? submenu = 13_02。

③ *Rahmenübereinkommen zum Schutz nationaler Minderheiten* (Strassburg, 1. Ⅱ. 1995), see http://conventions.coe.int/Treaty/ger/Treaties/Html/157.htm, 03/23/2013.

顾及文物古迹保护的法规》，1980年6月起生效，其中涉及对现存各类联邦层级法典的修改；（4）《文化遗产归还法》，1998年公布生效；（5）《关于实施联合国教科文组织1970年11月14日发布的有关禁止和防止文化遗产的违法进口、出口和转让之措施的法规》，自2007年5月起生效。

另外还有德国联合国教科文组织全国委员会颁发的两项决议：（1）《关于保护文化遗产以防偷盗和违法出口的决议》，2003年7月通过；（2）《关于德国境内由联合国教科文组织指定的世界遗产的决议》，2006年6月通过。

在官方组织之外，一些全国性的民间组织如地方文物古迹保护者协会（Vereinigung der Landesdenkmalpfleger，简写为VdL）、德国文物古迹保护国家委员会（Deutsches Nationalkommittee fuer Denkmalschuetz，简写为DNK）、德国家乡与环境联盟（Bund Heimat und Umwelt in Deutschland，简写为BHU）也出台了各种与文化保护相关的建议，如1988年由VdL颁发的《农村地区的文物古迹及文化遗产》、1996年由DNK颁发的《关于德国文物古迹保护现状的建议》和2011年BHU为响应联合国教科文组织提出的保护非物质文化遗产的倡议而发出的通知《认可与保护非物质文化遗产》。

总体来看，由于文化保护原则上被看成各个邦州的事务，所以在德国联邦国家这一层级相关的法律规范较少。例如有关文物古迹保护（Denkmalschutz），在德国就没有全国性的法制规章，而只有每个邦州自行制定的"文物古迹保护法"（Denkmalschutzgesetz）。即便是作为民族语言和官方用语的德语，也不像在法国等其他国家那样受到宪法的保护。这是因为德国的宪法强调所有公民——无论其族源、宗教和语言——之间的绝对平等。然而，却另有一些法律专用来保护特殊职业，如新闻界人士、医生、律师和神职人员的言论自由或缄默权。也就是说，这些职业的从业者有权接触并使用某些信息，或没有义务传递所得知的信息。这当然与一般性的公共信息和文化遗产无关，而只涉及个人，是出于保护个人隐私权的需要。

此外，还有一些全国性的旨在保护文化遗产的基金会，如位于柏林的普鲁士文化遗产基金（Stiftung Preussischer Kulturbesitz）①和位于萨尔州哈勒市的国家文化基金（Kulturstiftung des Bundes）②。邦州联盟文化基金（Kulturstiftung der Laender）③是一个由各州出资并受其监督的机构，会址设在首都柏林。

（四）邦州

作为地方政权的邦州政府对本地的文化遗产十分重视。早在联邦国家成立之

---

① See www.preussenstiftung.de.
② See www.kulturstiftung-des-bundes.de.
③ See www.kulturstiftung.de.

前，即1818年后的德意志联盟及1871年后的第二帝国时期，当现在的邦州还都是各自独立的主权国家时，就已经出现了与文化遗产相关的法律，如1818年由黑森－达姆施塔特大公国的君主路德维希一世颁布的《关于保护现存文物古迹的最高法规》。第一次世界大战后，在北威州的利珀县（Lippe）出现了第一部地方性的法规《家乡文化保护法》（Heimatschutzgesetz），主要指对建筑物和自然景观的保护。1929年，梅克伦堡－什未林大公国颁布了《文物古迹保护法》。汉堡州也早在1920年就颁布了《文物古迹和自然保护法》；1973年经修订后得以重新颁布，改称《文物古迹保护法》（Denkmalschutzgesetz）；此后又经多次修改，最后一次改定的时间为2007年。其他各州也大都拥有自己的相关法规，如2009年巴伐利亚州颁布的《文物古迹保护和养护法》（Gesetz zum Schutz und zur Pflege der Denkmaeler）。

为确保法律的执行，也有一些邦州将相关权力赋予行政机构，如巴伐利亚国王路德维希一世在1826年11月21日发表了一份"最高决议"，规定在未预先获得区县政府同意的情况下，任何人不得随意对公共艺术品，特别是教堂和其他建筑物加以改动。①

1999年，萨克森州出台了《关于索布人在萨克森自由邦之权利的法则》，这是一份针对居住在本州内的斯拉夫语系少数民族以保障其权益的法规。由于萨克森州的居民多数信仰基督教新教，所以该州还与罗马天主教的教宗签署了保护身为天主教徒的索布人的权益及其文化的合同。同样有索布人居住的布朗登堡州也有类似的法规。

由于邦州是土地及各种公共建筑物的实际占有者，它们也拥有1818年后逐步被国有化的城堡、花园等，以及那些被古老贵族家庭出售给州政府的物质文化遗产。为方便管理，一些邦州成立了专门机构，如黑森州的州属城堡与花园（Staatliche Schloesser un Gaerten Hessen）和柏林的普鲁士城堡与花园（Preussische Schloesser und Gaerten）等管理机构。②

非物质文化遗产保护的任务主要由各州的家乡文化保护协会来承担，如巴伐利亚州家乡文化保护协会（Bayerischer Landesverein fuer Heimatpflege）。这虽然是一个民间性质的组织，但其70%～80%的运营经费都来自州政府的财政拨款。③ 它们代替政府行使保护和促进地方文化发展的职能。

---

① Kerstin Odendahl, *Kulturgüterschutz: Entwicklung, Struktur und Dogmatik eines ebenenübergreifenden Normensystems*, Tübingen: Mohr & Siebeck, 2005, pp. 29 ff.
② See www.schloesser-hessen.de & www.spsg.de.
③ 王霄冰：《德国巴伐利亚州家乡文化保护协会负责人访谈录》，载《文化遗产》2012年第2期，第105页。

（五）城市、区县和乡镇①

城市、乡镇和区县负责具体规划如何促进和保护文化及其代言人。城市、区县和乡镇不仅需要出资，而且要为各种文化活动提供公共设施，负责在举行城市庆典和节日巡游时实行交通管制。德国各地特别强调，在对待本地人和外国人的文化团体时要做到绝对平等，不能存在任何歧视。针对外国移民，每一城市除设有对其进行行政管理的外国人局（Auslaenderamt）之外，还在市政委员会下设有外国人委员会（Auslaenderrat）或移民委员会（Migrationsrat），以保证外国移民的话语权。

（六）文化承载者：教会、学校、民间团体和个人

德国最大的两大教会组织是基督教新教和罗马天主教，此外还有犹太教和伊斯兰教的团体。根据德国宪法中确保宗教优先权的条款，教会组织在管理其物质与非物质的宗教遗产方面拥有自主权。

包括大中小学在内的学校也通过支持学生参与各种业余文化团体及活动，以达到宣传和保护文化遗产的目的。值得一提的是，在北莱茵州的帕德博恩（Paderborn）大学，目前已设有德国第一个"UNESCO物质与非物质文化遗产"专业，教椅的拥有者是一位艺术史专业出身的女教授，名叫伊娃-玛丽亚·森（Eva-Maria Seng）。

但更为活跃的却是社会上的各种民间团体，它们多以协会的形式出现，涉及的内容五花八门，大到人权、环境保护、家乡文化保护等主题，小的则可具体到某个地方性节日或民间乐器，如狂欢节促进会、长柄号角爱好者协会等。

四、加入《非遗公约》的筹备工作

德国是联合国、欧盟等世界组织的成员，在保护物质文化遗产方面拥有悠久的传统、先进的理念和完备的法制体系，但在加入联合国教科文组织的《非遗公约》这件事上却和美国一样步履缓慢。这显然与上述的多元化权力结构有关，同时也和德国人严谨认真且充满怀疑精神的思辨性格不无关系——前者使得联邦国家在文化保护领域难以迅速地做出统一决策，后者则或多或少地影响了人们积极思变的主观能动性，在接受新事物时往往趋于保守。在面对"德国是否应该加入《非遗公约》"这一问题时，一方面，大多数德国人相信现有的法律机制与框架已足以保护本国的传统文化并促其发展，因此不需要进一步采取各种强化措施；另一方面，和中国的文化管理行政化和中央化的趋势不同，"二战"以后德国的文化政策一直倾

---

① 在北莱茵州和下萨克森州还保留了一种被称为"地方联盟"（Landschaftsverband）的层级机构，类似于中国的"地区"。

向于文化遗产的公共化和社会化,即把文化遗产看成属于社会的公共财产,认为它的保护与繁荣也应尽可能地由社会力量特别是私人和民间团体来支撑。

作为联合国教科文组织1972年通过的《保护世界文化和自然遗产公约》的成员国,德国目前虽已有37个项目被列入《世界遗产名录》,13个项目进入《世界记忆遗产名录》,但不论是科隆大教堂、莱茵河中游河谷还是贝多芬的《第九交响曲》或《格林童话》,它们在成为"世界遗产"之前和之后的状况都没有太大的变化。在德国人眼里,这些项目在德国国家与地方的文化保护措施中都早已享有优先权,因此不必采取其他措施对其加以特殊保护。成为世界级文化遗产唯一的好处似乎只是,在进入世界遗产名录之后,来自世界各地前来参观的旅游者大为增加了。

尽管如此,近年来受到国际上有关保护非物质文化遗产的呼声和行动的影响,德国的一些有识之士也开始积极地探讨加入联合国非遗保护公约的必要性问题。事实上早在2005和2006年,德国联合国教科文组织全国委员会就已开始了有关德国是否应该加入该公约问题的讨论。他们通过举办各种研讨会的方式,向一百多位来自经验文化学、人类学、历史学、音乐人类学、博物馆学等学科的专家学者,以及从事文化艺术、博物馆、档案、文物保护、影视、民间文化、民间艺术和手工艺行业的人士进行咨询,并于2006年年底将讨论和咨询的结果整理成文字,在2007年第1期的《今日UNESCO》杂志上发表。这份报告有一万多字,内容共62条。第一至第七条首先介绍了联合国教科文组织的《非遗公约》,以及欧盟内部对此展开的辩论和不同国家的反应。第八至第二十三条介绍了《非遗公约》的执行情况、非物质文化遗产的定义和分类、保护的目的、提名的条件。第二十四至第二十八条是专家学者们提出的有关实施《非遗公约》的一系列问题。①

第二十四条:德国国内外对待非物质文化遗产的方式对欧洲和德国未来文化的发展意味着什么?地方性集体记忆的持续稳定的结构是否在其中扮演角色?在创造性的发明与保护之间应怎样保持一种持续的融合和平衡?联合国教科文组织的保护非物质文化遗产的理念能在多大程度上对此有利?

第二十五条:在一个后现代的工业社会中,将第二条中列举的"口承传统、技能、手工艺、集体表演实践、仪式、习俗和节庆以及文化空间"引入国际交织的知识网络究竟意味着什么?应怎样评估由此发生的非物质文化遗产的舞台重置、美化和"事件化"(Eventisierung)?

---

① "Immaterielles Kulturerbe in der Arbeit der UNESCO: neue Aufgabe, neue Herausforderungen. Ergebnisse einer Fachkonsultation zum UNESCO-Übereinkommen zur Bewahrung des immateriellen Kulturerbes", *UNESCO heute* 1/2007, pp. 21–22.

第二十六条：换一种视角来看，外来文化因子的接受和民族间的文化交互影响将在德国国内外的非物质文化遗产的前景中扮演何种角色？目前在多大程度上已存在非物质文化遗产的跨文化以及超越文化的形式？还是这只不过是对来自其他地理区域和时间的集体表演实践、仪式和节庆的一种舶来的"注释"和舞台重置？

第二十七条：德国的哪些文化表现形式应该成为全国名录的一部分？非物质遗产的哪些主题、设问和因素是重要的，哪些将在未来占有比重？哪些特别适合被提名收入人类非物质文化遗产的代表性名录？

第二十八条：目前有哪些正处于萌芽状态的德国和欧洲未来的非物质文化遗产？是否存在也应被考虑在内的相关的依附于传统的文化创新，比如流行的青年文化现象（饶舌、俚语诗、多媒体）？

针对这些问题，专家们在第二十九至第三十四条中给出了答案。①

第二十九条：文化多样性是一个社会富有创造力资源的表现。每个社会都内存多样性的潜能，需要别人去注意、珍惜和认可它。尤其是对于活态的非物质文化遗产而言，它们多数都和地方性和区域性的特殊影响与发展相关联。

第三十条：非物质文化遗产对于建立文化认同十分重要。人和人的身体，作为文化遗产形式的载体，在一代又一代的知识的习得与传承中扮演重要角色。文化实践的习得主要凭靠外表的模仿。这样一种文化传递的方式拥有改变的潜能，从而造就了文化的生命力。

第三十一条：非物质文化遗产在教育过程中扮演重要角色。在此，正规的、不正规的和非正式的习得同等重要。和别样性（Alteritaet）打交道的经验可以促成一个人的成熟和开明性格。因此，非物质文化遗产必须在学校教育和跨文化学习中占有一席之地。对全部基数（Fundus）和非物质文化遗产的表现形式进行挑剔的选择，并不只是一个教育的可能性问题。与此相应，打开通往非物质文化遗产的门道也是一般性教育和终生教育的重要任务。

第三十二条：社会对非物质文化遗产的接受是一个重要指标。和亲身实践礼仪、舞蹈、游戏、节庆等的人们之间必须保持密切联系。他们是文化记忆的组成部分，并通过其行为不断地对其加以更新。公民自发的组织、协会和团体将促成有关文化技术及其条件的知识。这也关系到对质量本质的认知能力的发展与保持。

第三十三条：博物馆化的危险的确存在：联合国教科文组织提倡的保护不应该

---

① "Immaterielles Kulturerbe in der Arbeit der UNESCO: neue Aufgabe, neue Herausforderungen. Ergebnisse einer Fachkonsultation zum UNESCO-Übereinkommen zur Bewahrung des immateriellen Kulturerbes", *UNESCO heute* 1/2007, pp. 22 - 23.

导致对新的动力或这些文化形式的继续发展的抑制。非物质文化遗产的标志就是即兴创作和改变。

第三十四条：在全球化的时代，面对急剧的社会变迁，正面地评价"老的"和"旧的"东西就意味着一种挑战。文化资源丧失的可能变成了对非物质文化遗产兴趣愈浓的一种动机，但濒危这一条标准却不能因此凌驾于其他方面之上。"濒危程度"问题以及相关的时间要素尤为棘手。通过民俗学的研究，这样的警告早已为人所知。对于"濒危的文化形式"应该加以最为精细的考察，视其濒危性体现在何处，且为何濒危。非物质文化遗产的许多形式，如手工艺和治疗行业的经验知识，在这个国度已部分地永久丧失，另外一些则可被定义为"相当濒危"。

报告第三十五至第五十八条涉及非物质文化遗产保护的国际与欧洲内部的合作，包括一些关键性概念的翻译和统一问题，以及专家们对具体条款的理解和解释。第五十九至第六十二条是有关实施细则的具体建议与推进计划。报告最后一条得出的总结论是：总体来看，在德国实施该公约，还需经历一个建立在专业知识基础之上的、多方参与的决定过程，从而使得在不同的学科、文化领域和利益团体的代表人对值得保存的非物质文化遗产持有不同观点和不同评价的情况下，能够确立一些可被共同接受的条款。

这份长达10页的报告，无论是它的内容还是产生过程，都体现了德国人办事的认真、审慎与严谨态度。不管是政府还是个人，都习惯于在做出任何决定之前，对其利弊、实施步骤和后果进行反复的思考和论证，同时也兼顾各种不同的意见及不同社会团体的利益。

时隔两年之后，即2009年，关于是否加入联合国教科文组织《非遗公约》的讨论也在德国政界铺展开来。3月25日，联邦议会的文化与传媒委员会召集相关会议，听取国际专家的意见。其后，一个名为"文化在德国"的政府调查委员会表示支持政府加入该公约。5月27日，德国自民党（FDP）党首向联邦政府提交了一份书面咨询函，要求政府针对他所提出的17个问题明确表态。6月11日，政府复函自民党。针对前者的"在德国为保护非物质文化遗产而进行一种国家的、以国际法来规范的努力是否必要"的提问，联邦政府的回答是"并非必需"，并强调即便国家有必要介入，其权责主要也归于州一级政府。而且国际上有很多国家，如美国、英国、芬兰、爱尔兰、荷兰等都尚未加入该公约，所以也不存在德国的文化政策在国际上陷于孤立的危险。由于专家们目前在这一问题上意见尚不统一，所以政府认为在做出决定之前还有必要在联邦和邦州层面进行沟通。自民党还问及加入该公约后将会给国家带来的经济和行政负担，对此，政府认为，虽然负担会有所增加，但在数量上却是相当有限的。① 作为古典自由主义的信奉者，自民党最为担心的是，国家行政管理的强化、活态的文化生活变得僵化、非物质文化遗产名录遭滥用，以及商业性的或者偏离正确的政治轨道的活动②被选入非物质文化遗产名录等。联邦政府对此的回答是，国际公约对于本国行政管理的影响是有限的，而后几种可能性则可通过制定细则加以避免。自民党也提到了《非遗公约》中一些概念不够清晰的问题，而政府认为，这在国际公约中很常见，主要是为了给每个国家和地区留出更多的自由发挥的空间。对于"如果德国获得批准，联邦政府是否认为有必要制定一部实施法案"的提问，后者的回答是，还要根据基本法和合同法中的相关条款加以检讨，而且需要在联邦和邦州之间进行磋商。最后政府表示，在申请加入和实施《非遗公约》这件事情上不应冒进，而应在和各州协商的同时仔细考虑其利弊和必要性。

和执政的基民联盟（CDU & CSU）以及自民党相对保守的态度相比，在野的社民党（SPD）和绿党的态度更为激进。他们认为加入公约将有利于文化之间的相互理解和促进世界文化的多样性。2011年12月13日，就执政两党提出的"推进批准联合国教科文组织的非物质文化遗产公约"和在野两党提出的"准备并立即批准加入联合国教科文组织的非物质文化遗产公约"的提议，联邦议会文化与传媒委员会接受了执政党的议案，决心积极推进议会批准政府加入公约一事。基民联盟和自民党的代表在报告中表示，此前的犹疑是由担心造成的，但通过观察其他国家的实践，其中特别是邻国奥地利和瑞士的经验，这种担心已经消除。而文化部长会议又对实施公约提出了切实可行的方案。同时他们也意识到，《非遗公约》并不只适用于那些缺少建筑类文化遗产的国家，让它们也有机会展示自己的文化遗产，也能为德国这样的国家提供一个向世人展示自己多样性的文化传统的机会。③

2012年12月12日，又经过了整整一年之后，德国议会终于批准政府加入联合国教科文组织的《非遗公约》。不过，在履行加盟手续之前，该项决议还需经过联邦参议院的表决和同意，并得到德国总统的批准和签字。

值得一提的是，德国人对于非物质文化遗产及其保护也有着自己特殊的理解。德国联合国教科文组织全国委员会副主席沃尔夫教授在接受采访时，特别强调了"民俗"和"民间文化"曾被第三帝国时期的纳粹分子和民主德国的国家政治所利

---

① 据计算，德国为履行此公约而应直接付给联合国教科文组织的费用将为每年25万欧元。
② 前者如慕尼黑的"十月啤酒节"，后者指的是一些违背人权和人道原则的行为，如新纳粹分子的游行示威。
③ *Beschlussempfehlung und Bericht des Ausschusses fur Kultur und Medien*, Detuscher Bundestag, 17. Wahlperiode, Drucksach 17/8121 vom 13.12.2011. (See http://dipbt.bundestag.de/dip21/btd/17/081/1708121.pdf, 3/20/2013)

用,很多德国人因此对保护非物质文化遗产的说法心存疑虑。这是一个不可回避的事实。但他强调了加入保护非物质文化遗产的国际公约对于德国来说,也是一个重新发现和认识自己多样化的文化遗产的机会。挑选代表作的过程,不能变成一种"选美"式的竞争,而应优先考虑那些还在被人们代代相传且能给人以认同感和承续感的事项,但也不能排除城市生活中的大众流行文化。他也不否认名录的启动将会造成对荣耀、金钱和旅游的追逐,但关键还在于,"我们能在世界范围内意识到文化多样性和其中所包含的知识与技能面临濒危的文化传统的存在"①。

由于德国计划在 2015 年才开始申报第一批世界级非物质文化遗产,所以目前还无法预料,他们将会选择哪些项目作为本国文化传统的"代表作"。2011 年 12 月 17 日发表在《中国文化报》上的一篇文章称,面包文化有可能领衔德国的"世界非遗"申报,因为自 20 世纪 90 年代以来,德国采用手工烘焙方式制作的小型面包房数量锐减,让热爱面包文化的德国人深感紧迫。②

五、结语

非物质文化遗产保护是现代性的一种产物与表现。正是由于现代化的工业文明导致了传统日常生活方式的急遽消失和文化全球化的加剧,人们才意识到了保护文化多样性的紧迫性和必要性。从国际发展形势来看,非物质文化遗产概念的提出,也与一些过去在国际上影响力相对较弱的国家希望改变原有格局、提高自身话语权的努力有关。而作为最早走上工业化道路的国家之一,德国早已在资本主义制度得以奠定、启动建设现代民族国家的 19 世纪就已经开始了对于本民族文化遗产的现代性反思和重构。其后经过了 20 世纪民族主义的高涨阶段,其中特别是第三帝国时期种族主义者对于文化遗产的政治利用,从而使得德国政治家和一般德国人至今对"民族文化遗产"一类的词汇心存戒备。加上"二战"以后德国实行多层次、多元化的政治体系,多党制、两院制和联邦制造成的权力分散使得政府决策缓慢,以至于直到最近才决定加入联合国教科文组织的《非遗公约》。如今,德国成为《非遗公约》成员国一事已是指日可待。相信以办事认真、思维缜密著称的德国人一旦签署公约之后,就一定会制定出一套相关的实施细则和规章制度,并把德意志民族在保护民间文化艺术、手工技艺、文化空间并促其发展方面的一些先进的理念和经验带入全球范围的非物质文化遗产保护实践中来。

---

① *Das ist kein Wettbewerb um die schoenste Tradition. Interview mit Christoph Wulf*, see http://www.unesco.de/uho_1_2013_interview_wulf.html, 3/20/2013.

② 《面包文化领衔德国"世界非遗"申报》,载《中国文化报》2011 年 12 月 17 日第 3 版。

荷兰的非物质文化遗产保护工作与相关法规①

[荷] 卡迪亚·卢比娜著　王静波编译②

2003 年，联合国教科文组织《保护非物质文化遗产公约》（*Convention for the Safeguarding of the Intangible Cultural Heritage*）颁布，将非物质文化遗产纳入了文化遗产的家族。在欧洲，多数国家已经开展了较长时间的物质文化遗产③保护工作，形成了较成体系的管理制度。就荷兰来说，它为历史遗迹建立了省、市不同级别的认定体系，其登记在册的各级别的历史遗迹多达 60000 项，并有专门资金用于保护。④ 而对非物质形态文化的保护，过去多依赖于民间的自发行动。不过这一现状在近几年有所改观。2012 年被荷兰政府认定为该国的"非物质文化遗产年"。5 月份，荷兰向联合国教科文组织递交加入联合国《保护非物质文化遗产公约》的申请；8 月，它被正式接受为公约缔约国之一。⑤ 此举标志着该国开始把非物质文化遗产的保护工作提升到与保护物质文化遗产同等的战略高度。

实际上，在公约签署之前，荷兰国内已经对该项工作进行了一系列的筹备、讨论，并采取了一些实际的保护措施。下文将概括介绍近些年来，荷兰非物质文化遗产保护工作的定位理念、机构、实践和相关法规。

---

① 此文为教育部人文社科基地重大项目"非物质文化遗产保护法制建设"的研究成果，曾发表于《文化遗产》2013 年第 6 期，修订后收录入本书。
② [荷兰] 卡迪亚·卢比娜（Katja Lubina），荷兰马斯特里赫特大学（Universiteit Maastricht）博士。王静波，中山大学中文系、中国非物质文化遗产研究中心 2010 级博士生。
③ 物质文化遗产可分为"可移动的（movable）物质文化遗产"和"不可移动的（immovable）物质文化遗产"两类。后者主要包括历史遗迹（monuments）和文化景观（landscapes）。
④ 据统计，荷兰登记在册的历史遗迹有约 60000 项。其中受到国家保护的文化遗址有 1500 项。另外，荷兰还有 440 个都市和乡村保护区。为保护历史遗迹，荷兰建立了省、市不同级别的认定体系。任何建筑或遗址被认定后，有专项资金用于维护它们，其修复、拆除等活动都需要批文。见荷兰文化遗产司网站（http://www.cultureelerfgoed.nl/en/national-scheduled-monuments-and-historic-buildings）。
⑤ 根据联合国教科文组织的规定，各国在提交其签署申请三个月之后正式成为缔约国。（http://www.unesco.org/culture/ich/index.php? lg = en&pg = 00024）

一、荷兰非物质文化遗产保护工作的大致框架与基本理念

（一）荷兰对联合国公约的审慎态度及对非物质文化遗产保护工作的定位

从开始讨论联合国《保护非物质文化遗产公约》到正式签署该公约，荷兰国内经历了较长时间的磋商。2002年，荷兰联合国教科文组织全国委员会（National Dutch UNESCO Committee）即发起了对该公约的讨论，而当时，荷兰皇家科学研究院 Meertens 研究所（Meertens Institute KNAW①）——荷兰一个负责研究和记录荷兰语言和文化多样性的学术机构，适时向文化部提交了一封信，表达了反对签署的意见。信中认为，在公约中，既存在学术的、伦理的，也存在学科内部的（discipline-internal）问题。非物质文化遗产的保护工作没有必要，因为它会干扰非物质文化遗产原本的活力和它的正常变化，而这两点，对非物质文化遗产原是极为重要的。当人们在对非物质文化遗产的细节方面采取管理、保护、保存及恢复等具体措施时，这种干涉会体现得更加明显。对于保护，尤其是以（代表作）名录方式进行的保护，荷兰专家达成了基本共识：它非但不能公平地对待非物质文化遗产，反而还会导致它们成为"人工遗存"（artificial conservation）。② 一些专家甚至担忧，不恰当的保护可能会导致与时代脱节的"文化贫民区"或者"文化孤岛"（cultural ghettos or islands）的出现，打个比方，它们就好像是"悬挂着垂死的文化遗产的墓地"。③

与公约重视"保护"的一面相左，荷兰专家更强调文化作为活的现象，改变是其必不可少的特征。一些专家甚至正致力于推进非物质文化遗产研究的范式转换：传统上，非物质文化遗产研究的侧重点是它的延续性（continuity）；如今，侧重点是非物质文化遗产的改变（changes）。结果，由于"改变"是难以进行保护的，专家们强调，非物质文化遗产保护的定位应该是盘点现存的事项，并提高大众的保护意识。④

---

① KNAW 为 Koninklijke Nederlandse Akademie van Wetenschappen（荷兰皇家科学研究院）的缩写。
② Stam Dineke, Verhulst S., *Immaterieel erfgoed in Nederland*（《荷兰的非物质遗产》），The Hague, Nationale UNESCO Commissie, 2006.
③ Muskens, George, "Immaterieel cultureel erfgoed in Nederland: rapportage op basis van interviews met 33 deskundigen"（《荷兰的非物质文化遗产：在与33位专家访谈基础上完成的报告》），in *opdracht van het ministerie van OCW*, directie Cultureel Erfgoed, 2005.
④ Muskens, George, "Immaterieel cultureel erfgoed in Nederland: rapportage op basis van interviews met 33 deskundigen"（《荷兰的非物质文化遗产：在与33位专家访谈基础上完成的报告》），in *opdracht van het ministerie van OCW*, directie Cultureel Erfgoed, 2005.

(二) 荷兰非物质文化遗产保护的相关政策及政府的角色

与专家们的意见保持一致,荷兰国内尚未出台保护非物质文化遗产的相关法律。但是,通过确保一些基础设施的建设(如非物质文化遗产传习场所等的建设),荷兰的非物质文化遗产保护工作在开展。而政府在其中扮演的主要角色是相关基础设施建设的资助者。至于非物质文化遗产的编目和提高大众保护意识等职责,则落在了博物馆、科学研究和相关政策制定机构等的肩上。

在众多非物质文化遗产当中,有一类比较特别,那就是语言,更具体地说,是少数族群语言及方言。对它们的保护不仅限于与对其他非物质文化遗产同等的"照料及分享"(caring and sharing),还上升到予以明确的法律保护。在弗里斯兰省(Friesland),弗里斯兰语(Frisian)被法律认证为官方语言之一。认证依据是荷兰于1996年签署的《欧洲区域语言或少数族群语言宪章》(*European Charter for Regional or Minority Languages*) 第三章。而依据该宪章第二章,其他两种荷兰方言——低地德语(Dutch Low Saxon)和林堡语(Limburguish)也受到保护。虽然相较于宪章第三章,第二章的保护效力较小,但它至少也规定了政府有鼓励使用方言的义务。①

(三) 成为非物质文化遗产的标准及与物质文化遗产的关系

到目前为止,对于哪种特定的传统知识或者文化表达才算合格的非物质文化遗产,荷兰还没有成文的标准。想更好地理解荷兰人眼中的非物质文化遗产,可以参照荷兰专家们对"什么组成了(非物质的)文化遗产"这一问题的社会历史描述。根据 Frijhoff 的看法②,(非物质的)文化遗产有三个组成因素:第一,它是可传承的东西,其范围从一种过去的表演到一种经验、想法、习俗、空间因素、建筑或者手工制品,或者说是上述一整套的内容;第二,只有一个人类群体作为一个统一的单元能够并且准备认可这些东西,传承并且接受它们,它们才能被称为(非物质的)文化遗产;第三,这些东西必须有一套从过去继承,并可延续到未来的价值观,这套价值观的延续性和改变是富有意义的。③

尽管 Frijhoff 的描述没有直接涉及"本真性"的问题,但从他的字句之间,我们仍能发现本真性与非物质文化遗产的密切关联:既然必须要有可被传承的东西,

---

① 更多保护区域性或少数族群语言,特别是弗里斯兰语的制度措施,可参阅 Hemminga, Piet, *Het beleid inzake unieke regionale talen: een onderzoek naar het beleid en de beleidsvorming met betrekking tot een drietal unieke regionale talen: het Fries in Nederland en het Noordfries en Sorbisch in Duitsland*, 2000.

② Willem Frijhoff (1942—),欧洲与北美文化史和宗教史专家,现任阿姆斯特丹大学教授。

③ W. Frijhoff, "Cultural Heritage in the Making: Europe's Past and its Future Identity," in Vos, Johannes van der (ed.), *The Humanities in the European Research Area*, The Hague: NWO, 2005, pp. 17-29.

那就预设了具有本真属性的某物的存在，而且它还必须经由其存在的（本真）价值与一个活跃的人类群体相联系。因此，与物质形态的文化遗产相区别，非物质文化遗产的价值是内在本真的，而不是外在的。

既然谈到了"非物质的"和"物质的"关系，就应该指出后者不仅在法律上享有更多的保护，还是荷兰文化遗产保护的主要形式。这可以从以下描述中体现出来：保护非物质文化遗产的需求，总是与物质文化遗产遗存的数量负相关（negative correlation），即物质文化遗产的遗存数量越少，保护非物质文化遗产的需求就越强烈。以荷兰的奴隶和移民历史这类非物质文化遗产（或曰"贫困文化"）为例，相关物质遗存就很少，因为它们早在19世纪和20世纪就退出了历史舞台。

不过，非物质文化遗产"填补物质文化遗产缝隙"的辅助性功能，也正在发生变化。由于自身诸多方面的特点，非物质文化遗产正越来越为人们所重视和保护。这在口头传统、民间文化方面表现得尤为突出。更具体来说，在民间音乐、歌曲及手工艺品等民俗事项的保护方面，荷兰已经取得了不少成绩。

直至今日，非物质文化遗产在物质文化遗产（包括可移动的和不可移动的）的认定方面所发挥的作用还没有被充分评估。在评估受到《文化遗产保护法案》（*Cultural Preservation Act*）① 明文保护的可移动的文化遗产时，非物质层面的相关文化对于证明前者在荷兰文化遗产中的不可替代性起到了重要作用。而对于不可移动的文化遗产，非物质文化层面的因素则影响到了其性质方面的评估，特别是对其（艺术）历史价值的评估。

二、荷兰非物质文化遗产保护的相关机构与具体实践

（一）制度化的（Institutionalized）工作机构及其实践

前文提到，对于非物质文化遗产保护工作干扰非物质文化遗产的动态变化的负面可能性，或者挽救非物质文化遗产免于衰退和消亡的正面可能性，荷兰专家都持悲观消极的态度。他们认为，以维持住非物质文化遗产本身的特征为目标的努力，注定是失败的。制定名录的方式则更不足取。用保护物质文化遗产的方式来同样对待非物质文化遗产，会剥离后者最典型和本真的特征。物质文化遗产的保护强调大师杰作和优秀的艺术作品，但是如果强迫非物质文化遗产穿进同样的外套，可能反

---

① 译者注：荷兰于1984年2月通过该法案。法案内容可参见 http://www.cultureelerfgoed.nl/sites/default/files/u6/netherlands_act198420022009_entof.Pdf。

而会使其丧失原有的意义。① 也有一些专家提醒应该注意所谓的"折中效应"(Tertium datur effect),即大众对非物质文化遗产的接触和理解,多数情况下会介于实际总量(stocktaking)、代表作(representation)及专家的评估之间。

在上述前提下,目前荷兰的非物质文化遗产保护工作主要依赖于由政府补助的、以保护非物质文化遗产为主旨的博物馆,以及从事研究、分析和提高大众关注非物质文化遗产程度的其他类型的机构。以下这些,是近几年以保护非物质文化遗产为目的而开展的活动。

荷兰民间文化中心出版的《民俗是未完成的过去》② 一书描述了在各自历史背景下产生的 30 种区域性的庆典。Meertens 研究所建有几个通过网络对公众开放的数据库,包括荷兰民间歌曲、民间故事的数据库等。另外,该研究所的分支机构——民间故事记录和研究中心③正在为编纂《荷兰的 50 个经典故事和歌曲》④ 一书而开展相关研究。

在荷兰,一直与非物质文化遗产保护工作密切相关的研究所有两个:一个是荷兰皇家研究院 Meertens 研究所,它负责研究和记录荷兰语言和文化的多样性;⑤ 另一个是荷兰民间文化中心,它致力于保存和发扬荷兰的物质和非物质文化遗产。⑥

还有更多可喜的进展,如大学里关注活文化遗产、民族学、世界音乐等的教职和研究中心正在增加。此外,与之相关的其他研究机构⑦、地方性的中心、博物馆⑧和基金会⑨也正在出现。

就在最近,口头文化基金会(Foundation Oral Culture)成立,其创始者正是参与文化遗产保护的那些研究机构本身,包括民间故事记录和研究中心(Documenta-

---

① Muskens, George, "Immaterieel cultureel erfgoed in Nederland: rapportage op basis van interviews met 33 deskundigen" (《荷兰的非物质文化遗产:在与 33 位专家访谈基础上完成的报告》), in *opdracht van het ministerie van OCW*, directie Cultureel Erfgoed, 2005.

② Spapens P., *Folklore is onvoltooid verleden tijd*, Utrecht, Nederlands Centrum voor Volkscultuur, 2005.

③ 荷兰文名称为 Het Documentatie — en Onderzoeks Centrum Volksverhaal。

④ 该书全名为 *Canon met de kleine c: 50 verhalen en liederen bij de Canon van Nederland*。

⑤ 译者注:官方网站为 http://www.meertens.knaw.nl。

⑥ 译者注:官方网站为 http://www.volkscultuur.Nl。该研究所现改名为荷兰民间文化和非物质遗产中心(Nederlands Centrum voor Volkscultuur en Immaterieel erfgoed)。

⑦ 如 2003 年成立的荷兰奴隶制度和遗产研究国立研究所(National Institute for the Study of Dutch Slavery and its Legacy),参见网站 http://www.ninsee.Nl。

⑧ 如 Maluku 博物馆,参见网站 http://www.museum-maluku.nl/。

⑨ 如荷兰民俗基金平台(The Foundation Platform for Dutch Folklore),其目标是改进荷兰民间文化,特别是舞蹈、舞蹈音乐等领域的民间文化的形象,并促进传统民俗服饰知识的传播,参见网站 http://www.platformnederlandsefolklore.nl/aims.Html。

tion and Research Centre Folk Tales)、国立故事讲述学院（National Storytelling School）、荷兰民间文化中心（Dutch Centre for Folk Culture）、轮廓出版社、经验基金会（Foundation Experience）、故事讲述和"告诉我"基金会（Foundation for Story Telling and "Tell me"）等。① 该基金会的成立，也说明这一领域内的研究机构有着良好的合作关系。

（二）社区在非物质文化遗产保护中的位置

除了上述"制度化"的进展以外，目前志愿者和业余爱好者群体在非物质文化遗产保护当中的参与也受到了人们的重视。荷兰专家特别看重（本真性的）遗产的存在，并强调过去与现存价值之间的联系。② 而只有当认可一种文化表达为非物质文化遗产和继承这种延续性的群体存在时，非物质文化遗产才是有意义的。因而，人们就必须去评定社区在非物质文化保护中的位置。遗憾的是，目前还没有任何一个法律条例授予这些社区特有的权利。不过也有例外的情况，即前面所提到的少数民族语言方面。被荷兰法律认可的少数民族语言的持有者被确保有使用本民族语言的权利。当然，非物质文化遗产的相关兴趣团体，包括社区，也可以通过建立合法组织的形式来将它们保护文化遗产权益的行为正规化，由此得到法律保护。如建立基金会便是一种很好的形式。

（三）名录的制定

前文提到，荷兰专家反对为非物质文化遗产制定名录。那么，中央政府便不太可能去承担这项工作。③ 目前有两个机构正在开展对荷兰的非物质文化遗产的评估。一个是荷兰联合国教科文组织全国委员会（Dutch UNESCO Committee），该机构已经出版了一个包含八项具体的非物质遗产项目的非物质文化遗产报告；④ 另外一个是荷兰民间文化中心，该机构负责制定包含100项非物质文化遗产名单的项目。在荷兰民间文化中心的网站上，荷兰大众的意见被广泛征询，最终，100个项目在2009年"传统之年"（The Year of Traditions）的庆典上被公之于众。⑤ 除了上述两个名录，与联合国《保护非物质文化遗产公约》第十二条所概括的"名录"理念

---

① 参见网站 http://www.vertelcultuur.nl/。
② W. Frijhoff, "Cultural Heritage in the Making: Europe's Past and its Future Identity," in Vos, Johannes van der (ed.), *The Humanities in the European Research Area*, The Hague: NWO, 2005, pp. 17-29.
③ 文化政策制定最主要的原则之一，被称为Thorbecke原则。Thorbecke，19世纪荷兰最重要的政治家之一。作为国际事务委员会部长，他提出政府不应该对科学和艺术做任何评判的观点。
④ Stam Dineke, Verhulst S., *Immaterieel erfgoed in Nederland*（《荷兰的非物质遗产》），The Hague, Nationale UNESCO Commissie, 2006.
⑤ 这100项实践包括圣尼古拉斯节（Sint Nicolaas）、女王节（Koninginnedag）、圣马丁节（Sint Maarten）等。

最接近的实践①,是 Meertens 研究所经营的几个数据库,包括荷兰民间歌曲数据库、节庆数据库、荷兰民间故事数据库等。②

除上述措施,荷兰民间文化中心还积极组织了一些会议,来评估保护非物质文化遗产的现有措施,并讨论未来的保护计划等。③

三、荷兰文化遗产保护的相关法规

荷兰与文化遗产保护相关的法律,可分为国际、欧洲和国家法律三个层面。下文将列举各个层面的主要相关法律。

（一）侧重保护物质文化遗产的相关法规

1. 荷兰作为缔约国之一的国际层面的法律

战时荷兰文化遗产的保护法律有:《关于战争开始的公约》(1907 年 10 月 18 日海牙第三公约),于 1909 年 11 月 27 日签署;《关于发生武装冲突时保护文化财产的公约》(1954 年),于 1958 年签署;《武装冲突中文化财产保护公约》(1954 年),于 1958 年签署;《关于发生武装冲突时保护文化财产的 1954 年海牙公约的协议》(1999 年),于 2007 年签署;《关于发生武装冲突时保护文化财产的公约》(1999 年),于 2007 年签署。

和平时期文化遗产的保护法律有:《保护文学和艺术作品伯尔尼公约》(1886 年),荷兰于 1974 年和 1985 年分两步签署;联合国《保护世界文化和自然遗产公约》(1972 年),荷兰于 1992 年加入。

尚未生效或仍在制定过程中的国际层面的法律有:联合国教科文组织《关于禁止和防止非法进出口文化财产和非法转让其所有权的方法的公约》(1970 年)、联合国教科文组织《保护文化内容和艺术表现形式多样性公约》(2004 年)。

2. 欧洲层面的相关法律

欧洲理事会(Council of Europe)在和平时期保护文化遗产的相关法规有:《保护建筑遗产公约》(格拉纳达,1985 年),于 1994 年成为缔约国;《保护考古遗产公约》(瓦莱塔,1992 年),于 1998 年签署;《欧洲区域语言或少数族群语言宪章》

---

① 《保护非物质文化遗产公约》第十二条"清单"规定,"一、为了使其领土上的非物质文化遗产得到确认以便加以保护,各缔约国应根据自己的国情拟订一份或数份关于这类遗产的清单,并应定期加以更新。二、各缔约国在按第二十九条的规定定期向委员会提交报告时,应提供有关这些清单的情况"。参见《保护非物质文化遗产公约》,载王文章主编《非物质文化遗产概论》,文化艺术出版社 2006 年版,第 450 页。

② 参见网站 http://www.meertens.knaw.nl/cms/nl/databanken。

③ 如 2012 年 2 月 15 日、16 日和 17 日在荷兰德恩(Deurne)举办的题为"非物质文化遗产:政策的机遇"的会议。来自美国、英国、爱沙尼亚等国超过 150 名的代表和发言人参加了这次会议。联合国教科文组织也派代表参加了这次会议。参见网站 http://www.volkscultuur.nl/beleid_7.html。

（斯特拉斯堡，1992年），于1996年签署。

欧共体（European Community）在和平时期保护文化遗产的相关法规有：《归还由成员国领土非法获取的文物的理事会法令》（1993年3月15日）、《文化商品出口的第3911/92号理事会条例》（1992年12月9日）、《与伊拉克经济和财政关系的相关特定限制的第1210/2003号理事会条例与第2465/96号废止条例》（2003年7月7日）。

3. 国家层面的相关法律

针对不可移动的物质文化遗产保护的法律有《历史遗迹法案》（*Monumentenwet*），1988年。

针对可移动的物质文化遗产保护的法律有：《文化遗产保存法案》（*Wet tot behoud van cultuurbezit*），1984年2月1日；《制裁伊拉克法令》（*Sanctieregeling Irak 2004 II*），2004年；《占领地获取文物归还法案》（*Wet tot teruggave cultuurgoederen afkomstig uit bezet gebied*），2007年3月8日。

（二）侧重保护非物质文化遗产的相关法规与法条

近些年来，一些传统文化产品的商业价值开始显现，甚至促进了新的工业分支的产生。这导致了价值取向不同的两类主体，即以世代保存和传承传统为目标的社区和以商业开发为利益取向的公司之间的冲突。当前，非物质文化遗产被划分成了不同类别，包括"传统知识"（traditional knowledge）、"传统生态知识"（traditional ecological knowledge）、"传统文化表达"（traditional cultural expression）及"民俗表达"（expressions of folklore）等。尽管这一分类体系并不完善，各类别的范围之间可能有所重叠，但它对于区别不同形式的非物质文化遗产来开展针对性的保护，还是有积极意义的。① 下文将介绍国家法律为防范这类文化遗产免受侵蚀而采取的措施。

1. 传统知识/传统文化表达的保护框架

到目前为止，荷兰的法律体系并没有为防范传统知识/传统文化表达免受商业侵蚀而提供特定的保护框架。在国际层面，特别是在世界知识产权组织（WIPO）关注的范围内，传统知识和传统文化表达的保护仍是一个备受争议的话题，在这方

---

① 术语"传统知识"或"传统生态知识"通常用于指称社区代代积累下来的知识或者保存下来的基因的生物多样性。这些资源可能会被借鉴吸收了它们或者基于它们而制造出的专利发明所侵占或滥用。"传统文化表达"和"民俗的表达"这类术语通常是指民间故事、传说、摇滚艺术、仪式、习惯或习俗等文化表达，而这些表达有可能会被借鉴了它们而制作出的版权作品侵占或被用于商标而受到滥用。

面仅存一些尚不具备法律约束力的修订草案。① 在欧洲层面，却已通过不少相关法案。② 这些法案在荷兰法律中已被分别实施。当前的局限在于，对于传统知识、传统文化表达的法制保护，还只能依赖适用于保护知识产权（包括版权、著作邻接权③、商标保护或专利保护）的通用法律体系。现行的知识产权相关法律能否对传统知识、传统文化表达实施有效保护，只能通过具体个案来验证，因而此处不再赘述。值得一提的是，可能推进传统文化表达保护的一个新进展——正在开展的保护无主作品的研究。无主作品（orphanworks）是那些作者未知或不明确的作品。④ 关于无主作品的研究，会涉及该怎样去处理不可能征得作者授权的问题，这跟一般不属于个体创作的传统文化表达的保护有共通之处。

2. 群体权利
荷兰法律体系尚未认可任何相关方面的所有权。

3. 关于侵蚀非物质文化遗产的处罚条例
除上面提到的知识产权方面，荷兰法律体系中没有其他与侵蚀非物质文化遗产相关的具有法律约束力的条款。作者也没有发现其他不具约束力（non-binding）的指导方针（guidelines）或者行为准则（codes of conduct）。

4. 关于传统文化表达的记录、收集、存档或商业开发的条例
荷兰法律体系中，1912 年的《版权法案》（1912 *Copyright Act*）与其他知识产权相关法案，都未出现与传统文化表达的记录、收集、存档，或者与商业开发相关的条款。在档案保存方面，1995 年的《档案法案》（1995 *Act on Archives*）虽与传统文化表达的保护无直接关联，但它规定公共机关或政府当局在保存和销毁档案时，需要倍加谨慎。⑤

5. 对于敏感性的传统文化表达（Sensitive Traditional Cultural Expression）的保护条例
荷兰法律体系保护敏感性的传统文化表达，使其免受任何人滥用或者商业用

---

① 如《传统知识保护草案修订稿》（第二稿）（*The Protection of Traditional Knowledge: Draft Articles*）（Rev. 2），参见网站 http://www.wipo.int/tk/en。

② 如《欧盟法令》（*European Directive*）2004/24 是关于传统草药产品的；《欧盟法令》2006/509 是关于保障传统特制品的；1971 年 7 月 14 日颁布的《委员会条例》[*Council Regulation*（EEC），No 2081/92] 是关于保护地理标志以及认定农产品和食品原产地的。

③ 译者注：著作邻接权是作品传播者对其赋予作品的传播形式所享有的权利，是与著作权相邻、相近或类似的权利，是从属于著作权的一种权利。

④ 欧洲委员会 2007 年 4 月 18 日会议上的若干执行议题《关于数码保存、无主作品、非印刷品的报告》，参见网站 http://ec.europa.eu/atoz_en.htm。

⑤ 需要提醒读者的是，有时档案本身也是文化遗产。

途。触犯荷兰刑法典第一百四十六、第一百四十七、第一百四十九及第二百六十六条规定的行为，将受到处罚。

刑法典第一百四十六条规定，任何个人在以某宗教或信仰为由的合法公共聚会、合法仪式或合法葬礼过程中制造混乱或嘈杂，从而扰乱了上述合法活动的，被处以不超过两个月的监禁，或者第二类罚款。①

刑法典第一百四十七条规定，以下行为将被处以不超过三个月的监禁或者第二类罚款：（1）任何个人以口头、书写、图片等任意方式蓄意诽谤、亵渎神明从而伤害了宗教情感的；（2）任何个人取笑合法执行其职责的宗教牧师的；（3）任何个人对在特定时间场合举行的合法庆典上对用于宗教用途的物品发表贬损言论的。当前，第一百四十七条第一段中的"亵渎神明"，仅限于对基督教神明的冒犯，而没有扩展到对于基督教圣徒、其他受尊重的宗教人物以及非基督教神明的冒犯（第一百四十七的第二和第三段，则适用于任何宗教）。由于后来出现了丹麦卡通片不恰当地使用穆罕默德形象的情况，这一段开始遭到人们的批评。有人请求将被"冒犯"对象的范围扩展到非基督教神明及其他受尊敬的宗教人物，或者干脆废除第一段。政府也在斟酌这些意见。

刑法典第一百四十九条规定，任何个人蓄意亵渎坟墓、蓄意非法销毁或损坏任何墓地的纪念性标志或墓碑的，处以不超过一年的监禁，或者第三类罚款。②

从以上来看，荷兰的非物质文化遗产保护工作尽管起步较晚，但正以谨慎而良好的态势向前发展，也呈现出了自己的一些特点。仅就政府与其他机构的职责和分工而言，荷兰政府甘于在各项工作中以组织者、召集者和资助者的配角角色出现。如在申请签署联合国公约和制定名录的过程中，专家学者、大众的意见已被充分征求；而在实质的保护工作中，政府也只起到辅助和支持的作用，主要工作则由博物馆、学术机构、社区等来承担。这与日本、韩国等东亚国家以政府为主导的保护模式有着显著区别。不可否认的是，与其较为完善的物质文化遗产保护体系相比较，荷兰的非物质文化遗产保护工作还非常薄弱，受到的社会关注度也还远远不够。目前，荷兰民间文化中心、Meertens 研究所和荷兰露天博物馆（Netherlands Open Air Museum）三方正着手制定下一步的非物质文化遗产保护方案。本文只是对近些年荷兰非物质文化遗产保护状况的一个概括性介绍，期待将来为读者提供更为鲜活的个案研究，进一步探讨荷兰的非物质文化遗产保护经验。

---

① 依据荷兰刑法典第二十三条第四款，第二类罚款的最高金额为3900 欧元。
② 依据荷兰刑法典第二十三条第四款，第三类罚款的最高金额为7800 欧元。

国外非物质文化遗产保护法律对我国的启示
——以日本、韩国为例①

罗艺②

截至 2020 年 12 月，中国入选联合国教科文组织非物质文化遗产名录项目总数已达 42 项，成为世界上入选世界非物质文化遗产名录项目最多的国家。③ 面对我国申遗工作取得的巨大成就，我们需要冷静地反思，非物质文化遗产的保护工作不是靠项目成功申遗就能解决的，在申遗不断成功的同时，我们更需要做切实、有效的工作以保护珍贵的遗产。

一、日本、韩国非物质文化遗产法律保护概况

（一）日本

在非物质文化遗产的法律保护方面，日本一直走在世界前列，制定了文化遗产保护的相关法律。非物质文化遗产的概念雏形也最早在日本诞生。日本制定的这些文化遗产保护法对东亚其他地区以及联合国教科文组织的《保护非物质文化遗产公约》都产生了重要的影响。日本非物质文化遗产的法律保护体现在以下几个方面。

1. 制定了《文化财保护法》

在制定《文化财保护法》之前，其实日本曾制定过三部关于文化遗产保护的法律：《古器旧物保存法》（1871 年）、《史迹名胜、天然纪念物保存法》（1919 年）、《国宝保存法》（1929 年）。这三部法律的实施，积极保护了日本的文化遗产，但是这些法律并没有真正提及非物质文化遗产。在日本，人们将传统文化遗产统称为"文化财"，即所谓的"文化财富"。1950 年，在原有三部法律的基础上，日本颁布了综合性的《文化财保护法》。这部法律第一次提出了"无形文化财"的概念，"无形文化财"也就是我们今天所说的非物质文化遗产的一部分。在《文化财保护法》中，法律明确将国家指定的文化财划分为有形文化财、无形文化财、民俗文化

---

① 此文为 2012 年 12 月 14—16 日中山大学中国非物质文化遗产研究中心主办的"中国非物质文化遗产法治建设学术研讨会"论文，修订后收入本书。
② 罗艺，甘肃政法学院讲师。
③ 《中国入选联合国教科文组织非物质文化遗产名录（名册）项目》，见 http://www.ihchina.cn/china-directory.html#target1。

财、纪念物及传统建筑群落等五大类。可以说，《文化财保护法》是一部全面、系统和统一的有关文化遗产保护的法律，将"无形文化财"也列入文化遗产的范围之内，从而形成了完整的"文化财"概念。日本也是世界上第一个以法律形式确立了非物质文化遗产的地位的国家。日本的《文化财保护法》目前已历经五次修改，多次涉及无形文化财的保护。日本对"无形文化财"的界定对东亚其他国家以及联合国教科文组织的非物质文化遗产保护产生了深远的影响。

2. 传承人保护

在日本《文化财保护法》中有个很重要的内容就是关于传承人的保护，这也是日本法律保护的一个重要特点。他们将"重要无形文化财保持者"称为"人间国宝"。所谓"重要无形文化财保持者"是指在历史或艺术以及传统技术等方面具有重要价值的传统戏剧、民俗艺能、音乐、工艺、技术及其他无形文化的载体或传承者，亦即无形文化财的保持者和保持团体，保持者又被称为"人间国宝"。关于"重要无形文化财"的认定和"人间国宝"的命名，均须按照法定的认定程序。在国家认定重要无形文化财的基础上，再对那些具有高超的技能和技艺，并能够予以传承的个人或团体加以认定。

一旦被认定为"人间国宝"，也就意味着其技艺或绝技和作品被全社会所认可，价值倍增，但他们在享有崇高社会地位的同时，也肩负着重大的责任。虽然可以从政府那里获得一定的资助，但往往要拿出更多的钱用于其事业的振兴和传承。日本的这些传统艺术或工艺往往原本都有自古而来的师徒传承或承袭名分等机制，现在再加上国家的辅助和保护，其传承也就能够得到基本的保证。可以说，日本的这些做法极大地提高了民间艺人和传统工匠的社会地位，也意味着日本非常理解传承人对非物质文化遗产保护的重要性。

3. 田野调查和研究报告

田野调查也就是我们常说的普查工作，普查工作可以说是抢救与保护非物质文化遗产的首要任务。普查中的一项重要工作是采集作品和记录民俗。普查在日本被称为田野调查，日本可以说是目前世界上非物质文化遗产普查工作做得最好的国家之一。

日本的普查工作主要由政府和学术界来开展。政府做了多次大规模全国性的民俗调查，记录了大批非物质文化遗产的资料，可以说日本的文化遗产保护工作和这些调查记录工作是分不开的。目前，基本上，所有的村、町、市、县均有详尽的地方史记录和民俗志报告出版或刊印。学术界主要从事"民俗资料紧急调查""民谣紧急调查"以及"无形文化财记录"等多种名目的学术调查活动。《文化财保护法》颁布以后，在全国范围内的"文化财调查"，产生了大批的《文化财调查报告书》，其中编录了相当部分的非物质文化遗产。这些调查和记录，为文化遗产的认定、登录、保护及灵活应用等打下了坚实的基础。此外，每一项被认定的非物质文化遗产，均有相应的科学地记录遗产的历史与现状、价值和特点、传承方式等全面内容的田野工作报告问世。1996年，日本对《文化财保护法》进行修订，主要是增加了"文化财登录制度"。日本政府拨专款进行非物质文化遗产的登记录入工作。至2005年，日本47个都道府县中已有39个完成了非物质文化遗产的登记录入工作。

4. 保护机构

日本非物质文化遗产的保护机构是随着《文化财保护法》几次大的修改而逐渐完善起来的。早期有文化财保护委员会，下设四个文化财保护审议会，专门负责文化财保护的专业指导、技术咨询和调查审议以及相关的时务性工作。此外，法律明确规定地方必须组建地方公共团体及教育委员会，负责地方的文化财保护工作，可以指定重要无形文化财、重要民俗文化财，并采取有效措施保护和利用文化财。后来，在第二次修订《文化财保护法》的过程中，废除了文化财保护委员会，由文化厅取而代之，在文化厅内设置文化财保护审议会。新成立的审议会负责为文部大臣和文化厅长官提供咨询，会内设有"无形文化课"，专门负责日本传统戏曲的保存与振兴工作。地方政府同样也设置文化财保护审议会，与民间团体共同保护当地的文化财。文化厅还委托都道府县的教育委员会对文化财进行直接的保护和管理，加强了文化财保护的组织机构。

在研究工作方面，日本成立了国立文化财研究所和奈良国立文化财研究所，所内设无形文化财研究室，专司资料调查和分析工作。

5. 公众参与

日本在非物质文化遗产公众参与方面的规定主要体现在两个方面。一方面，许多民间研究机构分布在日本的大学和图书馆，比较有名的如早稻田大学演剧博物馆、松竹大谷图书馆等。这些博物馆和图书馆除了做有形文化财和无形文化财文献资料的保管工作，还做一些启蒙和推广活动，成为日本有形文化财和无形文化财保护、研究和教育的基地。另一方面，日本文化省还规定，小学生在学期间必须观看一次能剧，日本政府官员要以能剧、歌舞伎、狂言等传统艺术招待外宾。

（二）韩国

我国的近邻韩国，在非物质文化遗产的保护方面也走在世界前列，甚至还将江陵的端午祭申报为世界非物质文化遗产。韩国的非物质文化遗产保护深受日本立法的影响，但也有不少自己的特色。

1. 文化遗产立法方面

在一大批民俗文化学者的积极倡导和参与下，学习日本的立法经验，韩国在1962年出台了《文化财保护法》。与日本不同，韩国的《文化财保护法》分为四项文化财：一是有形文化财，指具有重大历史和艺术价值的建筑物、典籍、书籍、古文件、绘画、工艺品等有形的文化遗产；二是无形文化财，指具有重大历史、艺术和学术价值的戏剧、音乐、舞蹈、工艺、技术等无形的文化遗产；三是纪念物，包括具有重大历史、艺术和学术价值的寺址、陵墓、圣地、宫址、窑址、遗物埋藏地等历史遗迹地，还包括动物（包括栖息地、繁殖地）、植物、矿物、洞窟、地质及特别的自然现象；四是民俗资料，包括衣食住、职业、信仰等民俗活动，以及进行有关活动时的服装、器具、房屋等。无形文化财根据其价值的大小划分为不同的等级。而在这四项文化财中，无形文化财和民俗文化财都属于非物质文化遗产的范畴。

2. 传承人的保护

学习日本传承人保护的方式，韩国于1964年开始启动"人间国宝"工程。韩国的"人间国宝"概念和日本很相似，但是将"人间国宝"范围由个人扩展到团体。"人间国宝"是指那些在艺术表演领域具有突出的表演才能、精湛的表演技艺并愿意将自己的这些技能传诸后人的杰出的表演艺术家，而在工艺制作领域则特指那些身怀绝技并愿意通过带徒方式将自己的技艺传诸后人的著名艺人、匠人。对具有重要价值的无形文化遗产的传承人或保持团体授予"人间国宝"荣誉称号并确定其责任和义务。获得认证之后，"人间国宝"都会得到中央和地方政府的大力保护和财政支持。对于"人间国宝"的演出等各种活动，国家会根据演出规模等具体情况提供200万至500万韩元的资助。对于被认定的"人间国宝"，政府按每人每月100万韩元提供补助。对于能培养出代表性传承人的大师级的人，不仅给予补助支持其提高技艺，而且给予研究经费和传承费。对学习这些技艺中最优秀的学生，政府也给予研究经费，一旦他的老师去世了，就马上由他来传承。这种制度设计保证了非物质文化遗产的代代相传。

3. 保护机构

韩国为落实对文化遗产的法律保护，于1962年3月成立了文化财委员会（隶属于韩国文化财厅，类似于我们的国家文物局），委员会下设有形文化财、无形文化财等八个分课，各分课均由各文化财保护团体、大学、研究机构的专家组成。除专职专家外，韩国政府还聘请了180名各界文化财专门委员。一旦发现值得保护的文化项目，委员们便会提出报告，经过论证后，将该项目确立为国家重点保护项目。同时，这些专家学者负责定期对文化财进行审议。韩国也设立专门的研究机构，称为韩国文化财研究所。

4. 公众参与模式

韩国公众参与的模式主要是以遍布全国开展传统民俗文化学习班、各色民俗博物馆的实际演示和大量的节庆活动来开展。这些有效的方式使得韩国民众对非物质文化遗产的偏爱甚至到了"爱财如命"的地步。

二、日本、韩国等国非物质文化遗产法律保护的特征与不足

通过对日本、韩国等国非物质文化遗产法律保护的概述，我们可以看到日本、韩国等国的非物质文化遗产法律保护还是比较完善的，尤其是日本的立法更加详细，包括文化遗产保护立法、传承人保护、田野调查、专门保护机构、公众参与多个方面。

（一）日本、韩国等国非物质文化遗产法律保护的特征

1. 专门的国家立法保护

日本、韩国都制定了专门的《文化财保护法》，全面地保护非物质文化遗产。该法一般都会明确保护的范围、保护机构的设置、具体的保护措施等。该法一般都是关于非物质文化遗产保护的核心、基本的法律。这种保护法律会随着时代的进步和人们保护意识的增强而不断进行修改，不断适时添加保护内容，更新保护措施。如日本关于《文化财保护法》的五次修改，就涉及关于无形文化财登记制度、保护机构变更等多方面的内容。

2. 创新的"人间国宝"制度

不言而喻，对许多类别非物质文化遗产的保护重点在于使其更好地传承，而传承最重要的就是这些非物质文化遗产技艺的持有者——传承人，因此对传承人的保护尤为重要。保护传承人不仅需要为其提供生活保障，更重要的还在于使其技艺得到有效的传承。这可以说是非物质文化遗产保护很重要的一环。日本、韩国在传承人保护方面创设了"人间国宝"制度，无疑是对世界非物质文化遗产法律保护的创新。这一制度的核心在于通过加强对非物质文化遗产传承人的保护来促进非物质文化遗产，尤其是技艺类遗产的良好传承。虽然日本、韩国两国的具体做法不同，但其价值目标是一致的，也就是保护的重点在于保护文化遗产的传承，使特有的文化遗产不仅能够有效地传承，而且可以让更多的人认识、学习、传承文化遗产，让宝贵的财富代代相传。因此，在相应的法律制度设计上，一方面给予传承人资金补助，生活、医疗等诸多保障，另一方面也要求传承人履行相关宣传和传承的义务。这既体现了法律以权利与义务对等为核心的特质，也使传承保护的效果达到最优。

3. 设置专门的保护机构

日本、韩国等国都设立了专门的机构负责非物质文化遗产保护工作。如日本在国家文化厅内和地方政府设置"文化财保护审议会",韩国成立了文化财委员会,由这些专门的部门负责非物质文化保护工作。专门的机构保护能够最有效地发挥政府职能,也使得保护工作更加专业化。专门机构保护部门的设立,也体现了日本、韩国等国对非物质文化遗产保护重要性的深刻认识,这是值得我们学习的。

4. 公众参与方式的多样化

在非物质文化遗产保护的公众参与方面,日本规定了多样化的方式。例如,规定了中小学生在校期间必须观看一次以上的非物质文化遗产的表演;许多非物质文化遗产的研究机构设置在大学和图书馆,并由这些机构进行普及宣传;将非物质文化遗产表演作为接待外宾的主要活动之一。韩国更是发动全民参与关于非物质文化遗产的各种活动,通过让民众参与学习班、民俗博物馆展演、节庆活动,使民众对非物质文化遗产更加重视。这些丰富的活动对普及、宣传本国的非物质文化遗产具有非常积极的作用,也为增强人们的保护意识奠定了重要的基础。

(二) 日本、韩国等国非物质文化遗产法律保护的不足

虽然日本、韩国等国,尤其是日本,其非物质文化遗产保护的相关立法比较全面,但是在非物质文化遗产的保护中依然有所不足,这也是值得我们吸取的经验。

1. 知识产权保护的不足

非物质文化遗产的核心内涵在于它是一种精神的实践、经验的积累、技巧的改良和艺术的展现,说到底,是智力创造的成果。而现代知识产权法的宗旨恰恰就是有条件、有期限地保护人们的智力成果和经营成果,以激励社会的创新机制,促进科技的进步和社会的发展。非物质文化遗产是无形的、抽象的,是人类脑力劳动的成果,其本质为信息,应划归知识产权的客体范畴,对其保护应采用知识产权制度。利用知识产权保护非物质文化遗产在国际社会已达成共识。世界知识产权组织(以下简称 WIPO)为推动非物质文化遗产的知识产权保护,于 2000 年成立了知识产权与遗传资源、传统知识和民间文艺政府间委员(简称 WIPO – IGC)。该委员会的成立表明与会代表团已就在知识产权制度框架下保护非物质文化遗产基本达成了共识。已超过 50 个国家将民间非物质文化列入版权法或者地区性版权条约。但是作为非物质文化遗产保护的先行者,日本、韩国等国的《文化财保护法》却均未提及非物质文化遗产的知识产权保护问题。

2. 国内法的称谓未能与国际法接轨

1998 年,联合国教科文组织公布了《人类口头和非物质遗产代表作条例》,正式提出了"非物质遗产代表作"这个概念,并和"人类口头"并列提出。它的另

一译名是"无形文化遗产"。2003年10月17日，联合国教科文组织第三十二届大会在巴黎又通过了《保护非物质文化遗产公约》，"非物质文化遗产"的概念正式以国际公约的形式固定下来。而日本、韩国等国依然沿用无形文化财或民俗文化财的概念，显然不能和国际公约保持一致，这对本国非物质文化遗产的国际化保护是非常不利的。此外，《保护非物质文化遗产公约》深化了非物质文化遗产的内涵，将其定义为"被各社区、群体，有时是个人，视为其文化遗产组成部分的各种社会实践、观念表述、表现形式、知识、技能以及相关的工具、实物、手工艺品和文化场所。这种非物质文化遗产世代相传，在各社区和群体适应周围环境以及与自然和历史的互动中，被不断地再创造，为这些社区和群体提供认同感和持续感，从而增强对文化多样性和人类创造力的尊重"。该公约关于"非物质文化遗产"的概念精练、科学，纠正了以往理论与立法概念相混淆的情况，内涵扩展到"非物质文化遗产的科学价值、社会价值、生态价值、多样性价值"等，外延扩展到"有关自然界和宇宙的知识和实践"。与如此丰富的非物质文化遗产概念相比，"无形文化财""民俗文化财"的概念显然无法涵盖这些内容，因此，日本、韩国等国的国内立法需要更新概念。

三、对我国非物质文化遗产保护立法的启示

（一）我国非物质文化遗产法律保护的概况

1997年国务院颁布实施了《传统工艺美术保护条例》，拉开了用法律手段保护非物质文化遗产的序幕。1999年3月，民族民间文化保护法就被作为重要项目列入文化部的立法规划。2000年5月，云南省出台了国内第一部保护民族民间文化的地方性法规。2002年8月，文化部向全国人大教科文卫委员会报送了民族民间文化保护法的建议稿，全国人大教科文卫委员会成立起草小组，并于2003年11月形成了《中华人民共和国民族民间传统文化保护法草案》。2004年8月，十届全国人大常委会批准我国加入联合国《保护非物质文化遗产国际公约》。借鉴联合国教科文组织《保护非物质文化遗产公约》的基本精神，2004年8月，全国人大把法律草案的名称改为《中华人民共和国非物质文化遗产保护法草案》。经过广泛征求意见和反复修改，该草案已列入全国人大立法规划。2005年，国务院办公厅下发了《关于加强我国非物质文化遗产保护工作的意见》，确立了非物质文化遗产保护的工作方针和目标，要求建立国家级和省、市、县级非物质文化遗产代表作名录体系，逐步建立起比较完备的、有中国特色的非物质文化遗产保护制度。2006年年初，国务院下发《关于加强文化遗产保护工作的通知》，确定我国文化遗产保护的指导思想、基本方针和总体目标，要求建立完备的文化遗产保护制度，形成完善的文化遗产保

护体系。从 2006 年起，每年 6 月的第二个星期六被定为我国的"文化遗产日"。该通知提出，要积极推进非物质文化遗产保护工作。国家有关部门和地方政府也颁布了一些行业性和地方性的保护法规。

2011 年 6 月 1 日，我国正式实施《中华人民共和国非物质文化遗产法》（以下简称《非物质文化遗产法》），该法的颁布对非物质文化遗产的保护具有重要意义，从国家法的视角对非物质文化遗产保护工作制定了最基本的规范。可以说，《非物质文化遗产法》的颁布标志着非物质文化遗产保护工作迎来了新的春天。

国务院先后于 2006 年、2008 年、2011 年、2014 年和 2021 年公布了五批国家级项目名录（前三批名录名称为国家级非物质文化遗产名录，《非物质文化遗产法》实施后，第四批名录名称改为国家级非物质文化遗产代表性项目名录），共计 1557 个国家级非物质文化遗产代表性项目，按照申报地区或单位进行逐一统计，共计 3610 个子项。①

表 1　国家级非物质文化遗产代表性项目具体情况（截至 2021 年 6 月）

时间	批次	名录	扩展项目名录
2006 年 5 月	第一批	518 项	—
2008 年 6 月	第二批	510 项	147 项
2011 年 5 月	第三批	191 项	164 项
2014 年 11 月	第四批	153 项	153 项
2021 年 5 月	第五批	185 项	140 项

文化部还分别于 2007 年、2008 年、2009 年、2012 年、2018 年命名了五批国家级非物质文化遗产代表性项目代表性传承人，共计 3068 人。

---

① 为了对传承于不同区域或不同社区、群体持有的同一项非物质文化遗产项目进行确认和保护，从第二批国家级项目名录开始，设立了扩展项目名录。扩展项目与此前已列入国家级非物质文化遗产名录的同名项目共用一个项目编号，但项目特征、传承状况存在差异，保护单位也不同。国家级名录将非物质文化遗产分为十大门类，其中五个门类的名称在 2008 年有所调整，并沿用至今。十大门类分别为：民间文学，传统音乐，传统舞蹈，传统戏剧，曲艺，传统体育、游艺与杂技，传统美术，传统技艺，传统医药，民俗。每个代表性项目都有一个专属的项目编号。（《中国入选联合国教科文组织非物质文化遗产名录（名册）项目》，见 http：//www.ihchina.cn/chinadirectory.html#target1）

表2　国家级非物质文化遗产代表性项目代表性传承人

时间	批次	人数
2007 年	第一批	226
2008 年	第二批	552
2009 年	第三批	711
2012 年	第四批	498
2018 年	第五批	1082

　　文化部于 2007 年设立了我国首个国家级文化生态保护实验区①——闽南文化生态保护实验区。2019 年 12 月，为加强非物质文化遗产区域性整体保护，进一步推进国家级文化生态保护区建设，文化和旅游部将闽南文化生态保护实验区等 7 个保护实验区正式公布为国家级文化生态保护区。截至 2020 年 6 月，我国共设立国家级文化生态保护区 7 个、国家级文化生态保护实验区 17 个，涉及省份 17 个。

　　文化部先后于 2011 年 10 月和 2014 年 5 月公布了两批国家级非物质文化遗产生产性保护示范基地。第一批基地涉及 41 个企业或单位，第二批基地涉及 59 个企业或单位，两批基地合计 100 个。②

---

①　国家级文化生态保护实验区，是指以保护非物质文化遗产为核心，对历史文化积淀丰厚、存续状态良好、具有重要价值和鲜明特色的文化形态进行整体性保护，并经文化和旅游部同意设立的特定区域。2011 年 6 月 1 日起实施的《中华人民共和国非物质文化遗产法》规定，"对非物质文化遗产代表性项目集中、特色鲜明、形式和内涵保持完整的特定区域，当地文化主管部门可以制定专项保护规划，报经本级人民政府批准后，实行区域性整体保护"。国家级文化生态保护区建设要以习近平新时代中国特色社会主义思想为指导，充分尊重人民群众的主体地位，贯彻新发展理念，弘扬社会主义核心价值观，推动中华优秀传统文化创造性转化、创新性发展。设立国家级文化生态保护区，以非物质文化遗产为核心加强文化生态保护，对推动非物质文化遗产的整体性保护和传承发展，维护文化生态系统的平衡和完整，对提高文化自觉，建设中华民族共有精神家园，增进民族团结，增强民族自信心和凝聚力，对促进经济社会全面协调和可持续发展，具有重要的意义。设立国家级文化生态保护区，是我国非物质文化遗产保护进程中保护理念和方式的重要探索与实践，也是中国在非物质文化遗产保护领域的一大创举。国家级文化生态保护区的建设目标是"遗产丰富、氛围浓厚、特色鲜明、民众受益"。按照相关工作程序，国家级文化生态保护区总体规划实施三年后，由省级人民政府文化主管部门向文化和旅游部提出验收申请，文化和旅游部根据申请组织开展国家级文化生态保护实验区建设成果验收。验收合格的，正式公布为国家级文化生态保护区并授牌。（见 http：//www.ihchina.cn/chinadirectory.html#target1）

②　传统技艺类基地 57 个，传统美术类基地 36 个，传统医药类基地 6 个，同时作为传统技艺和传统美术类基地的 1 个，即山东省潍坊杨家埠民俗艺术有限公司，涉及风筝制作技艺（潍坊风筝）和杨家埠木版年画两个国家级非物质文化遗产代表性项目。在公布的名单中，基地总量最多的是四川省，共 7 个。传统技艺类基地最多的是河南省和江西省，各有 4 个。传统美术类基地最多的是四川省，也是 4 个。（见 http：//www.ihchina.cn/chinadirectory.html#target1）

截至目前，我国共有 27 个省（市、自治区）制定了本区域的非物质文化遗产保护地方立法，并且有两个省（区）（湖南省、西藏自治区）制定了实施非物质文化遗产法办法。

表3 《非物质文化遗产法》的地方立法情况

法规名称	省（市、自治区）	数量
《××省（市）非物质文化遗产条例》	北京市、湖北省、广东省、福建省、安徽省、四川省、黑龙江省、山东省、江西省、甘肃省、辽宁省、山西省、重庆市、陕西省、河北省	15
《××省（区、市）非物质文化遗产保护条例》	宁夏回族自治区、天津市、新疆维吾尔自治区、内蒙古自治区、吉林省、广西壮族自治区、上海市、河南省、江苏省、贵州省、浙江省、云南省	12

2021 年 8 月，中共中央办公厅、国务院办公厅印发《关于进一步加强非物质文化遗产保护工作的意见》，提出了非物质文化遗产保护的主要目标①、健全非物质文化遗产保护传承体系、提高非物质文化遗产保护传承水平、加大非物质文化遗产传播普及力度、保障措施等内容。

在取得各种保护成就的同时，我们必须清醒地认识到我国的法律保护仍然不够完善，非物质文化遗产的保护依然任重道远。一方面，《非物质文化遗产法》实施 10 周年的实践可以看出，本法更具宣言性的意义，可操作性不强，还需配套法规；另一方面，虽然有不少省市制定了地方立法，但是这些法律规范本身并不完善，因而亟待对非物质文化遗产的法律保护进行新的构架。而日本、韩国等国的立法经验对我国国家立法和地方立法的完善和体系构建都颇具借鉴意义。

（二）几点启示

1. 《非物质文化遗产法》需要配套的法规的完善

2011 年 6 月 1 日，《非物质文化遗产法》正式实施，该法的颁布实施对非物质文化遗产的保护具有重要意义，给非物质文化遗产保护工作带来了契机。但是在兴

---

① 非物质文化遗产保护的主要目标：到 2025 年，非物质文化遗产代表性项目得到有效保护，工作制度科学规范、运行有效，人民群众对非物质文化遗产的参与感、获得感、认同感显著增强，非物质文化遗产服务当代、造福人民的作用进一步发挥；到 2035 年，非物质文化遗产得到全面有效保护，传承活力明显增强，工作制度更加完善，传承体系更加健全，保护理念进一步深入人心，国际影响力显著提升，在推动经济社会可持续发展和服务国家重大战略中的作用更加彰显。见《关于进一步加强非物质文化遗产保护工作的意见》（http://www.ihchina.cn/zhengce_details/23400）

奋之余，也需要保持清醒的认识。《非物质文化遗产法》总共45条，只是对非物质文化遗产保护的最基本问题做了概括规定，很多具体的保护问题并没有在该法中予以明确，很多内容更像是原则性的规定。而且从该法的名称的变迁（由《中华人民共和国非物质文化遗产保护法草案》到最终的《中华人民共和国非物质文化遗产法》）中可以看出，该法作为基本法主要是对非物质文化遗产的界定和最基本的保护、管理问题做概括性的阐述，具体的保护问题并不是该法的立法目标。《非物质文化遗产法》更像是一部非物质文化遗产保护的宣言，而对千姿百态的非物质文化遗产具体的保护问题缺乏可操作性。因此，仅仅依靠该法本身并不足以对非物质文化遗产给予足够的保护。非物质文化遗产涉及面广，内容极其丰富，因此想全面保护非物质文化遗产，寄希望于一部法律是不现实的。除了《非物质文化遗产法》，还需要许多配套的中央和地方立法。在中央层面，主要是由文化部尽快依据《非物质文化遗产法》制定配套的实施细则，进一步细化保护的措施等具体内容。这种做法也是我国立法的一个惯例。修订完善目前的一些法规，如《国家级非物质文化遗产保护与管理暂行办法》《国家级非物质文化遗产代表作申报评定暂行办法》《国家非物质文化遗产保护专项资金管理暂行办法》《国家级非物质文化遗产项目代表性传承人认定与管理暂行办法》等。加强非物质文化遗产的私权保护的立法，修改或完善现有的《传统工艺美术保护条例》，制定民间文学艺术保护条例。对现有的知识产权制度进行完善——对非物质文化遗产的具体保护应当在专利法、著作权法、商标法以及反不正当竞争法中有所体现。此外，虽然我国有部分省份颁布了地方非物质文化遗产保护条例，但是还有很多省份缺乏这样的专门立法，因此应当积极推进全国各省、自治区、直辖市的地方立法工作，尤其是非物质文化遗产资源丰富的省份。①

2. 传承人保护的借鉴

保护传承人作为非物质文化遗产保护中的重要内容，应当是立法保护中的一个重点。然而，国内已有的非物质文化遗产保护条例对于传承人的权利、义务规定都不是很明确。日本、韩国两国非物质文化遗产法律保护最大的特色莫过对非物质文化遗产传承人的保护，尤其是"人间国宝"制度的设置更是走在世界前列。日本和韩国的"人间国宝"制度，对传承人的权利、义务都有明确的规定，而且非常详

---

① 《关于进一步加强非物质文化遗产保护工作的意见》在"保障措施"中提出："研究修改《中华人民共和国非物质文化遗产法》，完善相关地方性法规和规章，进一步健全非物质文化遗产法律法规制度，建立非物质文化遗产获取和惠益分享制度。加强对法律法规实施情况的监督检查，建立非物质文化遗产执法检查机制。综合运用著作权、商标权、专利权、地理标志等多种手段，加强非物质文化遗产知识产权保护。加强非物质文化遗产普法教育。"

细。在借鉴"人间国宝"制度的基础上，我国虽然制定了"非物质文化遗产项目代表性传承人"申报选拔制度，但是没有明确规定传承人具体的权利与义务，或者传承人仅有权利而没有义务。因而，我国应当加强对传承人的保护规定，明确具体的权利保障措施和必须履行的义务。对于优秀的国家级代表性传承人，可以授予其"民间艺术大师"（以下简称"艺术大师"）的称号。"艺术大师"除了享受一般传承人的权利，还可以评定副高级职称，享受副高级职称的工资待遇、医疗保障，优先推荐国家级非物质文化遗产代表作传承人等。此外，"艺术大师"还可以享受政府的专项文化补贴，用于技艺的传承推广。当然，"艺术大师"还必须履行相关的传教和宣传义务，比如每年必须进行公开表演、建立传承技艺的金字塔梯队等。对"艺术大师"的评选规则也须明确，应当是重要的国家非物质文化遗产的传承人或在本地区有重要影响的传承人。

对传承人权利与义务的明确规定以及对优秀传承人的特别保障，对于非物质文化遗产的传承而言，非常重要。权利保障的明确，尤其是资助制度明细化，如为传承人提供资助和医疗保障，资助金划分为生活补助和文化传承补助，生活补助确立一定标准而持续发放，文化传承补助则根据需要由文化行政部门决定发放等，这样的制度增强了法律的可操作性，避免了人为因素的不利影响，实现了对传承人权利的更好保障。规定传承人的教传义务，是因为传承人对非物质文化遗产的传承起着承上启下的重要作用。也就是说，除了要保障传承人自身得以生存发展，还应当鼓励他们培养下一代继承人，使他们所掌握的非物质文化遗产得以永续发展。这就要求传承人积极履行相关传教和宣传义务，使非物质文化遗产得以承继的同时，也使法律上的权利与义务得到平衡。

3. 普查登记制度的确立

建立普查制度和遗产登记制度是我国未来立法很重要的一个方面。通过普查，对现有的各类非物质文化遗产形态、作品、优秀的民族民间传统文化传承人进行调查、登记、记录和建档工作。非物质文化遗产相关法律的制定要包括普查的方式和要求、普查资金的使用和管理、政府的责任和普查人员的职责、公民协助普查的义务等内容。在普查的基础上，建立非物质文化遗产的登记注册制度。登记注册制度应包括民间非物质文化成果的申报、认定和登记注册三部分具体内容。有了登记注册制度，明确了权利主体，进行知识产权的保护就有了基础。与普查制度相对应的是建立我国非物质文化遗产的专有数据库。数据库的建设已经成为国际上对遗传资源以及相关的传统知识予以保护的重要方式，非物质文化遗产的保护完全可以借鉴。

4. 知识产权保护的无限期

我国现行知识产权制度中，专利、商标、著作权等知识产权的专有权利保护都有时间的限制。鉴于民间文化世代相承、生生不息的特点，在立法中对其知识产权的保护应区别于普通知识产权保护中的时限性要求。因为非物质文化遗产中诸如民间文学、舞蹈、音乐等的形成往往不是一蹴而就，而是经过世代相传的、在社会发展进程中产生的、具有创造性的产品，并且在一代又一代的流传中对民间文学艺术不断地加工、补充和完善，其创作过程具有长期性与持续性特点，作者可能也不确定。这种世代相传的特性，是与一般知识产权保护对象不同的，非物质文化遗产的传承性也决定了对其保护是不能中断的。因而，对于一般知识产权保护时限的规定不适用保护非物质文化遗产。所以，在许多国外立法中，对于非物质文化遗产知识产权的保护期限都是没有限制的。意大利，以及非洲许多国家的版权法都规定非物质文化遗产的保护为无限期保护，这符合非物质文化遗产的特征，我国也应该大力借鉴。

5. 公众参与的多样化

关于公众参与，我国学习法国，定下了非物质文化遗产日，在遗产日当天及前后组织展览、表演等一系列丰富的活动。这其实是我国推进非物质文化遗产保护的公众参与的重要方面，但是只是公众参与的一个方面。公众参与最重要的目标是把人们从一个个了解者转变为保护者、宣传者，让每个人真正参与到保护当中。因此，公众参与的方式还需要拓展。首先，我们需要做非物质文化遗产保护的普及教育工作，日本为我们提供了很好的范例。我们应在中小学开展对本地方非物质文化遗产概况学习的普及，组织学生观看相关的展演；在大学开设"非物质文化遗产概论"等选修课程，提升大学生的民俗文化素质。其次，一些知名大学和社会科学院物质文化遗产的研究机构，在保存好非物质文化遗产资料的同时，也可以成为研究、宣传、教育的基地。再次，可以学习韩国，建立各色民俗博物馆，组织群众积极参与各种民俗活动，让亲身体验替代传统的说教。最后，在国家保护的基础上，大力吸收社会民间团体，让它们在保护中发挥重要的作用。以非物质文化遗产普查工作为例，就完全可以吸收一些民间文化保护团体加入。总之，只有公众参与多样化，才能使尽可能多的人来了解和保护非物质文化遗产。[①]

6. 文化专区立法模式

"专区立法"是环境资源保护法领域的新兴概念，在我国目前普遍被称为"一

---

① 《关于进一步加强非物质文化遗产保护工作的意见》在"提高非物质文化遗产保护传承水平"中提出："融入国民教育体系。将非物质文化遗产内容贯穿国民教育始终，构建非物质文化遗产课程体系和教材体系，出版非物质文化遗产通识教育读本。在中小学开设非物质文化遗产特色课程，鼓励建设国家级非物质文化遗产代表性项目特色中小学传承基地。加强高校非物质文化遗产学科体系和专业建设，支持有条件的高校自主增设硕士点和博士点。在职业学校开设非物质文化遗产保护相关专业和课程。加大非物质文化遗产师资队伍培养力度，支持代表性传承人参与学校授课和教学科研。引导社会力量参与非物质文化遗产教育培训，广泛开展社会实践和研学活动。建设一批国家非物质文化遗产传承教育实践基地。鼓励非物质文化遗产进校园。"

区一法",目前主要应用于自然保护区。由于非物质文化遗产具有民族性、地域性的特征,一定形式的非物质文化遗产是和特殊的地域环境、文化氛围紧密相关的。脱离了非物质文化遗产所赖以存在的地域文化环境,很多非物质文化遗产也会失去其原真性。因此,对于那些依赖于特殊地域并形成一定规模群的非物质文化遗产,可以考虑通过设立文化专区立法的方式给予特殊保护。以甘肃非物质文化遗产的瑰宝——敦煌民间文学艺术为例:敦煌民间文学艺术和敦煌莫高窟石窟建筑群等物质形态的文化遗产有着千丝万缕的联系,并互相渗透。很多敦煌民间文学艺术的灵感和源头都和敦煌莫高窟的壁画、洞藏等物质形态的文化遗产有直接或间接的联系。①因此,这样一个特殊的区域,非常符合保护文化多样性的需要。环境法中自然保护区的专区立法体现了对保护生物多样性的需要,而对敦煌这一特殊文化地区,同样需要这样的专区立法保护文化多样性。因此,借鉴自然保护区立法的思路,在敦煌地区设立特殊的文化保护区,制定国家级敦煌文化保护法,也不失为一种新的尝试。中国还有很多类似的文化区域,这种文化专区立法模式可视为特定区域非物质文化遗产集群保护的有益探索。

非物质文化遗产的保护已成为全球共识,我们在不断呼吁完善法律保护制度的同时,更应该从现在做起,去更多地了解、认识、记录、宣传、保护最靠近我们的非物质文化遗产。虽然法律以国家强制力作为后盾,但是真正的保护不是来源于法律的威慑,而是每个人的自发自觉,只有这样,我们才能真正成为非物质文化遗产的保护者和传承者。让我们为此不断努力吧!

---

① 由于独特的地理位置和历史机缘,自汉以来,敦煌成为东西方经济、文化、宗教交汇的中心,成为乌孙、月氏、匈奴等多民族聚集的"华戎所教"的都会(在历史上前后建立过13个国家,如义渠、密须、共、秦、月氏、乌孙,以及仇池、前凉、后凉、西秦、北凉、西凉、南凉等)。这里不仅创造了令世人骄傲的以莫高窟为中心的敦煌石窟艺术(其由于对东西文化的包容,堪称世界艺术),同时记录着中华民族一千多年的文明史,文学、音乐、美术、杂技、书法、服饰,甚至政治、军事、经济以及社会生活、民族关系等几乎无不涉及(以自己的独特文化派系而独立于世界艺术之林,堪称本国、本民族艺术)。特别是伴随着敦煌艺术历史延伸的层层重叠、与之相伴而生的独具敦煌民族性、地域性的丰富的民间文学艺术表现形式,更成了敦煌艺术史上一颗璀璨的明珠。

保护问题研究

《保护非物质文化遗产公约》中的"保护"（safeguarding）意味着什么？[①]

周超[②]

《中华人民共和国非物质文化遗产法》（以下简称《非物质文化遗产法》）公布之前，该法草案的名称曾使用过"保护"一词，但经过广泛征求意见之后，最终取消了"保护"二字，理由据说是"保护"一词"含义过窄""带有价值取向""无法区别保存与保护"[③]等。中国《非物质文化遗产法》的制定，明显地受到《保护非物质文化遗产公约》（Convention for the Safeguarding of the Intangible Cultural Heritage）的影响，并且中国自加入该公约后，还必须受到该公约的约束。这意味着公约中的"保护"（safeguarding）这一关键词在中国《非物质文化遗产法》中的体现，一定程度上体现了国际公约在中国的实际履行情况。由此而论，探讨《保护非物质文化遗产公约》中"保护"（safeguarding）以及其他国际法文件中"保护"（protection）的含义，可以引申出一系列值得深入思考的问题。

一、从 protection 的"保护"到 safeguarding 的"保护"

截至目前，联合国教科文组织已经通过了六个具有法律约束力的、与文化财产或遗产有关的国际公约，其中有四个使用了 protection 一词，它们依次为 1954 年的《武装冲突中文化财产保护公约》（Convention for the Protection of Cultural Property in the Event of Armed Conflict with Regulations for the Execution of the Convention，以下简称《1954 年海牙公约》）[④]、1972 年的《世界文化及自然遗产保护公约》（Convention concerning the Protection of the World Cultural and Natural Heritage，以下简称《1972 年世界遗产公约》）、2001 年的《保护水下文化遗产公约》（Convention on the Protection

---

[①] 此文为 2012 年 12 月 14—16 日中山大学中国非物质文化遗产研究中心主办的"中国非物质文化遗产法治建设学术研讨会"论文，曾发表于《文化遗产》2015 年第 3 期，修订后收录入本书。

[②] 周超，重庆大学法学院副教授。

[③] 转引自闻正《关于非物质文化遗产立法的几个问题的思考》，见河北省非物质文化遗产保护网（http://hebqyg.cn/information/information_view.asp ViewID=40）2012 年 6 月 21 日。

[④] 此处所谓《1954 年海牙公约》，包括同时通过的《1954 年海牙公约附属议定书》（通常被称为《1954 年海牙公约第一议定书》）以及 1999 年通过的《1954 年海牙公约第二议定书》。

of the Underwater Cultural Heritage）以及 2005 年的《保护和促进文化表现多样性公约》（Convention on the Protection and Promotion of the Diversity of Cultural Expressions）。除 1970 年的《关于采取措施禁止并防止文化财产非法进出口和所有权非法转让公约》（Convention on the Means of Prohibiting and Preventing the Illicit Import, Export and Transfer of Ownership of Cultural Property）名称中未使用"保护"一词外，唯有 2003 年缔结的《保护非物质文化遗产公约》使用的"保护"不是 protection，而是 safeguarding。尽管 protection 与 safeguarding 这两个词均可汉译为"保护"，但无论是英语还是法语，这两个词之间都存在着很大的差异，这种差异恰好反映了《保护非物质文化遗产公约》所要保护的非物质文化遗产的精髓之所在。《保护非物质文化遗产公约》第二条第三项对 safeguarding 做了如下的界定：

> "Safeguarding" means measures aimed at ensuring the viability of the intangible cultural heritage, including the identification, documentation, research, preservation, protection, promotion, enhancement, transmission, particularly through formal and nonformal education, as well as the revitalization of the various aspects of such heritage.

教科文组织提供的中文版将其翻译为：

> "保护"指确保非物质文化遗产的生命力的各种措施，包括这种遗产各个方面的确认、立档、研究、保存、保护、宣传、弘扬、承传（特别是通过正规和非正规教育）和振兴。

根据上述定义，这里的"保护"（safeguarding）包含九项内容：非物质文化遗产的确认（identification）、立档（documentation）、研究（research）、保存（preservation）、保护（protection）、宣传（promotion）、弘扬（enhancement）、承传（transmission，特别是通过正规和非正规教育）和振兴（revitalization）。但是，如何理解和设定这九种措施的具体内容，则是由各个缔约国根据各自国家的实际情况来确定的。由于各个国家的法律所确定的非物质文化遗产的界定、分类和内容，非物质文化遗产所处的具体现状以及各自国内社区参与①保护的方式与方法的不同等，可以说每一项具体的措施都存在着很大的差异。例如，针对民族民间文学主要是采取调查、记录和保存等措施，而对传统手工艺则主要是弘扬、传承和振兴等措施。对某一种具体的非物质文化遗产，无论国家的主要精力是放在了传承与振兴上，还

---

① "社区参与"对非物质文化遗产保护的重要性，在《保护非物质文化遗产公约》中体现得非常突出。关于这一点，请参见周超《社区参与：非物质文化遗产国际法保护的基本理念》，载《河南社会科学》2011 第 2 期，第 33—37 页。

是主要以社区或学校等范围内保护意识的提高为重点，对非物质文化遗产采取的措施都不只是一个单纯的"保护"，因为所有这些措施均是以使非物质文化遗产得以持续为目的，其核心就在于维系非物质文化遗产的"生命力"（viability），这多少具有"使其持续存在下去"① 之意。

　　无论 protection，还是 safeguarding，一般都被汉译为"保护"，但两者有一定的差异。从词根上看，protection 一词与中世纪教廷为维持稳定的财政收入而对贡金提供者颁布的《保护令状》有关；到 15 世纪初，英国史上的摄政者（prince regent）开始被称为保护者（protector）；17 世纪中叶设定了护国卿（the Protector）职位；19 世纪初，随着英国对外贸易与殖民扩张，则出现了"贸易保护"与"保护国"等概念。② safeguarding 一词则出现较晚，它与救赎、救济、无危险、安全（safe）以及早期的护照、通行证（safeguard）有关，据说作为动名词 safeguarding 的最早记录，是在 1445 年前后。③

　　针对文化财产（cultural property）或文物（cultural object）等所使用的"保护"（protection），主要针对的是自然老化、风化或人为破坏以及被盗等不法行为所造成的某种物理上的损害，其核心寓意在于尽可能地采取一些物理上的措施，尽量减少文化财产之物理形态的变化，进而维持其长期存在等。例如，将挖掘出来的木简、竹简等进行清理、记录并将其置于玻璃箱中，保持适当的温度和湿度等，以避免木简、竹简上的文字因接触到空气而氧化或消失。对于不可移动的文物，则主要是采取该文物当时修建时的材料和方法等对其进行修缮，亦即按照所谓"修旧如旧"的原则进行维护等。然而，以非物质文化遗产为对象的"保护"（safeguarding），则不能像文化财产或文物那样，将其陈列在博物馆中，只是维持原状的"保存"（preservation）。这是因为所要保护的非物质文化遗产大多都是社区、族群民众现有生活的一部分，是具有自由生命力的文化，所以，不难理解在讨论制定《保护非物质文化遗产公约》时，很多国家的人类学家认为，若使用 protection 一词，就很有可能会忽视非物质文化遗产的传承人，而过多采取物化性的保护措施应对非物质文化遗产的现象。④

　　《保护非物质文化遗产公约》的目的并不是要将非物质文化遗产固定化、有形化，然后将其置于博物馆中或印刷在旅游区的导游图上，所以，不宜像对待建筑物

---

① ［日］七海ゆみ子：《什么是无形文化遗产》，彩流社 2012 年版，第 169 页。
② ［日］寺泽芳雄编：《英语字源辞典》，研究社 1997 年版，第 1121 页。
③ ［日］寺泽芳雄编：《英语字源辞典》，研究社 1997 年版，第 1207 页。
④ Barbara T. Hoffman, *Art and Cultural Heritage: Law, Policy, and Practice*, Cambridge University Press, 2006, p. 330.

或可移动文物那样去进行保护。非物质文化遗产是具有生命力且在社区或族群日常生活中持续和富于变化的"活着"的遗产，因此，在这里使用 protection，就远不如 safeguarding 来得更为合适。此外，与 protection 的"保护"相比较，safeguarding 的"保护"还有主动地、积极地采取行动的意思，亦即对濒危状态的非物质文化遗产并不是放置不管，而是主动地采取行动性措施。从 20 世纪 90 年代开始的全球范围内的社会大变迁所产生的后果，给很多国家的非物质文化遗产带来了很大影响。为此，在 2003 年公约出台前的相关讨论中，一方面，有一部分专家认为，以社区为基础的非物质文化遗产即便是陷入危机，国家或者外来者也都不宜通过制定公约来对其进行干涉；另一方面，更多的学者则认为如果不做点什么，很多非物质文化遗产有可能会在很短的时间内消失，而一旦消失则不可能再生，因此，必须采取一些积极的保护措施。① 由于所要保护的非物质文化遗产具有一系列不同于文物和物质文化遗产的特点，而且这种保护需要采取积极性的措施，因此，safeguarding 一词被认为最合适，它不仅涵盖了采取积极性保护措施之寓意，还把 protection 之类的保护包括在内。可以说，从 protection 的"保护"到 safeguarding 的"保护"之用语的变化，正好标志着国际社会从物质文化遗产保护向非物质文化遗产保护的巨大转变。

从法律用语的逻辑性来看，英语的 safeguarding 与 protection 的区别，保证了法律用语之上下位概念的一致性，但在汉语语境中，safeguarding 与 protection 则都被翻译为"保护"（甚或"保存"），其中的差异并不明显。如此不加区分地使用"保护"一词，就有可能导致出现上下位概念的混乱，为避免此种现象的发生，中国《非物质文化遗产法》的名称未使用"保护"一词，而是在第一条的"立法宗旨"中，明确了非物质文化遗产的"保护"与"保存"问题，从而回避了法律用语的不严谨可能带来的困惑。

虽然并未在法律名称中使用"保护"（safeguarding）一词，但中国该法的具体规定，却大体上应该涵盖《保护非物质文化遗产公约》第二条第三项中对 safeguarding 所界定的九种措施。以下将结合《非物质文化遗产法》中的具体规定，分析中国对非物质文化遗产的实施法律保护的具体措施。

二、《非物质文化遗产法》中的"保护"（safeguarding）

受到加盟《保护非物质文化遗产公约》的影响，2011 年中国出台的《非物质

---

① *Glossary Intangible Cultural Heritage*, prepared by an international meeting of experts at UNESCO, 10 – 12 June 2002, edited by Wim van Zanten, Netherlands National Commission for UNESCO, The Hague, August 2002.

文化遗产法》，在很多地方都可以看到《保护非物质文化遗产公约》的影子，当然，这同时也是中国接受国际公约之约束的表现。《公约》界定的九种"保护"（safeguarding）措施，在中国《非物质文化遗产法》中也大多有所体现。

首先，"保护"的前提是对需要保护的非物质文化遗产进行"认定"。这里的"认定"含有对非物质文化遗产的价值判断，亦即具有某种价值倾向的非物质文化遗产被认为应该得到保护，但这同时也就意味着并非所有的非物质文化遗产皆能够得到保护。这一价值判断在《保护非物质文化遗产公约》与《非物质文化遗产法》中存在着一些差异。《保护非物质文化遗产公约》第二条第一项对"非物质文化遗产"进行了如下定义：

> "非物质文化遗产"，指被各社区、群体，有时是个人，视为其文化遗产组成部分的各种社会实践、观念表述、表现形式、知识、技能以及相关的工具、实物、手工艺品和文化场所。这种非物质文化遗产世代相传，在各社区和群体适应周围环境以及与自然和历史的互动中，被不断地再创造，为这些社区和群体提供认同感和持续感，从而增强对文化多样性和人类创造力的尊重。在本公约中，只考虑符合现有的国际人权文件，各社区、群体和个人之间相互尊重的需要和顺应可持续发展的非物质文化遗产。

上述定义结尾部分的"符合现有的国际人权文件，各社区、群体和个人之间相互尊重的需要和顺应可持续发展的非物质文化遗产"，便是对应该予以保护的非物质文化遗产的价值判断。这一内容在公约的序言中就已经阐明：

> 参照现有的国际人权文书，尤其是1948年的《世界人权宣言》以及1966年的《经济、社会及文化权利国际公约》和《公民权利和政治权利国际公约》。

此处的价值判断包括人权的国际共识、社区及族群的相互尊重以及可持续发展等，亦即在一个国家、社区或者族群中歧视其他国家、社区或族群，或侵害他人人权，或不人道的传统文化，是不可以以非物质文化遗产的保护之名而被正当化的。例如，一些非洲、阿拉伯国家的部落中依然流行的女性"割礼"习俗，本是按照其民族宗教传统的成人仪式，但从医学以及人道的视点来看，女性部分身体器官的切除所带来的风险以及伴随一生的身心痛苦等，均远远高于男性的"割礼"。因此，这些国家很难以非物质文化遗产之名对其进行保护，针对这种情况，则应该优先尊重女性的人权。①

与国际公约对非物质文化遗产认定的价值判断相比较，中国《非物质文化遗产

---

① ［日］七海ゆみ子：《什么是无形文化遗产？》，彩流社2012年版，第68页。

法》对非物质文化遗产的价值判断，主要表现在第一条的立法宗旨当中：为了继承和弘扬中华民族优秀传统文化，促进社会主义精神文明建设，加强非物质文化遗产保护、保存工作，制定本法。

此处的价值判断标准是"中华优秀传统文化"以及"社会主义精神文明建设"等抽象化和原则性的标准，其便利之处在于国家可按照自己的意愿和需要去阐释"中华优秀传统文化"和"社会主义精神文明建设"的内容。以"缠足"这一已经过时的风俗为例，最便利的解释通常是它不属于优秀的中华传统文化（甚至可以说是糟粕），因此对其是否进行保护的答案，当然是否定的。若是以公约所确定的人权、相互尊重以及可以持续发展等角度来分析，同样也可以得到否定性的答案。由这个假设的例子可以明确的是，依照中国已经加入的国际公约所确定的价值标准来"认定"中国的非物质文化遗产，并非不能解决中国的实际问题，这样做既是履行国际公约的表现，也可以避免因过度追求"中国特色"而被国际社会误解的情形发生。

在上述价值判断的前提下，中国《非物质文化遗产法》明确了非物质文化遗产的认定措施、认定标准（第三条）以及认定主体（第十二条），并在2006年颁布的《国家级非物质文化遗产保护与管理暂行办法》（2006年文化部令第39号）中还明确了国家级非物质文化遗产应该具备的基本条件（第七条）等。据此可知，中国对非物质文化遗产采取分级认定方式，亦即根据行政管辖级别的不同确定了不同的认定标准，多少体现了非物质文化遗产的社区（区域）性特点，但对其族群性特点的观照稍嫌不够。

其次，在非物质文化遗产的档案（documentation）建设以及研究（research）措施方面，国际公约只是指出了一个基本方向，具体措施需要由各成员国根据本国实际情况来制定。对此，2005年国务院办公厅发布的《关于加强我国非物质文化遗产保护工作的意见》（国办发〔2005〕第10号）明确提出"要运用文字、录音、录像、数字化多媒体等各种方式，对非物质文化遗产进行真实、系统和全面的记录，建立档案和数据库"，后《非物质文化遗产法》也将"记录、建档"等措施的实施主体由"国家"（第三条）落实到"文化主管部门和其他相关部门"（第十二条第一款、第十三条前段）①，但没有更具体的规定。有关非物质文化遗产的建档、

---

① 在《非物质文化遗产法》出台前，2006年颁布的《国家级非物质文化遗产保护与管理暂行办法》（文化部令第39号）第十四条已明确规定："国务院文化行政部门组织建立国家级非物质文化遗产数据库。有条件的地方，应建立国家级非物质文化遗产博物馆或者展示场所。"

档案管理、资料的保管以及公开①等，还需要在今后的实践中结合现行《中华人民共和国档案法》（1987年）、《中华人民共和国档案法实施办法》（1999年国家档案局令第5号）以及我国的博物馆、图书馆、文化馆等文化设施的行政管理办法等，制定相应的非物质文化遗产建档和记录资料的保管等措施。这里的"记录"虽在国际公约中没有提及，但建档本身可将其包括在内，故《非物质文化遗产法》将"记录"与"建档"合并在了一起。

至于"研究"的措施，由于"调查"与"研究"往往是一体的，因此《非物质文化遗产法》主要使用了"调查"一词。例如，设"调查"专章（第二章），明确了"县级以上人民政府和其他有关部门"和"文化行政主管部门和其他有关部门"是非物质文化遗产的调查实施主体（第十二条第一款前段、第二款前段）；进而规定了调查的手段、方式、方法以及实施调查的要求和调查的基本原则（第十二条第一款后段、第二款后段）；鼓励"公民、法人和其他组织"（第十四条）进行调查；要求调查时注意"全面调查"和"重点调查"相结合（第十七条）。同时，还建立了"外国人调查许可"（第十五条第一款）与"共同调查"（第十五条第二款）的相关制度。建档与调查（研究），两者往往是密切互动的，在调查研究过程中，自然会涉及档案的建立和资料的保存问题；同时，在建档过程中，也存在调查研究的成果如何管理与公开等问题。不过，在建档与调查研究之间实际上会存在一个追求学问过程中"调查资料与研究成果"的个人管理与政府建档行为之间的时间差问题。因此，建档措施无法涵盖所有非物质文化遗产调查与研究的内容，而且，所建档案的公开性与调查研究的个体性之间也存在着一定的差异。

再次，"保存"与"保护"是中国《非物质文化遗产法》的一对相互密切关联的核心概念。《非物质文化遗产法》明确了各级"文化主管部门负责"各自辖区的"非物质文化遗产的保护、保存工作"（第七条第一款）；"其他有关部门在各自职责范围内，负责有关非物质文化遗产的保护、保存工作"（第七条第二款）。"保存"涉及非物质文化遗产的名录以及有关实物的保存与管理，"保护"则是以对非物质文化遗产传承人的动态性培养为核心。② 因此，《非物质文化遗产法》确立了

---

① 关于非物质文化遗产档案以及相关数据信息的公开问题，《非物质文化遗产法》第十三条附加了"除依法应当保密的"条件。笔者认为，这与非物质文化遗产的公共性相悖。表面看来，这一附加条件有可能是对非物质文化遗产的一种保护，但也有可能成为非物质文化遗产的宣传、弘扬、传承（通过正式或非正式教育的方式）以及振兴的障碍。对于在社区、族群、团体及个人之间传播或共享的非物质文化遗产而言，保密的责任主体具有不确定性，这就使其可保密性本身受到质疑，亦即为很多人知晓、但又无法承担保密义务的非物质文化遗产本身，不具有可保密性。

② ［日］樱井龙彦著，虞萍译：《为了文化遗产的和平有效利用》，见陶立璠、樱井龙彦主编《非物质文化遗产学论集》，学苑出版社2006年版，第151－152页。

"非物质文化遗产代表性项目名录"（第三章）以及"代表性传承人"认定制度（第二十九条），明确了诸如代表性名录的程序、提交的材料（第十九条）、推荐与建议（第二十条）、审议（第二十二条）、公示和公布（第二十三、第二十四条）以及代表性传承人的认定标准（第二十九条）、传承人的权利和义务（第三十、第三十一条）等一系列必要的规范。不过，该法规中应该说还有不少条款尚缺乏具体的可操作性。例如，《非物质文化遗产法》规定"鼓励和支持公民、法人和其他组织参与非物质文化遗产保护工作"（第九条），制订"保护规划"和"专项保护规划"，"对濒临消失的非物质文化遗产项目予以重点"和"区域性整体保护"（第二十五条），等等，但都没有进一步的具有可操作性的法律条文能够将其落实。

从次，"宣传"（promotion）与"承传"（transmission）的措施，在中国《非物质文化遗产法》中，多是以"国家"或各级政府为实施的主体。例如，"国家……对……非物质文化遗产采取传承、传播等措施予以保护"（第三条），"县级以上人民政府应当加强对非物质文化遗产保护工作的宣传，提高全社会保护非物质文化遗产的意识"（第八条），"国家鼓励和支持开展非物质文化遗产代表性项目的传承、传播"（第二十八条），等等。由于非物质文化遗产的传承基本上是以"传承人"为核心而展开的，因此，《非物质文化遗产法》要求获得"认定"的"代表性传承人"必须"积极开展传承活动"（第二十九条第一项），并承担"开展传承活动，培养后继人才"（第三十一条第一款第一项）、"参与非物质文化遗产公益性宣传"（第三十一条第一款第四项）等方面的义务。此外，该法还要求"县级以上人民政府文化主管部门……支持非物质文化遗产代表性项目的代表性传承人开展传承、传播活动"（第三十条）；"新闻媒体应当开展非物质文化遗产代表性项目的宣传，普及非物质文化遗产知识"（第三十四条第二款）；规定图书馆、博物馆和文化馆等公共文化机构和非物质文化遗产的学术研究、保护机构等，均应当开展有关非物质文化遗产的整理、研究、学术交流和非物质文化遗产代表性项目的宣传、展示（第三十五条）；等等。

最后，由于非物质文化遗产被认为具有"活态性"①与"资源性"②的特点，所以，通过以上诸多保护措施的实施，便有可能促使非物质文化遗产得到"弘扬"（enhancement）与"振兴"（revitalization）。为此，《非物质文化遗产法》明确提出了"生产性保护"③的原则，亦即"国家鼓励和支持发挥非物质文化遗产资源的特

---

① 贺学君：《关于非物质文化遗产保护的几点理论思考》，见陶立璠、樱井龙彦主编《非物质文化遗产学论集》，学苑出版社2006年版，第107-108页。
② 方李莉：《西部人文资源与西部民间文化的再生产》，载《开放时代》2005年第5期，第79-93页。
③ 信春鹰主编：《中华人民共和国非物质文化遗产法释义》，法律出版社2011年版，第85-86页。

殊优势，在有效保护的基础上，合理利用非物质文化遗产代表性项目开发具有地方、民族特色和市场潜力的文化产品和文化服务"（第三十七条第一款）；还要求"开发利用非物质文化遗产代表性项目的，应当支持代表性传承人开展传承活动，保护属于该项目组成部分的实物和场所"（第三十七条第二款）；规定国家对"合理利用非物质文化遗产代表性项目"的企业等给予"税收优惠"（第三十七条第三款）。与此同时，为避免在利用过程中对非物质文化遗产造成破坏，国务院早在2005年发布的《关于加强文化遗产保护的通知》（国发〔2005〕42号）中就明确了"保护为主、抢救第一，合理利用、传承发扬"的基本方针。应该说，这一方针在《非物质文化遗产法》中是得到了较好的体现。

上述对文化遗产的保护措施无论怎么具体化，其大体上均可以划分为两大类，亦即"保存"与"合理利用"。对于物质文化遗产而言，一般是比较偏重于"保存"，其次才是"合理利用"；但对于活态的非物质文化遗产而言，"合理利用"通常要优先于"保存"。从世界各国对非物质文化遗产的保护实践来看，无论采取什么样的具体措施，无非都是在对非物质文化遗产之"传统性的确保"与尽可能维系其"存续"的基础上，对其予以"保存"及"合理利用"。但是，由于很多非物质文化遗产是在民众的现实生活中依然存续，甚至是活态地传承着的，而作为非物质文化遗产的传承主体——传承人，又往往会受生活环境、意识变化等时代因素的影响，其自身观念也会发生变化。因此，以继承和发展为核心的"合理利用"，一定程度上均可能导致出现在当前非物质文化遗产保护工作中所必须承认的新变化。①从《保护非物质文化遗产公约》中的多种"保护"（safeguarding）措施以及中国《非物质文化遗产法》的具体规定来看，都体现出这一要点：在确保非物质文化遗产之"传统性"以及努力维系其存续状态的基础之上，对其进行"保存与合理利用"。那种将"保护"僵硬地理解为原封不动、一成不变的固定化的思维或观点，其实是并不明白非物质文化遗产保护的真谛。

三、《非物质文化遗产法》的"保护"（safeguarding）措施之完善

非物质文化遗产的特殊性与复杂性，决定了对其需要采取的保护措施的多样性。从《保护非物质文化遗产公约》以及《非物质文化遗产法》所确定的各种"保护"（safeguarding）措施的具体内容来看，中国《非物质文化遗产法》基本沿用了公约的相关规定。由于公约确定的保护措施需要各缔约国根据本国实际情况具

---

① ［日］大岛小雄：《無形民俗文化財的保護——面向無形文化遺產公約》，岩田书院2007年版，第117-121页。

体化，中国《非物质文化遗产法》确实也在这方面做出了许多有益的尝试，只是在具体措施的可操作性等方面尚存在一些问题。为此，笔者认为，未来还应该通过修法而在以下几个方面做进一步的完善。

首先，从非物质文化遗产所涵盖内容的复杂性及特殊性来看，前述九种保护措施无疑是必要的，但也不是所有类型的非物质文化遗产都需要通过这九种措施来予以保护，亦即针对不同种类的非物质文化遗产之保护措施的侧重点应该有所不同。以"民间文学""传统技艺"以及"民俗"这三类非物质文化遗产为例，其各自传承的特殊性，也就决定了应该根据其各自的特性选择适当和具体的保护措施。仅仅因为一个口碑传说故事，地方政府就大兴土木，此类"合理利用"或"保护"已经出现了不少失败的案例，教训可谓深刻。《非物质文化遗产法》虽将国内非物质文化遗产保护实践中的一些经验具体落实到了法律中，却无法将公约确立的多种保护措施根据中国非物质文化遗产的不同种类加以分别对应，而只是笼统地将其罗列在各相关条文之内。造成混乱的原因还在于对非物质文化遗产的分类。通过2005年《国家级非物质文化遗产代表作申报评定暂行办法》及2006年《国家非物质文化遗产保护工作专家委员会名单》等行政法规等，所确定的非物质文化遗产十大分类①（也可称为代表作项目），与《非物质文化遗产法》第二条所列举的非物质文化遗产的具体内容在文字表述上存在差异。从表面上看，这种文字表述的差异不是多大的问题，但实际上，它会给人们对非物质文化遗产的认识和学术研究造成不必要的混乱，从而影响保护措施的确定与实施。因此，未来的法律修订若能在法律和法规上均明确和统一适合中国国情与保护工作实践的非物质文化遗产的科学分类，那将成为中国特色的非物质文化遗产保护法律制度的一个重要亮点，也可以使非物质文化遗产的保护工作更上一层楼。建议对在中国特色的保护实践中形成的非物质文化遗产的十大分类进一步做深入研究，从而形成既符合学术研究的科学逻辑性，又符合非物质文化遗产行政之便利性原则的新分类，然后用它取代目前模仿《保护非物质文化遗产公约》第二条第二项的《非物质文化遗产法》第二条第一款所列非物质文化遗产的内容。

其次，中国制定的行政法律和法规长期以来始终存在着不具体、缺乏可操作性的问题，某种程度上，《非物质文化遗产法》也不例外。这意味着《非物质文化遗产法》规定的保护措施也多少存在着需要进一步具体化、使其更加具有可操作性的问题。例如，从条文文本来看，"总则"第三条规定的"国家对非物质文化遗产采

---

① 亦即"民间文学及语言""传统（民间）音乐""传统（民间）舞蹈""传统戏剧""曲艺""传统体育、游艺与杂技""传统（民间）美术""传统技艺""传统医药""民俗"。

取认定、记录、建档等措施予以保存,对……非物质文化遗产采取传承、传播等措施予以保护"等与"分则"第十二条、第二十八条的规定之间,几乎只是将"国家"置换为"文化主管部门和其他有关部门",而法律条文的实质含义并没有多大差别,仅仅是将"国家"通过"……认定、记录、建档等措施"保护、保存非物质文化遗产的责任落实到"文化主管部门和其他有关部门"而已。同时,条文频繁使用"鼓励"和"支持"(第九条、第二十八条、第三十条、第三十三条、第三十四条)、"根据需要"(第十一条、第三十条)、"结合实际情况"(第三十二条)、"予以扶持"(第三十七条第三款)等不确定性用语,容易使文化遗产行政机关或有关部门不作为甚或逃避法律责任。因此,未来的法律修订或完善应该将"鼓励""支持"等说辞落实到具体举措之中才对。

  再次,前述多种保护措施的实施都离不开资金的支持,为此《保护非物质文化遗产公约》第六章专门规定了信托基金——"非物质文化遗产基金"制度。相对而言,中国《非物质文化遗产法》没有采用这一做法,而是按照国内通常的财政资金的利用与管理办法来落实非物质文化遗产的保护资金,亦即所谓"专款专用"的自律式资金管理办法。但是,专款专用在中国财政资金的管理上往往只是一个理想,实际上地方政府的财政资金挪用现象颇为常见,更何况《非物质文化遗产法》使用了很多诸如"根据需要""结合实际情况"等不确定的、灵活的用词,其结果就有可能造成这些列入财政预算的非物质文化遗产保护资金无法落到实处,而且最终还有可能找不到应该承担此方面责任的责任人。若能将资金的拨付与管理、使用分开,责任就容易明确,同时要求资金的管理与使用必须公开,这样就可以杜绝上述不利于非物质文化遗产之保存和保护的情形发生。对此,笔者认为,未来在修改《非物质文化遗产法》或制定该法的实施细则时,应该将列入"财政预算"的"保存、保护经费"与资金的管理、利用分别开来,进而明确非物质文化遗产之保存与保护计划的制订、计划的实施及监督等应由不同的机构来实施。

  最后,非物质文化遗产的"传承"离不开对非物质文化遗产项目的"合理利用",为了鼓励对非物质文化遗产的合理利用,《非物质文化遗产法》规定"合理利用非物质文化遗产代表性项目的"单位,可"依法享受国家规定的税收优惠"(第三十七条第三款)。然而,可以享受税收优惠政策的为什么只有单位,而没有个人例如传承人呢?尽管传承人是非物质文化遗产得以传承的主体,可除了传承人,应该还有"传承团体"的存在。然而,《非物质文化遗产法》中并未对"传承团体"有所规定。此外,所谓依"法"享受"税收优惠",这里的"法"究竟是指《非物质文化遗产法》还是有关的税法?在中国目前的税收法律制度当中,尚找不到与非物质文化遗产直接相关的税收优惠之规定。虽说在《非物质文化遗产法》中有此规定，却没有明确到底是享有哪一种税收优惠，是"增值税""营业税"还是"所得税"？而且没有规定享有多少优惠，到底是全额免除、半额免除还是享有百分之几的优惠？因此，今后的法律修订和完善，还应该进一步扩大税收优惠的享受主体，并明确税收优惠的税种与优惠比例等，否则，旨在保护非物质文化遗产的相关税收优惠制度就容易沦为一句空话。

总之，《保护非物质文化遗产公约》中提及的九种"保护"（safeguarding）措施，大体上只是对非物质文化遗产进行保护的轮廓性指南，其更为具体的措施还需要各国结合各自的实际国情予以落实，并在不断的保护实践中逐步完善。从中国《非物质文化遗产法》诸多条文的规定来看，上述多种保护措施基本上都有反映，但总体上还是缺乏更为具体、详细和具有可操作性的规范。作为一部最为重要的指导和规范中国今后非物质文化遗产保护工作的行政法，《非物质文化遗产法》在很多方面仍需要做进一步的修订和完善。

论文化遗产保护的三组关键理念①

钱永平②

一、早期的文化遗产保护实践

在文化遗产保护的早期阶段,"文物"和"文化财"术语普遍为各国政府保护机构和研究者所使用。把值得继承的文物由国家予以专门保护的理念,始于 19 世纪现代国家的出现,即欧洲各国从民族记忆、国家财富等角度重新认识和阐释历史建筑、珍贵的艺术作品,并将这种认识转变为系统的专业理论纳入国家制度体系,由此开启了国家立法保护文物的新时代。1931 年,第一个国际性文物保护文件——《历史性纪念物修复雅典宪章》诞生,源自欧洲的文物保护观念由此传播到全球不同的文化体系中,随之产生了一系列文物保护的国际文件,文物保护逐渐成为公众关注的话题,出现了专以保护文物为目的的职业机构。

在国家层面,"文化财产"这一术语最早出现在日本 1950 年通过的《文化财保护法》中,也是"无形文化财"术语首次出现在国家层面的立法中。"文化财产"这一术语在国际社会多用于概括要保护的珍贵文物、艺术作品、遗址古迹、古建筑等。在国际法中,"文化财产"首次出现在 1954 年《武装冲突中文化财产保护公约》(Hague Convention for the Protection of Cultural Property in the Event of Armed Conflict,以下简称《海牙公约》)中。1970 年的国际公约《关于采取措施禁止和防止非法进出口文化财产和所有权非法转让的公约》(The Convention on the Means of Prohibiting and Preventing the Illicit Import, Export and Transfer of Ownership of Cultural Property)也使用了"文化财产"这一术语。这一公约根据宗教或世俗的理由,列出了 11 类具有重要考古、史前史、历史、文学、艺术或科学价值的财产,几乎涵盖了所有与文化有关的物质财产。

许多学者认为,"文化财产"这一术语将焦点过于集中在所有权、归属权上,忽略了其所包含的现实对象承载的更为广泛的感情和价值方面的细微差异(value-

---

① 此文为 2012 年 12 月 14—16 日中山大学中国非物质文化遗产研究中心主办的"中国非物质文化遗产法治建设学术研讨会"论文,曾发表于《江南大学学报》2013 年第 2 期,修订后收入本书。
② 钱永平,晋中学院旅游管理学院讲师。

laden nuances)。① 作为替代，此后大部分国际文件以"文化遗产"代替"文化财产"。

"文化遗产"作为一个开放性词汇，因含有"遗产"字眼而天然地与"继承"内涵联系在一起。在非物质文化遗产（以下简称"非遗"）这一新的文化遗产类型出现之前，1972 年《保护世界文化和自然遗产公约》（以下简称"1972 年公约"）使用了"文化和自然遗产"的术语，将保护对象正式划分为"文化遗产"和"自然遗产"，公约第一条、第二条就文化遗产和自然遗产分别给出了定义②，在国际法层面拓展了文化遗产的内涵与外延。在不断反思保护实践的基础上，1972 年公约鉴于这两个术语把文化与自然割裂对立起来，脱离了文化遗产的实际情况，于是又把文化遗产与自然遗产整合起来，统一使用"世界遗产"来概括人与文化遗产之间的关系。

最初，欧美文化遗产保护经验主导了 1972 年公约的实施，重心是物质文化遗产的保护（conservation）和保存（preservation），而不是当下社会有关文化遗产的各种观念和对文化遗产的利用。随着 1972 年公约影响日益扩大，文化遗产术语的使用越来越开放，被人们无意识地使用在各种表述中。但是同为联合国教科文组织（以下简称"UNESCO"）2003 年出台的《保护非物质文化遗产公约》（以下简称"2003 年公约"）直接视非遗保护为"人类共同关注的事项"，而 1972 年公约把世界遗产视为"人类共同遗产"而加以保护，我国则更倾向于从"文化资源"的角度来审视文化遗产。

下文将在前人研究的基础上，结合国际社会和我国文化遗产方面的正式法规文件，分析文化遗产保护的三个理念，重点阐述支配非遗保护实践的"人类共同关注"理念。

二、人类共同遗产

"人类共同遗产"（Common Heritage of Mankind）的理念源于人类为保护自然生态，解决各国在海洋等自然资源方面的争端时，反思何为"共同利益"的收获之

---

① Peter K. Yu, *Cultural Relics, Intellectual Property, and Intangible Heritage*, see http://www.tobunken.go.jp/~geino/pdf/sympo/07KeynoteSpeech2Aikawa.pdf, 11/23/2011.
② 1972 年公约对文化遗产的定义是："从历史、艺术或科学角度看具有突出的普遍价值的建筑物、碑雕和碑画、具有考古性质成分或结构、铭文、窟洞以及联合体；从历史、艺术或科学角度看在建筑式样、分布均匀或与环境景色结合方面具有突出的普遍价值的单立或连接的建筑群；从历史、审美、人种学或人类学角度看具有突出的普遍价值的人类工程或自然与人联合工程以及考古址等地方。"

一,以及在维护世界和平的行动中取得的共识。① 这一理念体现出对人类共同利益的关注,渐渐地成为国际社会保护自然和其他文化的支配原则之一。根据《联合国海洋法公约》《月球协定》《南极条约》等国际法规,联合国提出的"人类共同遗产"理念涉及以下原则:

(1) 人类共同遗产不属于任何个人和国家,而属于全人类,任何私人或国家都不得独占,应实行国际管理。

(2) 以维护国际和平与安全为前提,确保人类共同遗产的非军事化。

(3) 坚持可持续发展政策,注意环保,坚持相关收益可以公平地分配给当代世界所有国家以及全人类的后代。

1954年,吸取"二战"的教训,为避免战争期间文物被毁,UNESCO在荷兰海牙通过了《海牙公约》。由这份国际法,"人类共同遗产"理念在文物保护领域占据了一席之地,产生了法律效力。1960年,UNESCO应埃及的请求,发起了努比亚遗址国际保护运动②,不仅改变了公众对物质遗产保护合作的认识,还推动了"人类共同遗产"理念与文化政策的有力结合,在世界范围内调动人们保护文化遗产的积极性。1962年,国际社会又发起了保护纪念文化遗产的行动,即保护威尼斯。1968年通过了《关于保护受公共或私人工程危害的文化财产的建议》(*Recommendation concerning the Preservation of Cultural Property Endangered by Public or Private works*),1970年通过了《关于禁止和防止非法进出口文化财产和非法转让其所有权的方法的公约》。

1966年,UNESCO大会通过了著名的《国际文化合作原则宣言》(*Declaration on the principles of International Cultural Cooperation*)。宣言第一条开明宗义地指出:每一种文化有其尊严和价值,必须受到尊重和保存;每一个人都有权利和责任去发展自己的文化,这些丰富而多样并互为影响的各类文化,是人类共同遗产的组成部分,属于全人类。③ 严格地讲,《国际文化合作原则宣言》并没有从法律角度使用文化遗产概念,但"人类共同遗产"理念已成为UNESCO文化政策领域的关键

---

① 葛勇平:《论"人类共同遗产原则"与相关原则的关系》,载《河北法学》2007年第11期,第119-122页;欧斌:《论人类共同继承财产原则》,载《外交学院学报》2003年第4期,第106-111页。

② 有关努比亚遗址国际保护运动的详细介绍,见李春霞《遗产:源起与规则》,云南教育出版社2008年版,第25-28页。

③ 英文原文为:"Article one: 1. Each culture has a dignity and value which must be respected and preserved. 2. Every people has the right and the duty to develop its culture. 3. In their rich variety and diversity, and in the reciprocal influences they exert on one another, all cultures form part of the common heritage belonging to all mankind."。

要素。①

　　1972年公约的保护目标与联合国维护世界和平的宗旨具有一致性，这一公约的制定受到"人类共同遗产"理念的影响很大，从1972年公约的前言中我们可以看出："（7）现有关于文化和自然遗产的国际公约、建议和决议表明，保护不论属于哪国人民的这类罕见且无法替代的财产，对全世界人民都很重要；（8）考虑到部分文化或自然遗产具有突出的重要性，因而需作为全人类世界遗产的一部分加以保护。"前言这两段清晰地表明1972年公约中规定的文化遗产属于全人类。文化遗产学者阿特尔·奥姆兰德认为1972年公约的核心理念就是文化遗产属于公众，亦即1972年公约中的世界遗产委员会指出的，世界遗产的核心特质是普世性，即世界遗产地属于全世界所有人，不论它坐落在哪个国家或地区。②

　　世界遗产委员会认为，文化遗产来自过去，是当代送给未来的礼物（a gift from the past to the future）。这句话就把文化遗产的过去、现在、将来有机地联系在一起，融入了"代际平等"思想，视世界遗产为"全人类共同继承"，值得人类珍惜并好好保护下去，具有很强的伦理意义，日益成为共识，产生了巨大的国际影响。

　　但这一理念也与国家主权和利益发生了冲突，为此1972年公约在文化遗产归属权、所有权、《世界遗产名录》评选、文化遗产地国家和国际社会利益共享等方面不断进行探索，寻求物质文化遗产保护与人类共同利益的紧密结合，并与国家责任感联系起来，使文化遗产得到各国妥善的保护和管理。

　　除1972年公约外，UNESCO 1989年《关于保护传统文化与民俗的建议案》也沿用了"人类共同遗产"的提法："考虑到民间创作是人类的共同遗产，是促使各国人民和各社会集团更加接近以及确认其文化特性的强有力手段。"2001年《世界文化多样性宣言》也把文化多样性视为"人类的共同遗产"，其第一条指出："文化多样性是人类的共同遗产，应当从当代人和子孙后代的利益考虑予以承认和肯定。"2005年《保护和促进文化表现形式多样性公约》（以下简称"2005年公约"）延续了这一思想，其前言提出："认识到文化多样性是人类的共同遗产，应当为了全人类的利益加以珍爱和维护。"

　　2005年，欧盟委员会起草的《文化遗产社会价值框架公约》（*Framework Convention on the Value of Cultural Heritage for Society*）将文化遗产视为特定社会群体认同，并继承了来自过去的资源，体现、反映了他们持续的价值观、信仰、知识和传

---

① *Working towards a Convention on intangible cultural heritage*, see http://www.unesco.org/culture/ich/index.php?lg=en&pg=00308.

② 李春霞：《世界遗产：人类共同继承的遗产》，载《重庆文理学院学报》2008年第3期，第5–11页。

统的演进，包括人与时空互动中形成的所有方面。① 在此基础上，界定出了促进欧洲稳定、凝聚欧洲文化共同感的"欧洲共同遗产"的内涵。

这表明，"人类共同遗产"意味着全人类应该树立这种价值观，保护"共同遗产"是人类需要履行的道德责任。在国际法作用下，"人类共同遗产"在文化层面正不断获得承认和贯彻。在我国，从法学层面对文化遗产保护与"人类共同遗产"理念关系的研究也正不断深入，内容侧重于人权、自然生态、文物保护等方面。我国虽然已经加入 1972 年公约、2005 年公约，但还没有"人类共同遗产"的立法意图，而国内文化遗产法规和保护实践为此已经做出哪些调整，还需进行哪些调整，也是文化遗产研究的重要议题之一。

三、文化遗产"资源"观

方李莉认为，在我国，文化遗产被理解为是前代人的遗留物，来自过去，在当代不再发挥效用的，至少是不再完全发挥效用的传统文化，曾被视为阻碍社会发展而遭到贬损与否定，冠以我们极为熟悉的"落后文化""旧的传统""保守""封建""迷信"等刻板符号，这源自中国近代受侮辱与殖民的历史语境。在经济得到长足发展之后，人们把这些遗留物清除完之后，怀旧成为人们保护传统文化的原因。她认为，非遗始于 UNESCO 的提倡，保护理论体系来自国外，很多人不知道文化遗产保护是怎么一回事，惯常的反应是发展旅游。所以，我国也许只有文物保护体系，而没有文化遗产保护体系。② 著者的上述观点指出，出于历史的原因，我们没有自己的文化遗产保护理论，更谈不上文化遗产在知识层面的传播，这使得我国公众文化遗产保护意识普遍缺失。

在此基础上，方李莉沿用费孝通先生"人文资源"③ 的思路，着重从"资源"的角度阐述文化遗产保护。她认为，文化遗产不仅是来自过去的文化表现形式，更是当今社会发展的宝贵文化资源，能不断为人们提供精神和物质上的需要，强调文化遗产的资源意义和价值。目前，人们对文化遗产的理解并不能充分体现当代赋予文化的多重意义，因此视文化遗产为资源时，就是要文化遗产融入当代生活。而当

---

① 原文是："Cultural heritage is a group resources inherited from the past which people identity, independently of ownership, as a reflection and expression of their constantly evolving values, beliefs, knowledge and traditions. It includes all aspects of the environment resulting from the interaction between people and places through time."。

② 方李莉：《遗产：实践与经验》，云南教育出版社 2008 年版。

③ 费孝通先生对人文资源的定义是："人类从最早的文明开始一点一点地积累、不断地延续和建造起来的。它是人类的历史、人类的文化、人类的艺术，是我们老祖宗留给我们的财富。人文资源虽然包括很广，但概括起来可以这么说：人类通过文化创造，留下来的、可以供人类继续发展的文化基础，就叫人文资源。"（费孝通、方李莉：《关于西部人文资源研究的对话》，载《民族艺术》2001 年第 1 期，第 9 页）

"创新"一词在当下非遗保护实践中不断遭到滥用时,方李莉指出:"创新也是一种保护方式。""民众有时比我们更知道,他们应该如何生活,如何创造新的文化。"① 这一观点贯穿于她西部人文资源的一系列研究著作中。②

在法规层面,响应 2003 年公约,我国官方正式法规文件《国务院办公厅关于加强我国非物质文化遗产保护工作的意见》把非遗与文化资源联系起来:"非物质文化遗产是各族人民世代相承、与群众生活密切相关的各种传统文化表现形式和文化空间。非物质文化遗产既是历史发展的见证,又是珍贵的、具有重要价值的文化资源。"结合方李莉的讨论,笔者认为,视文化遗产为资源,重点在于利用资源并使当代人从中受益,其背后蕴含着人类学关于"文化再创造"的理论视角,侧重于那些被我们视为非遗的文化形式在当代的重新被发现和创新,但把发现和利用的主体转向了"民众"。民众是哪些人?在理论层面如何对非遗"创新"做出内涵上的诠释?上述文化遗产的"资源化"观点如何在理论层面得到发展?这些问题都是十分值得研究的,沿着这个思路,或许能形成基于我国国情的文化遗产理论。

在人的发展主要用于为经济服务的社会语境中,把"文化资源"和文化遗产尤其是非遗联系在一起有其必然性的一面。当我们使用"文化遗产"时,表明它是与特定群体相联系的。较之这一内涵,文化资源则包容了当代文化产业盛行背景下"利用"的内涵,追求更多人来共享、消费它们。这点也是为我国公众所津津乐道的。如起用云南草根舞蹈演员但在商业票房上获得极大成功的《云南印象》,被视为非遗在当代传承的典型样本。再如河南的少林武术产业,1982 年电影《少林寺》公映后,逐渐带动起旅游、教育、电子游戏、表演等文化产业。1984 年,260 万人到河南登封县旅游;2004 年,到少林寺的游客按每人消费 200 元计算,登封的经济收益为 2.2 亿元;少林寺周围的武校有 5 万学生,按每人每年消费 1 万元计算,是 5 个亿;2005 年,经少林寺授权,由台湾地区开发的大型网络《少林传奇》游戏举行公测;同年,舞剧《风中少林》在北京保利剧院上演。③

上述案例表明,作为文化资源的非遗,进入市场形成产业链效应,是经济潜力巨大的文化资本。而许多传承濒危的非遗因稀缺和不可再生性特征也具备了经济增值潜力,成为有待文化产业开发利用的传统文化资源。

---

① 方李莉:《从"遗产到资源"的理论阐释——以费孝通"人文资源"思想研究为起点》,载《江西社会科学》2010 年第 10 期,第 196、197 页。
② 该系列研究著作包括《西部人文资源论坛文集》《从遗产到资源——西部人文资源研究报告》《西行风土记:陕西民间艺术田野笔记》《梭戛日记:一个女人类学家在苗寨的考察》(均于 2010 年由学苑出版社出版)。
③ 黄永军:《发展文化产业要科学利用"非遗"资源》,载《文化产业导刊》2012 年第 9 期,第 73-74 页。

四、人类共同关注

在 UNESCO 官方文件中，文化多样性被视为"人类共同遗产"。与文化多样性关系密切的 2003 年公约文本没有使用文化财产、文化资源、人类共同遗产中的任何一个表述，该公约正式文本序言第六段指出"保护人类非物质文化遗产是人们的普遍意愿和共同关注的事项（common concern）"。较之 1972 年公约"人类共同遗产"是指世界遗产，这一表述的重点落在了"保护"而不是"非遗"上。

参与 2003 年公约制定的文化遗产法学家 Janet Blake 指出，UNESCO 用"普遍性"（universal）评估非遗和发展各类非遗的保护计划是有困难的，因为要保护的是非遗对地方社区的特定价值，把普遍性观念应用于非遗价值评估时，与构建特定民族和社会群体的认同并不统一。如果把非遗视为普遍文化遗产，土著和地方社会可能会怀疑这是将其文化遗产"殖民化"或商业利用合法化的一种说法，① 因此非遗保护应受到普遍关注，但不是庆祝非遗作为"人类共同遗产"所具有的普遍价值。②

Janet Blake 的这一观点有着国际法律研究的背景，从她的研究中可以看出，"人类共同关注"（Common Concern of Mankind）这一术语的运用源自生态保护，因生态环境关系到全人类的生存利益，理解这一术语的核心主要是各国在国际层面的合作和责任分担，而不是利益分配和国际利益的合法化。③ 基于这样的理解，"人类共同关注"被写入了 1992 年《生物多样性公约》中，该公约前言指出："确认保护生物多样性是全人类共同关切的问题。"该公约在关注全人类共同利益的基础上，发展出各国主权优先、事先知情权以及惠益分享机制的保护生物多样性资源的做法。

Janet Blake 的研究提醒我们，与"人类共同遗产"相比，写入 2003 年公约的"人类共同关注"才是非遗保护的观念基础，这与 2003 年公约积极提倡以非遗所在社区的民众为核心，让他们以自己的方式为基础进行非遗保护和传承的宗旨是一致的。在我国，"人类共同关注"这一观念的学术渊源及在非遗保护方面有哪些法律含义和影响，对国际法的研究几乎是空白。④ 目前急需各学科研究者在非遗保护方

---

① Janet Blake. *Developing a New Standard-setting Instrument for the Safeguarding If Intangible Cultural Heritage*, Paris, UNESCO, 2001, pp. 12–13.

② Noriko Aikawa-Faure, *UNESCO Convention for the Safeguarding of the Intangible Cultural Heritage-from its Adoption to the First Meeting of the Intergovernmental Committee*, see http://www.tobunken.go.jp/~geino/pdf/sympo/07KeynoteSpeech2Aikawa.pdf, 5/1/2011.

③ Janet Blake, "On Defining the Cultural Heritage," *International and Comparative Law Quarterly*, 2000 (1), pp. 70–71.

④ 相关文章见苏金远《文化多样性作为"人类共同遗产"与"人类共同关切"》，载《西安交通大学学报》2009 年第 5 期，第 77–85 页。

面收集更多资料，在梳理这一术语内涵的基础上，思考这一术语在我国非遗语境下是否有其独特之处。

应当说，上文提到"人类共同遗产"、文化资源和"人类共同关注"的文化遗产理念并不截然对立，而是各有侧重。鉴于非遗与生物和文化多样性关系密切，关系到人类生存和社会可持续发展。运用"人类共同关注"的文化遗产保护理念意味着对非遗保护的"共同责任感"，这会涉及以下情形。

首先，许多人并不是非遗的直接传承人或传承群体，但应树立保护非遗的意识。要实现对非遗保护的"共同关注"，必不可少的途径是推动不同文化间、不同个体间的交流，减少价值观念、保护行动方面的冲突和分歧。

其次，非遗根植于不同的社区群体文化脉络，都独具特色，体现着不同社区的历史认同和人类文化多样性。基于社区发展而来的非遗保护理念和具体方式也必定多样化，没有统一的格式。2003年公约就非遗保护没有给出特别硬性的规定，这意味着各缔约国保护非遗有极大的灵活性。当下世界各国根据自身情况，正发展出适用于本国的非遗保护和传承方式。在强调尊重各国社区民众生存、发展权益和非遗的基础上，从非遗保护的"人类共同关注"出发，各社区、各国就非遗的濒危和保护可以展开充分合作，互为参照，形成共同利益。

再次，2003年公约把保护非遗视为"人类共同关注"的事项，为破解跨界传播发展的非遗的申报、保护困境提供了灵感。对此，康保成针对非遗申报之争，提出了"文化边界"的观点。① 他指出，文化边界与行政边界是不同的，二者虽不截然对立，但也并不完全重合。行政边界是当代根据新的社会规则划分出来，对应相应的国家力量，但它并不能限制非遗的流传空间以及由此形成的文化边界。

事实也是如此，非遗在不同层面的地理区域流传是常态：不同社会的个体虽为有限的地理空间所制约，但同样可以欣赏彼此的文化，使文化边界得以延伸。当日本"国宝级"歌舞伎艺术家坂东玉三郎表演昆曲时，那是由于这位异域艺术家被中国的古典文化感染了，他将从这种文化中汲取出来的理解存放于自身心灵之中。在今天生活中更为常见的是，我们极有可能被距离自己十分遥远的某一文化形式深深吸引，如探戈、非洲音乐、意大利歌剧、美国NBA篮球联赛和欧洲足球比赛。这也是当代社会日益普遍的文化共享方式，被称为"文化游牧"。这一术语在毫不脱离自身文化之根的含义的基础之上，表明在信息传播技术迅速夷平地理阻隔的年代，不同社会的文化正前所未有地相互联系起来。

在一国范围之内，流传于相邻省区的非遗无孔不入地存在于当地民众的生活之

---

① 这一观点是2012年2月康保成老师指导笔者论文时提出来的。

中,如产生、流传于北方不同省区,但集中在黄河文化带的剪纸、民歌、皮影等非遗均在同一文化边界之内。晋剧、蒲剧、秦腔、豫剧表演者都行走于山陕豫省际。这些非遗是他们彼此亲近、和睦的文化纽带和凝聚力的标志。所以,我国非遗名录把某一文化形式用某一行政省份标示其所属,从文化角度看并无实质意义。

在世界范围内,不同时期、不同国家的文化进行交流和传播是非常频繁的。我国许多非遗源自异域,如受来自非洲的狮子传入我国的影响,形成了颇具中国文化特色的舞狮表演。成为UNESCO"人类非物质文化遗产代表作"中的越南中部高地的"铜锣乐器文化"(2005年)与我国广西、云南地区的铜鼓文化血脉相通,不丹的"达麦兹的鼓伴奏面具舞"(2005年)与我国接壤的西藏地区的藏戏艺术相类似[①]等。

基于上述原因,在UNESCO层面,不同国家联合申报同一项"人类非物质文化遗产代表作",如南美洲加利弗那语言、舞蹈和音乐(尼加拉瓜、洪都拉斯、危地马拉、巴西,2001年),地中海饮食(意大利、摩洛哥、非洲西北部、西班牙、希腊,2010年),猎鹰训练术则横跨亚洲、非洲、欧洲三大洲(阿拉伯联合酋长国、阿拉伯叙利亚共和国、沙特阿拉伯、卡塔尔、西班牙、斯洛伐克、韩国、摩洛哥、非洲西北部、蒙古、法国、捷克共和国、比利时,2010年)。这些案例鲜明地体现出不同国家之间文化接触和共处的历史,有的还带有殖民历史的痕迹。

综观上文对文化边界和文化分享的理解,康保成"文化边界"的观点是把文化而不是行政视为管理和政策制定的前提,而文化对人的感染力只会在人们意识深处产生,因此,文化边界也只会存在于人的深层观念意识之中。附着于人身上的非遗,在人类各个历史时期跨越地理界线,通过不同方式,如流浪、人员迁移、军事侵略、信仰宗教、贸易交往、大众传媒及互联网在不同地方和国家之间流传、变化。在这样的文化传播过程中,当原本陌生的各个社会群体相互了解了对方的文化时,便滋生了文化分享的深层意识。这也是不同的人不断克服偏见、歧视,进入文化接受、认同的动态过程,原本彼此区分的群体由此建立起共处的文化边界,并因共享而无限延展,这是任何外在的强制力量都难以禁止的。

所以,非遗归属存在于文化传播互动的过程中,是在人们心理层面形成的文化共享感觉,这是外在行政力量不能轻易改变的。它不会被国家主权和政府划分下的地理位置所限制,也不会完全由社会学中提到的人的肤色、性别、族群、社会阶层、经济发展程度甚至生活方式来决定,尽管这些因素会影响到文化边界的形成,

---

① 张振涛:《第三批"人类口头和非物质遗产代表作"评审纪事》,见中国非物质文化遗产网(http://www.ihchina.cn/Article/Index/detail?id=8564)2006年5月8日。

但文化边界更多地与精神、道德、人文价值观相联系。在当下的非遗保护中，各主权国、国内各级行政区域作为非遗项目申报的主体，忽略文化边界，标明自己对非遗的归属权，但这种归属标明给非遗保护带来了误解和分歧。

从"人类共同关注"的思路出发，结合文化边界看非遗的归属，我们需要清楚保护非遗不是孤立非遗，制造冲突，而是要保护非遗不断活态发展、传播的过程，培养人们对文化变迁的调节能力，善于倾听、合作的保护能力。从共同分享和保护责任感的高度，关注存在于不同地域的非遗。这一观念应成为行政决策过程中被衡量的因素，并不断得到巩固，提升社会整体的人文关怀程度。

UNESCO 在这方面已有积极的尝试，视文化为解决当代社会冲突的重要途径，实施的各种文化项目就是为促进文化多样性，以及文化共享和对话，从人的思想入手，实现"欲免后世再遭战祸，务必于人之思想中筑起保卫和平之屏障"的联合国的根本宗旨。2003 年公约作为国际法意义的重要性就体现在推进不同层面对非遗重要性的认识和不同国家之间非遗保护的国际合作①，UNESCO 鼓励多国联合申报人类非遗代表作正是具体表现之一。因此，"人类共同关注"的文化遗产观念有助于调整受国家行政力量主导的各层地理边界和因文化传播、交流而产生的文化边界二者之间的矛盾，是值得我们进一步深入分析的非遗保护思路。

综上所述，"人类共同遗产""人类共同关注""文化资源"作为文化遗产保护理念，实际上注入了人类的精神信念、价值理想，被写入不同层面的法律法规条文中，获得了制度保障，从理念走向了具体实施。在我国，人们对"人类共同遗产"和"人类共同关注"还缺乏应有的敏感。非遗是不同社区民众文化创造力的高度体现，长久以来它们几乎远离真实的政治世界。但非遗保护无法超越法规制度体系和日常的政府管理，非遗保护理念与政策法规的制定、实施的契合度决定着非遗保护的成败，尽管研究者对非遗保护的政治色彩持谨慎态度。

同时，在当代中国，非遗保护不单指向非遗传承，也指向社会关怀，而这更是"人类共同关注"非遗保护理念的应有之义，最终关系到民众尊严和文化多样性的培育。这一理念如何战胜功利，渗透到我国政府对非遗传承的干预过程中，转化为具体可行的公共政策，意味着思路、观念的改变，视野的拓展。这将是一个长期的过程，也是有待继续深入的时代理论课题。

---

① 《保护非物质文化遗产公约》第一条：本公约宗旨（d）开展国际合作及提供国际援助。

政府在非物质文化遗产保护工作中的合理定位[①]

黄涛[②]

关于在非物质文化遗产（以下简称"非遗"）保护工作中政府、学者、民众三者的各自位置和相互关系，学界已经有了很多探讨，但是迄今为止还是众说纷纭，还处于继续研讨之中。同时，非遗保护实际工作中的相关问题也继续存在，还有一些重要的、根本性的问题没有解决。所以，目前对这一问题的深入研讨不仅是在尝试解决非遗保护理论中的一个关键点，也是对我国非遗保护工作运作机制和非遗展演活动操作模式的一种反思。

一、非遗保护的工作属性、学术属性与生活属性

非遗保护是一项工作、一种学术还是一种基本生活、生存必需品？这要看从哪个角度、站在谁的立场来回答。

毋庸置疑，跟非遗保护密切相关的人分为三方：政府、学者、民众。在一些非遗展演的现场，或者在就特定非遗项目展开研讨的会议上，就常有这样三方的代表同时在场。其中，在场的政府官员是非遗项目所在社区的不同级别的行政管理者，民众是非遗项目的传承人和当地社区普通百姓，学者则是来自社区之外的相关专业科研人员。对三方同时在场时三方所处的位置、所受的对待和各自的作用做角色功能分析是饶有意味、很能说明问题的。非遗展演活动与非遗研讨会又是两种不同的情境，需要分开来谈。非遗展演活动的结构模式复杂多样，涉及更多的问题，后文再论，此处先就非遗研讨会的情况做一简要分析。

各地的非遗研讨会虽然也有很多差异，但是基本结构模式还是相同的：官员处于主位，是会议的组织者、出资方，但同时又是听众、征求意见者、被指导者，这种研讨会其实也是这些官员所在部门的工作。学者居于客位，是被请来发表意见、做出价值评判乃至出谋划策、提供学术指导的。学者虽处客位，但由于是在学术研讨场合，其实处于最受尊重的权威者位置，是会议的主角。学者在这种会议上所做

[①] 此文为2012年12月14—16日中山大学中国非物质文化遗产研究中心主办的"中国非物质文化遗产法治建设学术研讨会"论文，曾发表于《文化遗产》2013年第3期，修订后收录入本书。

[②] 黄涛，温州大学人文学院教授。

的事是配合官员的工作、为当地社区文化建设做贡献，同时也是自己所属领域的学术研讨、为自己的学术研究和课堂教学积累资料，是自己学术生活的一部分。而民众在这种研讨会上居于客位，在官员面前是被领导者，在学者面前是文化程度低、学术见解贫弱的人。鉴于此，他们在会上是被动的、权威感弱的、被指导的。但他们自有其优势，即拥有关于非遗项目的最丰富的地方知识，只不过在这种场合，这种地方知识只是需要讲述给学者听、用于回答问题的原始资料。他们在会上所做的，一方面是倾听学者的指导和官员的指示，一方面是非遗项目情况的信息提供者。到目前为止，笔者所参加的这种由官员组织的非遗项目研讨会大都是这种结构模式，而由高校和科研机构学者组织的非遗研讨会则有所不同。其实从是否属于本社区的角度来说，学者是外来者，官员和民众代表都是非遗项目所在社区的人，在会议角色和参会心态上应该有更大的一致性，即民众代表也应有较强的主位意识和姿态，也参与到非遗保护工作的管理和会议组织中来，如果这样，那么非遗研讨会就会有另一种结构模式。这属于非遗保护的社区参与问题，下面我们会重点讨论。就以上所分析的非遗项目研讨会来说，不管各个会议有多少差异，不管这种会议有多少需要改进的地方，有一点是相同的，就是学者在会议上的权威地位、学者话语的强势影响力。这样说不是包括笔者在内的学者自大自得，而是在强调一个客观道理：从总体上和根本上来说，非遗保护是一项学理性很强的工作，这一点是各地的政府官员、学者和民众都认可的。在2012年秋季的一次非遗项目考察活动中，带队的一位省文化厅副厅长就深有感慨地说："非物质文化遗产保护是一项学理性很强的工作啊。"这话可谓一语中的。

　　从国家、社会的宏观视野来看，非遗保护是政府主持、多方参与的一项工作，但它不同于一般的工作，而是有着很强的学理性。这种学理性已经较充分地体现在联合国教科文组织关于文化遗产保护的系列文件之中，也已较好地体现在我国关于非遗保护的系列文件和实际运作之中。国际上和我国的文化遗产保护系列文件就是主要由相关专家为主制定的，其内容结合社会实际，吸收了相关领域的前沿性学术成果，而且处于不断的修改完善之中。笔者曾结合语境理论的学术思想和分析方法讨论非遗保护问题，认为联合国教科文组织的一系列文件对非遗的界定鲜明地体现了重视情境的学术取向，其学理基础吸收了20世纪以来国际人文社科领域的前沿性理论原则。[①] 非遗保护的学理的学科归属主要是民俗学。对这一点，已有学者从国际上非遗保护的兴起过程，非遗概念、术语的演变过程，非遗保护的内容与参与

---

① 黄涛：《论非物质文化遗产的情境保护》，载《中国人民大学学报》2006年第5期，第67-72页。

者等多方面进行了阐述。① 但因为非遗保护内容的广泛性,目前这一工作已经吸引了以民俗学科为主的多学科学者的参与。

对从事这项工作的政府官员而言,非遗保护就是一项政府工作,他们更多地看到其工作属性,而深谙其道的相关官员会认识到它是一项特别需要专家参与和指导的工作。参与非遗保护或从事这方面研究的学者则更多地看到其学术属性。学者参与其中,主要是把它当作一种学术考察和学术研讨活动,事实上,这与非遗保护的宗旨和内在规律是一致的。但是这种学术是需要事实上也正是随着非遗保护实践的开展而不断深入、进步和完善的。就目前国内民俗学领域而言,非遗保护深刻影响了这个学科的发展格局。近年来,学者们对此展开了许多讨论,此处不论。不管学者们认为非遗保护跟民俗学科的基本关系到底怎样,谁也不能否认,非遗保护需要且值得作为一种学术进行深入研究,这不仅有利于民俗学学科的发展和学术进步,也有利于国家和社会的发展、进步。对于非遗所在社区的民众而言,非遗保护不一定是他们必须做的工作,更不是一种学术,而是与他们的生活方式、祖传文化,甚至生计、生存空间息息相关,即民众更多地考虑非遗保护的生活属性。将工作属性、学术属性、生活属性相比较,无疑,生活属性是更为根本的一种属性;相应地,更重视其生活属性的民众与非遗保护有更深、更密切、更重要的关联。自非遗保护兴起以来,国际上恰恰更为重视的是非遗保护的工作属性、学术属性,其生活属性受到相对忽视;与此相应的是,政府官员和学者在非遗保护中一直拥有更为强势的话语权,而作为非遗拥有者主体的民众则处于相对缺乏话语权、被动参与,甚至漠视抵触的状态。这已成为近年来非遗保护实践和研究中重点讨论和急需解决的问题,也是非遗保护的"社区参与"问题。

二、非遗保护的政府角色与非遗展演的本真性

这里所说的"展演",不是一般意义上的表演,而是与鲍曼表演理论所用的"表演"(performance)概念接近的含义,包括非遗的较自然状态的传承活动、政府部门组织的非遗展示活动和为游客观光而做的演示活动。不管是上述哪一种展演,

---

① 这方面的代表性论文有:巴莫曲布嫫《非物质文化遗产:从概念到实践》,载《民族艺术》2008年第1期,第6-17页;安德明《非物质文化遗产保护:民俗学的两难选择》,载《河南社会科学》2008年第1期,第14-20页。

都应该遵循非遗保护的本真性（Authenticity）原则。① 毋庸讳言，我国非遗展演的本真性保持得如何，与政府部门在其中扮演的角色有密切关系。

可以说，非遗保护在我国的蓬勃开展业已形成了"中国特色"或者说"中国经验"。非遗保护的"中国特色"这一说法首先出现于政府文件《国务院办公厅关于加强我国非物质文化遗产保护工作的意见》(2005年)："中国民族民间文化保护工程是非物质文化遗产保护工作的重要组成部分，要根据其总体规划，有步骤、有重点地循序渐进，逐步实施，为创建中国特色的非物质文化遗产保护制度积累经验。"2012年秋季，中国社会科学院文学院研究所主办了名为"非遗保护与研究的中国经验"的学术研讨会，这一议题的"中国经验"的说法在会上引起了代表们的争议。非遗保护的"中国特色"提法的积极意义是显而易见的，就是非遗保护的国际惯例和国际准则要结合中国国情，但是怎样结合才算不违背国际基本准则，怎样避免国内常见的弊端、陋习对非遗保护的消极影响，也需要特别关注。

政府行政力量的强力介入应该是我国非遗保护的"中国特色"之一。在实践中，政府行政力量介入和干预的程度和方式有很多差异，有不同的模式，对非遗保护的影响也有所不同。在此，结合具体案例举出几种模式来讨论。

其一，非遗展演现场活动主要由民间人士组织，按民间习惯举办，政府部门只在幕后起组织、联络、支持、保障的作用，学者作为观察者和访谈者散布在民众中，然后在非遗研讨会上发表意见，如2009年河北省胜芳镇的元宵节花会、2012年10月福建省长泰县江都村的排猪祭三公仪式。这种非遗展演的本真性能得到很好的保持。

其二，由政府与民间联合主办的大规模非遗展演活动，政府部门负责全局性的组织管理，但活动的时间、地点、方式等主要按民间习惯进行，并由民间组织在各环节协调配合，如2008年山西柳林县的元宵节活动。这里欢庆元宵节的时间为正月十三到正月十八，达六天之久。这期间每天晚上举行灯会、盘子会。盘子是一种用木料（或铁架）、布料等扎成的楼阁式祭神用具。元宵节期间，人们通常几家合作操持一个盘子会。在户外空地上摆放盘子，在盘子内正中位置敬奉天官，两旁分别供奉保佑孩童的张仙和送子娘娘。盘子前用木柴和煤块搭成一个圆炉形的"旺

---

① 关于如何理解、保持非物质文化遗产的本真性，学界已做了不少探讨，详见刘魁立《非物质文化遗产的共享性、本真性与人类文化多样性发展》[载《徐州工程学院学报（社会科学版）》2010年第2期]、刘晓春《谁的原生态？为何本真性——非物质文化遗产语境下的原生态现象分析》（载《学术研究》2008年第2期）、王霄冰《试论非物质文化遗产本真性的衡量标准——以祭孔大典为例》（载《文化遗产》2010年第4期）、王巨山《非物质文化遗产保护原则辨析——对原真性原则和整体性原则的再认识》（载《社会科学辑刊》2008年第3期）等论文。

火"。晚上，旺火燃烧起来，人们在旺火周围请民间艺人做弹唱表演，由一男一女演唱，旁边有二胡、锣鼓伴奏。有的盘子前搭起戏台，在棚子里唱起大戏来；有的盘子前搞自由加入的扭秧歌活动；有的盘子前会搞流行歌曲演唱，并用剧烈的迪斯科音乐伴奏，围拢来观看的都是青少年。正月十五晚上，庆祝活动达到高潮。整个柳林县城处处张灯结彩、摆盘子会，人们全都来到街巷，赏灯、扭秧歌、看烟花、听演唱，到处是欢乐的人群，直到深夜方渐渐散去。2008年年初，柳林盘子会的弹唱艺术被批准为国家非遗项目。县政府组织十几家单位在贯穿县城的小河的水面上布置了二十几个两三层楼高、造型各异的巨大花灯。元宵节夜晚，小河边赏灯的人摩肩接踵、成群结队，一派热闹景象。柳林元宵节之所以如此热闹，除了有盘子会和弹唱艺术的特色民俗传统作为基础，还因为其是在县政府的有效组织下全城人自发参与的公共活动。此外，柳林元宵节还是传统习俗与现代生活成功结合的范例。①

其三，主要由政府部门操办的非遗展演活动，其时间、地点和方式等大都改变了民间传统习惯，如2010年春，温州市的"拦街福"活动。温州"拦街福"活动是一个由上巳节演变来的、以迎春祈福为主题的地方性节日，是一种在城市街道举行的大型民俗文化活动。举行活动的时间由三月初三这个核心日子向前后延展，由三月里的活动逐渐演变为同治年间的二三月间的活动。到了光绪年间，《永嘉县志·风俗》明确记载："二月朔，通衢设醮禳灾，名拦街福，以后循次取吉为之，至三月望日止。"其节期为二月初一到三月十五。它是温州市一项规模盛大、内涵丰富、特色鲜明的传统民俗节会活动，也是一项自古以来深受温州民众欢迎和喜爱的非遗。但是在现代化的温州城区如何传承和办好这项大型传统民俗节会，却成了摆在当地民众和政府管理者面前的一道难题。20世纪初期以来，出于社会动荡等原因，"拦街福"活动每年如期举行的自然传承状态中断，只是偶尔举行。近年来，在学者呼吁、群众要求的情况下，政府出面组织了几次。当然这对地方文化建设和非遗保护是功不可没的，但是"拦街福"目前的状态也有很多问题，需要根据其活动性质调整组织管理策略。2010年3月15日至18日，温州市政府宣传部牵头组织了"拦街福"活动，在温州市政府广场的一角举办，同时举办了"中国节日文化遗产保护论坛·温州会议"。该研讨会由中国民俗学会、中共温州市委宣传部、温州市文联主办，由温州市民间文艺家协会、温州大学民俗学社会学研究所承办。来自全国各地的近20名民俗学者在现场观摩了"拦街福"活动之后进行了研讨。对由政府负责操办的这次"拦街福"活动，学者们大都发表了批评性意见，认为它失去了民俗活动的本真性。

---

① 2008年2月20日至23日，笔者与20余名同行应柳林县政府之邀到该地考察了元宵节活动。

首先是"拦街福"活动的主体是谁需要明确。"拦街福"是一项有历史传统的民间文化活动，其主体当然应该是温州民众。如果"拦街福"主要由政府部门来组织，举办的时间、地点，活动的内容和方式也主要由政府部门确定，民众只是买票进场观看和消费，那么，这样的活动就成了官方活动、政府行为，就失去了民间文化活动的属性。其次是举办活动的时间。"拦街福"活动在清代是每年如期举行的。民众每到这个时间就自发地准备和参与，这也是民俗节日的一个根本特点。现在的"拦街福"还没有恢复到常态，每年到了该举办的时候，民众不知道政府部门是否准备操办，就不能自发地做准备。这几年恢复举办的"拦街福"活动也没有确定的周期性，既不是每年都办，也不是有规律地隔几年就办，失去了传承的动力。再次是举办活动的场所。过去城市里没有汽车，活动的场所也宽敞，没有现在这样的街道交通问题。现在的活动场所问题看起来是一个难题：不管在哪个街道搞，如果不限制人流的话，都很难保证不出乱子；周围街道的交通也会堵塞。其实这在根本上还是关系到对"拦街福"活动的重视程度问题。如果认为这只是温州市的一个标志性的特色文化事项，不搞太可惜，就有限度地、展示性地搞一搞，那么就只能搞成一个政府部门严格控制的非民间活动，举办活动的场所也限定在"不碍事"的地方，比如在广场上圈出一块地方。如果认识到这是一个温州民众全体参与的地方节日活动，不是象征性的展示，而是当地人人都参与的自然生活，那么就应该给予足够的活动空间，使全城进入狂欢性节日的"非常"状态，可以在某个时段内在较大的区域禁止机动车上街。最后是关于活动的主题和内容。传统的"拦街福"是一个以迎春和祈福为主题的活动，并有相应的当地百姓喜闻乐见的表达方式和欢庆内容，这是"拦街福"传承下去的主要动力。此次我们看到的"拦街福"与此有较大的差距。当然，民俗文化随着时代变迁也会更新，但应该由民众自主选择，在民间自然调整，遵循其自然传承的动力和机制。在城市公共场所举办大型的民俗文化活动，政府部门的组织管理作用举足轻重，但政府部门须找准自己的位置，扮演好自己的角色。对"拦街福"习俗，政府管理部门应认清这种活动的特性，认识到它在民众生活中的重要性并给予足够的重视，充分尊重民众的习惯和意愿，激发民众自动参与的热情，调动民间组织的管理潜能。在此基础上，利用行政资源保障节日期间的城市生活秩序，努力避免出现交通、治安等方面的事故。

三、非遗的传承主体与保护主体

非遗的传承主体为所在社区的民众（包括代表性传承人），这一点是无可置疑的，但对于谁是非遗的保护主体则存有争议。政府是非遗的保护主体的说法在社会上和学界似乎都是占主流的声音。如果这一说法成立，那就出现了非遗传承主体与保护主体相分离的情况。

要讨论这一情况，需要弄清楚两个问题：（1）结合我国非遗保护的实践情况，按照目前比较普遍的操作模式，事实上的非遗保护主体是谁？（2）按照逻辑或学理，非遗的保护主体应该是谁？

关于第一个问题，刘朝晖如此表述："大多数的遗产保护研究，尤其是在关于非物质文化遗产保护研究中，都遇到了'主体性'问题的困境：究竟是文化持有者还是政府机构，抑或是其他的社会组织是遗产保护的主体？答案显然是文化持有者。不过，这里出现了一个悖论：西方各国的遗产保护运动从一开始便确立了政府在遗产保护中的主导地位，凸显了遗产保护的意识形态和话语权力，而忽略了遗产的原初主体的作用和影响。我国政府也规定了'政府主导，社会参与'的基本原则和立场。为什么会出现这种'遗产主体与遗产保护主体的悖论'现象呢？"① 他认为，从国外到国内，非遗保护已经形成了以政府为保护主体的局面。笔者认为，这一概括是比较客观的，在学界也应是争议较少的。另外，值得注意的是，刘朝晖认为以政府为保护主体与政府主导原则密切相关或者说就是一回事，如果这种说法成立，要讨论是否应该以政府为保护主体的问题，就还要讨论是否要采取政府主导的原则。

关于第二个问题，显然说法不一。赵德利说："非物质文化遗产保护中，官方是不可缺少的主导性角色。没有政府的政策支持和资金扶助，非物质文化遗产就不可能得到妥善的保护。文化学者是非物质文化遗产保护的主脑，他们因其深厚的学识积累和较少偏见的价值立场，会为非物质文化遗产保护提供较少功利性、更多学术性和人类性的意见、建议；民间是非物质文化遗产保护的主体。离开民间文化和民众力量，非物质文化遗产将难以继存发展，因而也将不复存在。"② 他认为，非遗保护的主体是民间、民众，但他认为，这与非遗保护以官方为主导是不矛盾的，而以官方为主导的理由是官方在政策和资金上占据资源优势。丁永祥认为："非物质文化遗产保护责任主体的确定是关系到我国非物质文化遗产保护成败的大事。非物质文化遗产是全体人民的共同财富，对其加以保护是每个人的责任，但分散的个人能力有限。政府作为民众的代表和社会的管理者，在制定非物质文化遗产保护政策、筹集资金、组织人员等方面具有不可替代的作用。因此，相应的政府部门才是非物质文化遗产保护的责任主体。政府的重视与否是非物质文化遗产保护成败的关

---

① 刘朝晖：《村落社会与非物质文化遗产保护——兼论遗产主体与遗产保护主体的悖论》，载《文化艺术研究》2009年第4期，第33页。
② 赵德利：《主导·主脑·主体——非物质文化遗产保护中的角色定位》，载《宝鸡文理学院学报（社会科学版）》2006年第1期，第72页。

键。民众保护意识的提高和积极参与也非常重要。"①

不管出于何种客观原因，政府成为非遗保护的主体都会导致一个不能掩盖的矛盾：非遗的持有者、传承者不是非遗的保护者。这种非遗保护机制必然容易造成种种弊端：拿非遗保护当政绩工程或捞钱手段；搞非遗保护重视上名录、形式化展示、作秀造声势，不重视实质性保护、长久传承；把非遗保护搞成文化行政，把民俗搞成"官俗"，会损害非遗的本真性；使非遗保护脱离社区和民众，民众对非遗保护持漠视、被动的姿态，甚至损害民众的生存利益，导致民众的抵触和对立；等等。

其实，联合国教科文组织的非遗保护文件早就注意到了相关问题。《保护非物质文化遗产公约》第十五条有关"群体、团体和个人的参与"的内容："缔约国在开展保护非物质文化遗产活动时，应努力确保创造、保养和承传这种遗产的群体、团体，有时是个人的最大限度的参与，并吸收他们积极地参与有关的管理。"其实，这一条款已经清楚地说明，非遗持有者即"创造、保养和承传这种遗产的群体、团体，有时是个人"，所以，非遗持有者也应是非遗保护的管理者。条款用了"最大限度"这一说法，表示民众参与特别重要。"吸收他们积极地参与有关的管理"，说明民众与政府都是非遗保护的管理者。但是，也许是在制定这些文件时对民众参与管理没有规定得很具体，没做更为充分的强调，导致各国的非遗保护都不同程度地存在民众参与太少的问题。根据《保护非物质文化遗产公约》第十五条，2007年9月，保护非物质文化遗产政府间委员会第二次会议（东京会议）反复讨论了"社区参与"的问题，并呼吁各缔约国在非遗保护工作中高度重视这一问题。② 所以后来相关方面越来越重视"社区参与"（participation of communities）。

从根本上讲，非遗是所在社区的民众的生活方式和历史文化传统，非遗保护能使民众增强文化自觉意识，即自觉地、主动地采取措施把非遗传承下去。非遗的生活属性决定了非遗保护必然是长期地、持续地在民众日常生活中进行的事情，而不是在社区生活之外的表彰或作秀。这样，非遗保护的主要任务自然就应该是文化遗产持有者的事情，而不是由来自社区外部的人来做。也就是说，非遗的传承与保护是一体的、密不可分的，非遗的传承主体和保护主体也应该是相同的，即文化遗产的持有者、民众。这才是符合逻辑和学理的。这样说，并不是低估政府在非遗保护中的重要作用，减轻政府的保护责任。事实上，政府是非遗保护的发动者、组织

---

① 丁永祥：《论非物质文化遗产保护的责任主体》，载《广西师范学院学报（哲学社会科学版）》2008年第4期，第9页。

② 巴莫曲布嫫：《非物质文化遗产：从概念到实践》，载《民族艺术》2008年第1期，第8页。

者、管理者、支持者、推动者,这些作用是非遗保护得以展开和持续的关键,其重要性显而易见;政府还要促使、组织民众承担起保护主体的职责,这种任务比政府自己充当保护主体还要艰巨,责任也更为重大。

四、关于"政府主导"的提法

"政府主导"是目前关于非遗保护的常规说法,但结合我国非遗保护的实际操作情况和得失,仔细辨析和权衡这一说法的含义和影响,笔者认为,这一人们习以为常的非遗保护原则是值得商榷的。

"政府主导"的说法最早出现于 2005 年《国务院办公厅关于加强我国非物质文化遗产保护工作的意见》中:"工作原则:政府主导、社会参与,明确职责、形成合力;长远规划、分步实施,点面结合、讲求实效。"下面有对"政府主导"的说明:"要发挥政府的主导作用,建立协调有效的保护工作领导机制。由文化部牵头,建立中国非物质文化遗产保护工作部际联席会议制度,统一协调非物质文化遗产保护工作。文化行政部门与各相关部门要积极配合,形成合力。同时,广泛吸纳有关学术研究机构、大专院校、企事业单位、社会团体等各方面力量共同开展非物质文化遗产保护工作。充分发挥专家的作用,建立非物质文化遗产保护的专家咨询机制和检查监督制度。"

这份重要文件提出"政府主导"的工作原则是没有问题的。该文件对"政府主导"的阐释很明确,就是指政府对非遗保护的发动、组织、管理、支持、推动等作用,并没有任何词句说政府要在非遗展演、传承活动的内容、方式等事情上起主导作用,并不是要"导演"甚至取代社区民众的传承和保护。然而,部分社会人士包括某些政府官员把该文件的"政府主导"的含义理解错了,以为政府主导就是指政府部门要主导非遗保护的各个环节。误解最为严重的就是认为非遗活动的展演内容和方式也要官员来规定,而不是按着民间传统办,导致了事实上的"保护性破坏"。据笔者观察,文化部等中央政府相关部门在非遗保护中的角色大致是与国外接轨的,很重视吸收相关领域的专家学者的意见,但部分地方政府部门的做法与学者的意见时有差距,难免存在一定程度的行政干预失当的情况,而许多地方政府部门在执行中央政府非遗保护政策时则走样较多。

非遗保护的工作和活动应该分为组织管理和保养传承两个层面。组织管理层面指非遗保护的社会工作,应该由政府主导,并以之为主体;保养传承层面是指非遗的日常传承和展演活动,应该以民众为主体。如果混淆这两个层面,一概由政府主导,以政府为主体,必然带来上文所说的种种弊端。其最为典型的弊端是,在许多非遗展演活动中,政府官员好像电影导演,规定了非遗展演活动的具体时间、场所、内容、程序甚至动作等，民众成了只是按着官员意志和喜好着装表演的木偶，这样的非遗展演也就成了失去民俗本色的文艺表演。在笔者参加的一次非遗项目研讨会上，某省文化厅非遗处处长就针对当地政府部门组织的中秋文化节展演活动发表了这样的意见："本来民间的东西相互之间有个自我调节，自己在那儿演出、演唱，现在都搬到台上去了。这个感觉不好，实际上大俗才是大雅。我想，政府就是引导，而不是主导；民俗就是民俗，不要搞成'官俗'。我看我们这个中秋文化节就有点'官俗'。"

鉴于"政府主导"的提法容易造成社会的误解，对非遗保护有诸多不利的影响，立法部门有必要对这一提法以及相关的非遗保护工作原则的说法加以修订。结合上文的讨论，笔者斗胆提出供有关部门参考的、尚不成熟的建议：非遗保护的工作原则应为"政府管理，学者指导，民众为主，社区参与"。

"红线"：非物质文化遗产保护观念的确定性[①]

高小康[②]

一

法规归根到底是对特定行为的强制性规范，非物质文化遗产（以下简称"非遗"）保护法规的一个核心行为概念是"保护"。研究非遗保护法制化问题的起点就应当是对非遗保护概念的认知：非遗保护究竟保护什么？如何保护？

简单地说，"保护"首先是一个限制性概念：有些行为在特定条件下不可以做，或者只能以特定形式或按照特定条件做。在传统的文化遗产和自然遗产保护中，这种限制性概念有个清晰的符号，那就是"红线"：给需要保护的遗产划定相应的不可改造、破坏的空间范围，界线在地图上就标示为"红线"。理论上讲，划在"红线"范围内的空间就是不可任意改造、变动的保护范围。尽管实际上侵入和破坏"红线"的事可能时有发生，但从观念上讲，保护行为的要求是清楚的。非遗与具有明确物质形态的文化遗产和自然遗产不同，简单地划定"红线"似不大可能。但如果要使非遗保护走向法制化，保护限制的确定性则是必需的。也就是说，在观念上需要有某种形态的"红线"作为规范。没有了保护限制的确定性，保护行为就变成了无法实施强制性限制和约束的随意活动。如果不能强制性实施和确定效果，法规意义上的保护行为也就不存在了。

然而问题在于，非遗毕竟不同于一般的文化遗产和自然遗产。非遗当然不是完全不具有物质形态的非物质，但非遗保护中的"保护"是一个比较复杂的概念。联合国教科文组织的《保护非物质文化遗产公约》中提到的"保护"这个字眼，在英文中其实与 safeguarding，preservation，protection 等好几个词相关。这些词的含义包括许多细微的差异：保护、防护、养护等意义都有。《保护非物质文化遗产公约》对"保护"的具体说明使得这个词含义更丰富："采取措施，确保非物质文化遗产的生命力，包括这种遗产各个方面的确认、立档、研究、保存、保护、宣传、弘扬、承传（主要通过正规和非正规教育）和振兴。"这里包括许多不同方面和层次

[①] 此文为教育部人文社科基地重大项目"非物质文化遗产保护法制建设"的研究成果，发表于《文化遗产》2013 年第 3 期，修订后收录入本书。

[②] 高小康，中山大学中文系、中国非物质文化遗产研究中心教授。

的行为，核心在于这种保护不同于对具有明确物质形态的对象的保护。这种保护是活态保护，即不是固定的限制性行为，而是与具体的文化活动形态相关、保护多样性文化活动特征和活力的柔性限制性行为。要想从这样的保护行为中找到一条统一的界线显然不大可能。

设置保护"红线"的意义是建立具有法规效力的确定性限制，而活态保护则意味着某种不确定性。一处遗址、一片地貌、一个村镇，作为物质遗产都有确定的存在空间，这种空间的确定性就成为划定保护区域"红线"的依据。而非遗的情况就复杂多了。同一个需要保护的区域，作为历史遗迹的地理空间和作为传统生活活动的文化空间是不同的：前者是固定的，而后者可能随着生活活动的移动和变迁而形成时间－地理关系，空间的界线是不确定的。当一处历史文化保护区同时又是非遗保护对象时，我们就会发现明确的地理区域界限和不确定的文化空间区域之间的关系可能是模糊和连续的。因此，在我们为历史文化保护区划定地理范围保护"红线"后，为这里的活态文化空间确定保护区域就可能面临复杂的问题：地理区域保护"红线"与文化活动空间保护的差异不仅仅是空间范围，更复杂的是保护的内容——保护文化空间的"红线"不仅在于空间范围，而且在于文化活动形态、参与群体和意义的确定性。

比空间更麻烦的是，许多非遗项目要保护的不是空间，而是真正非物质的内容，如技艺、风格、知识等。传统工艺、戏曲等遗产都有作为历史传承的特征。但保护的意义在于传承和发展，因而不可能简单地将其固化为"原生态"状态。就拿手工艺来说，作为文化传承，其核心在于手工操作的技能和美感。但手工艺在发展中并不是一成不变地完全徒手或采用手工工具进行制作，从最简单的人力机械到电动机械和仿形、复制技术，现代科技一点点地渗入工艺品制作技术中。材料的使用也随着时代变化而变化，现代材料廉价且易于加工的特点使之不断排挤传统材料。手工艺的文化意义也在不断变化：从信仰、实用、社会交往、表达感情等意义逐渐转向文化记忆的符号和奢侈品。山歌、戏曲、民俗也是如此：从处于原始封闭空间的所谓"原生态"文化一步步地开放，出现新的生活内容、新的表现形式、新的参与者和围观者，文化意义也从原始的信仰、求爱、劳动和群体认同逐渐转向形式化、符号化的审美和娱乐活动，直到成为完全商业化或政绩化的表演，文化传承的性质逐渐消散。问题的复杂性在于，这些变化往往都是连续的、渐变式的，而且越变离传统文化越远，最终将不再属于非遗。如果没有确定性限制，渐变的结果当然就是非遗的消逝。但在这些渐变过程中划定保护"红线"，的确不是一件简单的事。

可以说，"红线"是非遗保护不得不面对的一个悖论、一个必须摆脱的困境。

二

关于非遗保护的原则从保护行动一开始就存在争议。我国的非遗法提出了保护"三性"的要求,即真实性、整体性和传承性。但这"三性"如何能够成为具有可操作性的保护标准却是个问题。因为非遗的活态性质,"三性"概念很难从字面意义上去解释和操作。就拿真实性来说,对于一直在生长、演变中的文化形态,如何确定哪种形态是真实的?一些学者提出"原生态"和"本真性"概念来确定真实性,但问题可能因此而变得更加复杂。对"原生态"或"本真性"概念外延的确定一点儿也不比真实性容易。整体性同样是个令人困惑的概念:变动不居的活动怎样确定空间的整体性?迁徙流动着的人群怎样确定文化群体的整体性?因人而异的技艺和表达方式怎样确定形态的整体性?非遗的活态性质意味着它仍然在生长,也就意味着它仍然处在各种文化因子相互影响的生态关系之中。在这种关系中非遗的整体性保护只能是文化生态保护。

实际上,在非遗保护公约诞生之前,对传统文化进行生态保护的想法和行动就已经展开了。1995年,中国和挪威合作在贵州六枝梭嘎兴建了第一座生态博物馆。这是对传统文化进行生态保护的一个范本,至今还被当作重要的旅游资源加以推广,也是后来非遗保护中建设文化生态保护区的滥觞。有的学者在对这一生态博物馆进行跟踪考察后却发现其中存在一些问题。一位研究者在2000年和2004年两度考察这个生态博物馆,第一次的感觉是充满希望,第二次却完全不同了:

> 资料信息中心的每个房间基本上大都紧锁着,既看不到博物馆的工作人员,也没有见到本土的管理人员,只有一个彝族妇女在负责看守和接待……和四年前相比,博物馆资料信息中心的各项工作已基本停止了……处处显示出衰败景象……当初生态博物馆强调要保护的传统文化艺术事实上并没能有效地保护下来:在这儿,你再也听不到古歌和情歌的自然演唱,再也看不到自发的歌舞欢爱,你也看不到原生艺术的展示和民族的自尊,虽然还能看见有中年和老年妇女把木角戴在头上,蜡染的衣服也还没有被那些所谓"扶贫济困"的汉装所完全取代,但是,和四年前相比,我不得不说,真正原生的长角苗民的文化符号已所见不多了……①

对梭嘎文化生态博物馆的评价以及此后这里的发展状况暂不做讨论,值得注意的是这里涉及的关于文化生态保护的观念。"文化生态"这个概念来自生态学(ecology),这个概念的观念渊源可以从这个词的词干"eco"中得到一点启示:这个

---

① 潘年英:《梭嘎生态博物馆再考察》,载《理论与当代》2005年第3期。

词素来自希腊文，本义近于英语的"家园"（home）。换句话说，生态是特定生物种类赖以生存的"家园"，即具体的环境条件。在从生态学引申产生"文化生态"的观念后，生态的意义有了扩展：不再仅仅指自然环境条件，而且包括各种各样历时性的和共时性的文化环境条件，如历史传承、时代发展、相互交流、外来影响等。各种物质条件的变化和文化因子的相互影响都可能对文化生态造成影响，因此在谈论文化生态保护时，可能涉及的影响范围很难简单确定：大的文化生态环境可能延伸到远离特定非遗形态的时空范围，对这样的环境概念几乎无法圈定保护的"红线"；小的文化生态环境则可能限制在特定文化形态存在的空间范围内，"红线"是易于确定了，但能否实现真正的文化生态保护又是一个问题。文化生态博物馆所保护的就是这样一种小范围的文化生态，但可能发生的问题正如上文中梭戛的调查者所注意到的，圈入博物馆的生活抵御不了外部的影响和诱惑，可能导致变成空壳文化。

如何从观念上摆脱这种两难困境？我们可以参考生态学的另一个概念"生态壁龛"（ecological niche）。所谓生态壁龛，在生态学上是指与特定生物的生存繁衍具有最直接关系的环境条件。英国艺术史学者贡布里希在文化生态学研究中从生态壁龛引申出"艺术生态壁龛"概念，用以指与艺术形态生成条件关系密切的文化环境。在非遗的文化生态保护中可以用"文化生态壁龛"这个概念来分析和处理与保护问题相关的文化生态问题。简单地说，就是对文化生态环境根据与非遗生存条件的相关程度进行区分，找到具有密切关系的环境范围，即文化生态壁龛。文化生态保护"红线"所圈定的范围就是这种文化生态壁龛。

文化生态壁龛的概念可以帮助解释一些复杂的文化生态现象。比如许多地区、民族都有的山歌，本来都是乡土社会环境的产物。随着城市化进程，乡土文化空间逐渐萎缩消失，山歌的生态环境似乎也要随之消失，山歌的消亡便成为文化生态变化的必然结果。但实际上有些山歌在城市化的文化环境中仍然生存着。一个典型的例子是广州越秀公园的客家山歌墟。这个山歌活动空间已存在了几十年，现在尽管带有行政组织的色彩，但基本上还是客家人自发自愿参加的传统活动。这种源自山野的文化活动似乎与大都市的空间格格不入，何以解释它存活的生态根据？调查者注意到在广州这个大都市中心的越秀公园，周围生活、工作的市民中客家人很集中。客家人强烈的族群认同使他们很容易就形成了社会交往群体，传统上工作单位统一的发工资日期也成为自动形成活动周期的重要条件。这些条件共同构造出客家文化的小环境或生态壁龛，山歌墟就诞生在这个文化生态壁龛中。

广州客家山歌墟并不是唯一的例外。其实在许多已远离乡土文化传统的大环境中仍然存在着特定范围的文化生态壁龛，这些壁龛养育着相对复杂多样的文化生态，成为我们在当代文化空间进行非遗保护的生态条件。如今，许多民俗活动由特定文化群体的传统变成了向游客展演的商业性娱乐，导致民俗的生态根据地被破坏。但也有一些民俗在繁荣的旅游文化环境中仍然保持着文化传承的特色。比如北京的著名旅游景点什刹海街区有个专门演相声的剧场"嘻哈包袱铺"。这里如同一般展演民俗风情的旅游项目一样，是在旅游景点根据传统风貌新建的娱乐场所。但有一点值得注意的是，来这里进行娱乐消费的听众中大部分其实不是外来的游客，而是本地人。这个看似为游客建的"伪民俗"，其实包含着真实的传统民俗文化：它在为本地人和外地人传播"老北京"的民间娱乐生活情趣。这个项目之所以没有成为脱离文化传统的伪民俗，就在于它的周围是一片保护相对完整的传统生活街区——在什刹海的胡同里除了鳞次栉比的旅游商品摊点和摩肩接踵的游客，还有许多比较传统的居民生活空间。这里吸引着观光的游客，也汇聚着保持或向往传统文化的居民。可以说，这里是一个依托传统重构出来的北京民俗文化生态壁龛。

可以看出，这种文化生态壁龛其实是与宏观文化生态环境不同的小环境，它的存在造成了都市中不同形态文化空间的并置和混生现象。这种不同文化空间的并置混生是使得文化多样性得到保护的生态条件，也可以说，这就是文化生态保护的"红线"。

相反的例子是在城市空间建设中把一些具有文化生态壁龛性质的空间通过改造而破坏掉。比如广州的许多城中村就具有传统民俗生态壁龛的性质，最典型是位居都市 CBD 核心区域的猎德村。这里的祠堂、河涌、莲雾、芒果和一年一度规模盛大的"扒龙舟"，以及生活在城中村的原住农民和租房居住的"农民工"，构成了具有相当空间规模和草根文化内涵的乡土文化生态壁龛。经过改造后这里成了昂贵的商业地产，居住者变成高级白领，祠堂也被统一迁移集中成类似祠堂博物馆的形式。改造城中村的理由很充分：这些脏乱差区域是都市的疥疮，既有城市管理方面的隐患，更影响都市形象的美观和谐。改造的思路是清除并重建整个生态环境，只留下若干符号性的文化标志。改造的结果是把城中村与村外的都市空间统一起来，具有文化空间并置和混生功能的生态壁龛就这样被消灭了。如果都市中原有的各种文化生态壁龛都被一个个地消灭，整个都市空间被建设成统一完美的乌托邦空间，那么，非遗保护就彻底失去了基础。

三

与空间范围不同，非遗保护中对文化内涵如何确定保护的"红线"，是更为复杂、微妙的问题。近年来关于如何保护的讨论中，争议最大的观念之一是所谓"生产性保护"的观念。从字面上看，"生产性保护"是个含糊不清的观念：什么是

"生产性"？如果按照马克思的生产观念，可以说任何文化活动都是生产——包括物质生产和精神生产乃至人的生产。这样一来，"生产性保护"就失去了具体含义。实际上，"生产性保护"背后真正为非遗保护研究中所关注的问题是非遗的商业化。所谓"生产性"并非一般意义上的生产，而是通过产业化经营进入市场的商品生产。

早在非遗保护公约出现前十多年，就出现了对传统文化进行商业化改造和利用的活动。这种利用常常被称为"文化搭台，经济唱戏"。这种"唱戏"方法的结果对传统文化的保护而言多半是灾难性的：真遗产被破坏后制造出一大堆赝品和"伪民俗"进行商业推广，有的还没有毁灭的遗产也被按照商业需要改造得失去本来面目和文化价值……这些情况使得非遗保护与商业化的关系问题变得复杂起来。非遗能否商业化本来就是个需要根据每个非遗项目的文化特征进行研究的问题。事实上，不同的非遗项目之间在文化形态方面差异很大。像传统技艺和艺术类项目如工艺品、生活用品、曲艺杂技、戏曲表演等，其中的大多数本来就是具有商业性的，而且只有在商品消费和表演市场正常发育的条件下才能够存在和持续发展。这些非遗项目的保护如果离开市场培育，基本上难以真正存在下去。对于这些项目而言，如何在当代文化环境中培育消费市场应当是必须研究的课题。但由于这些年对传统文化遗产进行的过度商业化开发造成的影响，使得"商业化"这个概念本身就具有了贬义和可能产生误导，因此即使谈论市场和商业化问题，也不得不转换为一个模棱两可的"生产性"概念。但无论如何，当我们进入关于"生产性保护"的实质性研究时，面对的问题其实就是非遗的商业化。所谓"生产性"指的就是形成合理的生产和再生产循环发展机制，当然也就是构建良性的产业形态和市场环境，使传统文化在今天的社会生活环境中能够形成内在的生存、发展机制，从而真正得到生态保护和振兴。

但人们在谈论这个问题时的踌躇态度表明，这个问题的确面临着观念和实践方面的许多不确定性和两难困境。简单地说，就是以商业化方式保护传统文化时所要解决的文化价值与商业价值二者之间的矛盾问题。尽管许多文化活动项目必须在市场环境中生存，但市场有自己的运行机制，商业价值规律的自发运行可能把文化生产引导到脱离文化传承的方向，从而导致非遗文化价值的消灭。生产性保护面临的不是要不要商业化的问题，而是在文化价值和商业价值的关系中如何确定合理的保护界限：怎样才能在不危害文化传承价值的前提下创造合理的商业价值？也可以说，就是在两种价值追求二元对立的冲突中划定一条具有某种确定性意义的价值"红线"。

自 20 世纪 90 年代以来，对传统文化进行"文化搭台，经济唱戏"包装的表演和产业开发的一类典型案例是文化旅游产业。几乎所有的旅游景点都学会了用传统文化符号进行形象包装,不辨真假的古迹古董遍地开花,而真正的传统文化遗产却在商业化包装改造的过程中遭到破坏。有些看起来得到很好保护的景点也难逃厄运。比如周庄这个著名的江南小镇,它的传统水乡特色建筑和环境都保护得相当完整,但传统文化的活态内涵——乡民的生活形态则完全消失了,居民全变成了旅游业的从业者,生活内容成了为游客提供服务。传统文化只剩下了用物质外壳和商业表演构造的符号。这种状况在发展成熟的著名景点比比皆是。

在非遗保护的观念提出后,人们才惊讶地发现文化遗产并非仅仅是废墟和符号,还应当有活态生活内涵,这时形成的非遗保护开始注意到活态文化传承问题。历史文化保护区的"红线"发挥了作用:在"红线"保护区域内不仅限制对建筑物和景观的改动,而且逐渐形成对居民的传统习俗和生活形态的保护,文化生态保护区的概念因此而产生。从概念上讲,文化生态保护是对商业开发破坏性的一种限制。但实际上,问题并没有完全解决。在对文化生态保护区域进行严格保护的时候,被保护的传统文化生活与现实的生活需要之间又会产生矛盾冲突。例如贵州黔东南州雷山县有许多苗寨成为苗族文化保护对象,其中最著名的有被国家命名为全国重点文物保护单位和"中国民间艺术之乡"的郎德镇和"中国历史文化名镇"西江千户苗寨。这两个镇虽然都是文化生态保护的对象,但保护方式和效果差别很大:郎德镇是被严格划定保护"红线"的寨子,保护区内的苗族传统建筑风貌和自然环境都非常完美。西江镇则因为没有强制性的"红线"约束,旅游产业发展得比较繁荣;但文化生态有了较大变化,自然环境也因旅游业影响而受到一定的破坏。从这个角度看,可以认为郎德镇的文化生态保护比西江镇更好。但通过实地考察就会发现问题的另外一面:郎德镇因为保护严格而限制了产业发展,居民就业机会少、收入低,因此年轻人不得不背井离乡去大都市打工,村寨变成了空心社会。西江镇则相反,因为旅游业繁荣,年轻人愿意留在寨子里工作,这不仅为村寨带来了生气,而且民俗文化展演也刺激、提升了苗族居民的文化自豪感与自觉意识。

郎德和西江两个苗寨似乎形成了各有千秋的相互对照形态。文化保护和旅游开发之间的矛盾使得对这种文化景观空间的保护成为一种动态平衡——在文化传承与现实生活需要之间的两难选择。这里的保护对象是文化生态空间,包括自然与人文景观、传统习俗和生活方式。从保护对象的确定性来说,景观和习俗的保护"红线"比较容易确定:哪些景观不能改动,哪些习俗必须保持,都可以采用一定的标准加以限制。但如果没有了与这些保护对象相关的生活内容,那么这种保护就很容易重蹈以前许多文化旅游景点和文化生态博物馆建设的覆辙,成为空壳遗产。然而要保护居民的生活传统,麻烦在于可能会与居民自己的现实生活需要发生冲突。生活在当代环境中的居民有了与传统不同的生活内容和需要，不考虑这些新的生活与传统如何衔接共生的问题，文化生态保护就注定要失败。在这里，区分保护与开发的界限是件复杂、微妙的工作。问题的焦点在于相关文化群体如何对待自己的两重需要：历史记忆与当下生活。在不同文化背景下生活的人们对这两方面需要的关注和侧重是不同的。一般来说，像郎德、西江这样生活在山区的少数民族对自己的文化传统更重视一些，因此可以设想通过调研、沟通、补偿以及封闭性开发等方式来确定这类区域的文化生态保护尺度，即构建合理的保护"红线"。而有些地方可能因为生活变化较大或出于其他原因，相关文化群体本身已淡化传统认同，保护变成外界植入的需要，这样就就很难确定保护传统与发展生活二者之间的合理关系。这种情况下，可能需要进行传统文化启蒙，唤起被遮蔽、遗忘的文化记忆和认同感。这就是说，在划定保护"红线"之前需要先激活保护的需求。这种激活有时看起来像个悖论：让村民进行民俗表演是典型的"伪民俗"特征。但这种表演有时却可能对村民产生激活文化认同、提升传统自豪感的作用。比如几年前央视举办的"原生态歌手大赛"就产生过这样的后续影响，使一些地方已经衰微的民歌又因此而复兴起来。

　　与文化空间保护有所不同，传统技艺的保护所面临的价值冲突是另一种类型：有些传统技艺和艺术在历史发展过程中本身就在不断演变，特别是技术和市场需要会刺激传统技艺和艺术变得时尚，或因低廉复制品的大量出现而造成劣币驱逐良币效应。为了防止这些问题对非遗传承的损害，确定被保护对象的基本工艺和形态特征非常必要，可以说，这些技术性要求就是传统技艺与艺术项目保护的"红线"。但这个在观念上看似清楚的"红线"在实际操作中可能就不那么清晰了。比如，手工艺品最基础的技艺要求当然是手工制作，但完全不使用任何机械辅助的全手工制作其实在很多工艺品制作中早就不存在了。从古老的人力机械到现代的电力机械乃至电子设备的使用，这些变化一步步地渗入手工艺制作活动中。把这些辅助机械的使用完全剔除不仅不现实，而且也与传统技艺的实际存在及其发展历史相悖。但在容忍辅助性机械手段存在的同时，也产生了保护范围的不确定性：机械的使用在什么水平、什么程序和程度上是可以被容忍的？从最传统的手工制作到完全机械化复制，这其中存在着几乎难以完全切断的连续性。即使从中切出一条分界线，是否能够有效阻止大量复制品的生产？在艺术风格方面同样如此：传承不等于守旧，当然要有发展，但发展到什么程度还可以被认为属于传承的范围？

　　也许在这些连续的文化活动形态中人为地划定一条"红线"并不难，难的是如何对待那些"越界"的文化活动和产品。任凭劣币驱逐良币，也就失去了划界保护的意义；但要想把那些"越界"的产品从市场上清除掉，则近乎与风车决斗。其实问题的关键在于如何界定被保护的非遗文化形态与"越界"的次生形态之间的区别与关系，从而使不同形态的文化活动与产品获得相应的生存环境。从历史上看，高水平的工艺和艺术品从来都是和低层次产品乃至赝品和仿制品共生的；可以说，不同层次文化产品的共生是优秀文化形态影响力的条件和产物。大量次生形态文化产品的存在可以为真正的非遗提供传播影响力的空间，实际上有助于非遗在当代文化环境中的传播。解决劣币驱逐良币现象的办法不在于驱逐劣币，而在于分清层次，通过文化市场建设来逐步构建具有合理结构的多层次文化消费市场，从而使各种形态的文化活动和产品形成共生空间，传统的优秀文化才可能在这样的文化生态中凸显自己的存在价值。

四

按照联合国教科文组织的《保护非物质文化遗产公约》对"保护"概念的定义，其中包括了教育（正规与非正规教育）的内容。教育是非遗保护的重要方式，但在迄今为止的非遗保护实践中，关于非遗教育的问题似乎主要在关注实施的方式和效果，却很少研究非遗教育内容的文化内涵确定性问题。就是说，非遗教育是否真正是在传承非遗，这个问题还没有被认真研究过。也许人们想当然地认为，既然教育的内容是非遗项目，那么这种教育当然就是在传承非遗。但实际上目前开展的非遗教育，从非遗保护的要求而言，仍有一些问题存在。其中一个关键的问题就是非遗教育的目的问题。

许多非遗项目需要记忆和艺术能力的培养训练，但能力的学习是传承传统文化的手段但不是非遗教育的最终目的。非遗教育的目的是传承文化，包括各种文化传统所包含的多样性知识、各种文化群体的情感认同和集体记忆等，这些文化内涵的传承和发扬是保护文化多样性的基础。但在很多时候，非遗教育主要表现为某种技艺和艺术能力的训练，每种非遗的特殊性及其文化内涵却往往被忽略了。比如所谓"京剧进校园"活动，本来也是一种传承传统文化的教育活动，但当把一个剧种向全国具有各种不同戏曲文化背景的地区统一推广时，就在无形中培育一种戏曲在美学和文化形态方面的普遍性，而抹去了作为非遗的地域性和群体传承的文化特征，而且可能影响地方戏曲文化的传承。

这种做法在许多地区都有发生，如云南弥渡花灯进入非遗名录后，当地政府采取的保护措施之一就是推广"花灯进校园"的教育传承措施，一时间中小学的花灯教育轰轰烈烈。但过了没多久，这种教育热潮就降温、低落，逐渐难以为继。关于弥渡花灯进校园产生的问题，有学者进行了专门的调查：

> 弥渡花灯进校园工程……是全国众多非遗校园传承保护的一个缩影。尽管

相关部门认为"传承花灯文化，从娃娃抓起"是一个弘扬、普及弥渡花灯文化的创举，但这个工程从一开始就受到了广泛的质疑。

质疑之一：花灯虽然在弥渡有广泛的群众基础，但主要是在汉族群众中比较流行，那是不是境内所有的民族都想和愿意学习花灯？事实上，在调查的过程中，一些彝族、回族、白族和傈僳族的学生就明确表示："我不喜欢学习弥渡花灯，我喜欢我们彝族的踏歌和跳菜舞"，"我对花灯不感兴趣，我会跳白族的'霸王鞭'"……

质疑之二：弥渡花灯在境内有不同的支系和流派，每种流派的艺术形式和表演内容都有差别，让全县的中小学生都依据教材学习同一种花灯音乐、花灯舞蹈，会不会抹杀弥渡花灯艺术的多样性？对此，几个本土文化学者和花灯艺人谈了他们的看法："……三本弥渡花灯进校园音乐乡土教材基本涵盖了弥渡花灯音乐中比较有特点的曲调，但让所有中小学生就只学习由弥渡县花灯团几个专业演员编排的集体花灯舞蹈'跳灯乐'和'少年花灯健身操'，很容易误导心理还不成熟的中小学生，让他们以为弥渡花灯就是这样子跳呢。"……"给我们的时间很短，我们就用弥渡花灯舞蹈中的几个基本动作，像'跷''崴''耸肩'等提炼一下，加上一些集体舞和健身操的队列样式，在很短的时间里（四五天）就编排出了集体花灯舞蹈'跳灯乐'和'少年花灯健身操'。可以说，'跳灯乐'和'少年花灯健身操'是健身操、集体舞和弥渡花灯舞三者融合而成的，不能说是真正的弥渡花灯舞。"①

花灯如此，大学的武术教育也存在类似的问题。有的武术研究者就指出，作为非遗的武术具有独特的传承关系和传承形态，因而形成了门派林立、风格各异的多样化武术文化形态。但在学校的武术教育中，竞技化、规范化的教学训练实际上远离了中国武术文化传统，成为一类新的体育项目。这样的武术可以成为新兴的体育竞技和健身项目，但与非遗保护的关系不大。

上述种种形态的非遗教育，可能会导致把非遗项目的文化内涵变成无具体所指的抽象能指符号，使传统文化教育变成普通技能教育，因而逐渐远离非遗教育的文化传承目标。在如今越来越热的非遗进校园活动中，类似这样的伪非遗教育情况并不鲜见，然而在对非遗教育的研究中人们很少注意到这个问题：非遗教育面临的关键问题不是效果如何而是目标失落。有时教育效果方面看起来很好，但对于非遗传承而言却可能有问题。因此，在非遗教育的研究中同样需要形成关于教育内容、方

---

① 李刚：《"后申遗阶段"非物质文化遗产保护可持续发展研究——以云南弥渡花灯为个案》第三章第一节"虎头蛇尾的花灯进校园工程"，中山大学博士学位论文，2012年。

法和目的等方面的确定性"红线",使非遗教育成为真正推进非遗传承的建设性工作。

在衡量非遗教育的效果时,显然不能仅仅采用普通教育的评估标准,如教学课时、学生人数、教学质量和成绩等。在进行这些评估之前,首先需要考察的是教育内容的文化特征:这种教育是否保持了非遗项目的传统文化特征?是否体现和发扬了特定文化群体所传承的个性?是否能够通过教育增强参与者的情感认同,提高参与者的文化自觉?是否有利于在学校的教育环境中形成多元和谐的生态文明教育导向?在具备这些文化特征的基础上产生的教育效果才是非遗教育的效果,或者说,这些需要关注的问题是开展具有真正非遗传承人培育作用的教育所应当具备的一些基本要求,是勾画非遗教育"红线"的基础。

民间信仰与文化遗产
——兼及日本的丰桥鬼祭①

周星②

民间信仰是宗教学、文化人类学和民俗学均热衷于探讨的重要学术课题。长期以来,对民间信仰的调查与研究积累了大量的学术成果,但它们被分割在上述不同的学术领域,因此,梳理民间信仰研究的学术史并非易事。有关民间信仰的研究,通常集中在概念界说及范畴的划定、民间信仰的分类及其在所属社会文化体系中的地位和影响、民间信仰与其他宗教尤其是与所谓"世界宗教"(或制度化宗教)的关系、民间信仰在现代化进程中的命运、涉及民间信仰的宗教政策和文化政策等。③最近几年,中国学术界以民俗学为主,更是把讨论进一步延伸到了"民间信仰的文化遗产化"这一新的方向。笔者不揣浅陋,拟在前学讨论的基础上,就民间信仰的遗产化问题再做一些探讨。

一、什么是民间信仰?

民间信仰又称民俗宗教,它和民间宗教、民族宗教、大众宗教等用语既有关联,又有所不同,非常容易混淆。④ 众所周知,宗教的定义几乎和文化的定义一样,

---

① 此文为2012年12月14—16日中山大学中国非物质文化遗产研究中心主办的"中国非物质文化遗产法治建设学术研讨会"论文,其中部分内容曾以《民间信仰与文化遗产》为题发表于《文化遗产》2013年第2期,修订后收录入本书。

② 周星,日本爱知大学教授。

③ 关于中国近期的民间信仰研究,可参阅陈进国《民俗学抑或人类学?——中国大陆民间信仰研究的学术取向》,见金泽、陈进国主编《宗教人类学》第1辑,民族出版社2009年版,第367-393页;张珣《台湾地区民间信仰研究的现况与展望》,见金泽、陈进国主编《宗教人类学》第2辑,社会科学文献出版社2010年版,第287-312页。

④ 笔者倾向于用民俗宗教一词取代民间信仰,但为尊重本课题负责人的立场,本文仍使用民间信仰这一用语。(周星:《祖先崇拜与民俗宗教》,见金泽、陈进国主编《宗教人类学》第1辑,民族出版社2009年版,第246-254页)民间信仰的概念史若涉及其西文译语如 Popular Religions, Folk Religion 等,则会发生更多的模糊、暧昧、混淆和误读之处。([德]柯若朴著,谢惠英译:《中国宗教研究中"民间宗教"的概念:回顾与展望》,载《辅仁大学第四届汉学国际研讨会"中国宗教研究:现况与展望"论文集》,辅仁大学出版社2007年版,第161-237页)

特别令人困扰①，这是因为宗教信仰现象是世界各民族皆有的文化共项，宗教和文化又有着无限复杂的多样性，很难予以简单归纳。早期的文化人类学曾将民间信仰视为原始宗教或其残留，至少在欧美学术界，以往经常是在宗教学之外将它和宗教相区分后予以讨论的。民间信仰这一用语，可能是由日本人姊崎正治于1897年在《哲学杂志》上发表的《中奥的民间信仰》一文中最先使用的。为避免陷入意义不大的概念之争，此处对本文所谓民间信仰的特征特做出如下描述性归纳。

（1）民间信仰通常不被国家承认。因此，民间信仰往往面临其存在之合法性或正当性的困扰。在中国，民间信仰一般是指普通民众在其日常生活中秉持或信守的各种神灵观念、信仰仪式及相关习俗，故不同于被国家认定为具有合法性，亦即具有法定之信仰自由的那些制度化（或建制化）宗教。换言之，民间信仰指那些不能为当代中国现有既定的制度化宗教之"刚性化"或"模块化"②宗教分类所穷尽的所有信仰事象，包括汲取某些制度化宗教的"碎片"形成的混合宗教形态。长期以来，民间信仰不被认为可等同或比肩于宗教，在宗教与迷信的二分法中成为被宗教贬斥的对象。但中国民间信仰和本土的制度化宗教——道教之间的界限非常暧昧，在很多场景下难以清晰划分，往往处于互动的关系之中。③ 在特定情形下，可将民间信仰或民俗宗教理解为正统或制度化宗教在民间的变体或杂糅形态，反之，也可将道教这样的正统或制度化宗教理解为民间信仰或民俗宗教的体系化与制度化形态。④

（2）民间信仰通常没有被组织体系化，或其组织化的程度不高。民间信仰不同于宗教，没有或基本上没有明确、清晰的类似教理、教义、教则的经典体系，也没有或基本上没有特定的创始者、教祖或先知，没有或基本上没有类似教会或教团以及教派的组织，也没有或缺乏专职、脱产的司仪人员。但在某些民间信仰或民俗宗教中，往往也有一些被称为"仪式专家"的人，甚至还会有一些游离于制度化宗教之外、不受其组织制度约束的宗教人士（包括部分以此为职业者）⑤，诸如萨满、神婆、神汉、风水先生、烧香师傅⑥、香头、童子、道士、乩童、法师、斋公、斋

---

① ［日］樱井德太郎：《民間信仰》，塙書房1966年版，第10页。
② 陈进国：《传统复兴与信仰自觉——中国民间信仰的新世纪观察》，载金泽、邱永辉主编《中国宗教报告（2010）》，社会科学文献出版社2010年版。
③ 刘晓明：《岭南民间信仰与道教的互动——以岭南巫啸、符法为中心》，载《民俗学刊》第1辑，澳门出版社2001年版。
④ 梁景之：《清代民间宗教与乡土社会》，社会科学文献出版社2004年版，第327页。
⑤ 梁景之：《清代民间宗教与乡土社会》，社会科学文献出版社2004年版，第327－346页。
⑥ 刘正爱：《祭祀与民间信仰的传承——辽宁宽甸"烧香"》，见金泽、陈进国主编《宗教人类学》第1辑，民族出版社2009年版，第170－195页。

妈等。除在某些场合下，民间信仰可能也会具有举行仪式或崇信活动的文化空间（如庙会和庙市）。总体来说，它缺乏高度神圣的宗教圣地。民间信仰的这种非或弱组织化特点，曾被杨庆堃描述为"分散性"宗教。① 就此而论，其与民间教派（教门）有所不同。

（3）民间信仰通常以基层的地域社会或信众所属的社区、族群为依托，它往往是在地域共同体的基础之上和范围之内，经由历史性传承而来的信仰现象。例如，各地以宗族祠堂为核心的祖先祭祀，就属于典型的地域性民间信仰，而且是典型的所谓"无信仰者的信仰"。② 民间信仰是地域性社群的普通民众普遍共享的信仰，一般不需要经由个人申请的加入或皈依程序，这一特点和人为创立并致力于超地域传教活动的各类秘密宗教（会道门）、新兴宗教有较大的不同。滋生出和支撑着民间信仰的主体是地域社会里人们的共同体，这与那些将信仰视为个人救赎的途径、以个体信徒为关注重点的各种人为宗教有很大不同。和世界宗教的超时空特征相比较，民间信仰通常具有明显的地域性特征。③ 像河北安国的药王信仰和广东悦城的龙母信仰，大都属于此类。④ 在中国，尽管某些民间信仰的神灵也可能会超越地域社会而成为更大范围的信仰，如各地对妈祖和碧霞元君的信仰等，但它们通常都或多或少地获得了朝廷或国家的特别支持。⑤ 总之，民间信仰更多的是构成地域社会民众之宗教生活体系的基础部分，它经常表现为巫术、精灵崇拜、自然崇拜以及祖先崇拜等形式，同时也涉及名目繁多的神祇信仰与鬼灵信仰。

（4）民间信仰经常是作为普通民众平凡的日常生活的一部分而展开的信仰活动或现象，其与各种生活习俗密切相关，或纠缠一起，或弥漫其中，经常被包括在弥散性的民俗活动之内。⑥ 因此，民间信仰有很强的生活气息，为几乎所有中国人程度不等地信奉着。⑦ 在汉语文献中，民间信仰这一用语往往正是对涉及人们的衣食

---

① ［美］杨庆堃著，范丽珠等译：《中国社会中的宗教：宗教的现代社会功能与其历史因素之研究》第12章，上海人民出版社2007年版，第268－307页。
② 李亦园：《个人宗教性变迁的检讨——中国人宗教信仰研究若干假说的提出》，见李亦园《宗教与神话论集》，立绪文化事业有限公司1998年版，第125－167页。
③ ［日］樱井德太郎：《民间信仰》，塙书房1966年版，第124－125页。
④ 徐天基：《地方神祇的发明：药王邳彤与安国药市》，载《民俗研究》2011年第3期；蒋明智：《悦城龙母信仰略说》，载《民俗学刊》第1辑，澳门出版社2001年版。
⑤ ［美］詹姆斯·沃森著，陈仲丹译：《神的标准化：在中国南方沿海地区对崇拜天后的鼓励（960—1960）》，见韦思谛主编《中国大众宗教》，江苏人民出版社2006年版，第57－92页；［美］彭慕兰著，陈仲丹译：《泰山女神信仰中的权力、性别与多元文化》，见韦思谛主编《中国大众宗教》，江苏人民出版社2006年版，第115－142页。
⑥ 高丙中：《作为非物质文化遗产研究课题的民间信仰》，载《江西社会科学》2007年第3期。
⑦ ［美］韦思谛主编，陈仲丹译：《中国大众宗教》，江苏人民出版社2006年版，"序言"。

住行、生产生业（例如，伴随着稻作生产周期的农耕礼仪①）、生老病死、年节岁时等民俗生活之信仰性的习惯、惯例、仪式、巫术或俗信的总称。民间信仰包括由既定社群中人们的人生观、生死观、灵魂观、命运观、幸福观等观念所催生或促成的崇拜与信仰，以及以此为动机、为目的进行的仪式、祭典、葬仪、祈祷、祝福、供奉、数术、占卜等行为。

在和民间信仰相纠葛的诸多概念中，"俗信"一词通常是指在既定社群中广泛流布，由历史传承而来对自然、社会等事物的态度、理解、判断或其依据、方法与内容等，这一概念没有贬义；而"迷信"一词，通常是指那些存在着明显谬误、错觉和空想，并被认为是荒诞的俗信，通常这一概念具有贬义。民俗学几乎是唯一认真对待并试图去理解俗信的学科②，很多在其他领域看来是迷信的事象，在民俗学看来不过是俗信而已。对于迷信的定义，因为经常受到民族国家意识形态、无神论意识形态或某些制度化宗教意识形态的左右，故对其的使用应特别谨慎。有些学者将民间信仰视为民众的知识形态之一，认为在很多涉及生活信念和行为规范的俗信中，蕴含着丰富的民俗知识。这些知识既有以经验积累形成的智慧，又有各种误会、误解和想象的成分，更有民众对生活的期许和希冀，例如，涉及谐音的彩头俗信和吉祥民俗等。研究民间信仰中的俗信，并不是要从科学立场出发去判断真伪或正误，而是要说明不同社群或时代的人们何以会有这些知识，何以会有如此思考或判断的逻辑，并由此了解民众的心性和文化的奥秘。

（5）民间信仰在民众中自发产生，是在长期的历史尤其是地域社会、社群的发展过程中逐渐形成的，故有学者称其具有"原生性"。③ 但与此同时，民间信仰在传承过程中，也总是处于时而缓慢、时而剧烈、永不停歇的变迁之中。换言之，民间信仰的生产和再生产都不外乎一种文化建构，它不是一蹴而就的，也不能被固定化地去理解，其复杂性与其建构性有密切的关系。④ 尤其在近现代民族国家的成立及国民文化的建设中，民间信仰面临着非常复杂的境遇。有时候它被认为是现代科学的对立面，尤其是那些被指称为迷信的部分，有时候被批判为现代化的阻力；但有时候，尤其在建构所谓"国教"或民族宗教时，又会把民间信仰作为重要的资源，甚或将民间信仰视为所谓"民族精神"的源泉或文化纯粹性的体现。

---

① 王建章：《湖南稻作中的祭祀与巫术活动》，见任兆胜、李云峰主编《稻作与祭仪——第二届中日民俗文化国际学术研讨会论文集》，云南人民出版社2003年版，第365-370页。
② ［日］板桥作美：《俗信の論理》，東京堂1998年版，第6-7页。
③ 萧放：《当民间信仰成为一种文化遗产》，载《中国文化报》2010年12月21日。
④ 金泽：《民间信仰·文化再生产·社会化控制方略》，见金泽、陈进国主编《宗教人类学》第1辑，民族出版社2009年版，第347-357页。

二、获得合法性的路径

在中国，民间信仰有着非常漫长和复杂的历史，曾经有过很多次由朝廷或地方官僚发起的旨在打击民间信仰的举措。一方面是普罗百姓的笃信和遍地开花甚或泛滥的"淫祀"，另一方面是标榜"敬鬼神而远之"的儒教精英占据意识形态主导地位，其对民间信仰往往不很宽容，故通过辨风正俗、移风易俗等方式，整顿、抑制乃至摧毁民间"淫祀"的动作屡见不鲜。当然，历史上也不乏将民间信仰纳入朝廷正祀的努力，通过对民间诸神的"加封"增强对民间信仰的柔性管控，或通过朝廷认可的正祀教化民间信仰。但当民间信仰有可能发展成为更加具有组织动员力的人为宗教时，就有可能被定义为"邪教"，引起朝廷的戒备和压迫。

在全球规模的现代化进程中，同时也是在世界宗教的日渐普及中，各国民间信仰程度不等地遭到了轻视、贬损和打压，从而普遍地遭遇到合法性危机。尤其在中国这样的后发型近代化国家，民间信仰更容易被科学主义话语表述为"落后""封建""迷信"，认为其阻碍民族国家的现代化进程。早在"清末新政"时，朝廷就有在维系祀典正信的同时，把没有纳入祀典的民间祠庙或予以清除，或改为学堂的举措。将民间信仰和学校教育相对立的逻辑从此一直延续下来，直至21世纪初，仍有记者质疑为何乡民热衷于建庙而不关心学校危房。近代以来，民间信仰逐渐沦为许多新生力量的对立面。在以"科学""理性""进步"为信仰的人们看来，民间信仰充斥着反科学的、不可理喻的观念和荒诞可笑的行为；在那些逐渐获得国教（如日本的国家神道）或以某种形式获得合法性的诸多制度化或标准性的宗教看来，民间信仰是不入流的、低俗的和妨碍人们的精神信仰的，过激的宗教人士还会斥民间信仰为邪教，欲除之而后快。与此同时，由民族国家的学校教育系统所传达的教养和知识体系，也逐渐使民间信仰或其所属的传统知识体系日趋边缘化。在中国，从1919年五四运动以来，知识界形成了文化革命的基本认知①，以陈独秀的"偶像破坏论"为代表，各地精英大都鼓动和参与了激进的反宗教、反偶像崇拜的运动，甚至把整个传统文化都目为社会进步的阻力，其中民间信仰更是成为文化和社会革命的对象。

民国政府曾大力推进移风易俗（例如，20世纪10—30年代的废除旧历运动、风俗改革运动②、新生活运动等），并相继制定了限制神祠泛滥，废除或取缔卜筮、

---

① 周星：《非物质文化遗产与中国的文化政策》，载《中国研究》2009年第2期，第210-223页。
② 潘淑华：《"建构"政权，"解构"迷信？——1929年至1930年广州市风俗改革委员会的个案研究》，见郑振满、陈春声主编《民间信仰与社会空间》，福建人民出版社2003年版，第108-122页。

巫觋、堪舆（风水）、巫医等诸多法规，对民间信仰及部分道教信仰强力管制甚或取缔，进而促成了反对民间信仰的知识精英传统。① 当时的《神祠存废标准》（1928年）要求在"科学昌明的时代"对宗教和迷信做出区分，那些制度化宗教和涉及孔子等先哲的信仰得以保留，而自然崇拜（土地、龙王等）和仙道杂神（狐仙、瘟神、二郎神、财神等）之类的"淫祠"则一概废除。这实际是沿袭了古代的正典、淫祀和邪教的分类。1949年以后，民间信仰被视为迷信、落后的意识形态，逐渐走向了衰落。改革开放之后，各地的民间信仰活动出现了不同程度的复兴，虽然往往只是暂时的复兴，但这表明民众的信仰需求仍在。接踵而来的市场经济大潮使国民生活方式发生巨变，导致民间信仰的社会环境和文化空间也有了极大的改变。

在当今中国，虽然民众的宗教信仰自由得到宪法的保障，社会生活的民主化也使很多民间信仰事象得到默许，民间信仰作为社会精神资源的重要性在一定程度上正得到重新认知，但不容否认，其合法性始终是一个不容回避的问题。与之相对应的是，有的民间信仰或民俗宗教积极争取合法性的各种实践。正如民间信仰、民俗宗教作为复合性用语所内在地具有两方面的含义一样，合法性追求大体上也主要体现为以下几个基本的侧面。

一是民俗化的路径，亦即按照对民间、民俗、生活文化、生活方式的描述，将民间信仰或民俗宗教解说成传统的民间文化或各地域社会"民俗"的重要组成部分。20世纪80—90年代，中国学术界和知识界颇为关注民间信仰的概念及相关问题，学者们有意无意地为在意识形态的支配下被目为迷信的民众信仰行为去敏感化。这一倾向突出强调民间信仰作为民间文化之形式或其组成部分的意义，淡化甚或否定民间信仰的宗教属性或侧面。相对而言，被突出的主要是那些和民众的日常生活密切关联的信仰现象，认为民间信仰与民俗文化难以分割，是你中有我、我中有你的关系。确实，在老百姓的日常生活中，有以各种形态存在的俗神及信仰，诸如一年四季的农耕仪式和岁时节祭，腊月拜送灶君，大年初一祭祖，清明上坟，端午时祭祀屈原，七夕祭拜石爷（牛郎）、石婆（织女）②，八月十五拜月，中元节慰藉亡灵，家里中堂贴"天地君亲师"的神灵牌位，店铺里供奉关公，结婚时讨个口彩，盖房修墓讲究风水，求子拜一下娘娘，求财去拜财神，生病去药王殿求药，演皮影戏时或许也要讲究一点规矩和禁忌，等等。此外，各行各业也几乎都有各自的

---

① ［美］杜赞奇著，王宪明等译：《从民族国家拯救历史》，江苏人民出版社2009年版，第109页。
② 赵丽彦：《石婆庙庙会调查及庙会对当地社区功能的分析》，载《节日研究》第1辑，山东大学出版社2010年版。

行业神或始祖神（诸如木匠供奉鲁班、郎中供奉药王之类）。所有这些均是普罗大众建构民间道德规范，建构其人生意义，追求平安、祥和、幸福的基本形式。假如把所有涉及民间信仰与崇拜的事象全都否定了，那中国传统文化就有可能被架空。

在将民间信仰视为民俗文化的认知方面，台湾地区比大陆先行几步。20世纪60年代以降，伴随着台湾社会的发展，当局和知识精英对民间信仰的认识逐渐从神权迷信到民俗活动，再到文化资产和文化瑰宝，实现了转变，与此相应的政策，也逐渐从查禁、革除到改善、改进，再到辅导和发扬。这反映了台湾社会重视本土文化的姿态，同时也意味着社会生活的民主化趋势在文化领域取得了进展。眼下，中国大陆正在发生的转变，和台湾已经发生过的变革有不少相通、相似之处，民间信仰也从负面的封建迷信逐渐变成了传统的民间文化或民俗，下文即将提到的文化遗产化，实际也是在这个发展脉络上延伸而来的。

二是宗教化的路径，亦即着眼于民间信仰事象的宗教侧面，借助国家对宗教信仰之合法性边界的定义，以多种方式将其包括在已经被国家承认具有合法性、民众可自由信仰的制度化宗教之中。例如，将民间俗神塑在道教的道观或佛教的寺庙里，或把乡间小祠的杂神信仰冠以"菩萨"之名，或将其列入道教诸神的系谱之内等。尤其当民间信仰面临指责时，它就会向合法宗教靠拢，试图成为其内部或底层的一部分，通过这种"戴帽子"的形式暂且栖身。这样就会出现两种可能性：一是民间信仰被制度化宗教所同化，但反过来也可能由于民间信仰的影响而使制度化宗教出现诸如在地化、世俗化等倾向，甚至因此形成诸如佛教民俗、道教民俗之类的范畴与事象；另一种可能性便是民间信仰躲在制度化宗教的帽子下，实际运行却依然故我，仍是民众生活中的逻辑支配着那些信仰行为或事象。鉴于中国政府的宗教政策涉及民间信仰时不乏暧昧①，所以，此种"戴帽子"现象就成了乡民信众规避风险、寻求心安理得之感的常见选择。这种现象其实在民国时期就曾经出现过，只要村民为其庙宇冠以符合官方要求的正统祭祀符号（例如，孔子庙、关帝庙），他们就可以继续过去的宗教行为和信仰。② 那么，如何才能在当下的中国形成较为宽容的社会环境，使民间信仰以其原本的形貌得以生存并获得基本的尊重与认可呢？近来有诸多研究强调民间信仰的"良善性"，揭示其在调节社会生活诸方面的功用，强调其在凝聚社区民众的和谐与认同，丰富民众的精神生活，以及满足民众信仰需求等方面的积极性价值。的确，正如北京东岳庙所建构的诸神济济一堂的城市信仰

---

① 2009年，中国第一部有关民间信仰的地方性行政法规——《湖南省民间信仰活动场所登记管理办法》正式出台，它确认了民间信仰的宗教属性和民俗性定位，并在立法层面上为民间信仰正名。

② 潘淑华：《"建构"政权，"解构"迷信？——1929年至1930年广州市风俗改革委员会的个案研究》，见郑振满、陈春声主编《民间信仰与社会空间》，福建人民出版社2003年版，第108－122页。

空间，对相当多数的北京市民来说，它都是人们多种期许、渴望、困扰、意愿、疑惑及焦虑得以自由表述或释放，并能得到某种程度的舒缓和救济的空间，只要其在国家法律和社会的公序良俗下运行，只要不对他人的信仰或日常生活构成强制和干扰，作为城市神圣空间的存在，它自然不应受到外部力量的干涉。宪法赋予了国民信仰自由，这是民众的合法权利，也是天赋人权的一部分，而无论它是属于对制度化宗教的皈依，还是对民间杂神的信仰，抑或是对民间俗信的尊崇。

除了"戴帽子"的方式，还有一种主张是以民俗宗教的概念取代民间信仰的概念。把民间信仰定义为民俗宗教，是要将其纳入国家认可的宗教分类中，使民俗宗教获得与既定制度化宗教完全对等的合法性。出于诸多原因，有些已经获得合法性的制度化宗教，常会贬斥民间信仰为歪门邪道。在同一社区里，信仰制度化宗教的居民和在其生活里保持诸如祖先崇拜之类民间信仰的居民，往往不能够获得平等对待，这显然会影响人们彼此间的良性互动。① 因此，笔者建议用民俗宗教来涵盖不能为制度化宗教所涵盖，以及尚被国家宗教政策所依据的宗教分类排除在外的民间信仰。民俗宗教的特点，就是和日常生活融汇在一起，是被编织进日常生活节奏和空间中的信仰行为。② 假如能够在宗教政策中，将民间信仰视为和其他制度化宗教具有同等价值和重要性的民俗宗教，并赋予其合法性的宗教地位，普通民众日常生活中的信仰或崇拜行为就不会再受歧视，这将有助于社会和谐的建构和社会生活民主化的进一步拓展。③ 在中国，具有合法性的道教并不能够涵盖或囊括民间信仰千差万别的情形，因此，通过道教与合法化的民俗宗教，当然还有儒教和早已实现在地化的佛教（汉传佛教、藏传佛教）和伊斯兰教，就可以和基督教、天主教等外来宗教一起，形成多样而又不失协调的宗教文化生态，如此既可满足人民多样的精神和信仰需求，又可规避外来宗教一枝独大或制度化宗教吞灭民间信仰的局面。

三是文化遗产化。解决民间信仰的地位和意义暧昧依旧的问题，除了走宗教化的合法性之路，近年来又多了一个文化遗产化的路径。其实，在非物质文化遗产保护运动兴起之前，涉及民间信仰的部分祠堂、庙宇，曾有过通过确认其文物的价值，进而将其公布为各级文物保护单位，从而使民间信仰间接地获得合法性的情

---

① 陈晓毅：《"主"、"祖"之间——青岩基督教和汉族民俗宗教的互动》，见金泽、陈进国主编《宗教人类学》第1辑，民族出版社2009年版，第196-215页。
② ［日］渡边欣雄著，周星译：《汉族的民俗宗教——社会人类学的研究》，天津人民出版社1998年版，第3、18页。
③ 周星：《"民俗宗教"与国家的宗教政策》，载《开放时代》2006年第4期。

形。① 进入21世纪以来，在中国兴起的非物质文化遗产保护运动中，各地将不同形态的民间信仰筛选、包装或改写为非物质文化遗产，将其列入各级政府的保护名录，部分民间信仰也的确因此获得了合法性。把民间信仰纳入非物质文化遗产的范畴，当前已成为各级政府和涉及民间信仰的各方面当事人的某种共识和"共同作业"。随着《中华人民共和国非物质文化遗产法》（以下简称《非物质文化遗产法》）的颁布和实施，这些以非物质文化遗产为名目的民间信仰活动，自然也就不会再受外界干涉了。

三、文化遗产化的理论、实践及问题

民间信仰的文化遗产化之所以成为可能，原因在于相关国际法条款提供了明确的依据。2003年联合国教科文组织通过并于2006年正式生效的《保护非物质文化遗产公约》对非物质文化遗产的定义做了详细的说明，指出其包括"社会实践、仪式、节庆活动""有关自然界和宇宙的知识和实践"和"文化空间"等。大部分学者倾向于认为，"有关自然界和宇宙的知识和实践"应该包括民间信仰，甚至还包括巫术、风水等神秘文化，将其归属于非物质文化遗产意味着确认了民间信仰作为非物质文化遗产的属性；各地民间庙会作为展现民众精神世界的文化空间，也理应被涵盖在内。由于民间信仰总是和地方社区或族群的节日体系、传统知识、民族民俗艺术和民间文学等诸多非物质文化遗产的核心部分相关联，因此，如果排除民间信仰，社会生活就会显得空洞化和躯壳化。② 由于构成非物质文化遗产的节日民俗、民间艺术、人生礼俗、民间知识等的生产与传承往往以民间信仰为依托，因此，保护非物质文化遗产须正确处理好民间信仰的相关问题。③ 有的学者指出，将那些具有传统性、伦理性与濒危性的民间信仰纳入非物质文化遗产，将有助于民间信仰的重建，并发挥其在当代社会促进建设共有精神家园的功用。④ 这里的"传统性"来自非物质文化这一概念的要求，意味着现实生活中一些新兴的民间信仰现象不能被视为文化遗产；"伦理性"意味着对庞杂多样的民间信仰有所筛选，对那些被认为具有良善和正面价值的才予以保护，意味着对民间信仰采取了精华/糟粕、积极/消极的二元论价值判断。可见，民间信仰的文化遗产化固然是取得合法性的便捷路径

---

① 朱爱东：《当代民间庙宇的形态及其合法性——冼太庙的多形态考察》，见王建新、刘昭瑞编《地域社会与信仰习俗——立足田野的人类学研究》，中山大学出版社2007年版，第354-366页。
② 冯智明：《人类学整体论视野下的民间信仰非物质文化遗产化——以广西红瑶为个案》，载《中央民族大学学报（哲学社会科学版）》2011年第5期。
③ 向柏松：《民间信仰与非物质文化遗产保护》，载《中南民族大学学报》2006年第5期。
④ 萧放：《当民间信仰成为一种文化遗产》，载《中国文化报》2010年12月21日。

之一，但其中涉及的诸多问题仍需要进一步探讨。

经由各级地方政府文化主管部门的努力，当然还有活跃在各地的学者、文人及各种类型知识精英的介入，同时也多少是在以往的宗教行政管理、文化政策的延长线上，大规模的非物质文化遗产保护运动已经把很多涉及宗教、民间信仰的事象或项目囊括在内，形成了"宗教类非物质文化遗产"的重要范畴。目前已被列入国家级非物质文化遗产保护名录的项目包括济公传说①、观音传说、禅宗祖师传说、布袋和尚传说、宝卷（河西宝卷和靖江宝卷）等，津门法鼓（挂甲寺庆音法鼓、杨家庄永音法鼓等）、五台山佛教音乐、千山寺庙音乐、天宁寺梵呗唱诵、拉卜楞寺佛殿音乐、青海藏族唱经调、北武当庙寺庙音乐等，目连戏（徽州目连戏、辰河目连戏、南乐目连戏）、日喀则扎什伦布寺羌姆、塔尔寺酥油花、热贡艺术、藏香制作技艺、贝叶经制作技艺、藏族唐卡（勉唐画派、钦泽画派等）等。应该说，宪法和《中华人民共和国民族区域自治法》对宗教信仰自由的保护，再加上《中华人民共和国文物保护法》对宗教文物和宗教场所（祠堂、宫庙）的保护，以及《非物质文化遗产法》对列入各级名录的相关项目的保护，使宗教类物质文化遗产获得了多重的合法性。多重的保护固然很好，但如何实现彼此之间的协调却成为一个新的课题。②

在目前业已相继公布的三批共计 1219 项国家级非物质文化遗产名录（含扩展项目）中，其实很难统计究竟有多少项目属于民间信仰或与民间信仰有关，因为不少项目往往既是民俗，又是艺术，同时又是民间信仰的活动。它们中有很多确实是以节日习俗、民间文学、传统美术、传统音乐③、传统舞蹈、传统技艺、传统戏剧等名目获得青睐的。第一批名录已列入祭典、庙会、石敢当习俗等，第二批名录涵盖了信俗（例如，保生大帝信俗）、祭祖习俗等，第三批则进一步扩大了民间俗信的范围，把中元节（潮人盂兰胜会）也列入其中，应该说每一批都有很大的进步。民间信仰的文化遗产化进程并非只在国家级层面展开，其在很多地方也颇为普遍。据报道，福建省于 2012 年 3 月公布的第四批省级非物质文化遗产保护名录以信俗之名，将齐天大圣信俗（顺昌）、关岳信俗（泉州）、广泽尊王信俗（南安）、福德

---

① 关于"济公传说"成为国家级非物质文化遗产，参阅纪华传《转型时期天台县的济公文化与信仰活动》，见金泽、陈进国主编《宗教人类学》第 1 辑，民族出版社 2009 年版，第 26－39 页。

② 周超：《中国文化遗产保护法制体系的形成与问题——以〈非物质文化遗产法〉为中心》，载《青海社会科学》2012 年第 4 期。

③ 例如，辽宁宽甸"烧香"祭祀活动中的单鼓音乐就是以民间音乐的名义列入非物质文化遗产的民间信仰。（刘正爱：《祭祀与民间信仰的传承——辽宁宽甸"烧香"》，见金泽、陈进国主编《宗教人类学》第 1 辑，民族出版社 2009 年版，第 170－195 页）

信俗（厦门仙岳山）、大使公信俗（厦门灌口）、延平郡王信俗、定光佛信俗（沙县）、惠利夫人信俗（明溪）、田公元帅信俗（福州、龙岩）、德化窑坊公信俗等10项民间信仰列入其中。这不仅说明了俗信范畴的重要性，也寓示着基于民间信仰的地方性特点，其在地方政府的保护名录中更容易得到关照。

上述以各种名义对民间信仰的非物质文化遗产化式的保护，在具体实践过程中，已经和正在出现一些问题，不容忽视。例如，为实现民间信仰的合法化"登录"而开展的使之净化（去除或弱化所谓迷信的部分）、艺术化①（突出其艺术表现形式或与民间信仰相黏结的艺术部分）、序列化（将民间信仰也分为国家级、地方级）、固定化（一旦被列入名录，就要接受必要的管理和规范）以及应用化（在文化产业的思路下，对其进行开发和利用）等人为操作，显然会给民间信仰带来诸多新的变迁的力量，从而使其名不副实。对上述做法，学界目前是赞否两论，但亟须深入探讨已成为学界共识。

这些问题的产生若究其根源，或许是因为非物质文化遗产的概念和民间信仰的概念逻辑不同，其内部机制也不尽相同。正如樱井教授所指出的那样，文化遗产是颇具现代性的概念，它是由既定国家或联合国教科文组织等公共机构组织认定、参与管理和规范的；民间信仰则基本上是指从历史上传承而来并渗透于民众日常生活当中的信仰传统，在很多国家的既定时代背景或具体场景下，它未必是一个可被国家容纳或认可的概念。两者之间在某种意义上具有峙对性，由此看来，民间信仰的文化遗产化其实是一个较难处理的问题。② 由于非物质文化遗产概念的内涵及其背后理念的限制，那些被纳入其中的民间信仰势必经过了筛选或必要的变通。虽然对民间信仰争取合法化而言，确实多了一个选择，但民间信仰本身也因此付出了一定的代价。并不是所有的民间信仰都可成为非物质文化遗产，那些成为非物质文化遗产的往往也不是某项民间信仰的整体，而只是其艺术的部分或作为文化空间的部分。如此既容易产生新的不平等，也容易导致民间信仰的支离破碎化。由于个别国家从意识形态方面对文化遗产范畴的深度渗透，被纳入其中的民间信仰或民俗宗教的表述自然容易被扭曲或碎片化。

---

① 此种使民间信仰艺术化的机制并非始于当前的非物质文化遗产保护运动，早在20世纪50年代就已经出现了类似的实践。以杨家庄永音法鼓为例，除了"文革"期间，它一直是各级文艺会展或文艺会演的保留节目。不过，永音法鼓会每年定期举行的固定活动，则是当地的药王庙会（农历七月十五）和土地神庙会（农历四月二十八）。（赵彦民：《现代都市里的花会组织与其活动——以天津市杨家庄永音法鼓会为例》，载《民俗研究》2011年第3期）

② ［日］樱井龍彦著，陈爱国译：《应如何思考民间信仰与文化遗产的关系》，载《文化遗产》2010年第2期。

徐赣丽教授对广西田阳敢壮山布洛陀文化遗址进行的深入、详尽的个案研究，解析了民间信仰在地方精英学者和地方政府等各方人士的努力下，如何被逐渐地置换成为（以地方政府为代表的）国家承认的"人文始祖信仰"及"民族文化遗产"的过程，进而分析了布洛陀文化遗址建构过程中各方力量背后的动机。正如她所指出的那样，民间信仰与国家"正祀"之间具有以多种方式实现转换的可能性①，文化遗产化不过是其中最新的一种方式而已。徐教授在她的另一项合作研究中，通过对桂林宝赠村侗族祭萨仪式，先后经过展演、阐释和整合，最终被建构成为具有多种价值非物质文化遗产之全过程的揭示，指出实现文化遗产化之后的祭萨形态确实与现实生活中原本的祭萨信仰活动存在较大的差距。她认为，文化遗产化已经成为民间信仰在新时期的变迁路径之一，而当前在全国各地均已出现的将民间文化建构成为文化遗产的趋向，反映了地方社会利用现存的具备民族和地方特色的民间文化资源谋求发展的努力。② 绝大部分的此类尝试往往是"观光化"或"节庆化"的运作，尽管鲜有成功的范例，但地方各路精英仍乐此不疲。因此，文化遗产化同时就是民间信仰的文化资本化。文化遗产化的实践可以使原来一些有可能被视为落后、愚昧以及被边缘化的民间信仰得以升格到文化遗产的地位，甚至成为民族精神文化的象征符号。民间信仰通过文化遗产化不仅可以规避风险，获得合法性，还由于申报机制采取属地原则，从而导致各个地方自治体热衷于发现、发掘和建构其独特的文化传统，并赋予其本真性，将其权威化。③ 不难理解的是，贵州省的侗族祭萨仪式目前已被批准列入国家级非物质文化遗产名录，广西也正努力使桂林宝赠村侗族祭萨仪式从市级升格为自治区一级的文化遗产。

上述个案研究说明中国申报非物质文化遗产的机制本身已经成为驱使民间信仰发生变迁的动机之一。在研究者从事田野调查的宝赠村，祭萨行为逐渐从大多属于个人、家庭的小规模祭祀转化为村寨集体举行的大型仪式，进一步演变成为综合当地各种民族文化要素的祭萨节。为申报非物质文化遗产而举办的祭萨仪式，在内容和程式上都发生了变化，体现了社区居民对民间信仰积极评价和利用的姿态。文化遗产化使祭萨之类的民间信仰活动难以避免地出现了正统（规）化、公开化、展演化等一系列异变。与此同时，祭萨的文化遗产化建构还伴随着新的阐释和命名，尤

---

① 徐赣丽：《民间信仰文化遗产化之可能——以布洛陀文化遗址为例》，载《西南民族大学学报》2010年第4期。

② 徐赣丽、郭悦：《当代民间文化的遗产化建构——以广西宝赠侗族祭萨申遗为例》，载《贵州民族研究》2012年第2期。

③ ［日］岩本通弥著，吕珍珍译：《围绕民间信仰的文化遗产化的悖论——以日本的事例为中心》，载《文化遗产》2010年第2期。

其是采用现代主流话语对其进行阐释和重新表述，以使其脱离迷信、低俗的标签或地位。

在浙江省温州的宁村，对地方保护神的祭祀和信仰最终以汤和信俗的名义申遗成功，这也是一个非常典型的文化遗产化的案例。邱国珍教授等人的研究揭示了拥有数百年历史的汤和信仰，在经历了城隍庙会（清朝）、被贴上封建迷信的标签（"文革"前后）、抬佛、东瓯王汤和节、七月十五汤和节等阶段后，终于在非物质文化遗产的语境下获得国家的认可的全过程。① 汤和信仰具备神灵信仰和祭祀仪式的要素，是典型的民间信仰，但在 2008 年 6 月，它是以汤和信俗的名义入选第二批国家级非物质文化遗产名录的。这里的俗信表述，其实有淡化其宗教属性的用意。明代抗倭英雄汤和信仰和中元节的祭祖民俗有着密切的关联，通过文化遗产化，实现了对旧时传统祭祀仪式的解构和重构。例如，把汤和由神还原为人，还原为一位民族英雄。此种地方传统重构的方向与官方倡导的先进文化理念正相吻合。正如时任文化部部长蔡武所明示的那样，处理好非物质文化遗产保护与民间信仰的关系，是为了促进民间信仰朝向健康有益的方向发展②，同时要引导民众的相关活动，尽量注意克服和减少民间信仰的负面作用。

四、日本民俗学：从民间信仰论到民俗宗教论

日本人的宗教生活，在结构上和中国有些类似。除了本土的神道教、外来但早已经本土化的佛教，以及信众不多的基督教、天主教等体系化的"成立宗教"（亦即制度化宗教或创唱宗教），更有大量地方性的民间信仰或民俗宗教。③ 日本的民间信仰也是非常庞杂和难以归纳的，大体上由以下几大部分组成。

一是以大自然为对象的自然崇拜，诸如对山、水、泉、火、石、木、风、雨、雷、电、日、月、星辰等的自然崇拜。基于其特有的自然观，日本民间有对自然现象之各种灵力或精灵的信仰，且传承性很强。

二是在各个基层地域社会如村落、部落或町镇、街区中较为普遍存在的氏神信仰。④ 氏神既有起源于祖先崇拜的情形，也有作为地域保护神得到信奉的情形；集中信仰既定氏神的信众，便是所谓的氏子，同一个地域共同体的氏子之间会形成紧密的连带感。一般来说，民间信仰的组织化范围较为狭小，以部落或村落内小规模

---

① 邱国珍、陈洁琼：《民间信仰的历史传承与申遗策略》，载《温州大学学报》2008 年第 5 期。
② 蔡武：《要处理好非遗保护与民间信仰的关系》，见中国新闻网 2009 年 11 月 26 日。
③ 和中国一样，日本也有很多指称民间信仰的术语，如民众宗教、习合宗教、民族宗教、庶民信仰等。
④ 在日本的地域社会共同体所拥有的神社里被奉祀的诸神，一般被称作"氏神"；该地域社会居民全员都可以说是该神社及其所祭奉之诸神的氏子。

的生活共同体为局限。在日本的民间信仰中，祖先崇拜具有重要的地位。柳田国男曾倾向于认为，祖先崇拜是在没有受到儒教和佛教影响之前日本的固有信仰，其他学者也有视其为构成日本历史底流之基层信仰的观点。宫家准在《日本的民俗宗教》一书里，试图从宗教学的视角系统整理日本的民间信仰。他探讨了民间信仰的历史、相关仪式和口碑传承等，突出强调了生死观和人死后祖灵化等的重要性。① 现在，氏神信仰大多被纳入或卷进了神道教的体系之内。

三是渗透于生业生计、人生仪式、冠婚葬祭、年节岁时以及衣食住行等日常生活中的民俗宗教。很多日本人虽然自认为没有明确的宗教信仰，实际却在不知不觉地以各种方式和行为实践着他们的信仰。例如，新年去神社或寺庙"初诣"，投掷"赛钱"祈福；二月二，撒黄豆，招福驱鬼；在考大学前去神社求签、许愿；在私家车里悬挂交通安全的护身符；为公司、商社的生意兴隆或者为找到心仪的恋人而祈愿；等等。民间信仰或民俗宗教渗透于日常生活之中，这一点和中国的情形颇为相似。②

日本民间信仰也有很多和所谓"人为宗教"相纠葛、相融合的情形。日本人在其宗教生活的历史上和实践中，常常将诸多宗教予以适当的混合，从而形成了很多习合的形式。例如，神佛习合就是佛教和神道的混合形态。③ 很多日本人在家内既设佛坛，又设神棚；他们既是某个寺院的檀家④，又是所属神社的氏子；而在村落等层面的地域社会，也经常是寺庙和神社并存。所有这些都是神佛习合的结果。除了习合，事实上在日本民众的信仰生活中，还形成了佛教和神道教之间的某种分工格局。日本学者采用《民俗宗教》一词来描述普通民众的宗教生活传统，这个概念既包括以自然宗教为渊源的神道和人为创唱的宗教，诸如佛教、儒教等相互混合的习合宗教，也包括各种各样的民间信仰习俗，诸如道祖神信仰、稻荷信仰、七福神信仰等。民俗宗教这一概念，在日本有时候还被用来指称日本独特的修验道、阴阳道，以及经由民间宗教人士为满足地域社会里普通民众之宗教生活的需求而倡导并被民众接受的多种信仰形式。宫家准曾经讨论过日本民俗宗教的组织形态，例如家、氏子和檀家等，指出尽管它们大都不超出地域社会的范围，但其活动的机制仍

---

① ［日］宫家准著，赵仲明译：《日本的民俗宗教》，南京大学出版社2008年版，第168页。
② ［日］宫家準：《民俗宗教へのいざない》，慶应通信1990年版，第9－10页。
③ 林淳：《カミとホトケ——八幡・天神・稲荷》，见山折哲雄、川村邦光编《民俗宗教を学ぶ人のために》，世界思想社1999年版，第20－39页。
④ 檀家是指和特定的寺院缔结了固定关系的家族。一方面，檀家会成为该寺的信徒，并对其布施和供养；另一方面，则享有该寺提供的涉及丧葬、超度法事和墓地管理等方面的服务和指导。

是理解日本普通民众之民俗宗教传统的关键之一。①

在20世纪80年代民俗宗教这一概念得以确立之前，日本较常使用的是民间信仰一词。由于日本民俗学的目的之一是要解明日本的神灵观念，这是无法采用西欧的神灵观念来理解的。例如，日本的神远不是唯一绝对的存在，而是经常在与人的交涉中获得神格。正因如此，民间信仰在日本民俗学中占据了核心课题的位置。②民间信仰可以说是柳田民俗学的基本用语。③ 当时的研究者倾向于把民间信仰理解为宗教连接社会的纽带，认为基于"因习化"的民间信仰低于宗教；或者将民间信仰视为民俗社会之封闭共同体内部的祭祀或信仰现象及其传承，甚至还有将其视为日本自古以来就有的固有信仰的倾向，更有将其理解为仅限于作为"定居稻作农耕民"的日本常民之祖灵一元化信仰的见解。如此对民间信仰的界说，一定意义上其实就是对日本民族的历史和文化认同及其连带感进行确认和建构的一种作业。但是，在后柳田民俗学时代，它已经被民俗宗教的概念所替代。④ 从民间信仰论到民俗宗教论的转变，在日本民俗学中被认为是具有研究范式更新的意义。例如，以往的民间信仰论更加强调其草根性以及和所谓"成立宗教"的对峙，而民俗宗教论则倾向于从上述两者之间的互动来解释日本民众的信仰生活；以往较为强调所谓共同体传统的民间信仰论，基本上是一元和静态式的理解模式，与此相对，民俗宗教论则是具有复合性的动态理解模式。前者把日本的民间信仰视为是一元的，倾向于朝向古代去追寻更加纯粹、更加本质和更加"日本性"的信仰，而往往对现实生活中普遍存在的多元习合现象有所轻视；后者把民俗宗教视为是多元建构的，故较为重视日本宗教文化的多元性与复合性等特点。⑤

从民间信仰论到民俗宗教论的转变，也与日本民俗学中诸如巫女研究、妖怪研究、氏神研究和流行神研究等学术课题的进展有关，因为随着民俗学研究的不断深化，日本人宗教信仰生活的多元性特点一再被揭示出来。樱井德太郎早年较多地使用民间信仰的概念，随后他越来越意识到对民间信仰的单纯、静态式理解已经不能够说明日本人宗教生活多元的实际状况。于是，自20世纪70年代后期到80年代

---

① ［日］宮家準：《民俗宗教と日本社会》，東京大学出版会2002年版，第95－117页。
② ［日］圭室文雄、平野栄次、宮家準、宮田登编：《民間信仰調査整理ハンドブック・上・理論編》，雄山閣1987年版，第9页。
③ ［日］柳田國男监修、财团法人民俗学研究所编：《民俗学事典》，東京堂1980年版，第575－576页。
④ ［日］真野俊和：《民間信仰論から民俗宗教論—仏教民俗論の前提として》，见桜井德太郎编《日本民俗の伝統と創造－新・民俗学の構想》，弘文堂1988年版，第203－222页。
⑤ ［日］池上良正：《民俗宗教の複合性と霊威的次元》，见山折哲雄、川村邦光编《民俗宗教を学ぶ人のために》，世界思想社1999年版，第127－144页。

前期，他逐渐采用民俗宗教这一概念，并用它来指称位于所谓"基层信仰"和所谓"成立宗教"之间的具有自律性的宗教信仰领域；随后，更进一步把民俗宗教理解为地域居民的信仰基础，认为它既是制度化宗教"在地化"的接纳基盘，也可能成为新兴宗教得以创生、崛起的能量源泉。20世纪80年代以后，有很多研究者开始采用民俗宗教的概念，虽然其立场各异，彼此间的歧义甚多，但大都不再把民俗宗教视为和经典的、制度化宗教相对立的，这就跳出了历来的二元对立式的理解，大都把民俗宗教视为动态的、内含制度化宗教诸多要素的、具有自律性和复合性的宗教。此外，战后日本社会结构的巨大变迁，也是促使民间信仰论朝向民俗宗教论转变的动因之一。在都市化迅猛发展导致都市和农村的界限日趋模糊的大背景下，曾以乡村地域社会之共同体的完整性为前提的民间信仰论，越来越难以说明日本民众信仰生活的实际状况，而在迅速扩大的都市社会生活里又充满着无数激烈变化的信仰现象以及所谓世俗化的趋势。① 因此，学术界只有使用诸如民俗宗教等新的概念和范畴才有望予以概括，因为以往基于二元论的概念，例如上层宗教和庶民信仰、都市宗教和乡村宗教或者精英宗教和民间信仰之类的说法，均显得捉襟见肘、力不从心了。

"明治维新"以后，日本迅速地走上近代化、西洋化、军国化的道路，为此曾奉行"国家神道"政策，致力于神道教国家化（国教），致力于把各地方的民俗性诸神信仰均予以神谱化和体系化，以配合其中央集权和政教合一的国家体制。该政策旨在谋求建构以天皇为最高神权，并使之成为国民精神的核心，从而为天皇制的正统性和绝对性提供神权依据。② 1868年，新政府颁布了"祭政一致"布告，宣布建设政教合一的神权国家，以天皇神统作为国家的最高原理。③ 当时的日本政府积极地"废佛毁释"，对外来宗教，甚至对早已经落地生根的佛教都予以排斥。同时，认为各类民间信仰是迷信、落后、未开化的，对其采取抑制、打击的政策，对很多难以归类为神道教的神像及设施或予以拆除，或予以关闭。例如，为打压修验道而颁布"修验道禁止令"，甚至为建构独立的神道教而不惜对历史上已经形成的神佛习合现象大举开刀，颁布了"神佛分离令"。在日俄战争之后的"地方改良运动"中推行的"神社合祀"政策，要求大力整顿地方神社，彻底地实行"一町村一社"，将很多自然村落的小神社一律撤并，对民间信仰进行了强力统合，从而建立

---

① ［日］真野俊和：《民間信仰論から民俗宗教論—仏教民俗論の前提として》，见桜井徳太郎编《日本民俗の伝統と創造－新・民俗学の構想》，弘文堂1988年版，第203－222页。
② ［日］伊藤亜人：《文化人類学で読む日本の民俗社会》，有斐閣2007年版，第25页。
③ 王金林：《日本神道研究》，上海辞书出版社2007年版，第306－312页。

起了以伊势神宫为顶点的神社等级体系。① 这样，神社便成为基层町村一级社区居民的精神中心，从而有利于统一国民的信仰，也有利于政府进行彻底的思想统治。② 所有这些举措，意味着民间信仰在日本也曾经面临过正当性或合法性的问题。于是，一个时期内很多民间信仰，甚至包括部分佛教的基层组织，都曾或被动，或主动地被裹挟进由各级神社体系所建构的国家神道教，成为其在地域基层的一部分。在日本，由于历史上佛教和神道教彼此之间逐渐形成了明确的分工和互补关系，佛教主要司职死亡礼仪，多被用来建构、形塑日本人的他界观、灵魂观、来世观，从而和神道教主要满足信众对现世利益的需求形成了鲜明的对照。因此，即便是在遭到政府打压的情形下，它依然能够顽强地扎根于民众的生活之中。但在上述过程中，有相当一部分被视为迷信的民间信仰的确逐渐消亡了。菅丰教授曾以日本明治神宫为考察对象，揭示了19世纪以来日本的民间信仰空间被建构（替换）成为神道国家之信仰空间的变化过程。③ 这几乎可以说是日本民间信仰最终被国家神道所吞没的典型例证之一。

由于日本神道国家意识形态的基础是有神论，甚或是万神论，也由于大量的民间信仰在文明开化的进程中或趋于衰落，或被以神社为神圣空间的神道教体系所吸收、同化或遮蔽，民间信仰在日本面临的压力与合法化危机远不如在中国当代社会那么严峻。当然，促使日本民间信仰大面积地走向衰落的其他原因，还包括由政府主导的学校教育体系的发展，科学、卫生学和家政学知识的普及，以及伴随着20世纪60年代以降经济高速发展而来的地域社会解体和生活方式巨变等。战后伴随着民主化的进程，神道教的威权地位逐渐下降；天皇制虽然余威仍在，但被宪法限定为仅具有象征性；尽管政教分离如同靖国神社问题所象征的那样远不够彻底，但它已然成为战后新国家的基本原理之一。因此，在当前的日本，很多民间信仰虽然进一步趋于衰落，但它并不面临严重的歧视或政治性的打压，反倒是传统节祭仍以各种方式谋求延续，多种地方信仰传统均能够为一般民众所守护，并为地方行政、企业及公共媒体所利用。

值得一提的是，在日本民间信仰或民俗宗教中有很多外来的文化因素，例如来自中国和朝鲜半岛的文化因素。这些外来的文化因素大都程度不同地被日本化了。例如，起源于中国古代文明的阴阳五行学说，就曾经极大地影响到日本民间信仰中

---

① 王晓葵：《民俗学与现代社会》，上海文艺出版社2011年版，第20页。
② 王金林：《日本神道研究》，上海辞书出版社2007年版，第334－336页。
③ ［日］菅丰著，陈志勤译：《被置换了的森林——政治以及社会对日本信仰空间的影响》，载《文化遗产》2010年第2期。

涉及判断人生运命的理论和卜签术策的部分；再如，佛教传入日本之后，很多民俗宗教的仪式在佛教的基础上形成，伴随着佛教在日本社会的渗透和普及，最终形成了所谓的佛教民俗。此外，还有很多诸如孔子、妈祖、关公、钟馗等中国神灵落户日本，成为日本的"渡来神"并长期保留着出生地之神格和形象的情形。①

五、丰桥鬼祭——日本的"重要无形民俗文化遗产"

20世纪50年代以降，日本在建构其文化遗产保护法制体系的过程中，不仅没有给民间信仰或民俗宗教设定什么限制或障碍，还在其《文化遗产保护法》的"民俗资料"（1954年）、"民俗文化遗产"（1975年）等文化遗产的分类范畴中先后设置了若干和民间信仰有关的细目。② 例如，在政府1954年公示的《应该采取措施予以记录的无形民俗资料的指定基准》里，信仰方面包括祭祀、法会、祖先神灵信仰、田神信仰、巫术、附体等，民俗知识方面包括命数、禁忌、占卜、医疗等。此外，祭祀仪式属于民俗艺能的范畴，墓制属于人生仪礼的范畴，盂兰盆节属于年节礼仪的范畴。1975年公示的《重要无形民俗文化遗产的指定基准》也明确包含年节礼仪、祭祀和法会等细目。对"无形民俗文化"（包括民间信仰在内）的"文化财化"，亦即对非物质文化的文化遗产化持尖锐的批评态度的东京大学岩本教授认为，日本的文化遗产保护制度是以宗教为基轴展开的，其中潜藏着靖国参拜（神道国家化）与信仰自由之间的悖论，潜在地存在着对政教分离原则的越界或突破，因为如果信仰被文化遗产化（国家介入），就有可能侵犯宗教信仰自由的基本人权，甚或还有可能导致信仰、信念的躯壳化以及其他学理、伦理和实际运作的冲突等问题。③ 民间信仰的文化遗产化，在日本的文化遗产保护体制中几乎是理所当然的，没有太多阻力。虽然没有设定民间信仰或民俗宗教之类的文化遗产类别，但在"重要无形文化遗产"和"重要无形民俗文化遗产"等的范畴下，有很多在我们看来可以称为"民间信仰"或"民俗宗教"的地方传统，得以成为日本国家级的文化遗产。下文介绍的丰桥鬼祭，正是其中较为典型的一例。

日本爱知县丰桥市有一种传统的民间祭祀活动（祭礼），那就是号称"天下奇祭"的丰桥鬼祭④。它于1954年被指定为爱知县的"无形文化遗产"，1980年更被

---

① [日] 二阶堂善弘：《アジアの民間信仰と文化交渉》，関西大学出版部2012年版，第213–239页。
② 周超：《日本法律对"民俗文化遗产"的保护》，载《民俗研究》2008年第2期。
③ [日] 岩本通弥著，吕珍珍译：《围绕民间信仰的文化遗产化的悖论——以日本的事例为中心》，载《文化遗产》2010年第2期。
④ 有中文著作对丰桥鬼祭做了简略介绍，参阅周洁主编《日本的祭礼》，世界知识出版社2010年版，第214–216页。

日本政府指定为国家级"重要无形民俗文化遗产"。所谓鬼祭，其实是丰桥市八町大街的安久美神户神明神社（又名丰桥神明社）的春祭行事，每年定期在 2 月 10—11 日举行（以前是在旧历正月十三、十四）。作为原本在旧历正月举行的神事，鬼祭曾被认为是呼唤春天的祭礼，具有祈祷农作物丰收、占卜当年丰歉的意义。从 1968 年起，鬼祭以日本的建国纪念日（2 月 11 日）为本祭；由于前一天要做准备，故 2 月 10 日便成为前夜祭。①

鬼祭的起源时间据说可以上溯至平安时代。根据该神社的传承，天庆二年（939），关东地区发生了动乱，即"承平天庆"之乱，朝廷遣使来到位于东海的伊势神宫祈祷动乱平定；结果第二年叛乱就迅速被平息，遂认为是祈祷灵验所致。天庆三年（940），当时的朱雀天皇将三河国渥美郡北部的安久美庄（今丰桥市中心一带）即所谓"饱海之地"寄赠给了伊势神宫以作为它的神领。于是，这里便成为"安久美神户"（神的领地），并设立了神明社。据说神明社的规格很高，其主祭之神为天照皇大神，配祀诸神则有仲哀天皇、神功皇后、应神天皇、火产灵神、武瓮槌神等。在该神社祈愿神领安泰和繁荣，便是鬼祭的起源。神明社为历代三河吉田的城主所尊奉，相传统一日本的德川家康就曾坐在该神社前的松树下观看过鬼祭的演出，后来，他还曾以神君朱印等封赏神明社。

神明社域内有五栋建筑物（本殿、拜殿、神乐殿、神库、手水舍），它们都是日本国家级"登录有形文化遗产"。上述文物连同鬼祭作为"无形文化遗产"得以传承千年的原因，就在于地域社会人们的团结和努力。② 丰桥鬼祭在国家登录为"重要无形民俗文化遗产"时的"所有者及管理者"抑或"保护团体名"为丰桥鬼祭保存会。由丰桥鬼祭保存会这一地域社会的民间组织发挥核心作用，主持和操办一年一度的鬼祭活动。保存会的会长和骨干都是当地人，也都是神明社的氏子。由氏子们组成的保存会对把鬼祭传承下去有很强的责任心，并为鬼祭能够成为国家级"重要无形民俗文化遗产"感到自豪。

举办鬼祭需要做大量繁杂和细致的准备，大约从前一年的 9 月份就开始，一直持续到第二年的 2 月，在神社周边的地域社会内，为此要举行各种座谈会甚至全体大会以讨论种种相关事宜。鬼祭上的道具是由相关社区分别承担的。例如，糖果上装饰的带子（水引），就是由泷崎社区提供的；在和鬼祭活动有关的家庭门口或房檐下装饰的纸花（轩花、祭礼花），既有泷崎社区制作的，也有来自其他社区的。这种纸花为街区带来了鬼祭的节庆氛围。各街区的人们彼此分工合作，或者练习神

---

① 笔者曾于 2008 年 2 月 10 日、11 日对丰桥鬼祭进行过现场考察。
② 周星：《文化遗产与"地域社会"》，载《河南社会科学》2011 年第 2 期。

乐、舞步，或者将祛痰糖果事先分装成袋，或者在神社内设营布置。诸如赤鬼、天狗、小鬼、青鬼、司天师等，举凡在鬼祭的传统艺能表演中陆续登场的角色，事先均要由神社周围的不同街区落实选出（有时则是通过抽签选出）。此外，每年还从不同街区推选出多位神役、头取（祭礼负责人）以及操持事务的诸役。也就是说，每当祭日来临，地域社会的各个街区都要全部出动。操持鬼祭活动的头取、神役、诸役等，每年都要轮换。这种每年轮值的方法可以让当地更多的人参与进来，从而增强了地域社会的凝聚力。据说，每年到鬼祭这两天，不少丰桥本地人甚至会专程从外地赶回来参加。

2月10日为前夜祭。人们在神社的拜殿前面事先设置好八角形的舞台，10日这天中午，先是青鬼登场，表演岩户舞，还有大狮子登场的出云之舞等传统艺能。这些舞蹈多以笛子为伴奏，其音乐清亮而又单纯。舞蹈告一段落之后，下午举行奉币祭，由奉赞会（当地的民间信仰组织）抛撒除厄糖。然后是岩户舞的表演，接着由青鬼向围观者抛撒除厄糖。

第二天即11日的本祭，从早到晚要忙一整天。其仪式程序一般是：上午10点举行例祭，由奉赞会朝围观的民众抛撒除厄糖。12点左右，由小鬼参拜神社，并再次抛撒除厄糖。12点30分，举行神事祭，再由奉赞会抛撒除厄糖。下午2点便是鬼祭最大的看点——赤鬼和天狗的逗趣和斗法表演。接下来，由司天师表演田乐、神乐，其中以滑稽著称的田乐之舞（也有人把天狗和荒神的争斗表演视为田乐的一环）据说是从平安时代一直流传下来的。下午4点，举行传统的神事御神幸。包括御神幸等在内的神事节奏一般都很缓慢且冗长，过去甚至会持续到深夜，这些神事被认为反映了日本古代神道的古朴风格。

鬼祭最为引人注目的地方是赤鬼和天狗的逗趣和斗法，这是对日本上古神话的演绎、再现或模拟。这个神话的梗概是：在诸神居住的高天原（神界），出现了一位性格暴烈的荒神（凶神），亦即鬼祭仪式上的赤鬼，他很喜欢恶作剧。高天原的大神努力地推进农耕，把收获的谷物储藏在宫殿里，但荒神多次侵入宫殿，把辛苦收获的谷物撒了一地，糟蹋了粮食。大神对此备感困扰。武神（即鬼祭仪式上的天狗）看不惯荒神的行为，就想惩戒它。荒神不服，双方就争斗起来。据说，在旁边观察双方争斗的青鬼则是本地的国津神。由于武神很强大，且具备了大神的德行，荒神虽多次挑战，但均告失败。双方斗法的最终结果是失败的荒神被驱逐出（神社）境，在街上东奔西跑。终于，荒神察觉到了自己的过错，双方和解。为了赎罪，他用白粉饼和谷物粉等来"净化"自身的污秽。据说有所悔悟的荒神（这时，他已经转换成为益神、吉神、福神）身着重达30公斤的棉衣裳，在神社周边的街区不断地来回奔跑，直至深夜。他一边奔跑，一边抛撒白色的米粉和祛痰糖，通过这种方式来表示歉意。虽说他道歉的方式很粗糙，但他所到之处均受到人们的热烈欢迎，因为他给人们带来了糖果和米粉。据说，吃了此糖就可以避邪，身上若沾有荒神抛撒的白色米粉，则整个夏天都不会生病。因此，荒神所到之处，围观的人皆争先恐后地抢拾落在地上的祛痰糖，并希望沾上一些他撒来的米粉。簇拥在荒神周围的人，包括围观的看客、过路的行人，都会被米粉撒成"白人"，人们皆大欢喜。一时间，甚至连街道也变成一片白色。

在一年一度的鬼祭中基于古代神话的斗法表演，一直深受人们的欢迎。从学术角度分析，丰桥鬼祭最早可能是通过把古代神话融入旨在祈祷丰收的传统艺能——田乐之中而形成的。旨在祈愿地方安泰、繁荣和民众健康的丰桥鬼祭，内涵颇为古奥，在当地市民心目中也有很高的认同度。鬼祭现在已经成为丰桥市的文化资源，在纪念丰桥建市100周年（2006年）之际，地方政府曾以赤鬼为原型，推选出吉祥物丰桥鬼（福神），其形象就是取自鬼祭上的赤鬼和"豐"字（"丰"的繁体字），并把它做成机器人的形状，以象征丰桥的地方文化传统和高科技产业发展水平，做到两者兼顾。现在，丰桥鬼还被登录为丰桥市的"特别荣誉市民"。每年快到举行丰桥鬼祭的时候，吉祥物丰桥鬼和赤鬼的模型就会在繁华热闹的新干线丰桥站的大厅内竖立出来，招呼过往的客人。丰桥鬼祭的名气越来越大，而且神明社距离丰桥车站很近，交通便利，因此，每年都有很多外地游客前来参观。

在丰桥鬼祭的民俗艺能活动中，有一些须由少年儿童担当的角色。在传统的日本民俗社会里，少年儿童因为纯粹、纯洁而被认为是更加接近于神的存在，因此，他们被认为很适宜担当和诸神沟通的角色。近些年来，由于日本社会"少子化"的深刻影响，要在范围不大的街区内选出适合担当（本命年）的孩子已非易事。因此，有人主张公开招募，但也有人反对，认为招募来的孩子不具有氏子的资格。丰桥鬼祭保存会每年主办鬼祭时都要花费很多心思，动员丰桥市内尤其是地域社区的幼儿园、小学和中学的学生来参加。孩子们参加传统祭礼活动和民俗艺能表演，可以为社区带来很多活力，增添活动气氛，也有利于地方文化传统的世代延续。近些年来，丰丘高中和鼓部的学生在神前奉纳的鼓乐就很受欢迎。

每年举行鬼祭时，丰桥鬼祭保存会还会主办丰桥鬼祭绘画比赛。丰桥市内的小学生、中学生和大班以上幼儿园的小朋友们，每年都有近900件作品参赛。孩子们的作品均以在鬼祭上看到的活动为题材，往往能够很好地表现天狗和赤鬼的动作神态以及参加祭礼的看客的表情。绘画比赛设置了很多奖项，最高奖为"爱知县神社厅长奖",其次有"安久美神户神明社宫司奖""丰桥鬼祭保存会名誉会长奖""丰桥鬼祭保存会金奖""丰桥鬼祭奉赞会会长奖""丰桥市长奖""丰桥市议会议长奖""丰桥商工会议所会头奖"(商工会议所相当于中国的地方工商联组织)、"丰桥市教育委员会奖""丰桥青年会议所理事长奖""中日新闻社奖""东爱知新闻社奖""东海日日新闻社奖""丰桥丸荣奖"等,每年都有数十位儿童和中学生的作品获奖。颁奖结束之后,获奖作品还会在丰桥市的百货商店、地方金融机构(信用金库)等处公开展示一段时间。由上述奖项名称可知,参加和支持鬼祭活动的除了地方政府,还有本地企业、媒体等。更重要的是,通过绘画比赛,孩子们从小就知道了鬼祭活动的很多情节,未来他们长大成人后,自然会对鬼祭感到亲切,从而也就会有把它传承下去的愿望。

六、余论

民间信仰在当代中国社会程度不等地面临着合法化的问题。民间信仰的文化遗产化可被视为另一条为其争取合法性的路径。既基于漫长历史上朝廷、官府和儒教精英对"淫祀""邪教"等倾向于贬斥和戒惧的政治文化传统,又受到近一个世纪以来的民族国家意识形态(现代性话语)、唯物主义无神论意识形态、科学技术至上意识形态,以及制度化宗教(往往具有斥民间信仰为异端的排他性)意识形态的深刻影响,在今日中国,主流社会依然对民间信仰、民俗宗教或不屑一顾,或无所适从,或充满歧视,或心存偏见,或高度警惕。如何才能将普罗大众的信仰生活视为理所当然的、原本就具有正当性与合法性的、值得尊重和理解的呢?通过民俗化、宗教化、文化遗产化等路径而指向合法性的追求,应该也是对已被宪法所保障之国民宗教信仰自由,以及对社会文化生活民主化的追求。若是从民间信仰或民俗宗教的大面积复兴和存续的现实合理性,从其对民众日常生活方式之意义建构的重要性,从其对当代中国之本土信仰及其传统价值的延续和守护,从其在国民宗教生活实践之多元性和多样性中民众信仰之主体性的见证,从其对当今中国建立公民社会以及通过文化自觉(信仰自觉)确认公民身份所需依托的价值和意义等一切方面来说,民间信仰的合法化都是难以绕开且亟待解决的时代性课题。

文化遗产化作为民间信仰合法化的路径之一,确实可以暂时规避对其宗教属性予以判断的困扰。通过文化遗产化,民间信仰的民俗性、中华性、公民性等均有可能得以彰显,而其在别的语境下有可能被突出强调的宗教侧面(包括对其迷信的指责),则主要以信俗、祭典、传说等更具文化性的用语得以表现,从而实现去污名化和脱敏感化。① 问题在于民间信仰的文化遗产化在一定程度上也意味着去宗教化，其结果有可能适得其反，亦即使民间信仰背离了初衷。归根到底，文化遗产化只是民间信仰寻求合法性的路径或策略之一，而不是合法性本身。文化遗产化所导致的其他问题还有过度开发、商业化和观光对象化等。正如无论是庙会的行政运营模式（所谓"文化搭台，经济唱戏"），还是公司市场化的运营模式，都会在很多场合扭曲民间信仰的本义，文化遗产的认定和保护是国家文化行政的一部分，国家以设定的登录标准强力介入，自然会使民间信仰在文化遗产化的过程中出现很多诸如行政等级化、资源化，以及新的二分法（优/劣、高/低、正祀/淫祀）等异化现象。所有这些都是促使全社会对民间信仰的文化遗产化"三思而后行"的依据。

　　日本也存在民俗宗教的文化遗产化等现象，但其国家的基本原理建立在天皇制神权象征的基础上，神道教又长期吸纳和消化民间信仰，而且日本几乎不存在无神论的影响，所以其民间信仰或民俗宗教的合法性问题不能和中国的情形同日而语。日本的文化遗产保护机制，其对民间信仰并不特别避忌，故其民间信仰或民俗宗教类项目被登录为国家级"无形文化遗产"或"重要无形民俗文化遗产"的情形颇为普遍。日本民间信仰或民俗宗教的文化遗产化并不是其寻求合法化的出路之一，这自然有利于它以原本的形态参加登录，而不必为了登录而曲意变形或变通。但是，由于日本曾经有过政教合一的天皇制国家形态，国家通过文化遗产行政把民间信仰或民俗宗教裹挟进来，反倒容易引起部分学者对政教分离之现代国家原理因此可能招致侵蚀的担忧或警惕。此外，如前文所述，丰桥鬼祭也出现了商业化（地方企业或行会组织赞助）、观光化（成为地方文化名片和观光资源）以及地方行政的"搭车"介入等情形，这方面倒是和中国眼下的情形颇有相似之处。

---

　　① 陈进国：《传统复兴与信仰自觉——中国民间信仰的新世纪观察》，载金泽、邱永辉主编《中国宗教报告（2010）》，社会科学文献出版社2010年版。

实践举隅

剧团改企与粤剧的非遗保护之路[①]

倪彩霞[②]

2009年9月30日,粤剧被列入世界非物质文化遗产代表作名录,粤剧的传承与发展受到了全社会,尤其是粤港澳三地的关注。21世纪以来,与多数地方大戏相似,粤剧面临着人才青黄不接、传统技艺濒临失传、代表剧目陈旧、观众老龄化等问题。在文化娱乐多元化的时代,传统戏剧边缘化似乎不可避免。但是作为中国文化认同的一种艺术形态,粤剧的意义和价值无可替代,做好传承、发展工作是时代赋予我们的责任。申遗成功为粤剧保护提供了一个契机。

一、粤港澳的粤剧保护

粤剧申遗经过了多年努力:2002年11月,第一次粤港澳艺文高峰会议召开,粤港澳三地将"粤剧艺术推广与培训"列入正式合作项目。2003年8月,第三次粤港澳艺文合作高峰会决定,三地联合申报,正式启动粤剧申遗工程。2004年第一次向联合国教科文组织申报。2006年5月,粤剧被列入第一批国家级非物质文化遗产代表作名录。2008年9月,粤港澳第二次向联合国申报。2009年10月,粤剧成功被列入人类非物质文化遗产代表作名录。申报的过程,见证了粤港澳三地对传统文化的责任感与执着。

粤剧申遗成功后,粤港澳三地制订了十年保护计划,在资源抢救、研究出版、培训演出、政策法规等方面展开深度合作,具体内容包括:

(1) 粤港澳三地的立法机构将制定旨在保护、传承、创作、表演、研究粤剧等诸多事项的法律,这涉及国有、民间剧团和业余爱好者以及社会团体。

(2) 在未来5年,中国政府将设立"粤剧遗产保护项目",对海内外的粤剧遗产进行搜集整理:把散布于海内外的文学剧本、音像资料、历史文物进行编目、收藏、出版;对老艺术家进行采访、录音、视频采集,编纂粤剧传播史;对中青年艺术家的表演佳作进行录音、录像;对传统的祭祀形式、活动和方法进行系统的录

[①] 此文为教育部人文社科基地重大项目"非物质文化遗产保护法制建设"的研究成果,完成于2012年12月,修订后收录入本书。

[②] 倪彩霞,中山大学中文系、中国非物质文化遗产研究中心讲师。

音、录像；对粤剧的表演技巧和表演风格进行系统性录音、录像并整理；建立粤剧遗产数据库。

（3）粤港澳文化主管部门在政府和民间帮助下建立粤剧教育体系，为传承人提供粤剧表演、音乐、编剧和舞蹈方面的专门训练。确保粤剧遗产保护顺利。

（4）在中国艺术研究院、广东艺术研究所以及其他学术机构的帮助下建立粤剧研究中心，促进跨区域的学术研究，举办国际和区域性的学术研讨会。

（5）以粤港澳作为中心，组织海内外粤剧表演团体进行会演，在羊城国际粤剧节中定期举办演出并扶植重点演出，使之成为评价粤剧保护成果的一个重要手段，可以帮助继承传统剧目，提高新编剧目，发现粤剧人才，培养人才。

（6）在社区的私伙局和乐社、学校帮助下，推广传播粤剧以保持并扩大观众群。①

在保护计划中，根据不同的文化环境、粤剧传统，粤港澳三地的保护传承工作各有侧重。针对本地粤剧发展现状，粤港澳三方"提出了一套传递粤剧'香火'的未来构想：香港偏重'保育'，特别是酬神赛会上演的'神功戏'，延续了上世纪五六十年代粤剧表演的程式，是香港本土粤剧繁衍至今的重要一脉；澳门偏重'民间'，如何保持民间社团自然生长的活跃度，在其规划中居于突出位置；而在广东，省市'大班'不约而同地将'创新'二字放在首位"②。

与香港、澳门相比，广东有自身的文化环境与特点，各有侧重、分工合作是有必要的。广东本身是一个大区域，覆盖着 21 个市、67 个县、1148 个乡镇，粤剧的文化环境相对复杂，存在不同的粤剧传统。毛小雨《两种传统——从非物质遗产角度看粤剧》一文中提到了粤剧发展的两种传统：成长于都市的雅化传统与散入民间的俚俗传统，粤剧的旺盛活力是在民间。③ 另外，广东的粤剧团有国营、民营两种不同形式，分布于城市和乡镇。国营剧团作为粤剧传承单位承担更多的社会责任，在文化机制体制改革面前如何应对和调整？在非物质文化遗产保护实践中如何找准定位并拓展发展机会？笔者以广州粤剧院、吴川粤剧团两个分处省城和县城，代表着两种粤剧文化传统的传承单位为调研对象，通过深入了解剧团的生存发展状态，对广东的粤剧保护提出建议，为粤剧的非物质文化遗产保护实践提供参考。

二、剧团改企与粤剧保护实践的关系

2011 年 2 月 25 日，全国人大通过《中华人民共和国非物质文化遗产法》，以

---

① 毛小雨：《粤剧的申遗与申遗后的粤剧》，载《南国红豆》2010 年第 2 期，第 5、10 页。
② 郭珊、曾燕华：《粤剧申遗成功 = 前途无忧?》，载《南方日报》2009 年 11 月 8 日。
③ 毛小雨：《两种传统——从非物质遗产角度看粤剧》，载《南国红豆》2007 年第 3 期，第 6-8 页。

法律形式规定国家"对体现中华民族优秀传统文化，具有历史、文学、艺术、科学价值的非物质文化遗产采取传承、传播等措施予以保护"，并鼓励和支持"在有效保护的基础上，合理利用非物质文化遗产代表性项目开发具有地方、民族特色和市场潜力的文化产品和文化服务"。① 紧接着 3 月 14 日，全国人大通过国民经济和社会发展"十二五"规划，在文化建设方面提出："大力发展文化事业，加快发展文化产业。加强非物质文化遗产保护，拓展文化遗产传承利用途径。对公益性文化事业单位进行机制改革，对经营性文化单位进行转企改制，推动文化产业发展，使之成为国民经济支柱性产业。"② 国家从法律以及政策的层面确立了非物质文化遗产保护与利用同时推进的思路。

20 世纪中叶，德国学者马克斯·霍克海默和西奥多·阿道尔诺在《启蒙辩证法》中提出"文化产业"的概念，半个世纪后文化产业成为人类社会财富的主要创造形态，各国经济体系新的增长点。作为一个文化资源大国，文化产业的振兴对我国增强综合国力、提升文化软实力有着重要的现实意义，也是国家文化发展战略的重要内容。文化产业意味着文化以产品或服务的形式走向市场，遵循商品经济规律，获得穿越文化界限和制度框架的流通和影响，虽然在很多时候以个体创造为主，而且体现地方性经验的非物质文化遗产与工业化、标准化、批量生产的文化产业有冲突的地方，但是"从理论上讲，不同区域的文化产品都有其不可取代的文化价值，都有面向全球市场的权利和条件，全球文化互动的内在动力正在于不同文化在形式与意义上的互补，换句话说，即文化产业的发展在很大程度上依赖于文化的差异性，而各民族独特的非物质文化遗产恰恰是文化差异性的集中体现。在此意义上，文化产业的发展与非物质文化遗产的保护并不相悖，甚至可以说，非物质文化遗产的保护为文化产业的发展提供了某种内驱力"③。进一步来说，非物质文化遗产自觉的产品化、产业化，可以更好地利用现代技术和营销手段，传播文化遗产的符号体系和价值观念，以"活的记忆"促进文化多样性发展。

剧团改企是文化产业发展和非物质文化遗产保护的重要举措。"我国进行文化体制改革的一个重要方向就是转企改制，将经营性文化产业与公益性文化事业分割开来，可以由市场决定、调节的经营性文化产业部分坚决将之推上市场，从而重新激发其活力与创新力。"④ 非物质文化遗产是优秀的传统文化，其丰厚的历史价值

---

① 《中华人民共和国非物质文化遗产法》第三条、第三十七条，中国法制出版社 2011 年版，第 3、13 页。
② 《中华人民共和国国民经济和社会发展第十二个五年规划纲要》，见新华网 2011 年 3 月 17 日。
③ 李昕：《文化全球化语境下的文化产业发展与非物质文化遗产保护》，载《西南民族大学学报》2009 年第 7 期，第 173 - 174 页。
④ 韩永进：《中国文化产业近十年发展之路回眸》，载《华中师范大学学报》2011 年第 1 期，第 90 页。

和社会价值、文化价值可以通过不同层面的开发利用充分发挥其作用。广东省从2008年开始文化机制体制改革的试点工作，2009年广州粤剧院、广州歌舞团、广州芭蕾舞团、广州交响乐团、广东歌舞剧院、广东话剧院、广东实验现代舞团、南方歌舞团八个国有院团实现了改企。就粤剧来说，囊括了广东四大剧团的广东粤剧院、广州粤剧院分别走上了机制体制改革的道路。广东粤剧院目前仍保留国有剧院的体制，进行内部改革；广州粤剧院则完全走向市场，成为粤剧保护与产业化有机结合的试点单位。

三、广州粤剧院的改企之路

很多非物质文化遗产项目是一种集体传承，作为粤剧传承第一线的文化事业单位在文化机制体制改革中进入保护与利用有效结合的摸索之中。两年多来，广州粤剧院在文化市场中摸着石头过河，个中滋味"如人饮水，冷暖自知"。广州粤剧院有限公司于2009年6月25日正式挂牌成立，由广州粤剧团、广州红豆粤剧团组建而成，拥有南方戏院、江南大戏院两个演出基地。现由余勇博士出任董事长、党总支书记，国家一级演员、中国梅花奖和白玉兰奖获得者欧凯明出任副总经理。改企以来，剧院最大的变化是有了自己的演出基地，在广州市的演出成本降低了；打破事业单位编制相对稳定、容易陷入人浮于事的局面，人才进出的瓶颈打开了；扔掉以前的"等、靠、要"，主动走向市场接洽商演，以广州粤剧团、红豆粤剧团的艺术水平和声誉，在市场竞争中更加灵活自由。

事情往往具有两面性，在体会到改革好处的同时，也出现了一些问题：

（1）剧院改企后，广州市政府拨了两个剧院：南方剧院和江南大戏院。南方剧院位于繁华的北京路商业区西湖路与教育路的交界处，已经有80多年的历史，2009年进行了全面改造及装修，现在观众大厅有座位618个。剧院内还有一个九曜园，是五代药洲遗址、省级文物保护遗址。江南大戏院则位于广州市昌岗中路中段，交通方便，是一个只有20多年历史、具有岭南建筑风格的剧院，备有现代化科技配套设施，内设座位704个。

对于粤剧院的改企，广州市政府给予了相当的重视，所配备的两个剧院使企业有了一定的造血功能。剧院在广州市的演出成本降低了，剧团还可以在这里排戏，自身没有演出和排练任务的时候可以出租。理想总是很灿烂的，现实却常常很残酷。目前广州还没有形成大家到剧院观看文艺演出的消费习惯，剧院经常空置，比起香港星光剧院需要排期才能租到的情况，广州剧院的空置率过高。

（2）人才进出相对自由，同时优秀人才不容易引进。相比于广东粤剧院保留事业单位、有人员编制来说，广州粤剧院对优秀人才的吸引力略低。按照广州市的规定，必须本科以上应届毕业生，才能把户口转进来，目前广东粤剧学校还只是中专院校，这意味着年轻演员的户口没办法解决。

现在粤剧界最需要的是优秀编剧，目前广东主要的粤剧团没有一个专职编剧。粤剧国家级传承人红线女曾与中山大学合办编剧培训班，但是毕业后没有一个进入专业院团，人才培养结果不尽如人意。戏曲与话剧等舞台剧相比，对编剧的要求更高，编剧必须跟着剧团，甚至到台上演出一段时间，写出来的剧本才能更好地适用于舞台。广州粤剧院改企后，引进优秀编剧的想法难以实现。

（3）主动走向市场，经营更加灵活，同时生存压力也更大。改企以后，粤剧院演职员工收入逐年在减少。艺术创作的条件更艰苦。改制前，粤剧院的每个团每年有1000万元经费；改企后，整个院200多号人才配给了1000万元，剧院只能寻找市场，增加商演场次。近两年粤剧院商演收入基本保持每年300万元的幅度，与粤剧院在非物质文化遗产保护中的标杆性意义产生了矛盾。

广州粤剧团、广州红豆粤剧团号称"粤剧四大团"之一，在传统剧目的传承、新剧目的创作上有强烈的责任感。每个团每年要求复排传统剧目十几个，另外还要努力打造新粤剧经典，这几年推出的《刑场上的婚礼》《三家巷》《花月影》在粤剧界影响颇大，获得诸多荣誉。如新编粤剧《刑场上的婚礼》推出三年多以来，在全国演出200多场，到北京会演三次，荣获第九届中国艺术节文华大奖特别奖。《花月影》2009年推出以来备受关注，甚至被拿来与白先勇的青春版《牡丹亭》相提并论。2011年推出《孙中山与宋庆龄》，接受澳门邀请前往当地演出。这些投注大量心血的新剧目有着自觉的艺术创新目的，在艺术上获得很高的评价，但不容易在市场上开拓局面，特别在基层，创新剧目很难去演出。一方面，创新剧目演出成本高，在舞台灯光方面要求比较高，基层的戏台难以满足；另一方面，基层观众对老戏的情节、唱腔、套路比较熟悉，抱有传统的审美习惯。因此，越是大制作，市场效益就越低，创新剧目只能走高端市场、小众化的路线。

粤剧院积极迎接市场挑战，四处寻找商演机会。在广州，人们花钱买票进戏院看戏的不多，主要靠赠票确保上座率，下乡演出就根本没有卖票一说。现在粤剧院每年商演收入的300万元中，卖票收入只占6%。2011年8月29日，在地处繁华路段的老牌戏院——南方戏院，笔者在二楼看到了寥落的十来个观众，休息时间和他们聊了一下，才知道这些是铁杆戏迷。他们都是退了休或闲居在家的老人家，自己掏腰包来看戏的，出不了高价钱买楼下可以近距离欣赏的座位。但是一说起剧团的主演们，这些老人们都熟悉得不得了，如陈韵红哪一年获得文华奖、梅花奖，哪一年嫁到了香港，什么时间复出演戏，她的身段扮相如何如何美。连黎骏声刚刚获得戏剧梅花奖的事也一清二楚，还连声说："黎骏声是实至名归呀，演了20多年了，早该拿梅花奖了。"他们对剧团的演出排期了如指掌，基本上是演到哪儿跟到哪儿，风雨无阻，每次都买楼上的票。可惜广州这样的铁杆戏迷只有两三千人。

下乡演出是粤剧院商演的主要市场，特别是粤西地区。"粤西一带的春班乃至秋班市场兴盛。因为粤西人酷爱看大戏，在这里活跃着的粤剧团多达一百多个，每当有大戏上演，台下观众常常可达几千人。"①然而，春班、秋班戏与地方的节庆民俗密不可分，随着乡村"空心化"、传统民俗淡化，粤剧市场前景堪忧。

调研期间，笔者拜访了从香港回流的陈韵红与第25届中国戏剧梅花奖得主黎骏声。陈韵红，广东澄海人，1984年毕业于广东省粤剧学校。主演过粤剧《风尘知己未了情》《焚香记》《范蠡献西施》《三跪九叩寒江关》《白蛇传》《魂牵珠玑巷》等剧目。1991年凭《魂牵珠玑巷》获第二届中国戏剧节优秀演出奖、文化部首届文华个人表演奖、广东第四届艺术节表演一等奖。1994年凭《宝莲灯》获得第十二届中国戏剧梅花奖，1996年获广东第五届鲁迅文艺奖。20世纪90年代，陈韵红为了家庭淡出粤剧舞台，又在阔别十多年后，于2011年7月接受了广州粤剧院邀请，回来担任广州粤剧团主演。陈韵红在香港生活了十几年，对粤港两地粤剧的生存环境及发展状况，自然比一般人有更多感受。

在谈到粤港粤剧保护的不同方向时，陈韵红说："香港粤剧力求保留传统的东西，以南派艺术为主。内地粤剧兼容北派艺术，勇于借鉴兄弟剧种的东西，不断在改。我自己觉得社会在不断发展，艺术也在不断变化成长，粤剧吸收外来因素后确实更加好看了。"她发现，剧院演出与棚戏演出的风格不一样，下乡演出八成是神功戏，人们还是喜欢看老戏。

对比两地的保护措施，陈韵红坦言："香港对粤剧保护得更好。"主要表现在四个方面：（1）香港有五家杂志专门报道粤剧，两大报纸每周整版宣传粤剧；（2）香港的中小学开设有粤剧课程，小票友也经常上台表演，年龄从六七岁到十一二岁不等；（3）在香港，每天晚上有五六台大戏在演出，与演唱会同时演出而不缺观众，大部分演出是卖票的；（4）香港政府每年拨给粤剧的专项经费达7000万港元，扶持粤剧培训事业及专业、业余剧团的演出。针对现在粤剧院改企，陈韵红提出："创作新戏要花很多钱，现在剧团为了迎合演出市场不得不多排旧戏。艺术走向市场，政府一定要多加支持。"

黎骏声，著名粤剧文武生，国家一级演员。曾在《搜书院》《苦凤莺怜》《西厢月下情》《花染状元红》《钟无艳大破棋盘阵》《范蠡献西施》《睿王与庄妃》《花月影》《豪门千金》《三家巷》等剧中任主演。其戏路宽广，文武兼备，善于运

---

① 林文华：《粤剧的市场化之路》，载《南国红豆》2011年第4期，第8页。

用各种表演手段和声腔塑造人物，嗓音淳厚，行腔流畅高低自如，富有韵味，深得行家和观众喜爱。1998年获广东省第二届粤剧演艺大赛金奖。2002年获广东省第三届粤剧演艺大赛金奖；同年，饰演新编粤剧《花月影》"林园生"一角，荣获第八届广东省艺术节表演二等奖。2003年被评为广东省戏剧"十佳中青年演员"。2004年获广东电视台电视观众最喜爱的粤剧曲艺演员。2008年饰演粤剧《三家巷》中"周炳"一角，荣获第十届广东省艺术节表演二等奖；同年荣获广东省"新世纪之星"荣誉称号。2011年6月，荣获第二十五届中国戏剧梅花奖大奖。

黎骏声对剧团改企有自己的体会。改企以前，剧团是独立的事业单位，编制有70人；改企后，剧团成为粤剧院属下的一个演出单位，为减少运营成本，精简为40人。剧团规模变小后实行人岗合一，每个人都充分发挥自己的存在价值。但现在，为了养活自己，剧团忙于商演，艺术水平就不那么有保证了。改企后对个人的艺术创作有一些制约。以前有行政单位拨款，艺术创作条件比较宽松，现在广州七院八团每年以项目形式向文化局申请经费，竞争大，审批程序严格，两年来剧院没有申请到一笔项目经费。以前参加比赛、会演可以申请经费，现在已经没有了。黎骏声认为："文化产业化是一个时代潮流，我们现在唯有尽力拓展市场，保证生存。但是粤剧的传承必须两手抓，一方面继承，另一方面创新，传统艺术完全走市场可能会降低艺术品格。最希望政府加大扶持力度，尽快落实粤剧保护专项资金。据了解，昆曲的保护专项资金已经落实到剧团，现在广东方面可能有一部分保护经费到了粤剧保护单位——广东省文化艺术研究所，而我们作为艺术传承的第一线单位还没有看到。现在我想搞一个艺术专场，还得自己解决经费的事。"

四、吴川粤剧团的改企之路

省一级的剧团改企尚且如此，县一级的剧团又面临怎样的改企之路呢？笔者选择吴川粤剧团作为另一个调研对象。吴川粤剧团是粤剧南派艺术的传承单位，在广州力主粤剧革新的时候，吴川粤剧团一直坚守南派粤剧的艺术传统。

（一）南派艺术的种子剧团

来到吴川粤剧团，了解到他们正在做的一件事就是向广东省申报粤剧南派艺术为非物质文化遗产代表作。南派粤剧以南派功夫见长，保留了早期粤剧的艺术风貌。吴川市粤剧团由南派传人老天寿、张瑞棠等艺人发起，成立于1953年，前身是光艺粤剧团。目前，它是粤西地区保留南派粤剧艺术传统的代表性剧团，至今仍保留了传统粤剧的行当、排场及特技、绝技演出。

该团的代表性剧目有：（1）《草莽英风》。这是一出具有南派粤剧传统艺术特色和传统排场最多的艺术作品，取材于古典文学，全剧选用了"结拜""大审"

"杀妻""乱府""西河会妻""大战"六个传统排场。其情节生动，人物鲜明，结构紧凑，充分表现了粤剧南派武功。(2)《双驸马》。它保留了传统的"乱府""表忠"等排场。在"乱府"排场中，除使用了"打闭门"的传统手法外，还有高台照镜、骑人照镜等高难动作，还大打南派手桥。另外，"表忠"既表现了大义大勇、为国除奸的英雄豪气，又有夫妻恩爱、生离死别的悲哀；既有优美动听的唱词互诉衷情，又有敬酒壮行的艺术表演；再配以锣鼓音乐衬托，演员边唱边舞，场面感人。(3)《双雄闹殿》。它有"拗箭结拜""表忠""乱府"三个传统排场。"拗箭结拜"的开打是典型的南派武功表演，古朴刚劲，干净利落。"表忠"的双跳架，边唱边做，表现刘、关、张"桃园结义"的忠心义气。在"乱府"排场中，两人一齐表演双照镜、高台照镜等高难动作，场面火爆热烈。

另外，剧团还有四出折子戏，是最具代表性的传统排场戏或功架戏：(1)《虎帐鸣冤》，通过剧中人物收状、念状词的表演，突出表现念白技巧。同时通过抛须、抖须、震须、蹉步、老人步等做功，表现一代忠臣刚耿的性格。(2)《三娘教子》，是"大排场十八本"中末脚与正旦的首本戏，末的特定表演有抛须、跪步等，而正旦的特定表演有上机、掸尘、卷布、绑腰带、穿梭、抛梭、下机等，著名演员庞秀明的"教子腔"及钟高明的"公脚腔"至今成为观众心目中的经典。(3)《搜宫》，是最为流行的"排场"与做功戏，剧中运用很多传统做功，如跳大架、入宫门、串宫门、单脚探海大转体、上楼梯、吊腰、盖梯门等一连串表演程式，表现剧中人的机智和勇敢。(4)《李槐卖箭》，凸显传统南派粤剧的脸部功夫及手桥、对打的武场技艺等，由著名粤剧艺人老天寿的入室弟子林国光主演。

在粤剧申遗工作中，吴川粤剧团做出了杰出的贡献。"当申遗工作组在撰写申报文本及准备拍摄申报电视片时，对城市化的或者如广东的一些学者说的都市化的粤剧却有无从下手之感。而当我们看到'下四府'的南派粤剧代表吴川粤剧团的演出后，大家不由得有些兴奋，这个剧团的演出正是我们久违了的粤剧传统活生生的体现。"① 粤剧申遗工作组踏遍了粤港澳，最后在吴川粤剧团找到了艺术模板。

（二）多年来自力更生，在艰苦的环境下致力于南派艺术的传承

吴川粤剧团也继广州粤剧院之后走上改企之路。笔者到剧团的时候，该团的李庆强副团长刚刚从广州开会回来。据9月2日会议精神，2011年年底县一级的剧团必须完成改企，五年内有一定经济扶持，还有五年内人员可以调动，剧团可以搞股份制，也可以搞承包制。在省改企会议之前，湛江市已经开过预备会，就改企问题征询剧团意见。李团说："改企是大势所趋，我们也努力贯彻执行，我们已经向湛

---

① 毛小雨：《粤剧的申遗与申遗后的粤剧》，载《南国红豆》2010年第2期，第4页。

江提交了报告，对于改企提出一些建议，希望政府为我们改制配备一定的条件，比如更新一些物资，提供一个适合的培训排练基地、交通工具。中央精神上也提到的，但地方政府落实得如何，我们不得而知。这是政府行为，湛江市可能会有一个比较具体的方案。"

改企一事对吴川粤剧团的冲击没有广州粤剧院大，虽然同为事业单位，但吴川粤剧团自1986年以来就已经自食其力，在吴川属于财政差额补贴单位，演职员工没有领财政工资，政府只在每年给予一定额度的补贴。据了解，这两年才涨到每年10万元，因为地方财政困难，补贴经常迟迟到位。剧团一直靠演出养活40多号人，所以基本上是能演的就演，能动的都动，没有演出就意味着断了口粮。

所幸粤西是个戏窝子，不但大大小小剧团多，而且老百姓喜欢看大戏，逢年过节家有喜事，往往延请戏班到村里或家门前搭台唱大戏。吴川粤剧团一年演出基本能保证260～290场，近些年每场戏金涨到了六七千元。除了农历六月、七月的演出淡季，剧团专心排戏搞艺术创作，加上过年放假，其他时间都在各地演出，绝大多数时间是下乡演出。

剧团原来有一位老编剧许绍欣，编过很多传统南派戏，现在已是86岁高龄，早退休了。团长林国光也已经73岁，是目前广东省粤剧界年龄最大的一位团长。林国光13岁加入吴川光艺粤剧团，跟随肥九叔、小武水、老天寿等一大批粤剧老艺人学戏，工小武、武生是老天寿的关门弟子。后有客师周少佳、朱伟雄教习。在众多前辈的教习、熏陶下，练就一身扎实的功夫。长期耳濡目染，使他掌握了大量的下四府粤剧传统排场和特技，成为南派粤剧的第二代传人。1986年，林国光开始担任吴川粤剧团团长，20多年来在维持剧团生存、培养年轻演员、传承粤剧南派艺术方面不遗余力，是吴川粤剧团的镇团之宝。

南派粤剧重做功，身段、功架、武打、排场缺一不可，艺术风格粗犷豪放、古朴刚劲，台上时而火爆热烈，时而温婉柔情，动感十足，气氛激昂，表演上讲究整体的配合。林国光非常注重艺术上的传帮带，在工资待遇比较低、不容易吸引优秀演员进来的情况下，从幼苗开始培养自己的演员。或者从湛江艺校招收优秀毕业生，或者团里直接把好苗子送去艺校培养毕业后再回来。年轻演员在艺校完成基本功训练后到团里，再接受南派艺术的熏陶和再训练，八大台柱都是剧团自己培养出来的。

1990年，吴川粤剧团到广州参加第一届国际粤剧艺术节，参演的传统剧《草莽英风》由六个古老排场组成，硬桥硬马的南派功架、英武热烈的台风赢得到场专家和粤剧迷的高度评价。深圳、香港、澳门，以及新加坡争相邀请剧团去演出，接着一批台柱被深圳、茂名等地陆续挖走。当时林国光也受到邀约，在时任吴川市委书记的挽留下没有走，但是文武生、花旦、单帮、二花、二皮都走了。"人往高处走，水往低处流。我们也不能阻止年轻人谋求更好的发展，我们的待遇实在太低了。"林国光和剧团的前辈们只能又从头开始，从湛江艺校招人，从散班、其他小剧团招收一些优秀的苗子送去艺校培养，回到剧团后再手把手进行南派艺术的训练，经过十多年的努力，现在剧团又培养出自己的八大行当。老编剧退休之后，林国光又当团长又当导演，还充当南派艺术的总教习，把自己打小跟剧团老叔父们学来的排场、功架、做手，甚至男女的唱腔、走位、肢体表情全部传授给年轻的演员们。许绍欣老先生退休后，剧团培养了一位年轻的编剧颜剑影（原来也是团里的演员，现在50多岁了），一边演包大头一边搞创作，写曲、教曲。

人才培养不容易，剧团多年来努力为演员们谋福利。剧团原来在老城区有一栋四层24户的筒子楼。随着人员的增加，宿舍不够住了，加上居住条件也比较差，每户一房一厅，整栋楼连一个卫生间都没有。1997年，剧团把老房子卖掉，在新开发的沿江四区买下一块地，盖起了新的剧团大楼，地下一层作为排练厅，剧团有了自己的排练地方。但由于房子本来是打算用来改善演职员工居住条件的，规划没有做好，排练厅层高不够，南派艺术的高空腾跳没办法进行。这些年国家推行社会保险，剧团又从资金中抽一部分给大家买社保，让大家没有后顾之忧。

（三）对于改企的呼声

多年来吴川粤剧团在艰苦但相对平静的环境中努力生存，谋求发展，剧团一直坚持南派艺术的传统。面临自上而下的改企，剧团员工状态比较消极。虽然多年来自食其力，但国有单位的金字招牌毕竟给大家一种名誉上的安慰。按照大家的说法，表面上还是一名国家干部、国家职工，现在连这一点心理上的保障也即将被剥夺了，那与周围的散班还有什么区别？要知道散班的工资待遇可是剧团的两三倍。现在的社保，市民都可以买，在散班也没有什么区别。原来剧团是事业单位，每个月为演职员工购买社会保险，个人出大半，单位出小半。改企后，可能全部由个人解决。一想到这里，大家的顾虑自然就来了，思想的浮动也就可想而知。

从广州回来后，李庆强团长传达了这次广东省国有院团体制改革会议的有关精神。这次会议由广东省委宣传部、文化厅组织召开，人力资源局、工商局等有关单位领导也来了，因为改制也牵涉到以上两个单位：比如注销事业单位的执照，改为企业的执照，以前作为事业单位文艺演出不收税，以后也要收税了。大家听到这样的消息，一个个都低下了头，"我们也不知道怎么做"。

当笔者问："既然散班的待遇高，为什么大家不愿意解散或离开剧团？"大家都不约而同地回答："我们剧团是下四府地区唯一能完整传承南派粤剧艺术的剧团，剧团解散，南派戏就完了。南派戏是我们剧团的风格、命根子。南派戏必须是一班人出一台戏，注重行当的齐全、整体的配合，谁离开了都不行。"曾经有演员离开剧团两年后又回来，发现已经跟大家合不上拍了。散班是私人老板，经营比较灵活，演员组合方式比较自由，剧团重金聘请文武生、花旦和杂脚，其他脚色则随意，简单培训就上台演出。散班基本上演不了南派戏，多是一些文戏、家庭戏。对在艺术上还是有追求的大部分人来说，他们不愿意为了钱离开剧团。

在调查的过程中，笔者了解到，大家希望政府能切实做点事，为剧团改企提供一些基本条件，比如培训基地、剧团的基本设备，还有就是演出基地——剧院。

五、粤剧艺术的传承与创新

对于粤剧传承与创新的关系，粤港澳三地侧重点不同，香港注重保育、澳门注重民间剧社，广东则重视粤剧革新。但在广东，广州粤剧院和吴川粤剧团侧重点又有不同。

广州粤剧院近几年推出的精品都带有现代性探索，舞台、舞美、灯光等方面吸收现代舞台艺术的因素，比如《花月影》等。广州粤剧院余勇博士认为："传统必须继承下来，每个团95%是传统，佛山、深圳方面艺术改革的探索也是如此，据了解，其他剧种也这样。传统戏剧本身就还在发展，人的审美需要也在变化。如果我们觉得传统就不能变，那么可能就会失去市场失去观众。从粤剧的发展历史来看，它本身兼容吸纳性很强，就在20世纪三四十年代，电影刚刚出来，粤剧就吸收了电影的艺术，马师曾等老前辈把西洋乐器萨克斯风引进粤剧音乐。我们现在革新的东西，说不定几十年后又成为传统。"剧团作为粤剧艺术传承的第一线，这些从艺术实践得出的看法，值得重视。

粤剧不是博物馆艺术，它是活在老百姓日常生活中的艺术，只要保持粤剧艺术的本质特征不变，形式上的与时俱进已经是事实，不应该束缚它的发展。粤剧艺术的本质特征在哪里？余勇博士指出："在唱腔。唱腔不能变，在原有唱腔的基础上增加新的元素是可以的，戏曲都是相通的，区别就在语言和唱腔，加入新的元素，比如交响乐，现代流行音乐的某些音符是可以的……我认为继承与革新并不矛盾，后者是前者的补充，两者结合才能适应现代社会的发展。"

广州粤剧院两个团90%的演出是在乡村，有时在剧场里演，大部分是搭台演出，乡村的观众喜欢传统剧目。现代剧目的简装版偶尔也演，比如《刑场上的婚礼》。余勇博士说："《关汉卿》是50年前红线女与马师曾的经典之作，我们去年在茂名一个农村演出，红老师也去了，两三万人，搭台演出，红老师80多岁了，唱了一首曲，老百姓夹道欢迎。虽然音乐唱腔很美，可是说话文绉绉的，他们听不太懂，他们喜欢看诙谐的、滑稽的、热闹的。"现在粤剧市场的确存在一个分层问题，比如都市粤剧与乡村粤剧、剧院粤剧与草台粤剧、革新粤剧与传统粤剧。

在广州，粤剧的革新似乎是必需的也是可行的。"实际上，粤剧的改革只要紧扣戏曲的本质，吸收话剧的元素，新的观众如知识分子和白领，他们看了很兴奋。广州市铁杆观众就两三千，一部戏演出两三场以后就卖不动了。你必须培养新的观众，所以我们现在吸收了很多因素，确实是这样。现在是娱乐多样化，我在电视上、电脑上都能看很多东西，干吗跑剧场里看演出？我们戏剧大锣大鼓，很响，过去在旷野中演出，这样可以。但是现在剧场，这样太响，烦死人了。以往我们下乡演出就换大一点的锣鼓，不过现在有音响也用不着了。以前没有麦克风，全靠演员的嗓子在吼，现在演员有麦克风，每个乐队前面都有一个麦克风，一点声音都可以传得很远。艺术也需要与时俱进，所谓的传统也是有发展的。戏曲在发展的几百年中一直在变化，吸纳其他艺术的元素，抛弃自己那些不受欢迎的东西。"

在吴川，演员们又有不同的看法。"我们是传统南派风格，我们会继续走这条路，坚持自己的风格才能在艺术上有自己的一席之位，革新就失去自己的特点。"1990年，吴川粤剧团参加第一届国际粤剧艺术节，让外界见识了南派艺术的魅力。2004年，香港政府以抢救、挖掘南派粤剧艺术为目的，盛邀吴川粤剧团去演出，把所演的传统戏全部录制入库保存。2009年，中国艺术研究院粤剧申遗小组奔赴粤港澳寻找粤剧的艺术模板，最后在吴川粤剧团找到了。专家们认为吴川粤剧团的表演保留了粤剧的传统特性，既朴素又有个性。得到外界的肯定，大家自然信心更足，艺术的自觉性也就更高了。

现在剧团打算把传承下来的传统剧目整理出来，但大家都认识到艺术的传承关键是人，必须保证相对稳定的一班人。因为南派戏的表演风格是场面宏大、气氛激烈，一个人带不起一台戏，没有艺术功底也配不了主角，必须一班人配合才能完成。

六、结论

剧团改企不仅是国家文化体制机制改革的重要内容，也关系到粤剧的保护与发展。在广东，省粤剧院作为公共性文化事业，保留了事业单位的编制，而广州市粤剧院以及吴川粤剧团作为营利性文化产业走上了改企之路。广州粤剧院原来作为事业单位，对体制存在一定的依赖性。现在虽然自由度大了，但不能像以前那样"养尊处优"，生存压力骤然大起来，艺术创新的责任不得不让步给生存，大家不免产生怨言。吴川粤剧团早就自食其力，在文化边缘地区遵循"物竞天择"的法则，坚守传统艺术风格。体制对剧团来说，更多的是一种心理上的保障。当然，改企后剧团的运营成本增加了，无疑也增加了生存的压力。归结起来，剧团改企的消极情绪首先来自戏剧行业对旧有体制的惯性依恋,无论是物质上的还是精神上的,接着就是艺术上的自觉追求与生存压力之间的矛盾。

诚如傅谨所说,"人们对于戏剧的市场化、对于院团的企业化怀有非常强烈的道德恐惧和利益恐惧。这种非常普遍的,而且是想当然的道德恐惧和利益恐惧,就是人们消极地对待甚至去阻滞院团体制改革的主要原因"①。其实这些恐惧可以通过文化市场的选择机制以及戏剧市场利益分配体系、社会保障体系的完善来消除。"从中国戏剧史看,众多的经典传世之作,绝大多数都是在市场化的环境里出现的。从宋戏文、元杂剧直到明清传奇,再到梅、尚、程、荀,他们的优秀作品都诞生在演出市场中,这充分说明市场本身自有其选择机制。市场的选择首先是由民众的趣味决定的,而民众在艺术与思想上是有分辨能力的;老百姓自有其趣味和选择,人类群体自有艺术与道德的抉择。"②

文化产业已经成为21世纪世界各国国民经济的支柱产业和新的经济增长点,避免粤剧成为"博物馆艺术",剧团改制的思路和方向是对的。但是非物质文化遗产产品化、产业化是一个整体工程,需要建立一个秩序良好的文化市场与完善的配套设施,这些单靠剧团无法实现。而且文化市场利益分配体系、社会保障体系的完善,更需要政府的主导。在粤剧的非物质文化遗产保护与发展中,应该在充分调研的基础上制定一个科学、完善的实施方案,重视不同文化传统的传承与发展,在坚持粤剧艺术本质特征的前提下求新、求变。另外,应该加快粤剧保护专项法规的建设,使剧团能够在行政、专项法规的指引下尽快走向现代市场。

---

① 傅谨:《文化体制改革与戏剧的未来》,载《戏剧文学》2011年第1期,第10页。
② 傅谨:《文化体制改革与戏剧的未来》,载《戏剧文学》2011年第1期,第10页。

浏阳花炮制作技艺调查报告[①]

李惠[②]

2006年，湖南省浏阳市花炮制作技艺入选第一批国家级非物质文化遗产（以下简称"非遗"）代表作名录。2008年，花炮制作技艺调整为烟花爆竹制作技艺，南张井老虎火、万载花炮制作技艺、萍乡烟花制作技艺、蒲城杆火技艺、架花烟火爆竹制作技艺等进入扩展名录。南北的烟花爆竹制作技艺有明显的不同。北方三地虽相隔甚远，但都是在杆上、架上置花，表现不同的故事内容。南方的浏阳、万载、上栗是湘赣交界相依相偎的三座小山城，以爆竹、小花炮为主，制作工艺一脉相承。

一、烟花爆竹的历史源流

烟花爆竹的出现与岁时节序的驱祟相关。南北朝宗懔的《荆楚岁时记》记载："元日庭前爆竹以辟恶鬼也。"[③] 相传为东方朔所著的《神异经》记载："西方深山中有山臊，长尺余，犯人则病，长爆竹声"[④]。

爆竹燃放的过程，见于宋范成大的《爆竹行》："岁朝爆竹传自昔，吴侬政用前五日，食残豆粥扫罢尘，截筒五尺煨以薪。节间汗流火力透，健仆取将仍疾走，儿童却立避其锋，当阶击地雷霆吼。一声两声百鬼惊，三声四声鬼巢倾，十声百声神道宁，八方上下皆和平。却拾焦头叠床底，犹有余威可驱疠，屏除药裹添酒杯，昼日嬉游夜浓睡。"[⑤] 在新年的前五日，吴地的人民取山竹，依竹节截制成五尺长的竹筒。新年第一个清晨，将制好的竹筒放入燃烧的炭薪之中。竹筒底被火炙烤，竹中水分像流汗一样形成水珠，一旦水分蒸发完全，筒中的空气急骤膨胀，发生爆炸。将成捆的竹筒放置于薪中，响声必如雷霆怒吼。爆竹成了焦炭，吴地的人民相信其仍具有驱疠的作用，将其叠放在床底。这就是一个驱傩的仪式。

[①] 此文为教育部人文社科基地重大项目"非物质文化遗产保护法制建设"的研究成果，完成于2012年12月，修订后收录入本书。
[②] 李惠，中山大学中国非物质文化遗产研究中心研究助理。
[③] 〔南朝梁〕宗懔：《荆楚岁时记》，民国景明宝颜堂秘笈本，第1页。
[④] 〔汉〕东方朔：《神异经》，明汉魏丛书本，第5页。
[⑤] 〔宋〕范成大：《石湖诗集》，石湖居士诗集卷三十，四部丛刊景清爱汝堂本，第195页。

唐诗关于爆竹的诗篇有张说的《岳州守岁二首》、刘禹锡的《畲田行》、元稹的《生春》。张说、刘禹锡和元稹都是今河南人，这三首诗描写的是南方的爆竹习俗，岳州为荆楚之地，连州为南粤之地，通州地处西南，三地均在长江以南，诗人们因宦海浮沉来到"蛮荒之地"，先后记录下当地的风俗。

《太平御览》关于爆竹的记载有："《易通卦验》曰：正日，五更，整衣冠，于家庭中爆竹，贴画鸡子或镂五色土于户上，厌不祥也。""爆竹燃草起于庭燎。""俗人以爆竹起于庭燎不应滥于王者。"① 高承《事物纪原》"爆竹"条："《岁时记》曰：元日爆竹于庭，以辟山臊恶鬼也。《神异》曰：犯人则病，畏爆竹声。宗懔乃云，爆竹然草起于庭燎。《风俗通》谓，起于庭燎，不应滥，王者也。按周衰之末大夫而僭天子，庶人而服侯服者，皆是也。奚独燎明，为不然乎。懔之所记理或然矣。"② 《太平御览》是官修类书，于时序部记载爆竹之事，且有太祖的意见批示。可见北宋初年，元日爆竹于庭，已经出现在中原地区，是士庶都遵循的、官方认可的习俗。既是官方认可的习俗，必然要受到礼制的制约。"王者也"，即是宫廷礼仪。南方的习俗进入中原，一跃而成王者之制。

爆竹与火药的应用息息相关。南宋嘉泰年间（1201—1204年），施宿等纂《会稽志》记载了以硫磺做爆药制爆竹的内容，开启了爆竹的新纪元。其"节序"条曰："惟除夕爆竹相闻，亦或以硫黄（磺）作爆药，尤震厉，谓之爆仗。"这是目前所见最早用硫磺制爆竹的记载，同时，"爆仗"作为新词汇用来指称爆竹。《武林旧事》记载："至于爆仗，有为果子、人物等类不一，而殿司所进屏风，外画钟馗捕鬼之类，内藏药线，一热而连响百余不绝。"此处的"药线"，想必就是今天的引线，一线相串，将筒子或小火药包一一点燃，形成连续不断的声响或者火焰。

《西湖繁胜录》记载："放五色烟火，放爆竹。"③ 出现了另一个新的称谓"烟火"。五色烟火，应是我们现在指称的花炮。花炮燃烧时的色泽由火药配方中的金属成分控制。相较于爆竹，更具观赏性。

由此可见，南宋时，火药已经开始用于爆竹的生产，烟花出现了。火药配方的调整，使爆竹烟花呈现出绚丽多姿的形态。烟花的出现，使得燃烧爆竹烟花成为岁时年节的重要娱乐项目。明人张岱在《陶庵梦忆》中记录了形制奇巧的"鲁藩烟火"：

兖州鲁藩烟火妙天下。烟火必张灯，鲁藩之灯，灯其殿、灯其壁、灯其楹

---

① 〔宋〕李昉等：《太平御览》卷二十九，时序部十四，四部丛刊三编景宋本，第188、191、192页。
② 〔宋〕高承：《事物纪原》卷八，明弘治十八年魏氏仁实堂重刻正统本，第184页。
③ 〔宋〕西湖老人：《西湖繁胜录》，明永乐大典本，第3页。

柱、灯其屏、灯其座、灯其官扇伞盖。诸王公子、宫娥僚属、队舞乐工，尽收为灯中景物。及放烟火，灯中景物又收为烟火中景物。天下之看灯者，看灯灯外；看烟火者，看烟火烟火外。未有身入灯中、光中、影中、烟中、火中，闪烁变幻，不知其为王官内之烟火，亦不知其为烟火内之王官。殿前搭木架数层，上放"黄蜂出窠""撒花盖顶""天花喷礴"。四旁珍珠帘八架，架高二丈许，每一帘嵌孝、悌、忠、信、礼、义、廉、耻一大字。每字高丈许，晶映高明。下以五色火漆塑狮、象、橐驼之属百余头，上骑百蛮，手中持象牙、犀角、珊瑚、玉斗诸器，器中实"千丈菊"、"千丈梨"诸火器，兽足蹳以车轮，腹内藏人。旋转其下，百蛮手中瓶花徐发，雁雁行行，且阵且走。移时，百兽口出火，尻亦出火，纵横践踏。端门内外，烟焰蔽天，月不得明，露不得下。且看者耳目攫夺，屡欲狂易，恒内手持之。

  昔者有一苏州人，自夸其州中灯事之盛，曰："苏州此时有烟火，亦无处放，放亦不得上。"众曰："何也？"曰："此时天上被烟火挤住，无空隙处耳！"人笑其诞。于鲁府观之，殆不诬也。①

这应该就是北方杆上置花的形制。无数的烟花将天空装点得繁花似锦，与地上的人物景致相互辉映。花炮、烟火成为节日里争奇斗艳的主角。装上了火药的爆竹，变幻着火药配方的花炮、烟花，元日、元宵、除夕等岁时节序少不了它；婚丧嫁娶、生辰寿宴、金榜题名等人生礼俗缺不了它；吉宅动土、入伙、吉日开市等风俗离不开他。从此，爆竹烟花融入我们的生活之中，成为我们表达情感的重要依托。

火药，即黑火药，是我国的四大发明之一。火药呈黑色或褐色粉末，以硝石、硫磺、木炭为主要原料，按照一定的比例混合，受热时产生爆炸。据陆懋德在《中国人发明火药考》中考证，火药最迟于南宋用于军事：

  考宋人所记采石之战，虞允文发霹雳炮，以纸为之，实以石灰硫磺，投水中，而火自水中跳出，纸裂而石灰散为烟雾，眯其人马。按：此为中国人用火药炮之始也……此为南宋高宗绍兴三十一年之事，即西历一一六二年之事。

  又考北宋人曾公亮，丁度奉敕所编之《武经总要》已有火药制造法，具言用焰硝，硫磺，砒霜，木炭末等物。此书为北宋官书，宋仁宗为之作序。晁公武《郡斋读书·后志》称此书康定年间所修（西历一〇四〇、一〇四一年）。此可证明火药之为物必始于北宋以前，且在北宋时代初期已用之甚广矣。②

---

① 〔明〕张岱：《陶庵梦忆》卷二，中华书局2010年版，第24—25页。
② 陆懋德：《中国人发明火药火炮考》，载《清华学报》1928年第00期，第1442、1497页。

依陆懋德考据，北宋初年火药之配方已经广泛使用，然火药用于攻城略地始于南宋。宋朝文治皇皇，但武功积弱，受到北方少数民族的侵扰不断，此"国之大事"必记于史册。可知陆先生所考火药之用于军事，应是实情。我们所见的硫磺用于制爆竹，文献记载也始于南宋。以硫磺制爆竹，与火药制爆竹是否相同，文献阙存，不得而知。但嘉泰年间《会稽志》记录以硫磺做爆药制爆竹，可知硫磺法应用于爆竹生产应在更早之时。

2005年《浏阳花炮制作技艺申报书》（以下简称《申报书》）附录《鞭炮烟花千年大事记（一）》（以下简称《大事记》）中有这样的表述：

> 东晋葛洪时代，中国出了雏形火药；隋末唐初，中国炼丹家通过"伏火"，认识了会着火、会爆炸的药，即火药；唐元和三年（808），中国发明了含硝、硫、炭三组分的火药；北宋庆历四年（1044），军事专著《武经总要》撰修完成，第一次正式出现"火药"的名称，并记载有三个军用火药配方。北宋宣和年间（1119—1125），湖南浏阳发明了以火药为原料的爆竹烟花。①

仔细阅读上文，我们不难发现：

（1）浏阳当地认为"浏阳花炮"与火药关系密切，火药发现的历史与"鞭炮烟花"生产的历史相依存。爆竹，首先是一种习俗，而非一种实物载体。浏阳花炮制作技艺之所以能成为国家级非遗项目，不只是火药在手工业的广泛应用，也不在于花炮制作技艺的独创性，而在于爆竹所蕴含的深厚的民俗文化内容，以及由爆竹生产、燃放所形成的独特的地域文化。所以，作为《大事记》叙述的起点不应是火药的历史而应该是爆竹的历史。

这也是我们非遗申报和保护过程中常见到的问题。我们所拥有的任何一项值得骄傲的手工艺作品，都是我们民俗、文化的有机组成部分，都是独特地域的地理、物产、人文的宁馨儿。但是，现实中容易片面地将传统手工艺的保护理解成对手工业产品和生产的保护。

（2）火药用于烟花生产，是浏阳人的发明，始于宣和年间。此推断缺乏文献支持。浏阳，湘东的一座山城。吴太平二年，析临湘，置浏阳，并隶长沙（郡）。因县制在浏水之阳而得名。后曾又隶属潭州，屡有兴废。我们查阅了现存的几部明清纂修的《浏阳县志》，发现均未有言爆竹烟花的生产。虽手工业为"末技"，若形成农村主要副业，方志中还是能留下蛛丝马迹的。所以，将火药用于爆竹、烟花生产归美于浏阳，如不给出确切的时间，是难以让人采信的。

---

① 笔者2011年8月17日在浏阳市花炮管理局做田野调查，资料由办公室李艳玲女士提供，并拍摄保存，在此表示感谢。

我们申报和保护非遗代表作，对其历史的梳理是其中重要的环节。大多数非遗项目都存在文献资料缺乏的状况，在申报和保护工作中需要尊重史实，结合当地的实际情况，反映和保存真实的非遗代表作历史。《中华人民共和国非物质文化遗产法》（以下简称《非物质文化遗产法》）明确规定：保护非遗，应当注重其真实性、整体性和传承性，有利于增强中华民族的文化认同，有利于维护国家统一和民族团结，有利于促进社会和谐和可持续发展。保护非遗，首先注重的是真实性，以及真实性是否应该包括其对其历史文化的真实描述。如果我们在申报过程中调查还不够充分，在进入名录体系后，在后续记录、建档、传播的过程中应该认真梳理每一项非遗代表作的历史源流。

二、行业神的建构与多地共有的项目

李畋是花炮行业的祖师爷，旧时被称为"花爆老爷"，现在被称为"花炮始祖""花炮神"。浏阳的南乡，花炮的主产区，李畋公园、李畋阁、李畋广场、李畋墓，与李畋有关的事物层出不穷。浏阳李畋铜像基座上的《李畋铜像记》云：

  李畋，字竹声，湖南浏阳大瑶人氏，中国花炮之始祖，被后人尊为先师。先师生于隋仁寿元年（公元601年）四月十八日，卒于唐天授元年（公元690年）忌日，安葬于大瑶古镇之北大和，享年八十有九……先师少壮时……其时民间流传"燃竹驱祟、避邪"之习俗，先师深受启发，意欲以"爆竹"兴业，惠泽乡邻。先师不辞劳苦跋山涉水，赴湘南蔡伦（东汉尚方令）故里拜名师学习造纸技艺；得药王孙思邈之指点，将"伏火硫磺"法用于火药制造；遍访四方能工巧匠，得土硝提炼之真传。经数十载寒暑，终获妙语，成功发明，始有"火硝纸爆"之首创，方开"烟花礼炮"之先河。故《中国实业志》云："湘省爆竹之制造，始于唐，盛于宋，发源于浏阳也。"

当地铸像以记之，并撰文以颂之。浏阳地方认为花炮祖师李畋是唐代人，其生卒年为601—690年①，他是浏阳大瑶人，少壮之年发明了爆竹。《申报书》"历史渊源"部分的说法是：药圣孙思邈隐居于浏阳城东孙隐山时，发明了"伏火硫磺法"。李畋拜孙思邈为师，学习此法，并将其运用于爆竹生产。民间有李畋用火燃竹为唐太宗驱鬼治病的传说。这与前文引用的《大事记》所载已有出入。

用两位可以确考的人物考证一位文献缺失的人物时代，是通行的方法，但若细

---

① 此说由浏阳市文化馆原馆长潘信之提出，见上书第24－25页。此说主要依据《异闻录》的记载推衍出。

读就知其误。孙思邈在《旧唐书》中有传①，其中记载：孙思邈，京兆华原人，生年不可确考。关于孙思邈的生年，此传中有两种说法：（1）孙思邈隋开皇辛酉年（581年）生（孙思邈自云）；（2）孙思邈北周宣王以前生（579年）。孙思邈卒年为唐永淳元年（682年）。唐太宗即位（627年），孙思邈即受命赴长安，其后的50多年未离开长安。若孙思邈隐居于浏阳孙隐山，应是公元627年以前。由京兆至浏阳，有上千公里的路程。又北周、隋、唐初，战乱频繁，这样的长途跋涉太过于艰难。《旧唐书》称"周宣帝时，思邈以王室多故，乃隐居太白山"。战乱之时，孙思邈隐居于其家乡附近的太白山应该更符合史实。所以，孙思邈至浏阳隐居一说应为传说。

李畋为唐太宗驱鬼治病，更是无可考，应为后人杜撰。《李畋铜像记》近乎小说家之流，不可为史。查阅浏阳的各代志书，只在方志出版社2007年版的《浏阳市志：1988—2002》载《李畋传》，并将其位列人物传记第一。

李畋并非建构出来的人物，与爆竹生产相关的宝庆县有他的记载。清道光二十七年（1847）修的《宝庆府志》记载："爆竹奉李畋。"② 旧时，爆竹所用卷筒之红纸皆产于宝庆，称为宝庆纸。清同治十一年（1872）刊本《新化县志》亦记载："爆竹奉李畋。"③ 民国二十九年（1940）刊本《万载县志》有"李畋祠"曰：

> 李畋祠，俗称爆竹庙。系爆业集赀创建于株潭包公庙侧，月收釐毫，补助育婴，穷民实受其惠。捣毁硝磺局案，受累不少。今之言提庙产者慎，弗垂涎于此，以剥削地方穷民也。④

万载与浏阳相接，株潭包公庙就是现在位于万载县株潭镇的包公庙。此庙至今香火不绝，每年四月十八李畋诞辰都有民众前来拜祭，请戏祭祀。可知，李畋并不是虚构的人物。李畋为什么成为"爆竹祖师"？北宋人唐慎微《证类本草》"竹之药用"中记载：

> 李畋《该闻集》云：爆竹辟妖气。邻人有仲叟，家为山所祟，掷瓦石，开户牖不自安。叟祷之以佛经报谢，而妖祟弥盛。畋谓其叟曰，公旦夜于庭落中，若除夕爆竹数十竿。叟然其言，爆竹至晓，寂然安帖，遂止。⑤

南宋人陈元靓《岁时广记》中有"燎爆竹"条：

---

① 《旧唐书》卷一九一，列传一四一，第5094-5096页。
② 〔清〕黄宅中：《（道光）宝庆府志》卷第八十八，民国二十三年重刊本，第5271页。
③ 〔清〕关培钧：《（同治）新化县志》卷第十三，清同治十一年刊本，第1092页。
④ 张芗菁：《（民国）万载县志》卷二之三，民国二十九年刊本，第387页。
⑤ 〔宋〕唐慎微：《证类本草》，重修政和经史证类备用本草卷十三，国部丛刊景金泰和晦明轩本，第531页。

李畋《该闻集》：爆竹辟妖。邻人有仲叟，家为山魈所祟，掷瓦石，开户牖不自安。叟祷之以佛经报谢，而妖祟弥盛。畋谓叟曰，公且夜于庭落中，若除夕爆竹数十竿。叟然其言，爆竹至晓，寂然安帖，遂止。①

　　这两本书关于李畋的叙述基本相同，陈元靓《岁时广记》"燃爆竹"条有"王荆公诗云，爆竹惊邻鬼"的记载，此事流传甚广。后人因此将爆竹的发明附会到李畋身上。《该闻集》（《该闻录》）作者李畋，字渭卿，自号谷子，华阴人，淳化三年（992）进士。《郡斋读书志》称《该闻集》系作者"熙宁中致仕，归与门人宾客燕谈，衮衮忘倦。门人请编录，遂以《该闻录》为目"②。原书十卷已佚，散见于多书。今人在引用此文献时，时常与唐人李玫所撰《异闻录》相混淆③，由此将李畋的时代提前到唐朝。李畋成为"花爆老爷"，应出现于爆竹业成为农村主要副业的时期。花炮至晚清已在湘赣边界的浏阳、万载、上栗的农村成为最主要的副业。此一带诸多关于李畋的故事，出现的时间应该更晚，有些就是当代人的创作。④近年来，此地区关于李畋出生地、李畋故里、李畋庙、李畋公祭仪式的争论之声不绝于耳。李畋既不是浏阳大瑶东风界人士，也不是醴陵富里麻石街人士或上栗麻石街人士，这是后人为争夺花炮文化资源，争夺花炮销售市场而起的一场纷争。

　　这场纷争由来已久，试读民国二十九年（1940）《万载县志》此条记载，可知大概：

　　花爆为万载出产三大宗之一，制造不知确始何时。髫龄读"千家诗"，爆竹声中一岁除，谓是起。于李畋株潭爆业崇祠庙，买田产以祀之，示不忘也。迄于清季而销路日广，以地段计有：赣庄、浙庄、省庄、汉庄、广庄之别。以纸之长短厚薄计有：对裁、三裁、四裁、五裁之分。销广东者多四裁五裁，销浙江汉口者多对裁，销本省者多九裁。其中又有平边，立边俗云顿边。省庄多平边，广浙庄多立边。广浙庄、出县属之株潭。民国七八年来销于浙者以三万箱计，每箱约值银二十圆。销于粤之佛山镇者以五万箱计，每箱值银二十五圆。销于赣州者年以万箱计，每箱约值银二十圆。销于汉口、饶州者，为数甚少。销于省垣者，年以万箱计，每箱约值银二十圆。而广庄牌名多假浏阳，以初运广庄者多系浏商故，万爆亦遂假名浏爆。若夏布之初在浏阳成捆，称浏阳

---

① 〔宋〕陈元靓：《岁时广记》卷四十，清十万卷楼丛书本，第258－259页。
② 宁稼雨：《中国文言小说总目提要》，齐鲁书社1996年版，第160页。
③ 李玫《异闻录》也已佚，故无所章本，易误用。例如宋燧文主编《中国花炮文化博览》，湖南美术出版社2002年版，第15页。
④ 如李畋为唐代人，是原浏阳市政协副主席、市文化馆老馆长潘信之先生推衍出的；《中国花炮始祖李畋传奇》，是原浏阳市政协常务副主席、市委宣传部部长宋燧文先生的文学创作。

夏布。今则无故不称万载夏布。入假而真，乃见也……①

万载最大宗的花爆是销往佛山的，五万箱，每箱值银二十五圆，假浏阳之牌名，皆称浏阳花爆。万载产夏布，也用浏阳之牌名，皆称浏阳夏布。时人评为"入假而真"。推其原因，一方面是浏商之爆竹、夏布先于周边其他县进入广东市场，巨大的收益谁能舍弃？所以假浏阳之名，也成了广泛认可的事实。另一方面可能是此区域都是诸城，位于湘赣边界，大山之中，货物运输不便。浏阳南乡澄潭江有古码头，水路通畅。货物由此上船，顺南川河经醴陵的白兔潭进入湘江支流渌江，由渌江进入湘江，由湘江进入更广阔的地域。所以，假浏阳之名，也是地理环境促成的。

至20世纪80年代，我们的品牌意识还都很薄弱。传统手工业生产力水平低下，导致产量较低。区域内部竞争并不激烈，浏阳虽有微词，亦不构成其发展的最大阻力。现在的花炮产业进入机械化、半机械化阶段，生产力急骤提升，产量成几何倍数增长。每个地方都需要重新塑造自己的地方文化、品牌形象，提高竞争力。于是自20世纪末，浏阳、万载、上栗、醴陵都开始重新挖掘地方文化资源，重塑行业神。所以这几个城市都有街道、公园、广场被重新命名，都冠以李畋之名。

《非物质文化遗产法》规定：相同的非遗项目，其形式和内涵在两个以上地区均保持完整的，可以同时列入国家级非遗代表性项目名录。2006年浏阳花炮制作技艺成为国家级非遗代表作之后，2008年万载、萍乡的花炮制作技艺进入了扩展项目名录。《非物质文化遗产法》对多地共有项目的名录体系的建设有明确的规定，对后续保护工作却没有一个指导性的思想，各地因利而动，进行大量重复建设，造成资源浪费。

在各地都进入烟花爆竹制作技艺非遗名录时，我们必须认真思考烟花爆竹的制作技艺带给我们的共同财富。不管李畋是何地之人、何时之人，在历史的长河中，我们选择他作为"花爆老爷"，他也成为爆竹业从业者心中的保护神。浏阳、万载、上栗、醴陵因花炮生产结成了典型的"地域社会"。文化资源本就是共生共存的，不断丰富蕴含在花炮生产过程中的文化精神，同时实现多地共享，才能达到保护非遗的目的。

三、现代化生产与非遗保护

花炮的传统手工技艺很是繁复，民国初记载：

> 爆工甚琐细，硝磺、引线、本色纸成于他人，而资以制造。开纸、截纸、

---

① 张芗莆：《（民国）万载县志》卷二之三，民国二十九年刊本，第730－732页。

擦筒、糊筒、截筒、修筒、箍筒、护筒、封筒、开筒，以至于蓄硝、洗硝、合硝、春硝，或磨硝、晒硝，或炒硝，进而打土装硝、塞土紧箍、钻孔引、松箍、扎引、结边，混合而成。约若言之，不胜枚举，大率经数十百番之手，而始成。①

这只是结筒成鞭的过程，后续还有包蜡纸、裱纸、装箱等程序。

20世纪80年代，浏阳花炮业开始注重技术改革，逐步进入机械化生产阶段。现在，最危险的制火药都已经由手工进入智能化阶段了。产品由以爆竹、小花炮为主转变为以技术工艺复杂的礼花、节日焰火为主。传统手工技艺无可避免地被机械化大工业取代了。花炮的小作坊被取缔，科学布局的工厂成为每个村落的中心。

在传统手工技艺迅速衰落之时，是什么样的人成为浏阳花炮制作技艺代表性传承人呢？有一位国家级代表性传承人——钟自奇，还有一位省级代表性传承人——黄蔚德。2011年，浏阳市文化局又申报了另一位代表性传承人——江木根。这三位分别是东信烟花集团有限公司董事长兼总经理、庆泰出口花炮有限公司董事长兼总经理、达浒花炮艺术焰火燃放集团有限公司董事长。他们都是花炮企业的掌舵者，对浏阳花炮的贡献不仅仅是建立了一个花炮集团，创造了上千个就业岗位，创造了上亿元的产值，更重要的是领导企业进行花炮技术的革新，创造了一系列的花炮新技术与新产品。

钟自奇自主设计、研究与开发的产品有多段笛间烟花（金星闪闪）（获得国家专利）等，合作研制的产品有 GX2006 - A 型音乐焰火燃放控制系统、一种具定向尾翼的礼花弹、一种具水平定向装置的礼花弹、定向发射礼花、定向礼花弹发射架等。2004年2月26日，钟自奇成为全国爆竹标准技术委员会（SAC/TC149）委员；2005年11月16日，钟自奇被湖南省人事厅评定为"烟花爆竹专业高级工艺美术师"；2006年1月21日，钟自奇被湖南科学技术协会评定为"焰火燃放专业高级燃放师"。②

黄蔚德成立了浏阳市最大的烟花爆竹机械制造厂，协助开发了全自动气式制筒机、全自动斜纹制筒机、裁花机、裁导火索机、液压泥头药饼机、结鞭机、裁引机，使公司成为全车花炮机械示范企业；主持编写了《浏阳烟花爆竹》教材一书；主持成立庆泰花炮技术研究中心，对烟花鞭炮原辅材料、生产工艺、艺术效果、环

---

① 张芗莆：《（民国）万载县志》卷二之三，民国二十九年刊本，第730 - 732页。
② 刘新权主编：《星城览珍——长沙市非物质文化遗产保护成果荟萃》，长沙市非物质文化遗产保护中心2008年版，第24页。

境保护及花炮机械进行全方位研发。①

江木根1980年从事烟花企业管理工作,先后取得三大发明与革新技术的成果:1990—1992年,成功研制无烟烟花(从有烟到无烟);1995—1999年,成功研制低温的冷光烟火(从高温到低温);1999—2000年,成功研制日观烟花焰火(从夜观到日观)。江木根获得国家经贸部科技进步奖,二、三、四等奖6个,有4个产品获国内行业大赛金、银奖。②

以这三位为代表的浏阳花炮业界着力于科技创新,带领花炮制造业进入机械化、集约化的生产阶段。

《非物质文化遗产法》规定,非遗代表性项目的代表性传承人应当符合下列条件:(1)熟练掌握其传承的非遗;(2)在特定领域内具有代表性,并在一定区域内具有较大影响;(3)积极开展传承活动。由此,我们重新观照这三位代表性传承人,他们符合这三个条件,又似乎有不妥之处。问题出在哪里呢?浏阳花炮的制作技艺在非遗保护的视野下,指代的是传统手工制作技艺。在业界,指代的是必须日新月异的花炮生产技术。这三位所代表的不是浏阳花炮的传统手工制作技艺,而是逐步机械化的现代生产技术。这是两个相反的方向,所以,我们认为此项目代表性传承人的认定存在问题。

萍浏醴及其相邻的江西万载,世以制炮为业,形成了"惟开纸须壮夫用力,其他则老可为,弱可为,聋瞽残疾无不可为。只要工本不亏,人皆食力。曩年鸦片禁绝,爆竹畅销。昼无乞丐,夜无偷儿。竹树围村菜蔬满径"③的景象。传统的花炮制作,是由炮庄和无数个家庭完成的。花炮制作中除最危险的和药与最终的封裱、销售由炮庄完成外,其他工序都是在一个个家庭中完成的。一个家庭就是一个手工作坊。一个家庭在炮庄领得生产所需的原材料后,家庭成员各司其职,进行流水作业,直至一挂鞭炮或是一个小花炮成型。制作烟花爆竹是当地农村主要的副业,其收入也是一家人生计的主要来源。因此,烟花爆竹制作技艺的传承,自然就在家庭内部完成。父母传子女,各种生产技能和生产习俗都通过家庭生产得以传承。在传统的条件下,参与生产的人都是技艺的传承者。

在现在的条件下,浏阳花炮的生产集中在现代化的企业里,技术迅速更新,机械化、标准化的生产将逐步代替手工生产。产业工人的技术培训由学校和企业负

---

① 刘新权主编:《星城览珍——长沙市非物质文化遗产保护成果荟萃》,长沙市非物质文化遗产保护中心2008年版,第25-26页。

② 以上内容出自《江木根简介》。《江木根简介》由江木根本人提供,是2011年夏浏阳市文化局申报江木根为国家级非物质文化遗产代表性传承人的辅助材料之一。

③ 张莳莆:《(民国)万载县志》卷二之三,民国二十九年刊本,第730-732页。

责，部分岗位需要参加全国统一的职业考试，持证上岗。在这种情况下，传统手工制作技艺在生产过程中迅速衰落，传承岌岌可危。

同时，新的技术手段的运用使产品愈加丰富，愈加准确、细微地表达人的情感。烟花爆竹在我们岁时节序、人生礼俗中承担的文化角色没有改变，依然是我们表达情感的重要依托。2008年，北京奥运会开幕式上的2008张焰火"笑脸"，就是由浏阳熊猫烟花有限公司、东信烟花集团有限公司研发的。"笑脸"惟妙惟肖地向世界各国朋友表达了我们的情谊，展现出浏阳花炮技术的巨大进步。

这向我们提出了新的问题：部分手工技艺类非遗代表作随着技术的改进，必然脱离手工生产阶段，进入工业化生产阶段，这是发展的必然。技术的革新带来文化的新变。在非遗保护视野下，我们如何正视这种发展，又该如何开展保护工作呢？

非遗保护的核心是保护文化的多样性。手工技艺的衰落，改变的不仅仅是一种生产方式，还改变了当地人的生产方式、生活方式，进而改变地方文化。当花炮生产由家庭转向工厂，手工技艺由家庭的代际传承转向技术工人技能培训与学习，在劳动生产中形成的人与人的关系改变了。家庭成员不再是生产中必须配合默契的劳动者，他们都成了产业工人，彼此的工作都只是众多流水线作业的一环。手工业者对行业神的崇拜淡了，转化为政府主持下的行业公祭仪式，与产业工人无关了，相关的只是政府部门和企业的领导者。产业的快速发展，促成了新一轮的行业造神运动，以及以此为名的文化建设①，却不再是人们口耳相传的"花炮老爷"和古朴的"李畋阁"。这种变化是不可逆转的。

手工技艺的花炮制作技艺能在生产中实现活态保存吗？花炮生产是高危行业，各个环节进入机械化、标准化生产后，能有效地降低安全隐患，提高生产效率，所以大规模的机械生产是必然的选择。烟花爆竹是快速消费品，其商品价值是通过瞬间燃烧、爆炸所形成的花火和声响体现的，不具备其他手工生产的耐用品的收藏价值，所以也不可能存在小规模的手工制炮业。手工制炮在生产过程中必定会被淘汰。

鉴于这样的情况，我们只能通过博物馆来保存花炮的手工制作技艺。在田野调查中，我们了解到，现在的调查研究已经无法准确描述花炮制作的"12道流程、72道工序"。在保护工作中，我们必须加速保护的步伐，通过多种形式、多种技术手段保存尽可能完整的制作技艺，保存更多的文化因子。

---

① 第十届中国（浏阳）国际花炮节特别设立了"李畋阁开坛论道"，主题为"浏阳花炮与中国文化"。当地建思邈公园、李畋广场，扩建浏阳花炮博物馆，等等。（2011年8月17日，笔者在浏阳市花炮局办公室进行田野调查，情况由李艳玲女士提供）

经过田野调查,我们发现了非遗保护中存在的一些问题:非遗代表作的文化历史价值梳理不清晰,认识不充分;多地共有的非遗代表作,缺乏保护工作的跨地区协调机制;《非物质文化遗产法》出台后,缺乏指导保护工作的细则;部分手工技艺类非遗代表作,技艺的保护传承与行业的发展相悖,行业的发展并不能促进技艺的保护,反而加速了技艺的衰落。这些问题的产生,归根结底还是因为我们对非遗的认识和理解有限。希望《非物质文化遗产法》的实施能增进我们对非遗的认识,从而增进我们对自身历史文化的认识。

从"安顺地戏"一案看我国非物质文化遗产保护法律的缺失[①]

王娜 秦彧[②]

2005年年底,由张艺谋执导、日本演员高仓健主演的电影《千里走单骑》在国内外各大院线热映,吸引了不少观众。影片以"云南面具戏"为线索,讲述了一个关于寻找、关于亲情、关于爱的感人故事。影片获得"香港电影金像奖""最佳亚洲电影"两项荣誉。片中展现的中国古老剧种,更吸引了无数游客慕名前往,为影片的拍摄地带来了不少经济价值。但实际上,凡是用到面具戏的地方,无论是演员还是所使用的面具、剧目、音乐、声腔、方言、队形动作,均来自贵州安顺地戏。

安顺地戏迄今已有600多年的历史,是贵州安顺地区独有的屯堡文化遗产之一。2006年被列入第一批国家级非物质文化遗产代表作名录。2008年4月,贵州省版权局向安顺市文化部门颁发了安顺地戏版权登记书。[③]

2010年1月21日,贵州省安顺市文化体育局(后改称安顺市文化局)以侵犯著作权为由将导演张艺谋、制片人张伟平及出品人北京新画面影业有限公司诉至北京市西城区人民法院。此案被法律界人士和众多媒体称为"中国文艺类非物质文化遗产保护维权第一案",广受关注。次年5月24日,此案在北京西城区人民法院宣判。法院认为,安顺地戏作为我国非物质文化遗产应当依法保护,但张艺谋及其执导的影片使用安顺地戏进行一定程度的创作虚构,并不违反《中华人民共和国著作权法》(以下简称《著作权法》)的规定。安顺市文化局不服一审判决,向北京市第一中级人民法院提起上诉。

《中华人民共和国非物质文化遗产法》(以下简称《非物质文化遗产法》)于2011年2月25日通过,自2011年6月1日起施行。其中第五条规定:"使用非物质文化遗产,应当尊重其形式和内涵。禁止以歪曲、贬损等方式使用非物质文化遗

[①] 此文为教育部人文社科基地重大项目"非物质文化遗产保护法制建设"的研究成果,完成于2012年12月,修订后收录入本书。

[②] 王娜,中山大学中国非物质文化遗产研究中心《文化遗产》编辑。秦彧,中山大学中国非物质文化遗产研究中心讲师。

[③] 参见《贵州日报》2008年4月30日第7版。

产。"同年5月31日,贵州省通过《贵州省安顺屯堡文化遗产保护条例》,其第三十一条称:"利用安顺屯堡文化遗产资源,应当尊重其真实性和文化内涵,保持原有文化形态和文化风貌,不得歪曲、贬损、滥用。"

但2011年9月14日,北京市第一中级人民法院仍然以《著作权法》为依据,认定安顺地戏不是一个作者,不属于"作品"的范畴,因此不享有署名权,驳回了安顺市文化局的起诉,维持一审原判。

笔者曾于2011年8月赴贵州安顺,实地采访了安顺市文化局局长和为电影《千里走单骑》表演面具戏的相关艺人。《非物质文化遗产法》从颁布到实施,已经走过了一年半的时间。随着第三批国家级非物质文化遗产代表作名录的公布,越来越多的非物质文化遗产进入保护的视野,但在开发、利用或者是保护它们的过程中,我们遇到了诸多问题,《非物质文化遗产法》仍难以起到一个有效的保障作用。改进和完善我国刚刚起步的非物质文化遗产法制化建设,可谓任重而道远。

一、安顺地戏概述

在贵州省安顺市西秀区以及平坝县、镇宁县一带,居住着20余万特殊的汉族人,他们住在石头垒建的房子里,这些房子形如一栋栋古堡。妇女们皆穿着宽衣大袖的右开襟长袍,常见为宝蓝色,开襟上绣着杂色的绲边。长袍套较短的码裙,丝绸腰带,头上包或青或白的帕子,帕子上再覆着一条色彩迥然的头巾。他们在这块土地上已经生活了几百年的时间,仍然保留着自己的语言、装束、民居、信仰等风俗习惯。他们就是我们所称的"屯堡人"。

有关屯堡人的来历,《安顺府志》载:"屯军堡子,皆奉洪武敕调北征南,当时之官,如汪可、黄寿、陈彬、郑琪作四正,领十二操屯军安插之类,散处屯堡各乡,家口随之至黔。妇人以银索绾发髻,分三绺长簪大环皆凤阳汉装也。"[①]可见,屯堡的形成源于朱元璋的军屯策略。今天的屯堡人,就是明代屯军的后裔。[②]

地戏则是屯堡人独有的一种头戴木刻假面具的民间戏剧,它以安顺西秀区为中心,主要分布在临近的平坝、普定、镇宁、关岭、紫云、清镇、长顺、广顺等地的村寨中。地戏演出以村寨为单位,一般一个村寨一堂戏。一个地戏队跳一部书称为一堂,据粗略统计,全省有370多堂,而西秀区就有192堂。所以,地戏又被称为"安顺地戏"。

---

① 《安顺府志》卷十五,清咸丰元年刻本,第749页。
② 有关"屯堡"的详细研究,可参见吴斌《守望的距离——黔中屯堡的历史与文化观察》,云南大学博士学位论文,2010年。

一般传统戏剧的演出，都有固定的场所——戏台，而地戏的演出地点却不在戏台。以寨中空坝围场平地演出，"地戏"之名也由此而来。地戏演出时间一般为两个节令。一是春节。为了庆祝一年的辛劳所得，同时祈求来年风调雨顺、村寨平安、万家康乐，在新春到来之际，地戏班会"鸣锣击鼓，以唱神歌"。从农历正月初二开始，要跳半月乃至一月。这场演出，也称为"跳新春"。二是农历七月十五中元节。同样也是求神护佑以获得庄稼丰收，时间为三至七天。

　　地戏演出的剧本内容都比较单一，只有赞美忠义、颂扬报国的忠臣良将戏，诸如才子佳人、清官公案、绿林反叛、怪诞神话等，在地戏的本子里是找不到的。现存30多个剧目中，有商周时代的《封神》、汉魏时代的《三国》、隋唐时代的《反山东》《薛仁贵征东》《薛丁山征西》、宋代的《五虎平南》《精忠报国》、明代的《英烈传》等。其中，唐宋最多，元代、清代则没有。可见地戏演唱的都是与屯堡人生活紧密相关、反映金戈铁马生活的征战戏。

　　地戏的演员都是地道的农民。一堂戏的演员有20人左右，由戏头或称"神头"负责全部书的排演和指导。一个地戏剧本就是一部书，不分场次，亦没有生、旦、净、末、丑的行当之分。人物角色的分类主要以"将"为主，在生活常服加上靠旗、翎子、战裙即可开始演出。使用的兵器旧时为真刀真枪，现在多改为木制品，以防伤及围观村民。表演的主要套路多从实战打斗中演变而来，有操刀、挡刀、追刀、拖刀、碰刀、栽刀、挂刀、冲枪、垛枪、扑枪、刺枪、搅枪、花枪、和面、过堂、互挂、靠拐、抱锤、撩须、理三刀、围城刀、回马枪、抓雉毛、打背板、鸡点头、牛擦背、古树盘根、雪花盖顶、双凤点头等60多种。

　　演出风格以讲唱为主，道白和唱词，均为第三人称。就唱腔来说，保留了弋阳腔的遗风。杀打场面往往写得生动活泼、淋漓酣畅。演员演出时，边用半文言半白话的道白交代剧情，边用七言体或十言体的高亢唱腔发展剧情。其说白生硬、陈旧，但唱词通俗易懂，近似口语。而且不用弦乐丝竹之器，只用一锣一鼓伴奏，鼓点也仅有行程鼓、交战鼓和休兵鼓等。唱时，主要角色领唱，围场演员随腔伴唱。无曲牌，仅有七字腔和十字腔，唱腔高亢。

　　地戏演出时，村口或醒目的地方都要插一面大红旗，旗上绣着很大的"帅"字，表示这个村子里今天要演出地戏，也有纳吉之意。演出的主要步骤为：

　　（1）开箱。所谓箱，又被称为"神柜"，是存放面具的木柜。每年演出结束，要通过仪式将面具存放在神柜内，由演员抬往寺庙或神头家中存放。演出前，由神头率全体演员将神柜抬出，供奉香烛祭品。神头手提红公鸡，虔诚叩拜后，通过请神、敬神两个步骤，说完吉利话，用掐破鸡冠的鸡血点柜头、柜腰、柜脚，再参神、顶神，拆去封条，打开神柜取出面具戴在头上，仪式结束。

（2）参庙。屯堡村寨都有庙宇，庙里供奉的菩萨和戏中的众神是屯堡人膜拜的神灵。参庙，是天上神灵下凡的众神对寨神的礼仪拜望。

（3）扫开场。演出前的仪式，由两个戏中小童扮成天上玉皇大帝的侍童，奉旨来赶走妖邪，以便戏中众神出场。

（4）跳神。正式演出开始。其程序又有"设朝"，正方君主上朝；"下战表"，反方使臣下战书；"出兵"，正方君主点将出兵；"过关"，正方元帅率兵攻关夺隘；"班师"，正方得胜回朝。

（5）扫收场。演出结束后举行的仪式。它和扫开场一样脱离了戏的本体，成为借助戏中人物和特意安排的和尚、土地，在场中说吉利除邪恶，以达到村民驱邪纳吉的心理要求。

（6）封箱。在演出结束的场子中，摆放戏中面具，正方在上，反方在下。村民们燃点香烛，奉祭礼品。祈祷后，由神头念祝词，点鸡血，将面具放进神柜，贴上封条。

通过以上六个步骤，完成了求平安、求子孙、求发展、求来世的使命。

最后，重点阐述一下安顺地戏最重要的演出特征，那就是头戴面具。地戏的面具俗称"脸子"，是用丁木和杨木刻制而成的。地戏演出时，演员无一例外都要戴上面具。只要戴上了面具，演员就不再是他本身，而成为具有某种神性的面具上的人物。

地戏面具的戴法比较特殊。先用黑纱长筒套头将头包住，置面具于额头之上，而不是直接将面具戴在脸上。据说，这是因为地戏的演出场合在空地或者平坝，如果地势较高，面具戴在脸上，围场外的观众往往就只能看到演出者的头顶。一堂地戏面具的多少视剧中人物而定，少则几十面，多则上百面。安顺地区有专门从事面具雕刻的艺人。一般刻制过程可分为截材（将一棵树截取成若干约一尺二寸长的圆木）、剖半（将一段圆木一剖为二）、出坯、白面（将粗坯精细刻制、打磨出人物基本造型）、上彩和装饰六步。未经法事前，经过这六道工序制成的面具可以随便放置，视为木雕；演出用时，需举行"开光"仪式，附木刻假面以"神"的灵应，视为神物。

就技法而言，地戏面具多为浅浮雕与镂空相结合，精细却不烦琐，既写实又可以略带夸张。例如，眉毛的刻法注重"少将一支箭，女将一根线，武将如烈焰"；眼睛的刻法讲究"武将豹子眼，女将弯月亮，少将精气足，文将菩萨样"；嘴唇的刻法采用"天包地，地包天，上下獠牙分两边。地包天，天包地，龇牙咧嘴显鬼气"；等等。面具的用色讲究"跟书走"，书上对人物的描述是什么性格，就用传统的性格化颜色来表示。如红色代表忠勇（关羽），黑色代表刚烈（张飞），彩色代表英俊（马超），等等。①

演出时，表演者头顶面具，面罩黑纱，背插小旗，手执戈矛刀戟之属，在铿锵的锣鼓伴奏中，相互唱、和、舞、打，战裙飘舞，将古战场的厮杀格斗场面表现得古朴而热烈。难怪《千里走单骑》剧组会选择把安顺地戏搬上大银幕，以推动电影故事情节的发展。

二、还原电影中的真相

2004年，张艺谋与高仓健合作，开始筹拍电影《千里走单骑》。影片讲述一位常年与儿子缺少沟通的日本父亲，在儿子弥留之际，为帮助儿子完成心愿，再看一眼儿子在中国曾经拍摄过的一种面具戏，只身远赴云南丽江，在此过程中逐步了解儿子的生活，感悟到这么多年与儿子疏远的原因，最终历经千辛万苦，把各种不可能变成可能，成功在监狱里录制了戴着面具表演关公的李加民演唱的《千里走单骑》，了却了儿子最后的心愿。

"千里走单骑"寓意着日本父亲只身远赴中国云南的艰辛，同时又正好是电影中演出的剧目的名称，可以说，影片的名称就源于此。本来在片中扮演李加民的是云南玉溪的一个农民，他会唱当地的"澄江关索戏"②，但影片作曲郭文景在实地考察后认为，关索戏搬上银幕，效果不够理想，于是他辗转到了贵州，找到了安顺市前文化局局长帅学剑。在观看了詹家屯地戏队表演的一段《千里走单骑》后，剧组决定邀请他们参加电影的拍摄。2004年11月，以詹学彦、曾玉华为首的八名地戏队队员在丽江参与了20天左右的演出，录制了《三国戏》中的两段剧目《战潼关》和《千里走单骑》。这两段剧目被剪辑到了影片中，成为贯穿影片始终最重要的线索。詹学彦，即影片中戴着面具表演关公的李加民，另外几位同台也都是地戏队队员。影片中使用的七个面具也均为安顺市龙宫镇下苑村面具雕刻艺人杨正坤的作品。综上所述，我们可以看出，在电影《千里走单骑》中，凡是使用到面具戏的地方，无论演员、面具、剧目，还是音乐、声腔、方言、队形动作等，全部来自安顺地戏。

---

① 以上材料据《安顺地戏申报书》整理所得，由安顺市文化局提供。
② 关索戏为云南省澄江县阳宗镇小屯村所仅有。表演特点是不设舞台、不化妆，也不受时间、地点的限制，将面具直接戴在脸上，穿上服装，带上兵器即可出场表演。行当有生、旦、净三行，多以净行为主，角色以面具和服饰区别。演出时无弦索伴奏，全用鼓点起落。一般情况是由小军或马童先上场，道说情况以后，即开始各种各样的翻滚动作以吸引观众，继而生角上，在表演中说说唱唱打打，没有固定程式，演员可以自由发挥。关索戏的声腔比较复杂，为无弦伴奏，伴唱掺杂其间。它源于高腔，又杂合当地民歌小调，颂佛唱经的旋律，而且也受到了滇剧腔调的影响。无固定板式，演唱者不受音域节奏的限制，即便是同一曲调，各人所唱也有出入。

2005年10月22日，作为第18届东京电影节的开幕影片，《千里走单骑》在东京六本木东宝维珍影剧院全球首映。影片中一开场放映的中国传统戏剧，在6分零6秒的时候，电视机画外音称为"云南面具戏"，演出地点为云南丽江。片尾字幕显示：

  戏曲艺术指导：帅学剑①；

  戏曲演出：贵州省安顺市詹家屯三国戏队②；

  演员名单：詹学彦、曾玉华、曾汝信、詹学胜、曾海鸿、詹老四、詹学友、詹学余③；

  鸣谢：云南省人民政府、丽江市人民政府。

《千里走单骑》在东京电影节上引起极大反响，激发不少日本民众对面具戏的追寻，促使他们纷纷前往云南，一窥面具的神秘。可是，到了丽江，他们却找不到电影中所谓的面具戏。日本东京大学中文教授、著名摄影艺术家、旅日华侨李长锁先生在观看《千里走单骑》后，受日本《翼的王国》杂志社总编委托，从日本专程赶到丽江拍摄面具戏，在丽江一无所获的他，后来得知面具戏在贵州安顺，又从丽江赶赴贵州，并在安顺大西桥、天龙两镇的屯堡村寨里拍摄了6个胶卷的地戏。2007年7月，日本杂志《翼的王国》第7期隆重推出了安顺地戏，封面刊登了一幅地戏脸谱图片，内页以跨页的形式刊登了一张地戏大图，并用了5个页面详细介绍了贵州安顺地戏。④

可以说，《千里走单骑》的轰动效应和宣传力度极大地推动了云南旅游业的发展，但安顺地戏的权益谁来保障和维护？

三、案件梳理

由于导演将《千里走单骑》的发生地设定在云南，影片实际拍摄时，又选择贵州安顺地戏作为展开故事的不可或缺的元素，而且生生地将其置换成"云南面具戏"这个称谓，混淆了两地文化，于是自从影片公映后，对影片中面具戏归属地的争论就一直持续。如云南日报网与云南信息港就分别刊登《追踪〈千里〉之关键词》与《全面解密张艺谋〈千里走单骑〉》两篇文章，将影片中出现的戏剧等同为澄江关索戏。贵州省人民政府网也以《安顺旅游文化成功推出詹家屯地戏队亮相〈千里走单骑〉》进行正面回应。其他网站、博客、报社的撰文不胜枚举。

---

① 时任安顺市文体局局长。
② 此处没有称为地戏队。
③ 全部为安顺市平坝县詹家屯村村民。
④ 详见《贵州民族报》2011年6月22日第B01版。

直到2010年年初，安顺市文化局一纸诉状把张艺谋等有关各方面告上法庭，这场争论才白热化起来。

原告称： 安顺市文化局（当时为安顺市文化和体育局）诉称，安顺地戏是安顺地区所独有的民间戏剧，当地党政部门为保护和推介安顺地戏做了长期努力，开展了大量的工作，投入了巨大的财力、物力。国务院和贵州省政府均将其列为非物质文化遗产。《千里走单骑》在拍摄时，安顺市8位地戏演员应邀表演了安顺地戏剧目《战潼关》和《千里走单骑》，后被剪辑到影片中，但影片却称此为"云南面具戏"。北京新画面影业有限公司作为出品人、张伟平作为制片人、张艺谋作为编剧和导演，三被告将特殊地域性、表现唯一性的安顺地戏误导成云南面具戏，这一张冠李戴的做法误导了观众，错误地诠释了地方民俗文化，歪曲了安顺地戏这一非物质文化遗产和民间文学艺术。我们尊重、支持文艺创作中所进行的合理虚构，但坚决反对在"组合"不同地域文化时对作为国家级非物质文化遗产保护名录的安顺地戏的署名权的侵犯行为。影片在日本的播映片段中，专门对"云南面具戏"进行标注，在国内宣传也以"云南面具戏"为名称，在长达四年多的传播中，制片方和导演张艺谋并没有发表声明，说明片中的戏剧片段为贵州安顺地戏。所以，作为非物质文化遗产的保护部门，我们安顺市文化局才出面诉请法院，判令三被告分别在《法制日报》《中国日报（英文版）》刊登声明消除影响，并判令发行方停止发行该影片。①

被告辩称： 电影《千里走单骑》的出品人是北京新画面公司，其是电影作品的所有人，故应驳回原告对张艺谋、张伟平的诉讼请求。电影《千里走单骑》拍摄于2004年11月，上映于2005年12月，而安顺地戏被列为国家非物质文化遗产是在2006年5月，原告无权追溯主张署名权。况且，《千里走单骑》是一部虚构的故事片，而非专门介绍傩戏、面具戏或地戏的专题片或纪录片，原告不能要求作为艺术创作者的被告承担将艺术虚构与真实存在相互对接的义务。②

2010年，正值我国非物质文化遗产保护法酝酿出台之际。此案一出，引发各界的热烈讨论。"中国文艺类非物质文化遗产保护维权第一案"之名也由此而来。安顺地戏作为一个地区独有的已存在600余年的剧种，无论它是否被列为国家非物质文化遗产，它的真实性和文化内涵都应该受到尊重和保护。同时，它作为一个群体共同创造的精神财富，其利益也应当由其上级文化主管部门来保障和维护。但也正

---

① 材料整理来自《法制日报》2010年1月26日第5版、《北京商报》2010年2月1日第F15版、《中国知识产权报》2010年3月10日第011版、《民主与法制时报》2010年3月22日第C08版。

② 祝建军：《迷糊的诉请 尴尬的败诉——评电影〈千里走单骑〉著作权侵权纠纷案》，载《电子知识产权》2011年第12期。

因如此，具有公共属性的非物质文化遗产项目，很难在只具私权属性的《著作权法》里找到法律支持。

《著作权法》第九条规定：署名权，即表明作者身份，在作品上署名的权利。但安顺地戏产生于民间，就主体而言，具有不特定性，最原始的创作者可能是个人，也可能是某个群体，而且随着历史的推移和人们不断修改、完善，最后形成了一个群体作品，体现出来的是一个群体的集体智慧的艺术造诣。其所有权和包括著作权在内的知识产权属于产生这些作品的群体，而不是任何特定的个体。所以"侵害署名权"一说很难有依据。

在《著作权法》里，安顺地戏唯一的归属只能是民间文学艺术作品。但根据我国《著作权法》第六条，"民间文学艺术作品的著作权保护办法由国务院另行规定"，此规定又一直未出台。

原告的依据只剩下《国家级非物质文化遗产保护与管理暂行办法》（2006年开始施行）第二十一条：利用国家级非物质文化遗产项目进行艺术创作、产品开发、旅游活动等，应当尊重其原真形式和文化内涵，防止歪曲与滥用。但此条也并未对歪曲与滥用应该给予什么处罚做出更细的规定。

所以说，于感情上，张艺谋等相关被告确实需要还安顺地戏一个公道，但从法律诉求的角度却找不到更有力的支持。

北京西城区法院一审判决：安顺地戏通过世代相传、修改和丰富，形成了现有的民间文学艺术，其作为国家级非物质文化遗产，依法应当受到国家的保护、保存，任何非法侵占、破坏、歪曲和毁损等侵害行为都应当予以禁止和摒弃。但原告作为保护非物质文化遗产的地方政府文化主管部门，在以自己名义提起著作权侵权之诉时，应依照《著作权法》和相关法规的规定行事。电影《千里走单骑》是一部关注人性、亲情的故事影片，贯穿全剧表达的中心思想是父子情。就整体影片来说，联系两对父子的"傩戏"仅仅是故事的一个引子，并非该影片的重心。被告将真实存在的安顺地戏作为一种文艺创作素材用在影片《千里走单骑》作品中，并在具体使用时根据戏剧表演的配器及舞台形式加以一定改动，使表现形式符合电影创作的需要，为了烘托整个影片反映的大环境与背景，将其称为在现实中并不存在的"云南面具戏"，此种演绎拍摄手法符合电影创作的规律，区别于不得虚构的新闻纪录片。各被告在主观上并无侵害非物质文化遗产的故意和过失，从整体情况看，电影《千里走单骑》也未对安顺地戏产生法律所禁止的歪曲、贬损或者误导混淆的负面效果，其使用安顺地戏进行一定程度的创作虚构，并不违反我国《著作权法》的规定。依照《著作权法》第三条、第六条、第九条、第十条、第十一条，《中华人民共和国著作权法实施条例》第十九条的规定，判决驳回原告安顺市文化和体育局的诉讼请求。①

"安顺地戏"一案中，安顺市文化局一审虽然败诉，但产生了一定的社会效应，实际上为安顺地戏正了名。笔者在2010年采访了现任安顺市文化局局长邹正明②，他说："我们知道张艺谋是大导演，这个官司可能不会赢，但还是要去告。因为这是个典型案件，过程会引起全社会的关注。打这个官司，并不仅仅是站在安顺地戏的角度，我们相信这个官司有推动性，这不就推动了《非物质文化遗产法》的出台了嘛。"

《非物质文化遗产法》的出台确实振奋人心。自此，非物质文化遗产的保护变得有法可依。但作为一部新生的法律，它的实践性和可操作性仍然亟待补充和完善。通观整部《非物质文化遗产法》，除了第五条规定"使用非物质文化遗产，应当尊重其形式和内涵。禁止以歪曲、贬损等方式使用非物质文化遗产"，似乎再也找不到任何一条可以反驳安顺地戏被"云南面具戏"张冠李戴的法条。而且即使可以借用这一条作为依据，也没有明文规定名称是否需要尊重，更没有明文规定如果不尊重，该如何处理。《非物质文化遗产法》从行政角度，在总体上对非物质文化遗产保护工作进行了明确，但对于各项非物质文化遗产的权利主体、权利的内涵和外延以及保护的具体方式、惩罚措施等，都没有给出一个明确的答案。

因此，安顺市文化局在上诉时仍然主张安顺地戏是国家级非物质文化遗产，属于《著作权法》第六条规定的民间文学艺术作品，电影《千里走单骑》将安顺地戏称为"云南面具戏"，却未在任何场合对此予以澄清，其行为构成了对安顺地戏这一民间文学艺术作品署名权的侵犯，违反了《著作权法》对民间文学艺术作品署名权保护的相关规定。法院根据上诉人安顺市文化局的主张，同时参考《非物质文化遗产法》第四十四条"使用非物质文化遗产涉及知识产权的，适用有关法律、行政法规的规定"，认为本案的审理也应以《著作权法》中有关民间文学艺术作品及署名权的相关规定为法律依据。

一切又被推回了原点。问题的核心继续在电影是否对安顺地戏的使用构成侵犯署名权上打转。法院认为，依据《著作权法》的基本原理，只有对思想的具体表达才可能构成受《著作权法》保护的作品，但安顺地戏作为一个剧种，其仅是具有特定特征的戏剧剧目的总称，是对戏剧类别的划分，而非对具体思想的表达，故安顺地戏并不构成受《著作权法》保护的作品，任何人均不能对安顺地戏这一剧种享有

---

① 北京市西城区人民法院民事判决书（2010）西民初字第2606号。
② 邹正明，男，年龄不详，继帅学剑后任安顺市文化局局长。访谈时间：2011年8月25日。访谈地点：安顺市文化局局长办公室。

署名权。同理，涉案电影对"云南面具戏"这一名称的使用，亦仅属于对特定剧种名称的使用，其既非对署名权权利主体（作者）的标注，亦非对权利客体（作品）的标注，故这一使用方式亦不属于《著作权法》意义上的署名行为。综上所述，依据《著作权法》第六条、第十条第一款第（二）项、第十二条之规定，上诉人安顺市文化局的全部上诉理由均不能成立，本院驳回上诉，维持原判。①

同时，法院亦指出，因上诉人安顺市文化和体育局明确主张构成作品且享有署名权的是安顺地戏，而非其中的"具体剧目"，故做出的上述认定仅针对安顺地戏这一剧种，而未涉及其中的"具体剧目"。对安顺地戏中的具体剧目（如涉案电影中使用的《战潼关》《千里走单骑》），因其属于对于思想的具体表达，故可以认定构成受《著作权法》保护的作品，属于民间文学艺术作品，民事主体可以针对具体剧目主张署名权。

从"安顺地戏"一案原告的最终败诉，以及一审、二审的整个过程中可以看出，即使《非物质文化遗产法》已经出台，我国对非物质文化遗产的保护仍然存在很多不足，其不足的根源就在于《非物质文化遗产法》侧重行政保护，重点强调各级文化管理部门对非物质文化遗产的认定、保护以及保存等工作，但对非物质文化遗产的表现形式、权利内容、权利主体和客体等民事保护并未涉及。而且该法的第四十四条"使用非物质文化遗产涉及知识产权的，适用有关法律、行政法规的规定"，很明显地把不能解决的问题推到了别的法律身上。这不仅逃避了问题，而且造成了实际操作中的困难和无所适从。

幸运的是，鉴于二审法院对"安顺地戏"一案的补充说明，很多法律界人士陆续撰文，为安顺市文化局提供可能胜诉的请求权选择，这无异于为我国非物质文化遗产保护法律的完善提供了有效的、可供参考的路径：（1）以安顺地戏曲目《战潼关》和《千里走单骑》之民间文学艺术作品的著作权受到侵害提起诉讼；②（2）以利用非物质文化遗产应以适当方式说明信息来源提起诉讼。

2011年12月16日，最高人民法院印发了《关于充分发挥知识产权审判职能作用推动社会主义文化大发展大繁荣和促进经济自主协调发展若干问题的意见》，可以说，它的发布在一定程度上成了《非物质文化遗产法》的司法注解。

其中，第九条规定：坚持尊重原则，利用非物质文化遗产应尊重其形式和内涵，不得以歪曲、贬损等方式使用非物质文化遗产。坚持来源披露原则，利用非物

---

① 北京市第一中级人民法院民事判决书（2011）一中民终字第13010号。
② 祝建军：《迷糊的诉请　尴尬的败诉——评电影〈千里走单骑〉著作权侵权纠纷案》，载《电子知识产权》2011年第12期。

质文化遗产应以适当方式说明信息来源。

第十条规定：充分利用著作权保护手段，依法保护民间文学艺术作品。民间文学艺术作品可由产生和传承该作品的特定民族或者区域群体共同享有著作权，该特定民族或者区域的相关政府部门有权代表行使保护权利。对于民间文学艺术作品的保存人和整理人，应尊重其以适当方式署名的权利。……不当利用民间文学艺术作品给特定民族或者区域群体精神权益造成损害的，人民法院可以判令不当利用人承担相应的民事责任。

第十一条规定：将非物质文化遗产的名称、标志等申请商标注册，构成对非物质文化遗产的歪曲、贬损、误导等不正当利用行为，损害特定民族或者区域群体精神权益的，可以认定为具有其他不良影响，禁止作为商标使用；已经使用并造成不良影响的，人民法院可以根据具体案情，判决使用人承担停止使用、赔礼道歉，消除影响等民事责任。

电影《千里走单骑》从拍摄至今，已经过了七年，"安顺地戏"一案的官司也热热闹闹地打了两年。可以说，张艺谋虽然赢了官司，但输了理。安顺市文化局虽然输了官司，却赢了利。越来越多的人前往安顺寻找地戏，购买面具。安顺市文化局站在政府的高度，跟名导打官司，就等于在给自己做宣传，不论官司输赢，社会影响度都比任何广告带来的宣传效应大，除了能增加相关非物质文化遗产项目的产业收益，政绩也相当显著。

四、结语

在调研过程中，笔者还了解到，非物质文化遗产的传承人申报也仍然缺少一个公平、公正的机会和规范的考核机制。

秦发忠①：一支队伍里表演好的，最多不超过三个人。真正有技艺的人基本上在乡里，没有在城里的。但是报传承人的时候，从国家文件到省，到市、州，到区，再到乡，最后文件落实到村里的时间，最多10天左右。不懂程序的人还没上报，就结束了。而且相关资料往往由乡里文化站监管，在站里工作的人晓得了信息，第一时间往往会交给自家亲戚申报，肥水不流外人田。最老的、最有技艺的人都不知道传承人是什么，知道了也不知道怎么申请。而且申请还需要花时间、精力和金钱。

作为能打出全套《三国》戏的鼓手，詹学友已是超过70岁的高龄，我们曾在

---

① 秦发忠，男，40岁左右。地戏面具的制作人。采访时间：2012年8月22、23、24日。采访地点：秦发忠家。

采访过程中力劝他去申报传承人，他只是不断地强调，上面不知道他们，他们报了，也不会受重视。

《非物质文化遗产法》第三十一条规定："非物质文化遗产代表性项目的代表性传承人应当履行下列义务：（一）开展传承活动，培养后继人才；（二）妥善保存相关的实物、资料；（三）配合文化主管部门和其他有关部门进行非物质文化遗产调查；（四）参与非物质文化遗产公益性宣传。非物质文化遗产代表性项目的代表性传承人无正当理由不履行前款规定义务的，文化主管部门可以取消其代表性传承人资格，重新认定该项目的代表性传承人；丧失传承能力的，文化主管部门可以重新认定该项目的代表性传承人。"但到了实际操作中，两年一次的考核，往往是评审专家同时充当考核专家。没有一个很好的问责机制，既不能保证专项资金用在最需要保护的传承人身上，也不能监督传承人最有效地使用这笔资金。非物质文化遗产传承人在选拔阶段已经不能保证绝对的公平、公正，履行义务时又缺乏有效的监督、管理，免除制也流于形式，没有一个有效的考核标准。

从 2006 年到 2010 年，我国认定了三批国家级非物质文化遗产名录，共有 1366 项非物质文化遗产进入国家级保护类别。它们进入名录以后是否得到了比以前更好的保护？认定的传承人是否都确实履行了相应的职责？这诸多的问题是否都有赖《非物质文化遗产法》来要求和规范？笔者认为，想要一部法律适用于方方面面，解决所有问题是不可能的。《非物质文化遗产法》可以作为一部总法，对于非物质文化遗产保护过程中出现的问题，根据不同类别，可以建立不同类别的细则来增强可操作性。比如与《著作权法》擦边的，哪些情况可以依据《著作权法》，哪些情况不能依据，需要重新界定。强调责任追究，制定具体的处罚或者量刑措施，而非仅规定责任形式。对涉及商业秘密的项目，还要建立相应的密级制度，否则将造成无可挽回的遗憾。

蒙古包营造技艺的传承与法律保护
——以正蓝旗察哈尔蒙古包为例[①]

王司宇[②]

一、蒙古包溯源与营造技艺

（一）蒙古包溯源

游牧和定居是人类传统生活的两种基本形式，这两种生活方式都根植在人类基因的深处。与长城以南的垦殖生活方式有很大不同的是，我国北方少数民族中，渔猎、游牧位于生产中的重要地位。《辽史·营卫志》就言简意赅地表达了这种南北差异："长城以南，多雨多暑，其人耕稼以食，桑麻以衣，宫室以居，城郭以治；大漠之间，多寒多风，畜牧畋渔以食，皮毛以衣，转徙随时，车马为家。"[③] 北方游牧民族的传统建筑形式就是蒙古包。

"蒙古包"一词是满语的音译，据《黑龙江外记》[④]记载："穹庐，'国语'（即满语）曰'蒙古博'，俗读'博'为'包'。"蒙语中的蒙古包叫作"蒙古格勒（日）"或"班布克格尔"。蒙古包在汉语中也叫"穹庐""毡帐"或"毡包"。关于蒙古包到底起源于何时，目前仍没有确切的说法。考古学家曾在距今五六千年历史的内蒙古赤峰红山地区的原始文化遗址中发现了圆形房基，系用土坯和石块堆砌而成，室内有灶火遗迹，看来这很可能是蒙古包最初的形态。在今内蒙古阿拉善右旗雅布赖山一带的岩画中，画有比较原始的帐幕，形式接近于世代以狩猎为生的鄂伦春和鄂温克人传统的居所"斜人柱"（一种上尖下圆的窝棚，用二三十根树干为支架，先以桦树皮，后以兽皮覆盖来御寒、遮阳、避风雨，也叫"仙人帐"）。[⑤] 大约到了东汉时，蒙古包的外形才彻底从支架式的圆锥体变成和现在的蒙古包器型很相似的毡帐。这一变化从辽代的《文姬归汉图》（现藏于南京博物院）中可看出。

随着与汉地交往的逐渐深入，定居这一观念逐渐进入蒙古人的思想中。12 世纪

[①] 此文为教育部人文社科基地重大项目"非物质文化遗产保护法制建设"的研究成果，完成于 2012 年 6 月，修订后收录入本书。
[②] 王司宇，中山大学中文系、中国非物质文化遗产研究中心 2009 级硕士研究生。
[③] 〔元〕脱脱等：《辽史》，中华书局 1974 年版，第 207 页。
[④] 〔清〕西清：《黑龙江外纪》，台北文海出版社 1967 年版。
[⑤] 张彤：《蒙古包溯源》，载《文物世界》2001 年第 6 期，第 52－53 页。

时，临邻近汉地的汪古部、弘吉剌部等在农业民族的影响下开始向定居生活转化，出现了房屋，"筑室而居"。孛思忽儿部之所以有这一名称，就与定居生活相关。"孛思"汉意为"屋"，因该部族筑室而居，故称之为"孛思忽儿"。蒙古国建立后及有元一代，特别是在漠南地区，蒙古人民选择居住房屋的数量有所增加。①

虽然存在定居现象，但古代北方游牧民族，尤其是统治者们，并没有抛弃他们游牧的传统。在契丹、蒙古部族建立政权的初期，没有固定都城的概念，统治者们都居住在大帐之中，大帐迁到哪里，都城就在哪里。辽代的契丹统治者因袭逐水草而居的游牧习俗，皇帝行帐随季节而迁徙，地点并不固定。辽真宗时，这种称为"四时捺钵"的游猎行帐的转移有了固定的地点，并形成完整的制度。这种习俗在后来的少数民族政权中都得到了继承。

后来成吉思汗在蒙古疆域内不同地点设置了相对固定的四大斡耳朵（即大帐）作为自己和后妃的居所，但大帐仍是可以迁移的。随着对外扩张的愈演愈烈，被征服者先进的文化对征服者形成了强烈的冲击，再加上每次打仗，家眷大臣都要跟着大汗到处移动，疲惫不堪。窝阔台大汗终于为大蒙古国建立一个作为首都的城市。这座城市被命名为"哈剌和林"，位于今天蒙古国境内的鄂尔浑河畔。1256年三月，主管漠南汉地的忽必烈也决定兴建一座新的城市。此前他在不出征的时候，夏天都驻帐于金莲川，冬天则要另找地方避寒。他幕府中的大多数人都难以适应这种生活方式，而且为了管理好中原地区，也需要有一个稳定的政治中心。大臣刘秉忠为他选择了位于滦水北侧、桓州之东的龙岗为政治中心的建设地点。这个地方就在金莲川的附近，位于现在的锡林郭勒盟正蓝旗境内的上都镇，当时称为"开平府"。后来在现在的北京修建了大都之后，龙岗的都城就被称作"上都"，成为夏季的陪都。在上都城城外的草原上，忽必烈还建有"失剌斡耳朵"，也就是皇帝的营帐，被称作"西内"或者"棕殿"，可以容纳上千人，是举办忽里台会议（忽里台，又作"忽邻勒塔"，即蒙古和元朝的诸王大会、大朝会②）的地方。

元代之后，清代的满族统治者虽然汉化程度更高些，但还是保留了先祖时不固定居所的习惯，在承德建成了避暑山庄，俨然是一个陪都。清代统治者还会在秋天到木兰围场或草原深处安营扎寨进行秋狝，也叫"行围"。清朝皇帝在行围时就居住在蒙古包中，此时会多次接见蒙古大臣，以巩固满蒙关系。

（二）蒙古包营造技艺

蒙古包主要由骨架和毛毡两部分组成。骨架部分主要包括哈那、乌乃（乌尼）、

---

① 《蒙古族简史》编写组编：《蒙古族简史》，民族出版社2009年版，第94页。
② 门岿主编：《二十六史精要辞典》（下），人民日报出版社1993年版，第2343页。

套脑（陶脑）、门和立柱。

哈那：是蒙古包的墙壁，把许多根柳木条用生的驼皮条或生牛筋条缝合成交叉式围墙。柳木条分两层交叉排列形成菱形的网壁。"每根上有数个孔眼，用牛皮或骆驼皮作钉，皮钉愈多，竖起来愈高，往长拉可能性愈小。"① 哈那的高度是由蒙古包的大小决定的，蒙古包越大，哈那就越长。它既可以展开，又可以折叠，搬迁很方便。这个交叉伸缩设计，正是蒙古包能适应游牧生活的精髓。15个头的哈那就是把长短不同的30根木条缝合在一起，形状像一块交叉式图案装饰的圆形围墙。蒙古包可以按哈那的多少区分大小，通常分为40个、60个、80个、100个和120个哈那。120个哈那的蒙古包，在草原是罕见的，面积可达6000多平方米，远看如同一座城堡。

乌乃（顶杆）：是蒙古包顶部的支架部分，起着檩木、椽和房笆的作用，它的数目由蒙古包的大小而定。比如五个哈那的蒙古包，乌乃杆一般为82根，长6尺左右，直径一般为1寸多。乌乃的长短是由套脑横木的长度来决定的，一般为横木的1.5倍。上端稍扁六七寸长，并打个小眼，插入套脑周围的乌乃窟窿里，用马鬃绳或驼毛绳子与套脑串连在一起，使之形成一个整体。下端也打个小眼穿绳做套。乌乃在蒙古包中起着连接的作用，一端用马鬃绳或驼毛绳固定在哈那上，另一端插入套脑上预留的空隙。这就要求哈那中交叉点的数量、套脑上预留的凹槽与乌乃的数目一致。传统的蒙古包制作中，乌尼、哈那的弧形加工都需要经过压制、土炉烘烤、进火道等多种程序。

套脑：是蒙古包的天窗，供透光、通风和气烟流出之用。套脑的中心成放射状。套脑的大小由蒙古包的大小而定，包大则大，包小则小。比如五个哈那的蒙古包的套脑，直径为1米左右。套脑的加工是在选材后，采用卯榫结构加工出"十"字中心与内圆，在内圆周上对称榫接四根辐条。

门：是供出入的地方。据《蒙古族毡庐文化》一书记载，"传统蒙古包只有门框，上边固定毡子，放下毡子即为关门。近代以来，逐渐安装木质门，门框与哈那的高度相等。也有在门上安装玻璃的。冬季双层门，里门两向对开，谓门风；外门单扇，从左向右开，谓封闭门"②。它由门槛、门框、门扇、门楣组成。门扇有两种：单扇门和双扇门。

立柱：八片哈那以上的蒙古包是需要立柱的。立柱顶端固定在套脑和乌乃的连接处，防止蒙古包下陷。根据蒙古包的大小，一般有两根、四根或更多的立柱。立

---

① 张彤编著：《蒙古族毡庐文化》，文物出版社2008年版，第58页。
② 张彤编著：《蒙古族毡庐文化》，文物出版社2008年版，第49页。

柱上可有雕刻或彩绘，是蒙古包内重要的装饰。古代蒙古包中乌乃和立柱的装饰能够显示主人的身份地位。

围毡：是蒙古包外部包裹物，分为围毡、顶毡和天窗盖毡三种。一般用羊毛制作，也有些蒙古包在羊毛毡外加上防雨的帆布。五个哈那的蒙古包围毡，一般用三整块毡子，宽度约四尺五寸。顶毡按包架形状剪制。天窗盖毡呈正方形，白天半开，以陶脑横木为限，晚间盖住。围毡也可视天气冷热半开，用马鬃绳固定在系绳上。自古以来，蒙古包的围毡都有绘制图案装饰的习惯。正蓝旗的蒙古包制作一直都有，男人制作木架，女人制作毛毡并装饰的分工。

系绳：架设蒙古包的系绳，是用马鬃或驼毛制成的。共用五根大扁绳，其中用两根固定哈那，另外三根用来压系围毡。还有若干条较细的圆绳，用以压系顶毡和围毡，防止被风刮走。

传统的蒙古包是一种非常环保的工艺品。蒙古包骨架部分选用的木材大多是柳树的分支，这样既不伤害树木的主干，又能帮助树木生长、成材。用来固定哈那的牛筋绳、用来固定围毡的马尾绳都是生活中常见的材料，就连制作围毡的羊毛都产自放牧的羊，损坏的蒙古包都能够就近维修和保养。这是一种典型的自给自足式的生活方式，让人不由得惊叹先人制造蒙古包的精巧和细心。

二、正蓝旗察哈尔蒙古包的历史及保护现状

（一）正蓝旗蒙古包的历史

正蓝旗位于现锡林郭勒盟最南端，据《锡林郭勒盟志》记载，春秋战国时期，正蓝旗境内是东胡、乌桓活动的地区。燕昭王五十二年（前300），燕以秦开为大将，破东胡，扩地千里，设置上谷、渔阳等五郡，筑长城。燕长城就从今天的正蓝旗境内经过。可以说，正蓝旗从中国历史的最开始就是民族融合、交流的前沿。"秦代为匈奴驻牧地。西汉时为上谷、渔阳郡北境。东汉时为鲜卑所居。北魏时柔然徒牧于此，为燕州管辖。隋唐时属幽州总管府……"①元朝建立之前，蒙古大汗夏季驻营的金莲川就在正蓝旗境内。历史上的正蓝旗就是蒙古高原上地理位置优越、环境气候舒适的优质草原。元宪宗六年（1256）在此兴建了元代第一所都府，命名为"开平府"（后因修建了元大都，开平府也叫作"上都府"，位于现在正蓝旗上都镇五一牧场境内），这里一度是大元汗国的政治、军事、经济、文化中心，也曾是欧亚学者商人汇聚的地方。当年马可·波罗一行到达元朝的都城，为其富丽豪华、繁荣昌盛的景象所折服，并被忽必烈接见的地方就位于此处。"明初为开平

---

① 《锡林郭勒盟志》编纂委员会编：《锡林郭勒盟志》，内蒙古人民出版社1996年版，第104页。

卫中路，后属察哈尔林丹汗管辖。清为察哈尔八旗之一。民国时属察哈尔省……1956年撤销明太联合旗，大部划归正蓝旗。"①

正蓝旗蒙古包营造技艺的发展与传承从侧面反映了这种交融、兴衰历史的变迁。在调研中，我们采访了正蓝旗察哈尔蒙古包营造技艺传承人赵振华。据他介绍，最开始的正蓝旗的蒙古包是半地下型。由于那时蒙古包哈那（围墙）的固定技术发展不够成熟，完全建于地上的蒙古包无法抵挡蒙古高原的寒风，所以出于让蒙古包牢固的考虑，基本上采用半地下型。同时在器型方面，也未完全脱离早期渔猎的"仙人帐"。后来随着技术的进步，特别是蒙古包哈那的固定技术得到了发展，半地下型的蒙古包逐渐演变成了全地上型，造型也和今天的蒙古包很相似了。

正蓝旗因其特殊的地理位置（既能够深入管理草原，又临近中原地区）而成为元朝的第一个都城——上都所在地。但是另一方面，北方的少数民族统治者对自己民族本身的游牧文化有着强烈的保护意识，在建立固定的都城上都的同时，皇帝在城外的草原上还设有大帐，很多政务的处理、集会的举行都在大帐中进行。这个时期的正蓝旗蒙古包，主要是蒙古王公贵族的大帐，在器型和装饰方面以华美精致为主。再后来，随着上都城被损毁，元朝统治的结束，正蓝旗地区又成为蒙古人游牧的地点，蒙古包主要是牧民的居所，器型方面逐渐演变成现在察哈尔蒙古包的样式。

（二）正蓝旗察哈尔蒙古包保护现状

1. 蒙古包营造技艺列入内蒙古自治区非物质文化遗产名录

蒙古包作为北方游牧民族特需的产品，不仅是北方民族居住习俗的重要体现，更是蒙古族人民各种风俗习惯的空间载体，深深地融入蒙古人民的生活中。少数民族的风俗习惯，历来得到国家和社会的高度重视。

《新中国民族政策60年》② 一书中说到，1954年《中华人民共和国宪法》颁布之前的临时宪法《中国人民政治协商会议共同纲领》第六章"民族政策"第五十三条明确规定："各少数民族均有发展其语言文字、保持或改革其风俗习惯及宗教信仰的自由。"之后又颁布各类法规保护少数民族的风俗习惯，如1949年政务院发布的《全国年节及纪念日放假办法》第四条规定："少数民族习惯的节日，由各少数民族聚居地区的地方人民政府，按照各该民族习惯，规定放假日期。"1954年宪法明确规定"各民族一律平等。禁止对任何民族的歧视和压迫，禁止破坏各民族团结的行为"，首次将民族平等列入宪法之中。2007年2月，国务院办公厅颁布《少

---

① 《锡林郭勒盟志》编纂委员会编：《锡林郭勒盟志》，内蒙古人民出版社1996年版，第353页。
② 金炳镐：《新中国民族政策60年》，中央民族大学出版社2009年版。

数民族事业"十一五"规划》，其第二部分强调要"充分尊重少数民族群众的风俗习惯和宗教信仰，保障少数民族特需商品的生产和供应，满足少数民族群众生产生活的特殊需要"。由此可知，我国一直坚持尊重少数民族风俗习惯的原则。

在新中国成立初期，国家就对各少数民族的民间文化进行了一系列的记录调查，出版了《国家民委民族问题五种丛书》和《中国少数民族社会历史调查资料丛刊》等多种书籍。随着非物质文化遗产（以下简称"非遗"）保护的开展，少数民族非遗的保护也蓬勃发展起来。以内蒙古自治区为例，蒙古族长调民歌（与蒙古国联合申请）已经于2005年11月被申报为世界非遗。截至目前，内蒙古已有49个项目入选国务院公布的国家级非遗名录，有10人入选国家级非遗名录项目代表性传承人。内蒙古也公布了首批自治区级非遗项目140项以及自治区级非遗项目代表性传承人208名。蒙古包营造技艺属于传统手工技艺类。①

2. 目前正蓝旗蒙古包制造业及正蓝旗蒙古包厂

新中国成立前，正蓝旗的蒙古包制造业主要属于牧民自发制作或手工作坊的零散制作。新中国成立后，正蓝旗的蒙古包制造业在政府的扶植下很早就开展起来。从1962年创办正蓝旗第一家公有制蒙古包厂开始，到现在的众多蒙古包厂林立。如今的正蓝旗，比较大型的蒙古包厂有原集体所有的正蓝旗蒙古包厂、正蓝旗金川蒙古包厂、正蓝旗上都镇草原明珠蒙古包厂、正蓝旗上元蒙古包厂等，年产值几千万，产品主要服务附近的牧民和旅游业，同时也远销海内外。

正蓝旗蒙古包厂始建于1962年6月，最初是一家集体所有制企业。它由原来制作蒙古包的几个手艺人创建，归集体所有。随着改革开放的春风逐渐吹到了这个偏僻的正蓝旗，越来越多的工业化观念进入人们的生活中，一部分牧民选择定居或者外出打工；另外，随着牧民定居政策的推行，越来越多的游牧牧民选择了定居生活。这些改变使得蒙古包的需求量大幅减少，曾经辉煌的蒙古包厂一去不复返。近年来，随着人们生活观念的改变，内蒙古的旅游业快速发展。作为特色传统居住形式，蒙古包逐渐成为各旅游景区、宾馆、饭店的必备特色建筑，蒙古包厂的销量大幅增加。随之而来的，是各种蒙古包厂如雨后春笋般涌现。根据正蓝旗察哈尔蒙古包厂网站上的产品列表，其19个器型的蒙古包全部都可以用于旅游，其中只有9个可以用于游牧。② 产品种类的多少，从侧面反映出旅游业对蒙古包营造企业的影响。

---

① 《内蒙古非物质文化遗产》，见内蒙古新闻网（http：//every. nmgnews. com. cn/index. php？doc - inner-link - %E9%9D%9E%E7%89%A9%E8%B4%A8%E6%96%87%E5%8C%96%E9%81%97%E4%BA%A7）。

② 见正蓝旗察哈尔蒙古包厂营销网站（http：//www. nmgchr. ccoo. cn/）。

现在的正蓝旗蒙古包厂厂区面积虽然不大,仅有 14000 平方米,但是在建厂的 40 余年中,始终坚持传承传统民族文化、振兴民族经济、挖掘民族文化内涵,同时,不断增强品牌和创新意识,生产的"牧星牌"蒙古包有八大系列,共 20 个规格,直径从 2.5 米到 21 米不等。1997 年,"牧星牌"蒙古包就成为"锡林郭勒盟地方名牌产品",正蓝旗蒙古包厂也成为"全国民族贸易和民族用品生产改革试点""内蒙古自治区消费者信得过单位""内蒙古自治区守合同重信用企业",获得"国际精品批发体系认证";1998 年,"牧星牌"蒙古包被评为"内蒙古自治区著名商标"和"内蒙古自治区乡镇企业信得过产品";2002 年,正蓝旗蒙古包厂被内蒙古自治区指定为"全区生产传统木质结构蒙古包专业厂家",并经国家民委、财政部、经贸委、人民银行、税务总局联合确定为"全国少数民族用品定点生产企业"。"牧星牌"蒙古包除了是广大牧民争相购买的产品,更畅销全国 30 多个大中城市的旅游景区。值得一提的是,正蓝旗蒙古包厂还是全旗第一个出口创汇的企业,先后出口中国台湾和香港等地区以及韩国、日本、德国、西班牙、澳大利亚等 9 个国家,2007 年的时候就累计出口蒙古包 460 顶,创汇 200 余万美元。2004 年 12 月,6 顶正蓝旗蒙古包厂生产的"牧星牌"蒙古包经水路出口运抵南极洲,第一次将传统木质结构的蒙古包从元朝的都城搭建到了地球的最南端。2005 年,蒙古包厂参加了在澳大利亚首都堪培拉举办的以"临时居所——改变人类的居住空间"为主题的首届建筑年展。"牧星牌"蒙古包以其鲜明的民族、地域特色,悠久的历史和搭建中便于组装、运载、安全、舒适等特点在参展者中独树一帜,引起了各国参展人员和参观展览的人士的极大兴趣,广受好评,当场就达成了 109 顶蒙古包的销售意向。2009 年 12 月 21 日的《锡林郭勒日报》这样报道:"今年,正蓝旗销售蒙古包 910 顶,每顶售价 4500~9000 元,产品合格率达到 100%。营业额达到 644.4 万元,利润 107.5 万元。正蓝旗蒙古包年生产能力已经达到 4200 顶……外地销售点有北京、延安、海拉尔、通辽等地。"① 2009 年,锡林郭勒盟的人均可支配收入是 13752 元。② 在这种经济水平下,只有不到 40 人的正蓝旗蒙古包厂一年的利润达到 107.5 万元,这是很可观的。

在传承传统文化方面,正蓝旗蒙古包厂从建厂之初就注意到了这方面的问题,很多传统的工艺和物件一直保留到现在。2003 年夏天,内蒙古师范大学科学史与科学管理系的关晓武、李迪两位博士对正蓝旗蒙古包厂进行了走访调查,指出:"该

---

① 森图:《正蓝旗蒙古包销售额达 644 万元》,载《锡林郭勒日报》2009 年 12 月 21 日第 1 版。
② 《锡林郭勒盟"十一五"期间城乡居民生活水平显著提高》,见 http://www.anhuinews.com/zhuyeguanli/system/2010/12/29/003616914.shtml。

厂生产的蒙古包骨架部分全部为木质结构,保留了不少传统工艺风格,融合了锡林郭勒盟的套脑和察哈尔盟的哈那墙的制作式样。"① 笔者于2011年夏天参观了蒙古包厂,发现该厂蒙古包的骨架部分全部采用木质结构,而蒙古包外面的装饰图案也是工厂员工手绘的。在厂长赵建国先生的办公桌上有一本厚厚的《蒙古族传统图案》,已经被翻得有些烂了。赵厂长拿起这本书,如数家珍地向笔者介绍每一种传统图案所代表的意义。在厂内的车间里,笔者也看到有女工在为围布缝制祥云图案。

三、牧民定居改变了传统生活方式

像蒙古包营造技艺这类传统手工技艺,在非遗保护方面有其特殊性。高小康《传统手工艺品为啥没人买》一文提出:"简单地说,这类遗产(传统手工技艺)中的大多数并非仅靠传承人和技艺的传承就可以存在;更重要的是需要通过产品的生产和市场销售而生存。没有了市场和消费者,产品的文化内涵就被抽空,即使传承人和技艺仍然存在,也只能算是一种'文化木乃伊'。"②同时,任何非遗的产生和延续都依赖特定的环境,也就是所谓的"文化生态"。这种文化生态是不同文化个性的体现。贾乐芳在《文化生态的当代境遇》一文中是这样阐释文化生态的含义并分析当前文化生态的:

> 文化多样性是指文化在不同地区和时期有不同的表现形式,内涵着民族多样性、宗教多样性和文明多样性。而所谓的文化生态平衡则是一种相对的、整体的平衡,即不同时代、不同地域、不同民族、不同文化形态之间的相对平衡。文化多样性是文化生态系统生命力和活力的表现,不同形态的文化作为文化物种链上必要的一环,各有各的位置和作用,文化多样性减少将导致文化生态的失衡。不同的民族文化是不同民族生活的历史遗存,而在一些民族聚居地,出现了文化不对等交流的现象,"传统民居、服饰、节庆等正在咄咄逼人的'现代趋同'浪潮冲击下消失和隐退"。文化是历史积淀而成的稳定的生存方式,是人的"类"本质的体现,语言文字、认知方式、行为方式、风俗礼仪和宗教仪式等则是民族文化的行为外化,而在许多民族旅游区,土著居民祥和恬静的生活方式受到冲击,不得不搬出世代居住的地方。③

高小康在另一篇文章《非物质文化遗产与当代都市民俗》中提出:"如果没有

---

① 关晓武、李迪:《正蓝旗蒙古包厂的蒙古包制作工艺调查》,载《广西民族学院学报(自然科学版)》2006年第2期,第49页。
② 高小康:《传统手工艺品为啥没人买》,载《人民日报(海外版)》2009年6月2日第7版。
③ 贾乐芳:《文化生态的当代境遇》,载《新疆社会科学》2011年第3期,第111-112页。

了非物质文化遗产,就意味着不同地域、族群各自文化精神个性的消失。这是与自然生态的恶化趋势同步发生的文化生态恶化。保护非物质文化遗产就是保护世界文化多样性传统,并且使这些传统在当代,乃至未来的世界上仍然能够存在和发展,从而避免世界文化生态的恶化。"① 离开了这种特定的环境或环境发生某种程度的改变,非遗就很难继续传承下去。同样,蒙古包营造业一旦离开了生态平衡的文化土壤,就很难在生活中继续存在。

(一)实施牧民定居工程的原因及其中的悖论

历史上,蒙古族从游牧转为定居几乎从蒙古族出现在历史舞台上就开始了,它的出现与民族交往是分不开的。目前没有明确记载蒙古族的定居究竟从何时开始。但可以肯定的是,古代的蒙古族人在与汉地人民的交流和接触中是逐渐理解并接受了定居这一形式的。后来忽必烈在金莲川草原上建立上都,就是这一转变的具体体现。

现代意义上的牧民定居是从新中国成立后开始的一项政府工程。这个工程的实施是有其深刻的原因的。首先,按照现代生产力与生产关系标准来看,传统的游牧生活确实是一种原始的、低级的生产方式。这种模式的劳动生产率低下,牧民投入大量的人力和时间,得到的产出却非常少。这种生产模式在讲究效率和产出的现代经济社会面前非常脆弱。在现代社会中,传统的游牧确实与时代脱节,面对市场经济的冲击必然会做出改变。同时,和一直定居的汉族相比,游牧地区人民的物质生活非常困苦,可谓"旋转木皮斟醴酪,半笼羔帽敌风沙"。2010 年 9 月 29 日,载于《阿坝日报》的《牧歌悠悠帐篷新 牧民定居乐融融——红原县安曲乡实施"牧民定居行动计划"暨"帐篷新生活行动"走笔》报道:"记者看到,新房里,华尔德老人正在做饭,香喷喷的饭菜味溢满厨房。老人告诉我们:'现在住得很舒服,小孩读书很方便,食物也很丰富,早就不是只吃酥油糌粑了。'"② 可见,实行定居政策,确实使牧民的生活水平、现代化水平有了一定程度的提高。追求经济上的发展和人民生活水平的提高是实施牧民定居工程最重要的原因,也是社会发展使然。

文化冲击也是牧民定居的重要原因之一。《游牧文化在生存挑战下的保护与发展》一文提出:"随着社会的发展,传统意义上的游牧产业已经深刻受到农耕文明、

---

① 高小康:《非物质文化遗产与当代都市民俗》,载《社会科学报》2007 年 5 月 24 日第 6 版。
② 格桑曲珍、曹红、毛宗旭:《牧歌悠悠帐篷新 牧民定居乐融融——红原县安曲乡实施"牧民定居行动计划"暨"帐篷新生活行动"走笔》,载《阿坝日报》2010 年 9 月 29 日第 2 版。

工业文明和当代商业文明的影响，草原人民的生产与生活也早已发生了变化……"①和经济上的强弱相对应，文化上也存在强势文化和弱势文化。一旦人们在经济上接受了经济强大的文化所代表的经济生产模式，自然也会接受这种强势文化。这种现象从古代蒙古族的定居一直延续到今。强势文化以其更具优势的话语权能力和强大经济所带来的冲击，潜移默化地使弱势文化群体接受了它的生活方式。这种文化的接受使定居这一观念深刻植入了牧民的心中。可以说，文化冲击和随之而来的文化接受，是牧民定居得以开展并顺利进行的深层原因。

牧民选择定居还有一定的客观原因。由于长期忽视人与自然的和谐相处，过度放牧，草原生态平衡遭到了严重的破坏。原本肥美的草原早已进入沙化或半沙化的脆弱状态。游牧的成本变得更高了，牧民不得不迁徙到更远的地方以寻找新的草场。在脆弱的生态环境下，这种频繁的迁徙并不能带来更高的收入，反而带来了更严重的环境破坏。相比之下，定居豢养的畜牧业投入较低，产出却很高，对环境的污染小，成为牧民选择定居的原因之一。草场的消失和游牧成本的增加，使得牧民愿意选择定居。同时，由于环境问题并不仅仅影响生态破坏地区，还影响着更大的区域，政府不得不采取生态移民的方式来加大草原生态的保护力度。这一事实也在客观上加快了牧民的定居化进程。

改革开放以来，人们对现代化有着非常美好的想象和强烈的追求。人们对城市本身的渴望是使它变得更好、更现代。"自上个世纪80年代，中国城市则开始普遍陷入一种建设国际大都市的现代性亢奋之中，为了实现'明天的城市'的完美乌托邦，原有的城市或被大拆大建，或被包装改造。"② 在非城市地区，人们则渴望将家乡变成城市或举家搬迁到城市去生活，这就是所谓的城市化。在这种意义上，可以说，牧民定居是一种"行政意图"。只有当牧民选择了定居，曾经的小乡村或者各自为政的个体才有可能归于同一个行政圈当中，才有可能形成城市，实现城市化的特定指标（城区面积、人口、高楼、GDP等）。"游牧民定居工程与产业发展、劳动力转移就业、生态畜牧业建设、扶持规范牧民专业合作社相结合，为转变畜牧业发展方式，促进城乡统筹发展奠定了基础。"③ 这种现代城市的美好想象使得追求富足安逸生活的牧民和有行政意图的政府走到了一起，他们共同选择了定居这种形式。

然而，定居是否真如预计那般百利而无一害，是否真能解决草原问题，抑或这

---

① 杨富有、特力更、陶德巴雅尔：《游牧文化在生存挑战下的保护与发展》，载《实践（思想理论版）》2010年第2期，第47页。

② 高小康：《非物质文化遗产与都市文化的包容性》，载《山东社会科学》2011年第1期，第62页。

③ 萧柳：《把游牧民定居工程建成"幸福工程"》，载《青海日报》2010年10月1日第2版。

仅仅是对游牧的误读？2010 年 11 月，中国生态大讲堂 2010 年焦点论坛以"草原生态系统服务与草原管理政策"为主题，对我国草原的现状与未来展开热烈探讨。《科技时报》针对这一论坛进行了为期三天的专门报道和大讨论。11 月 23 日的评论员文章就指出考古发现颠覆了人们长久以来的思维习惯，即认为"'游牧'是从'渔猎'到'农耕'的中间进化阶段，因而，相对于农耕文化，游牧文化是比较原始、落后的文化"。考古学发现，中国北部地区是从农耕转向游牧的，在距今五六千年时，逐渐发展成繁荣的原始农业社会，形成了红山文化。春秋至汉，北方从农、牧混合向游牧演化，"真正的游牧部落要到公元前 4 世纪至前 3 世纪才出现在中国的北方草原"。这一变化是应对生态环境恶化的结果。当时气候逐渐干旱化，定居农业无法保障人的生存，在资源匮乏、生态脆弱的环境中，只有游牧才能让族群生存下来。因此，所谓的农耕文化是先进文化，游牧文化是落后文化的说法并不符合客观事实。

从环境角度来看，有观点认为，放牧是让草原草场退化、环境恶化的主要原因，实行"围封禁牧就是有这样的理论假设：对草场而言，放牧是纯粹的负担，禁牧将此负担完全排除，使草场得以恢复"①。"定居这种高强度的草地畜牧业生产方式，如果处理不好，在我国北方和西北干旱地区可能更容易造成草地退化。"② 然而，有科学工作者跟踪内蒙古某旗草场后发现，围封禁牧后，草场植被种类减少、退化程度极快。③ 其实，适度放牧能通过牲畜的生物规律传播种子，使草场达到植物种类丰富的良好状态。同时，这篇文章还指出，伴随着游牧的衰落，牧民普遍更加贫困。文章以一个牧民为例：该牧民定居后的年总收入相比之前确实有所提高，但由于增加了巨额的饲料成本（游牧则几乎没有此项费用），竟达到了亏损的程度。现代社会将货币作为终极财富，在这个条件下，游牧牧民可以说绝大多数生活在贫困线下，但是由于很多生产、生活必需的因素在游牧条件下几乎零成本，游牧的生活绝非我们预想的那般困难。这些牧民一旦转入城市，由于受教育水平普遍较低，又缺少其他生存技能，一般无业可就，生活贫困，很可能造成新的社会问题。

（二）牧民定居对传统游牧文化的冲击

时任内蒙古社科院党委书记的吴团英这样定义草原文化："所谓游牧文化，就是从事游牧生产、逐水草而居的人们，包括游牧部落、游牧民族和游牧族群共同创

---

① 王中宇：《面对走向消亡的游牧文化之二：坏、空之途》，载《科技时报》2010 年 11 月 24 日第 A3 版。
② 王卉：《游牧与定居之争》，载《科学时报》2010 年 11 月 23 日第 A1 版。
③ 达林太、娜仁高娃、阿拉腾巴格那：《制度与政策的历史演变对内蒙古草原生态环境的影响》，载《科技创新导报》2008 年第 10 期，第 114 页。

造的文化。它的显著特征就在于游牧生产和游牧生活方式——游牧人的观念、信仰、风俗、习惯以及他们的社会结构、政治制度、价值体系等,无不是游牧生产方式和生活方式的历史反映和写照。游牧文化是在游牧生产的基础上形成的,包括游牧生活方式以及与之相适应的文学、艺术、宗教、哲学、风俗、习惯等具体要素。"① 他认为,所谓的游牧文化是一种以生产方式为依据的经济文化。现阶段"游牧文化长期占主导地位的局面开始被打破,农业、工业作为新兴文化的因子,其影响不断扩大,地位不断提高"②。

现代文化的传播与深入影响及随之产生的牧民定居政策,因其从生产方式上改变了牧民的经济生活,极大地冲击了传统的草原文化。远古时代,马的驯化使得人能实现短时间内的一定范围的迁移。这使得游牧成为可能。"因为有了马,畜牧业才发展成游牧业,才发展成游牧文明。"③ 蒙古族被叫作"马背上的民族",可见其对马的依赖。马文化作为游牧文化的重要组成部分,随着定居和摩托车、汽车的普及已经逐渐离牧民远去。与此相关,很多非遗,如勒勒车、赛马、马具等渐渐离人们远去,成为久远的记忆。传统的奶制品为了便于游牧时携带,在形状、硬度、保存时间等方面适应这一生活习惯;定居后,很多传统的奶制品失去了其生存的理由,其制作方法逐渐被人们遗忘而失传了。

可以说,定居对游牧文化的影响是全方位的,游牧人的观念、信仰、风俗、习惯以及他们的社会结构、政治制度、价值体系等生产方式和生活方式都在发生改变。其中最明显的莫过于以蒙古包为首的居住文化。蒙古包的最大特点是便于装卸,就是这个特点决定了草原人可以不断迁徙,"逐水草而居"。但这一作用在定居时显然是没有必要的。正因如此,在牧民定居工程最开始的改革开放初期,蒙古包制造业陷入了很大的困境,几乎到了破产的边缘。与这种居住形式相依存的生活习俗,比如在毡房内男主人、女主人、客人落座位置等,在定居环境中都变得可有可无了。传统蒙古包的器形本身所代表的蒙古族传统天圆地方的观念,在统一的定居房屋中也很难继续存在下去。

(三)定居环境下的蒙古包遗存

游牧文化是一种以生产方式为依据的经济文化,生产方式发生改变后,必然会引起日常习俗、文化的改变。但从古到今,无论是部落首领还是普通牧民,在选择

---

① 吴团英:《草原文化与游牧文化》,载《光明日报》2006年7月24日第1版。
② 吴团英:《草原文化与游牧文化》,载《光明日报》2006年7月24日第1版。
③ 杨富有、特力更、陶德巴雅尔:《游牧文化在生存挑战下的保护与发展》,载《实践(思想理论版)》2010年第2期,第47页。

定居之后都没有完全抛弃蒙古包。

古代少数民族的帝王、部族首领虽已经定居于宫苑之中，却依旧对游牧生活念念不忘。在定居生活以外还保留着不定时的游牧生活。如今在牧区，包括定居牧区，蒙古包并非完全消失。调研期间笔者发现，在牧民家中，蒙古包可用作家中的库房、杂物房。这些蒙古包一部分是游牧转定居时剩下的，另一部分是牧民希望家中仍然保留着蒙古包，定居后专门买的。同时，蒙古包在城镇的一些餐馆内部也会作为雅间出现。餐馆中的蒙古包雅间有的在庭院中，有的在房屋中。无论是牧民还是游客，都很喜欢这种形式的雅间。另外，蒙古包作为一种意象，也存在于很多地方。在一处新建的牧民定居点，新建的方形砖房附近有蒙古包形状的、圆形的巨大房屋，供牧民集会时使用。

同时，内蒙古地区很多大型集会也离不开蒙古包。2011年夏季正蓝旗的那达慕大会上就到处可以看到蒙古包。大会在上都镇外的草原上举行，除了临时搭建的主席台、观礼台，其他都是临时性房屋——蒙古包。蒙古包为餐饮、娱乐、民族商品贸易、比赛选手休息等提供了场所。蒙古包既方便拆卸，不浪费资源，又让整个大会充满浓浓的蒙古风情。

虽然现代文化的冲突造成了不断演变的文化新局面，经济全球化使得文化全球化、同质化日益明显，但是传统文化并未完全消失，也未被完全取代。民族的认同感还是能在现代社会重现生机的。在这样的环境下，蒙古包依旧有其生存的价值和空间。

四、蒙古包营造技艺的保护对策

关于少数民族非遗保护实践，很多学者指出了目前工作上的不足。2011年11月11日的《中国民族报》就介绍了一些学者的意见。张瑛和高云认为："一是缺乏足够的资金支持；二是人力、人才匮乏；三是保护法律法规体系尚未建立健全；四是群众性保护非物质文化遗产的观念意识淡薄；五是政府部门之间的利益冲突。"陈廷亮、张磊研究了湘西少数民族非遗资源的濒危状况和保护中存在的问题，提出："经济全球化和现代化进程对世界非物质文化遗产的冲击和消解十分严峻。时代的进步、多元文化的冲击、传承人的锐减和因为民族地区经济欠发达、财政困难与保护意识的欠缺等因素而导致的保护机制的脆弱，都在加速少数民族非物质文化遗产的濒危与消亡。"冯骥才针对少数民族非遗保护问题提出了几点建议："一是加快非物质文化遗产的保护立法；二是民族区域自治地区的现代化，要坚持整体的和谐的发展观；三是保护非物质文化遗产要体系化；四是要关注一些重要的民族文化形式并及时抢救和保护；五是在全国各地学校教育中开设相关的课程等。"① 这些问题和建议都对保护蒙古包营造技艺有很大的借鉴作用。

（一）重拾文化生态，让传统文化在现代社会中传承下去

在提到如今文化生态危机问题的成因时，贾乐芳这样表述："全球化、现代化带来了从物质生产、社会组织结构到人的生活方式、思维方式、价值观念与审美取向的全面变迁，使得传统文化的生存及生境受到冲击，使得文化应有的精神品格受到现代化生存背景中日益张扬的功利性的遮蔽或消解。究其原因，一是'世界历史'背景下人类社会演进的必然，二是西方国家的有意识或无意识。"②

现代资本主义工商文明考虑的不是和谐共存的发展，而以"物竞天择""适者生存"为普世价值，这自然忽略了共生关系。把人们从竞争的价值观念中解放出来，说到底是要唤醒人们的文化自觉。资本主义工商文明"将民族文化当作一种可以随意使用或抛弃的工具，正是现代化工具理性思维的表征之一"③。

人类在意识到文化多样性的重要性之后，开始对本民族的传统文化进行溯源寻根，这是现代人进行文化遗产保护尤其是非遗保护的原因。费孝通先生曾说过："中国正在走一条现代化的路，不是学外国，而要自己找出来。我为找这条路子所做的最后一件事情，就是做'文化自觉'这篇文章。"④ 学者方李莉在谈到非遗的文化留存时说道："非物质文化遗产与物质文化遗产相比……严格来讲，它不是遗产，也不是已逝的产物，而是还存在于我们生活中的活生生的传统文化……美国人类学教萨林斯（Mashell Salins）认为，在后现代主义社会里，整个世界发生了变化，其中最大的变化就是传统文化和现代文化不再是一对矛盾，而是可以融为一体相互促进的力量。"⑤

自中共十七届六中全会提出推动社会主义文化大发展大繁荣的指导思想以来，越来越多的人认识到传统文化传承的必要性。我们所要提倡的文化生态恢复并非简单的文化运动。"对于少数民族来说，由于其在整体社会中所处的弱势地位，或者任由外部力量操作，仅仅作为歌舞表演者领取相应的报酬，或者为了在整体环境中得到更好的社会评价，往往以主流社会的喜好和要求来行动，甚至用外来的审美观

---

① 龙运荣：《少数民族非遗保护：问题、建议与对策——相关学者研究综述》，载《中国民族报》2011年11月11日第6版。
② 贾乐芳：《文化生态的当代境遇》，载《新疆社会科学》2011年第3期，第112页。
③ 王建民：《"非遗"保护应激发少数民族主体性》，载《中国社会科学报》2010年6月8日第8版。
④ 转引自张清媚《知识分子的心史——从ethnos看费孝通的社区研究与民族研究》，载《社会学研究》2010年第4期，第20页。
⑤ 方李莉：《"非遗"保护新高度：从"文化自觉"到"文化自信"》，载《中国社会科学报》2012年2月13日。

及其宇宙观、价值观、道德观来改造和替代他们自身文化遗产中所蕴含的概念、意义和情感表达方式。这样做的结果常常适得其反，在一片保护声中，文化遗产反而消逝得更快。"① 近年来，无论是政府还是社会都意识到单纯地追求 GDP 增长会带来很多社会问题。要改善和解决这些问题离不开文化的辅助作用。单一的文化运动很有可能造成文化特殊性的丧失，这就需要我们更加重视文化多样性和主体性。首先必须明确，地域、民族不同，文化就有很大的差异，其中并不存在所谓的优劣之分，不能以文化发展之名行文化同化之实。其次，在发展文化的过程中一定要注重文化的主体性，尤其是少数民族文化更不能简单了事。

以蒙古包为例，现有的蒙古包遗存其实是蒙古族人民对传统文化的坚守和传承，是民族文化自豪感的体现。这些努力还非常脆弱，一旦遭到外力的阻碍，很可能就彻底丧失了。在恢复文化生态的过程中，一定要充分利用这种文化自豪感，这样才不会出现"在一片保护声中，文化遗产反而消逝得更快"的情况。

（二）蒙古包营造技艺的法律保护对策

1. 法律法规保护蒙古包营造技艺的作用和现有法规的不足

近年来，我国大量非遗面临消亡的危险，单纯采用恢复文化生态的办法，效果虽然好，但是速度缓慢。市场又受经济规律支配，在文化遗产保护方面存在很多弊端。因此，必须有一种强大而有力的制约手段，一方面加强文化恢复的功效，另一方面削弱市场的负面作用。这就是法律保护非遗的目的，法律以自身的规则、制约机制来实现其正义。因此，法律本身的功能就决定了其在保护蒙古包营造技艺方面有很重要的作用。

市场的调节作用是有限的，仅靠商业行为如开发旅游业、销售民族工艺品等虽能宣传本民族的文化，但商业利益的驱动使民族文化有被歪曲宣传的嫌疑。单单一个民族自我保护意识的提高对保护本民族文化遗产没有现实作用，那只是意识层面的东西，不具有可操作性。因此，法律方面的保护就具有重要的意义。②

由前文可知，旅游业虽然给蒙古包产业带来了大量的商机和利润，但同时对蒙古包的技术核心等传统内核有一定的影响。这就是市场经济的弊端，在商业利润的诱导下，人们更倾向于赚钱而非保护传统文化。同时，不能只有保护本民族文化遗产的欲望而缺少实际行动，光靠有识之士、专家学者的呼吁是不够的。一定要靠法规政策，从制度层面解决问题，用制度推进非遗保护。有了强有力的法律之后，一旦市场行为有违法律，就能够对其进行制裁，从而对市场产生制约，并对其他只重

---

① 王建民：《"非遗"保护应激发少数民族主体性》，载《中国社会科学报》2010 年 6 月 8 日第 8 版。
② 马倞：《敖鲁古雅鄂温克民族文化遗产的法律保护》，内蒙古大学硕士学位论文，2009 年，第 28 页。

利益的商家产生敲山震虎的作用。

现阶段，我国在非遗方面的法律还存在很多不足之处。高永久、朱军认为我国少数民族非遗法律保护存在如下问题："一是立法层次低，缺少一部非物质文化遗产保护方面的基本法；二是重保护、轻传承，法律保护还停留在静态保护阶段；三是重公法保护、轻私法保护，知识产权和民事保护滞后；四是立法不完善导致司法救济困境，执法情况不尽如人意。"①

对一个民族文化遗产的保护包括对它的抢救、保护、传承、创新和开发等问题，是一项十分复杂的工程，仅仅靠现有法律无法做到全面、系统的保护，国家及相关部门应当进行有针对性的立法对其予以保护。虽然《中华人民共和国非物质文化遗产法》和《中华人民共和国知识产权法》对民族文化遗产的保护更具有针对性，但仍有很多不足。

现有法律对非遗保护大多是一种授权式、号召式的立法保护，此外，还有顺应国际立法的要求而做出的相应规定，但过于笼统，可操作性不强，无法直接适用于对某一民族特定文化遗产的保护。《中华人民共和国非物质文化遗产法》应用于蒙古包营造技艺中的具体非遗项目时，对其如何传承或者违法损害的问题还是缺乏力度的。《中华人民共和国知识产权法》因其本身是为了保护知识产权而不是非遗，所以在用于保护非遗时常遇到保护主体不明确、范围有限、缺乏整体保护等方面的缺陷。蒙古包营造技艺只有在整个民族文化实现共同复兴的情况下才能从根本上得以传承。同时，这项技艺的保护主体不在《中华人民共和国知识产权法》的保护范围内，面对侵权现象，很难对其起到保护作用。

目前政府实行的大多数适用于蒙古包营造技艺的政策多偏于关注贸易，忽视文化传承。这些政策只能在民族贸易阶段以经济手段和政策手段给予一定的支持。对产品走入市场时，是否是原汁原味的传统手艺根本没有制约。这很容易造成传统手工技艺内核的丢失，使之变成现代工业产品。这样，在市场经济利益的驱动下，传统技艺势必走向灭亡。

2. 对蒙古包营造技艺法律法规保护的构想

非遗的法律保护是一项系统的工程。《保护非物质文化遗产公约》第二条将非遗的保护界定为一项系统工程："采取措施，确保非物质文化遗产的生命力，包括这种遗产的各个方面的确认、立档、研究、保存、保护、宣传、弘扬、承传和振兴。"如此庞大的工程，仅靠《中华人民共和国非物质文化遗产法》《中华人民共

---

① 龙运荣：《少数民族非遗保护：问题、建议与对策——相关学者研究综述》，载《中国民族报》2011年11月11日第6版。

和国知识产权法》和各级保护民族贸易的法规是远远不够的，还需要具体的措施。

首先，要尽快颁布《中华人民共和国非物质文化遗产法》《中华人民共和国知识产权法》的实施细则，解决其可操作性不强及其在保护主体、范围等方面不足的问题。这就要求我们系统地考虑非遗保护的实际，针对目前已有的案例和国外的案例，从保护、使用、传承等多个角度，尽可能多地制定出有针对性、可操作性强的实施方案。

其次，在各级规章层面，不能再一味地仅仅关注民族贸易或追求 GDP 增长，而更应该重视文化传承。将文化传承纳入政策体系，用经济、税收和政策手段鼓励、支持和奖励文化传承和文化恢复。

非物质文化遗产跨区域法制建设与保护研究
——以冼夫人信俗为例①

许浩然②

冼夫人信俗主要分布于广东、海南两省，局部分布在广西壮族自治区，在东南亚国家也有分布。冼夫人信俗的传播区域较广，主要分布在广东省西部、海南省，在广西壮族自治区、港澳台也有分布，并随着移民活动传播到东南亚国家和部分欧美国家。广泛的行政区域、多级的行政级别、较为激烈的区域间的资源竞争，导致管理难、竞争大、合作少、保护差，严重影响冼夫人信俗整体性保护的范围和质量。因此，跨区域保护成为冼夫人信俗保护面临的首要困难。笔者以冼夫人信俗为个案，借以探讨我国非物质文化遗产的跨区域法制建设与保护。

一、冼夫人信俗

冼夫人，名冼英，诞生于公元6世纪的古高凉（包括今茂名、阳江、恩平等地），"约生于梁武帝普通初年，卒于隋文帝仁寿初年，历经梁、陈、隋三朝"③，"家族世为南粤首领，跨据山洞，部落十余万家。夫人幼贤明，多筹略，在父母家，抚循部众，能行军用师，压服诸越。每劝亲族为善，由是信义结于本乡"④。冼太夫人历经梁、陈、隋三朝约80年，其军事、政法活动横跨南越10余州，尽管具备割据称雄的条件，但她始终致力于国家的统一和民族团结，一生协助朝廷剪除地方割据势力，惩治贪官污吏，革除社会陋习，以促进民族融合和推动社会文明进程，还积极帮助中央王朝在海南岛俚人地区重新设立郡县。新中国成立后，周恩来总理誉之为"中国巾帼英雄第一人"。2002年，江泽民主席视察冼庙时，称她为"我辈及后人永远学习的楷模"。

在2011年8月茂名非物质文化遗产保护中心上交的广东省级非物质文化遗产申报书中，这个以冼夫人为对象的民间信仰被命名为"冼夫人信俗"，其定义为

---

① 此文为教育部人文社科基地重大项目"非物质文化遗产保护法制建设"的研究成果，完成于2012年6月，修订后收录入本书。
② 许浩然，中山大学中文系、中国非物质文化遗产研究中心2009级硕士研究生。
③ 卢方圆、叶春生：《岭南圣母的文化与信仰——冼夫人与高州》，黑龙江人民出版社2001年版，第12页。
④ 《北史》卷九十一，《谯国夫人冼氏传》。

"以崇奉、颂扬冼夫人的爱国、爱民、立德精神为核心,以冼太庙为主要活动场所,以庙会、传说、年例习俗等为主要表现形式的民俗文化"①,由祭祀仪式、日常生活习俗和故事传说三大系列组成。千百年来,为了表达对冼夫人的敬仰和崇拜,人们在各处修庙建祠,供奉冼夫人,表演祭祀乐曲和舞蹈。在各地的冼太庙和民众家中,各种各样规模不一的祭祀活动常年不息。

二、冼夫人信俗跨区域保护状况及问题

能否证明自己是冼夫人故里,对行政区来说意味着能否争夺到该文化资源的"中心"地位,意味着能否吸引更多的旅游资源,因此,故里之争是各行政区之间最主要的争端。

（一）行政区主要争论及原因

故里之争目前只盛行于广东省,竞争最激烈的是茂名市的高州市和电白县,阳江市近年来也加入争抢的浪潮。紧挨高州市的化州市较为中立,海南省由于确定不属古高凉而获得较为纯净的信仰环境。

（1）高州说。《乾隆府志》云:"或在高凉岭,或在山兜娘娘庙后。"清顺治年间电白县知县相斗南重修的《电白县志》云冼墓"在旧县治境上,去今县二百里"。电白旧县治位于在今高州市长坡镇的旧城村。"去今县二百里",指距离当时的电城镇二百里,即在今长坡镇旧城村附近。有云冼夫人墓在冯婆岭,但主要的遗址未有确凿证据,传说中的墓地冯婆岭经鉴定为明朝冯门朱氏之墓。

（2）电白说。"论据是今电白县电城镇山兜丁村有'冼夫人故里'和'谯国夫人'冼氏墓及隋朝文物。"② 道光五年（1825）章鸿《电白县志》卷十五云:"谯国夫人墓,旧有碑,已佚,负碑颇属石质青白,刻鳞甲甚精致,从插碑孔中断,尚存一半,长三尺,欲埋土中,嘉庆二十三年开出,知县特克星阿,电茂场大使张炳树碑墓址。"同书卷十六"古迹"云:"隋谯国夫人冼氏墓在县北十里山兜娘娘庙后。""但电白县境无冼夫人生前行政治地遗址和经济、军事活动遗址"③,其墓地虽经过几次专家研讨,但未经开凿,未有确凿证据。

（3）阳江说。"南朝宋、齐、梁、陈和隋朝的高凉郡、高凉县治所和高州刺史驻地都在今阳江市。"④ 阳江市阳西县冼村被认为是冼夫人的出生地,冼村的竹林

---

① 茂名市非遗中心:《茂名市市级非物质文化遗产名录项目申报书——冼夫人信俗》。
② 钟万全:《巾帼英雄冼夫人》,广东人民出版社2004年版,第3页。
③ 钟万全:《巾帼英雄冼夫人》,广东人民出版社2004年版,第3—4页。
④ 钟万全:《巾帼英雄冼夫人》,广东人民出版社2004年版,第3页。

有大量的古代瓷器。冼夫人练兵校场、旗鼓岭、出土铜鼓等也被当地政府认为是冼夫人的主要活动场所和军事用品。但仅凭郡治地就认定是故里未免过于主观,"几处高凉郡城及阳西县冼村遗址亦未经发掘研究,证据未备"①。

模糊和复杂的行政区划是导致说法不一、竞争激烈的主要原因。

(1) 模糊的高凉籍贯说。首先,冼夫人的籍贯为高凉,但高凉是一个广阔而历经变化的概念。据《隋书·谯国夫人传》《北史·列女·谯国夫人冼氏传》等史料,冼夫人籍贯记"高凉"。方志中的《高州府志》《茂名县志》也记"高凉",《粤东笔记》《广东新语》《辞源》《辞海》等笔记、辞书的记录情况相同。冼夫人的籍贯为高凉是可以确定的。高凉是山名,亦是古郡。作为山名,高凉自古是南粤名山,位于广东省高州市曹江镇,《读史方舆纪要》载:"高凉山,本名高梁,以群山森然、盛夏如秋,故名高凉。"在西汉至南朝期间,高凉山下曾设郡县,高凉的山名被用作郡县之名。西汉元鼎六年(前111),武帝平定南越,设九郡,合浦郡为其一。同年,设高凉县,属合浦郡。今之恩平、阳江、吴川、电白、高州、化州皆属合浦郡。公元220年,高凉县升为高凉郡,统辖高凉(阳江北境)、安宁、西平三县,为高凉郡之始。梁朝置高凉郡兼置高州,辖高凉、连江、南巴、电白、海昌、高兴、永熙、梁德八郡。陈沿梁制,高州、高凉郡不变。隋废高、罗两州,重置高凉郡于高凉山下。光绪重修《高州府志》载:"隋大业三年公元,废高、罗二州立高凉郡。"郡治在电白旧城,即今高州市长坡镇旧城。冼夫人历经梁、陈、隋三朝,高凉郡也历经三朝变更,令今天的众多县在冼夫人有生之年都曾归属其中,这就是今天多个行政区共争冼夫人故里的混乱局面的历史渊源。

(2) 行政区之间复杂的区划关系。高州市与电白县是行政区划造成复杂联系的典型例子。"高州""电白"之名所代表的行政区域曾经历过多次历史演变,二者的行政级别高低多次变易,多次调换包含关系。

高州之始在梁朝,梁大通中(530)置电白郡,梁大同元年(535)梁置高州,当时的高州、电白郡治所皆设于今市境长坡镇旧城村。陈永定二年(558),置务德县(隋改称良德),县治设于今高州东岸镇良德墟旁,辖今高州东北偏西部。至此,今高州中部、东部属高州电白郡。隋平陈,废高州、罗州为高凉郡,废泷州为永熙郡。当时电白县(今高州中部、东部属之)、南巴县(今高州南部属之)、茂名县(今高州西部属之)属高凉郡,良德县(今高州北部属之)属永熙郡。唐初属高州,贞观八年(634)分置潘州治茂名,二十二年(648)置高州始治高凉移治良德。天宝初(742)改高州曰高凉郡,潘州曰南潘郡。后梁开平元年(907)茂名

---

① 钟万全:《巾帼英雄冼夫人》,广东人民出版社2004年版,第3页。

县更名为越裳县，龙德三年（923）复茂名县，属南汉。宋开宝五年（872）州废，以县属高州。景德元年（1004）属窦州，三年（1006）还属高州。元复属高州，大德八年（1304）徙高州路来治（茂名县）。清代沿明制，此时高州乃一府之名，辖地广，地理位置处于战略要冲，高州府当时被称为广东下四府之首。高州府辖有当时的化州、茂名、信宜、电白、吴川、廉江等一州五县，属高阳雷道，府治茂名县。今电白县在明朝才有雏形，古电白县在明成化三年（1467）因躲避山贼将县治迁往神电卫（今电城），慢慢演变为今电白县。

阳江市的行政建制与高州市、电白县也有千丝万缕的历史联系。阳江、高州、电白在公元前111年实现了第一次的重合交叠，武帝元鼎六年（前111）设合浦郡高凉县，包括今阳江市、恩平市西部、茂名、高州、电白、化州、吴川和罗定的部分地方。东汉建安二十五年（220），高凉县从汉时的合浦郡分出，设为高凉郡。梁大通元年（527），高凉郡从广州分出，连同宁康郡、杜陵郡、阳春郡等合设为高州，州治中心在今阳江市的江城（527—649年），统辖今阳江市及茂名市的大部分地方。往后亦多有交合。

（二）各行政区的资源及保护现状

冼夫人信俗集中分布在粤、琼、桂三省，零散分布在港澳台地区及国内其他省份；海外主要分布在东南亚国家，零散分布在欧美国家。在国内，信俗资源及保护措施较多的省份主要在广东省和海南省。广东省内比较有名的冼夫人信俗区集中在粤西茂名、阳江两市，其中，茂名市又以高州、电白为主，各地的资源和保护措施各有特点。

1. 高州市

高州市是冼夫人生前活动频繁的地区，是传说中的其中一个冼夫人故里，也是冼夫人信俗保护措施做得较足的地区，不仅官方纪念、民间祭祀不断，还保存有大量纪念建筑。高州建有最早的一座由官方筹建的冼夫人庙宇——旧城冼太庙；后因行政中心迁移到今高州城内，在城区东部再建一座冼太庙，系广东省级重点文物保护单位，时任中共中央总书记江泽民同志曾到此参观。高州冼夫人庙众多，史载有200多间，保存良好的有90多间。其他遗迹也有数十处，其中被公布为广东省文物保护单位的有2处，县（市）级文物保护单位7处。高州长坡镇保存有旧城遗址，距今1400多年，内有冼太庙、冯宝公祠等古建筑，同为省级重点文物保护单位。高凉岭、平云山等高州名山保存了冼夫人驻军总部遗址，分别有冼夫人试剑石、演兵场、冼太庙和南国长城、练兵场等遗址。

高州的资源优势首先在于冼夫人及夫婿冯宝的活动痕迹多，包括军事及家庭生活，夫家及后人入籍良德，本地亦多有冯冼二人的后代，为冼夫人信俗传承奠定了坚实的亲缘基础；其次，冼夫人活动的物质痕迹多，能形成大规模的冼夫人纪念建筑群；最后，民间信仰基础深，大型的祭祀活动有冼太诞、年例等。

2. 电白县

电白县是竞争冼夫人故里的热门地区，当地最著名的冼夫人信俗资源是电城镇北的山兜丁村娘娘庙，据说始建于隋代，和高州市旧城冼太庙年代相近。娘娘庙后约50米处有一座传说中的冼夫人墓，墓地总面积约8500平方米，墓碑上有"隋谯国夫人冼氏墓"字样，墓区还出土石狮、石炉、倒莲形方座石柱基础等隋代遗物，其中一块隋代的"龟趺石"残件据称是墓区最珍贵的文物。2002年7月，谯国夫人冼氏墓（含娘娘庙）被评为第四批广东省文物保护单位。该墓未获最终开凿，但其文物之多、年代之久让其久负盛名。相比这座古墓，电白的冼夫人庙稍为逊色。据《冼夫人文化史话》，电白县有冼夫人庙20多座。

若论冼夫人纪念建筑的规模，电白县不算出彩。电白县最大的资源优势在于谯国夫人冼氏墓（含娘娘庙），该庙出土的文物珍贵，墓碑从表面字样看为冼夫人墓穴，同时有方志等史料作为文字支持，其为冼夫人故里和墓地所在的可能性比较大。

3. 化州市

化州与冼夫人的一生关系密切，化州在历史上曾是罗州、石龙郡，冼夫人的公公冯业、丈夫冯宝、孙儿冯仆和冯暄都在化州担任官职，冼夫人自己被封为"石龙太夫人"，老年时回驻化州27年，辅助儿孙，主持政治、军事事务。目前化州市有38个单独纪念冼太夫人及冯氏世家的冼太庙，196个设有冼太夫人神像的神庙，一座纪念冼夫人、其夫冯宝、其子冯仆及其先人的最古老的冯冼氏祖庙石龙堂。在化州南盛冼太夫人庙内发现的最古老的《冼太真经》，具有很高的研究价值，已被相关学者翻印，以做进一步研究。

4. 阳江市

阳江市是冼夫人故里的竞争方，拥有很多郡治遗址和冼夫人军事活动遗迹。阳江市有古高凉县、郡治地阳东大八古城、宋康郡治地广化程村、古高州府治白沙旧州城等5个治处；阳春县发现有旗鼓山、合水丁坡、石菉铜矿等冼夫人练兵、炼铜的遗址，出土过5面隋唐时代的铜鼓；江城出土了绘有冼夫人像的古陶瓷酒瓶等。史料、族谱中有大量冼氏宗族活动的记载。

相比茂名市，阳江市关于冼夫人本身的文物资源不多，冼夫人庙较少，没有疑为冼夫人墓穴的遗址，但有较多规模较大的军事遗址和数量较多的军事用具。

海南岛纪念冼夫人的庙宇最多时达100余座，尚存49座，分布于海南岛各地，最集中分布的地区是儋州、文昌、琼山等县，最著名的是琼山市新坡镇的梁沙婆庙

（即冼夫人庙）。

海南岛的冼夫人信俗活动以浓重的民间色彩而著名，民间自发兴起的传统节庆"闹军坡"已有1300多年的历史，是为纪念冼夫人而举行的模仿当年出军仪式的活动，后来增加了走亲访友、开集市、舞龙舞狮和神秘的"钢钎穿腮"表演等内容。每年从农历二月起至五月底，海南各地农村就在各自固定的时间举行"闹军坡"，规模盛大。

（三）行政区争端对信俗保护的影响

冼夫人信俗是一项珍贵的历史文化遗产，然而，无休止的争端却对冼夫人信俗的良性保护带来了许多消极的影响。

1. **急功近利，重噱头轻真实**

为了在众多地区之间打出名堂，多个行政区争先制造噱头，以旅游的趣味性代替冼夫人信俗的原真性，有哗众取宠、喧宾夺主之嫌。比如电白打造的"冼夫人故里景区"里除娘娘庙、墓城、展览馆保留原汁原味外，俚族风情村、湖滨度假村等拓展性内容都是基于对旅游收益的考虑而规划出来的，既难以保证民俗风情的原真性，度假村等现代休闲娱乐场所也有可能干扰游览冼夫人信俗资源的纯洁心态。

2. **缺整体规划，资源重复浪费**

冼夫人信俗区内的各行政区，尤其是广东省内的传播区域，各自为政，欠缺整体规划，而且规划趋同，失去各地的资源特点，造成资源的浪费。比如茂名市的高州、电白两地投入大量资金将冼夫人相关的遗址开发成大型主题公园。一个市内存在多个冼夫人主题公园，导致资源重复、旅客分散。分散、同构化的规划使冼夫人信俗失却各地有机叠加的整体厚重度和协调感，最终只会导致冼夫人信俗资源开发难成大气候。

3. **延滞非物质文化遗产保护工作**

根据传播范围及影响，冼夫人信俗能够申报的级别可以更高。目前，以冼夫人信俗整体为对象而正式提出的项目名称为"冼夫人信俗"，申报单位是广东省茂名市非物质文化遗产保护中心。"冼夫人信俗"初提出时申报的级别是茂名市级，在成功申报为茂名市第四批非物质文化遗产项目后，于2011年10月成功申报广东省级非物质文化遗产。本次申报城市茂名市属于地级市，茂名市内县级市高州、电白等地均没有参与。广东省内另一主要传播区域阳江市亦没有申报。而以冼夫人信俗涵盖、衍生的文化艺术形式申报非物质文化遗产项目的城市，在广东省内暂时只有茂名市内的县级市高州。高州市以"冼夫人铜鼓音乐"为项目名称，成功申报茂名市级非物质文化遗产，暂未有市级以上级别的申报打算。

海南省早已启动非物质文化遗产保护工作。早在2008年，海南省海口市龙华区文化馆就已经以"海南军坡节"为项目，成功申报省级非物质文化遗产。但三年过去了，海南省既不单独申报，也没有联合申报国家级非物质文化遗产。

（四）跨区域联合申报的必要性和可能性

在冼夫人信俗的文化空间中，各个行政区迷失在利益争端中，切割了统一的文化空间，破坏了冼夫人信俗的统一与和谐。抛开成见、达成包容，保护为先、利益让位，实现跨区域合作性保护，是当务之急，且具有可行性。

1. 文化的同源和相近

冼夫人信俗跨越粤、琼、桂、港等多个一级行政区，在各省内部又跨越二级行政区和三级行政区，并且随着移民活动漂移到港澳地区和海外。尽管历时的行政区域变化巨大，共时的行政区域广阔，但冼夫人信俗的源头不因时空变化而变化，各地的文化资源具有显著的同源性和相近性，具备跨区域整合的可能性。

2. 文化空间与行政区域不应对立

冼夫人信俗的多个行政区只是在行政区划上被人为切割开而已，文化空间与行政区划不应形成对立。如果彼此孤立、竞争，只会导致冼夫人信仰保护故步自封，不仅不能得到基本的保护，还不能产出文化效益。而且地区间的孤立、竞争与冼夫人信俗中的团结统一精神相违背，长此以往，冼夫人信俗将会失去原本的价值，地区间的政府关系和民众感情也会被破坏，所以跨区域联合保护冼夫人极具必要性和可能性。

3. 增加信俗的整体张力和厚重度

冼夫人信俗的文化空间是一个有机整体，地区之间达成联合保护，能够叠加出强有力的整体效果，表达出更大的整体张力和厚重感。如果能够整合文化空间内所有行政区的行政力量和文化资源，按照冼夫人信俗的传播范围、传播时间、影响广度与深度，冼夫人信俗就能获得更高的文化地位、更广的社会关注，能申报到更高级别的非物质文化遗产，得到更广、更深、更持续、更健全的保护。

（五）冼夫人信俗跨区域保护法制思考与保护对策

1. 跨区域保护中的政府合作

茂名多个县级市的冼夫人信俗非物质文化遗产工作应当由茂名市级政府与文化部门协调。同理，阳江市、茂名市等市的冼夫人信俗非物质文化遗产工作应当由共同的上级政府与文化部门统筹，即广东省级政府及其文化主管部门。而海南省、广东省等省份的冼夫人信俗非物质文化遗产工作应由国家级政府及其文化主管部门统筹。

同时，上级行政区有责任发现非物质文化遗产的同源性，对所涉及的行政区提出保护建议，并进行联合申报。广东省政府及其文化部门应当协调整合本省的冼夫人信俗文化资源，并且加快与海南省、广西壮族自治区的跨省联合申报保护，争取提高冼夫人信俗的申遗级别和保护程度。

2. 重视民间机构等其他保护主体

在跨区域保护中，政府不是唯一的主体，还应当包括民间机构、法人、公民等力量，尤其要注重那些主要由学者组成的民间机构，并给予他们切实的监督舆情的权利。

在冼夫人信俗保护中，行政力量干预过多，使各地冼夫人研究会成为各地争抢文化资源和地位的根据地，反而不能很好地发挥文化保护的补充作用。对这些难以纯粹由政府解决的问题，民间机构等主体能起到良好的协调作用。各地的冼夫人研究协会能够避开政府的牵制，用更客观、公正的态度去实施保护。即使不去直接负责保护工作，他们以及法人、公民也能够组成公开透明的监督队伍，帮助非物质文化遗产工作健康运行。政府可以与冼夫人信俗的有关社会团体、企事业单位、个人等主体联合，扩大社会支持面，补充知识力量，提出联合申报和保护。同时，注意保持公民、法人和其他组织的力量的纯粹性，减少其对社会团体、科研机构的行政干扰。

3. 项目整体保护

可将冼夫人信俗列为一个整体项目，并将其分成各个子项目，分阶段、分项目地监督跟进。必要时建立专门的机构，或结合已经开始运作的有关团体，负责项目的整体把握并监督跟进每个地区的子项目，形成统一的保护系统。

另外，在把握整体时要注意地区的统分结合以及冼夫人信俗资源本身的性质，避免各地资源同构化。文化资源的分类方式不是死板的，所以可以用整体性定义、抽取式定义两种方法来申报非物质文化遗产，这对非文化源头的其他地区申报非物质文化遗产有很大的鼓励促进作用，并且能够最大限度地保护一项资源。以冼夫人信俗为对象申报的非物质文化遗产项目包括整体性定义的"冼夫人信俗"，抽取冼夫人信俗涵盖或衍生的民俗活动申报的有高州"冼夫人铜鼓音乐"、海南省"海南军坡节"。各地也应因地制宜，比如高州可以以冼夫人及其家人的主要活动范围为特色，电白可以以冼夫人出生地为特色，海南省全省可以以冼夫人信俗崇拜活动为特色，不必同根相争。

4. 整合海外同源文化资源

冼夫人信俗随着移民活动和商贸往来漂移到海外，主要分布于东南亚国家。许多同胞在外国建造冼太庙并成立有关冼夫人信俗的组织机构，通过祭祀等民俗活动表达对冼夫人的崇敬之情，抒发思乡之情。马来西亚雪兰莪州为筹建冼太庙还亲自回国接走高州冼太庙的香火。

冼夫人信俗在港澳地区和海外的分布情况值得我们重视。香港成立冼氏宗亲会，建立弘扬冼夫人精神的纪念堂，出版研究冼夫人信俗的刊物，向内地冼夫人纪念活动捐助资金。港澳地区还曾与电白县共同开展中学生爱国主义教育。应当充分挖掘冼夫人信俗在内地、港澳地区和海外的资源，由粤、桂、琼三省和港澳地区联合申报保护。冼夫人信俗分布的内地行政区可以联合港澳地区一同提出申报保护，并整合海外的资源，建立健全有关冼夫人信俗的社会团体，增加与海外的交流，邀请海外同胞参与申报保护工作，接受海外同胞的物资捐助并做出表彰，表示感谢。

三、我国跨区域合作法制建设与保护对策

冼夫人信俗的跨区域保护提供了跨区域保护中的政府合作、民间机构等其他保护主体的协作、项目整体保护、整合海外同源文化资源四个方面的对策及法制建设参考。笔者以此为据，思考我国非物质文化遗产跨区域合作保护及其法制建设。

（一）跨区域合作解析

冼夫人信俗实现跨区域合作是有其现实可行性的。

1. 文化资源同源与相似

对于非物质文化遗产的内部因素，学者刘红婴早前指出"文化的相近性是合作共享的基础"①，认为文化的相通、相近性是合作共享的基本条件。可以采用统一的名称联合申报，根据各自的特点分开保护，统分结合，就可以避免资源闲置、分散和同构化。

2. 文化资源的共生性

文化资源的同源性为非物质文化遗产的跨区域合作提供了前提，文化资源的共生性则提供了合作的动力。胡丽芳在《旅游资源与行政区域的地缘关系及其影响》一文中将旅游资源与行政区域的地缘关系概括为行政区边界共生旅游资源、行政区同名旅游资源以及行政区区间共生旅游资源。②相连共生资源和不相连共生资源的划分方法可以应用到非物质文化遗产的跨区域资源上。它们采用或不采用完全相同的名称，或者只取部分相同的名称。对采用完全或部分相同名称的文化资源，政府习惯于用利益本位思想来指导对其的保护行为，企图取得资源价值和地位的制高点，然而这样不利于文化资源的可持续生存与发展。

3. 利益多赢的可能性

是否取得中心地位，日渐成为人们量度区域非物质文化遗产价值的主要标准。

---

① 刘红婴：《"非遗"：区域间协作的三个重要环节》，载《中国社会科学报》2011年9月22日第18版。
② 胡丽芳：《旅游资源与行政区域的地缘关系及其影响》，载《社会科学家》2003年第5期，第84-88页。

过分关注中心，只会导致非物质文化遗产保护力度减弱，不利于非物质文化遗产的全面、整体保护。对这个问题，我们可以借鉴2008年诺贝尔经济学奖获得者克鲁格曼的中心—外围模型。在他的中心—外围理论中，有一个函数为：

$$F > \frac{1-\pi}{2}tx$$

其中，F代表经济规模，t是运输成本，π代表不受自然资源限制的可以自由流动的产品所占的份额。如果F即经济规模很大，t即运输成本低，π即国民收入中可以自由流动的产品份额很大，会得出一个中心；而如果情况相反，可能不会出现中心；当数值偏于中间，则会出现多个中心。郭菁认为，这个理论可以应用到旅游业的研究中，旅游产品具有固定性，旅游者具有移动性，所以"决定是否会形成旅游中心的条件主要是资源禀赋（可理解为F）和地理交通（可理解为t，π）"①。当F即旅游资源禀赋很好时，文化遗产价值高；当t较小、π较大，即各个遗产所在地的交通往来方便、运输成本低时，有利于产生区域旅游合作和旅游中心。郭菁指出，克鲁格曼的中心—外围模型还带来"争夺中心"的思考。克鲁格曼给出福利（是运输成本的函数）在经济一体化中的变化图（如图1所示）。

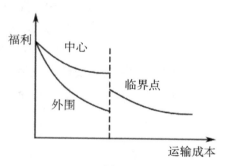

图1

（资料来源：郭菁《文化遗产地的区域旅游合作研究——以江南六大水乡联合申遗为例》，载《旅游学研究》2007年第00期，第73页）

从图1得知，运输成本很高时，是不会形成中心—外围的；当运输成本到达一定的临界点，就会开始分化成中心和外围。运输成本低，区域间走向一体化时，中心的福利会提高，外围的福利在一定范围内会比中心福利低。如果旅游区域间的运输成本低于一定的数值，某段时间内中心与外围便会存在一定的福利差距，这就从

---

① 郭菁：《文化遗产地的区域旅游合作研究——以江南六大水乡联合申遗为例》，载《旅游学研究》2007年第00期，第73页。

经济学角度解释了区域争抢中心的原因。当运输成本继续走低，一体化程度继续加强时，中心和外围的福利差距就会逐渐缩小，外围的福利逐渐靠近中心的福利，二者最终都会超出以前的水平。这为区域合作提供了经济学角度的支持。

这个模型也可以借用到非物质文化遗产保护研究上来。非物质文化遗产、物质文化遗产与旅游资源都有交叉关系，旅游资源以物质文化遗产为固定场所，游客在游历如自然资源、名胜古迹等物质文化遗产时，也可以同时体验非物质文化遗产。再者，非物质文化遗产本身具有一定的固定性，它有一定的传播领域、比较固定的性质，尤其是其文化场所、制品具有较强的固定性，符合中心—外围模型所定义的固定性。非物质文化遗产的体验者是可移动的，可将非物质文化遗产本身的价值视为 F，地理交通可理解为 t、π。当该项非物质文化遗产资源价值高，各个区域之间的往来交流方便，即运输成本低时，中心和外围之间的福利差距有可能逐渐缩小，两者都上升且超过以往的水平。也就是说，政府将非物质文化遗产当作文化产品，为获取利益而抢夺资源中心地位时，会出现三种情况：单一中心、无中心、多中心。如果一味分散行动、强调竞争，运输成本增加且福利水平有限。如果政府实现跨区域合作，聚合后的体验方式降低了运输成本，一段时间内中心的福利提高，外围的福利暂时偏低；一体化继续加强后，多地的福利都能得到提升，从而实现文化与经济的双赢、多地政府的多赢，这正是非物质文化遗产跨区域合作的意义所在。

（二）我国非物质文化遗产跨区域合作的法制思考和具体对策

非物质文化遗产跨区域合作具有很大的必要性和较为显著的实现可能性，已经得到国际和国内的相关指导。结合我国国情和一些具体案例，笔者在此提出一些对策和建议。

1. 政府主体

（1）内地范围。如果调整行政区划，能够在一定时间内某种程度上解决文化空间与行政区划不一致的问题。在整合物质文化遗产时发展，这个方法有过成功案例，比如张家界森林公园资源分布的三个邻县长期争得不可开交，后来在1990年年初将景区周边的行政区域统一起来，成立了旅游特区张家界市。但非物质文化遗产的流变性和可移动性很强，重新配置行政区域对非物质文化遗产更具可行性。再者，调整行政区划对政治、经济和社会稳定影响很大，缺乏可行性，应当慎重采用。

可行性最高的方法是各地政府联合申报、保护。非物质文化遗产相关法律法规应当做出规定，非物质文化遗产在多个同级行政区分布的，如果归属相同的上一级行政区，由该上级行政区统一协调；如果归属不同的上一级行政区，由这些上一级行政区的共有上级行政区统一协调。

下级行政区如果发现并重视非物质文化遗产的跨区域性及其同源性，可以而且应该主动向其他行政区提出联合申报、保护的建议；也可以向上级行政区提出联合申报的建议，必要时可以请求上级行政区予以协调。

　　（2）内地与港澳台。比如粤剧，2002年下半年香港提出"粤港澳三地文化合作"倡议。倡议提出后，粤港澳签署了《粤港澳艺文合作协议》，将"联合弘扬粤剧艺术，并适时向联合国提出申遗"的条款写入协议，拉开了粤港澳三地联合进行粤剧申遗的序幕。经过四年时间，2009年10月，粤剧成功被认定为世界文化遗产。其中，联合国教科文组织认可粤剧在两广、港澳以及海外的广泛流传范围，粤剧入选能够"增进中国与世界人民之间的文化交流，促进国与国之间的合作"①。粤剧申遗成功的原因，在于其全球性，也归功于粤港澳联合申报的优势，充分体现了中国境内和境外的合力。

　　再如妈祖信俗。妈祖信俗是我国第一个信俗类世界遗产，是中华文化的重要组成部分，它用强大的文化凝聚力将广大中华同胞联结起来。

　　对跨越多个行政区，并且经研究认定有助于加强区域间文化纽带和解决区域间政治、经济等问题的非物质文化遗产，国家和地方法律法规以及政策应当加以重视和适度倾斜。

　　（3）跨国合作。潮剧分布于粤东、闽南、台湾、香港和东南亚等地，广阔的流布区域是潮剧申报世遗的重要条件，也向我们提出了申报操作上的难题。为此，2011年2月，汕头市人大代表林少辉提交了与潮汕四市合作潮剧申遗的提案，提出联合中国香港地区以及泰国、新加坡等国家的文化部门共同申报。2009年3月14日，新加坡戏曲学院院长蔡曙鹏表示，在这次研讨会之后向联合国教科文组织申请将潮剧列为世界非物质文化遗产。

　　参考潮剧的保护，对有意愿申报世界文化遗产、与我国文化同源性强、文化交流协作关系良好的国家、地区可以向我国最高文化管理部门提出联合建议，国家应当予以政策、方法上的援助和资金支持。对具备申报世界文化遗产但未及时提出申报保护的地区，国家相关部门应当予以引导；对具备跨国合作条件但未提出跨国合作邀请的地区，国家相关部门应当给出建议；对已经开始跨国联合申报保护的地区，国家相关部门应继续予以支持和监督指导。

　　目前，《中华人民共和国非物质文化遗产法》针对境外组织或个人，指出："境外组织或者个人在中华人民共和国境内进行非物质文化遗产调查，应当报经省、自治区、直辖市人民政府文化主管部门批准；调查在两个以上省、自治区、直辖市

---

① 毛小雨：《粤剧的申遗与申遗后的粤剧》，载《南国红豆》2010年第2期，第5页。

行政区域进行的，应当报经国务院文化主管部门批准；调查结束后，应当向批准调查的文化主管部门提交调查报告和调查中取得的实物图片、资料复制件。境外组织在中华人民共和国境内进行非物质文化遗产调查，应当与境内非物质文化遗产学术研究机构合作进行。"对于这类加入外籍同胞进行的有关非物质文化遗产的活动，我国应当在非物质文化遗产相关法律法规中表现出宽容、欢迎、引导的态度，同时做好必要的保密工作。

2. 社会团体等其他保护主体

社会团体人力资源最集中，掌握的专业知识较多，能够调动的社会关系多，能够为非物质文化遗产跨区域保护提供丰富的人力资源和国内外社会关系，在一些难以由政府独立解决或直接接触的敏感问题上，社会团体能够起到非常重要的沟通、协调作用，和政府的功能互为补充。

比如，在我国国家级非物质文化遗产中，由企业单独申报的有中国北京同仁堂（集团）有限责任公司申报的同仁堂中医药文化，由政府与社会团体、科研机构等联合申报的有中国艺术研究院、江苏省、浙江省、上海市、北京市、湖南省联合申报的昆曲，纯粹由社会团体、科研机构等申报的有由中国艺术研究院申报的古琴艺术等。

国家和地方法律法规应当指明，在非物质文化遗产保护中遇到跨区域问题时，可以由公民、法人和其他组织协调处理和提出申请，包括单纯由公民、法人和其他组织提出申请，以及与行政单位联合提出申请；并应充分肯定在国际层面和与国内两岸、港澳地区合作保护非物质文化遗产时公民、法人和其他组织起到的沟通协调作用，必要时政府提供政策和资金支持。同时注意保持公民、法人和其他组织的力量的纯粹性，减少对社会团体、科研机构的行政干扰。

3. 项目整体保护模式

《保护世界文化和自然遗产公约实施指南》将"文化线路"定义为"一种陆地道路、水道或者混合类型的通道，其形态特征的定型和形成基于它自身具体的和历史的动态发展和功能演变；它代表了人们的迁徙和流动，代表了一定时间内国家和地区内部或国家和地区之间人们的交往，代表了多维度的商品、思想、知识和价值的互惠和持续不断的交流；并代表了因此产生的文化在时间和空间上的交流与相互滋养，这些滋养长期以来通过物质和非物质遗产不断地得到体现"。

"文化线路"的整体保护模式完全可以应用到非物质文化遗产领域中。国家法律法规应该鼓励点状、线状、点线状结合的非物质文化遗产形成跨区域整体申报与保护。同时，考虑到跨区域保护涉及的行政区域较广，每个国家、地区的政治管理体制不同，保护水平、进度也不同，在申报成功后应当将整体项目分成各个子项目，分阶段、分项目地监督跟进，形成一个总项目与子项目结合的共享成果的完整系统。国家与地区法律法规也应鼓励在项目进行中建立专门的国际合作、国内合作的咨询机构，负责项目的整体把握和子项目的监督跟进。

四、结语

综上所述，冼夫人信俗可以而且应该尽快实行切实的跨区域合作，联合粤、琼、桂等内地省份与港澳地区、海外的行政力量与社会团体等其他主体，在国内县级市、地级市、省、特别行政区和国外形成多层级、广范围的跨区域保护系统。系统包括政府和与冼夫人信俗有关的社会团体、企事业单位、个人等主体，两种主体互补互助，促使系统良性运行。可以仿效粤剧申遗，与港澳地区合作申报，并且加强对海外资源的研究整合，密切联合海外人力关系，增加申报遗产的人力资源和文化资源。

我国幅员辽阔，历史文化积淀深厚，非物质文化资源丰富多彩。然而复杂的地缘关系和多元的利益主体致使各行政区的非物质文化遗产保护变得盲目，也造成了非物质文化遗产资源重复浪费和资源闲置、同构的问题。同一项非物质文化遗产资源被切割成多个部分，各个部分的内涵和功能大大小于整体的内涵和功能。同一项非物质文化遗产在各行政区的组成部分都流传着同样的文化基因，拥有同样的文化源头和相似的文化内涵及形式。无论流变如何相异、时空跨度多大，它们之间永恒的同源性、相近性都是无法改变的。这是非物质文化遗产跨区域合作的根本前提。资源的共生性则提供了合作的动力。文化资源之间可以而且本来就能共存共生，优胜劣汰、强者生存的竞争关系只是人们为争夺利益而找的借口。借鉴中心—外围理论，还能证明跨区域合作反而能产生最大的受益面，为跨区域合作在利益上提供了合作的可能性。

在实操层面，要将主体分为政府和社会团体等其他主体。在政府方面，不同级别的行政区之间要摒弃地方保护主义，坚持互信互利的原则，上一级行政区要加强对下一级行政区的引导、监管和支持，下级行政区要主动联合、主动申报和主动保护。这些原则与方法应当在国家和地方法律法规中得到体现，并且各层级法律保持一致，形成制度化、多层级的非物质文化遗产保护机制，这有利于非物质文化遗产保护工作的良性开展。尤其要注意在联合港澳台方面的法律指导和工作技巧，举办学术讨论和政府交流，加强各方面的联系协调。国家和地区还应当具有跨国合作的眼光和勇气，并通过法制建设提供法律保障和法律规范。

在社会团体等其他主体方面，要予以公民、法人和其他组织充分的调研、整理、申报、保护的参与权，以物质奖励等形式尊重和推动他们的工作成果，充分发挥他们与政府互补互助的沟通协调作用。国家和地方法律法规应当指明，在非物质文化遗产保护中遇到跨区域问题时，可以由公民、法人和其他组织协调处理和提出申请，并减少对他们的行政干预。在法律法规予以保障之后，逐步将其他主体与政府在跨区域合作上的经验推广到全国和国外，以优化我国非物质文化遗产的运作体系。

同时，可以借鉴"文化线路"的整体保护理念，将各个行政区联合起来，鼓励采用点状、线状、点线状结合的非物质文化遗产整体保护方法。另外，要考虑经济水平、政治管理、人文环境和文化保护水平及进度的不同，应当将整体项目分成各个子项目，分阶段、分项目地监督跟进，形成一个总项目与子项目结合的共享成果的完整系统，并由专门的政府部门、社会团体等主体加以监督引导。

我国非物质文化遗产跨区域法制建设与保护经验、成果不足，需要我们做更深入的调查研究。可以结合经济学、旅游学、历史学等学科，参考"文化线路"、中心—外围等理论，大胆探索更具创新性的保护视角。我国非物质文化遗产的文化空间与行政区域的地缘关系比较复杂，这给跨区域保护增加了许多困难，需要文化工作者、学者和公众给予更多的耐心和信心，善于总结跨区域合作的经验成果，逐步提高跨区域合作的效率。相信我国非物质文化遗产的跨区域合作会在法制化、规范化、学科化的轨道上走得更快、更远、更好。

西溪地区蒋村龙舟胜会的调查研究[①]

郑海健[②]

蒋村位于杭州西溪国家湿地公园中心,每年农历四月二十四日这天开始,至五月十三日小端午止,蒋村乡民都会自发地在村里举行请龙王祈求平安等一系列祭祀活动。端午节当天是整个祭祀活动的高潮,其中的重要内容就是划龙舟。蒋村的划龙舟极具特色,它对考察江浙一带水乡龙舟文化以及群落迁徙有着重大的研究价值,但这一项非物质文化遗产现在也面临着消亡的危机。本文从法律保护的角度出发,给蒋村龙舟胜会习俗的保护提出了几点建议,以供参考。

一、西溪蒋村龙舟胜会的历史渊源

蒋村地处杭州城西,距市中心约6公里,坐落于西溪国家湿地公园的核心区域,总面积14.5平方公里,截至2008年年末,常住人口有1.48万人,外来人口有3.6万人,下辖12个行政村(社区)、1个居委会。2009年11月,西溪国家湿地公园被列入国际重要湿地名录,是我国第一个集城市湿地、农耕湿地、文化湿地于一体的国家湿地公园。蒋村于唐代开始有人居住,相传唐初有蒋姓村民由太湖流域随渔船南下,经运河进入西溪境内。他们以捕鱼为生,并开垦荒地,于河渚一带定居下来。蒋村之名,始于南宋,当时属钱塘县蒋村里。清代曾建市,民国时期设立蒋邱乡,1984年设立蒋村乡,1996年划归西湖区。

龙舟胜会是蒋村的传统习俗。龙舟最早见于古文献是在战国中期。关于龙舟竞渡的起源,流传最广的是纪念楚国爱国诗人屈原的故事。西溪蒋村龙舟竞渡的起源,则和水患有关。唐朝时,蒋村地区河港纵横,水网密布,人烟稀少。每当入夏,都会遭受西来山洪的侵袭。人们在入夏之际供奉龙王,恭请其下船,巡游河港,求其不再发大水肆虐百姓,伤及河田。

《梦粱录》记载:"(二月)初八日……龙舟六只,戏于湖中。其舟俱装十太尉、七圣、二郎神、神鬼、快行、锦体浪子、黄胖,杂以鲜色旗伞、花篮、闹竿、

[①] 此文为教育部人文社科基地重大项目"非物质文化遗产保护法制建设"的研究成果,完成于2012年6月,修订后收录入本书。

[②] 郑海健,中山大学中文系、中国非物质文化遗产研究中心2009级硕士研究生。

鼓吹之类。其余皆簪大花、卷脚帽子、红绿戏衫，执棹行舟，戏游波中。"①

到了明代，西溪有位告老还乡的洪尚书，见家乡的水患不去，便带领乡亲修西溪大塘，疏沿山河、余杭塘河，开闲林港、何母港、五常港、御林港和紫金港，水患从此不再。每年的农历五月初一，乡民自发在村里请龙王，供龙王，吃龙舟酒，谢龙王。到了端午，西溪各乡村的大小龙舟就汇集到蒋村的深潭口村举行龙舟比赛。自此，蒋村龙舟声名鹊起。

钟毓龙的《说杭州》记载：到了清朝，杭州每年农历五月"自初一日至初十日，西湖有龙舟竞渡之戏（南宋时禁烟节必有之）。舟约四五只，长各四五丈，头尾均高，彩画如龙形。中舱上下两层。首有龙头太子及秋千架，均以小孩装扮。太子立而不动，秋千则上下移动。旁列十八般武器，各式旗帜。门列各枪。中央高低竖立彩伞，尾有蜈蚣旗。中舱下层，敲打锣鼓，旁坐水手，划船若做胜会，大看船停泊湖中，龙舟四围圈转鱼贯而行。如抛物件，各龙舟水手争抢，最难者莫如钱、鸭二物。钱则入水即沉，鸭则下水游去，各有争逐，大有可观……城里东河中也有。自艮山门来者，以宝善桥之彩虹渡为经点。湖墅诸坝各埠，龙舟多至数十艘，无不往朝半山，归必齐集于东新关。观者杂沓，不减湖中"②。龙舟活动因延时较长，影响农事，曾多次被禁，但仍难禁绝。郊区农村，每年端午前后仍有活动，以余杭蒋村一带最盛。

二、蒋村龙舟胜会的传承状况

自明代开始的数百年间，蒋村的端午龙舟胜会从没间断过。蒋村龙舟的传承人众多，在蒋村，只要是男人，都会划龙舟。至今，每年端午节的龙舟胜会仍为蒋村的一大习俗。蒋村龙舟胜会的传承状况见表1。

表1　蒋村龙舟胜会的传承状况

传承内容	传承人	性别	流传区域	采录者	备注
赤膊龙舟	蒋村人	男	西溪一带	邵富瑛	
《满天装龙舟》（故事）			西溪一带	邵富瑛	收入《西溪故事》（云南××出版社2005年版）
满天装龙舟（制作）	沈德玉 蒋子林	男	蒋村街道	邵富瑛	被列入西湖区非物质文化遗产保护名录

① 〔宋〕吴自牧：《梦粱录》，浙江人民出版社1984年版，第7页。
② 钟毓龙：《说杭州》（增订本），浙江人民出版社1983年版，第438页。

（续表1）

传承内容	传承人	性别	流传区域	采录者	备注
龙头雕刻	蒋子林	男	蒋村街道	邵富瑛	被列入西湖区非物质文化遗产保护名录
蒋村龙舟舞蹈	—	—	杭州	梅玉萍	—
龙舟协会	赵梨萍	女	西湖区	邵富瑛	—

蒋村龙船与众不同，龙头模式各种各样。蒋子林，现年67岁，家住蒋村街道深潭口社区，掌握龙舟祭祀的礼仪，又会设计龙舟、雕刻龙头，是蒋村龙舟的代表性传承人之一。蒋子林在孩提时代就很喜欢看龙船，8岁时围着木匠师傅学着用南瓜当材料雕刻龙头。15岁时自学木匠技艺，制作小家具，雕刻玩具。17岁时雕刻出村里第一个龙舟龙头，受到村中长辈的好评。蒋子林雕刻龙头特别讲究，以樟木作原料，雕工细，下嘴巴能开能闭，龙角、鹿角形尖，特别是满天装龙头选用樟木为原料，雕刻出长100厘米左右、直径55厘米左右的龙头。半天装龙头长65厘米左右，直径40厘米左右。赤膊龙舟龙头55厘米左右。这三种龙舟的龙头各有不同的特征，彩漆多色，配金粉漆格外显眼。划龙舟时水从口出，龙头能摆动，活灵活现。目前，蒋子林老先生的手艺由儿子蒋红本传承。蒋村赛龙舟的习俗仍保留着，但会设计龙舟、雕刻龙头的师傅的技艺传承情况非常不乐观。

（一）龙舟制作及保养

龙舟制作的重点在龙头，因为龙头雕刻在色泽、工艺上有特殊要求，所以成为龙舟制作的点睛之笔，也是历来龙舟胜会吸引人眼球的浓墨重彩之处。因龙头直接与水接触，故要上漆。漆有底漆及红、绿、白、黑、蓝各色彩漆，根据要求选取。制作过程如下：

（1）选材。根据所刻龙头的尺寸规格，选取大小不一的木料，以香樟树的材质为最佳，其他木料均可。但据传，檫树的木料不能用，因檫树雕刻出来的龙头不听掌舵人的使唤，自己会东斜西撞，所以一般不用檫树的木料。木料大小一般为52厘米或46厘米，宽25厘米，高22厘米。

（2）绘图。在选取的木料上画上龙头图案并雕刻纹路，以保证雕刻左右对称、格律统一。

（3）雕刻。在描绘好的木料上用凿子等工具雕出龙头形状，此工序一般需要8个工作日，最快也需要5个工作日。

（4）上漆。将雕刻好的龙头先刷一层底漆，等底漆干了之后，用红、绿、白、蓝、黑等各色油漆在龙头上绘出龙腾云驾雾之风采。

蒋村龙舟的保养时间一般选择在炎热、干燥的夏天，保养分三步进行：

（1）浸洗。首先把要保养的龙舟灌满水，使之充分浸没两三天，这样可以使附着在船体上的垃圾软化，使之易于清洗。两三天后，用稻草或清洁球清洗船身，船里船外都要清洗干净。

（2）晾晒。船洗干净之后，要把它从河里推到岸上，选择阳光充足的地方，架空晾晒一周左右。在晾晒期间还要给船翻身，使船体内外完全干燥。如遇下雨，还须盖上雨布，以免船只受潮。

（3）上油。这是最关键的一步，船只晒干之后，先检查一下船身有无破损或渗漏。如有则需修补，修补完后再上桐油（桐油为保养船只专用油），一只船一般上两遍油方可。等油自动沥干后，将船置于通风的船棚之内，来年端午即可直接下水。

（二）龙舟胜会的过程

在蒋村，有"端午大如年"的说法，可见，端午节是蒋村人最重视的节日。蒋村当地有句话叫"食唠龙船廿四开"（食唠，含贪、馋、喜爱的意思），意思是从农历四月二十四日这天开始，以自然村（组）为单位，进行划龙舟。至五月十三日小端午止，蒋村乡民自发在村里请龙王以祈求平安。在祭祀过程中，家家吃粽子、挂艾叶、吃"五黄"、挂香袋。端午节当天是整个祭祀活动的高潮，其中的重要内容就是划龙舟。蒋村的划龙舟注重表演性、娱乐性，不注重竞技性，一两百条龙舟汇聚在村中深潭口洋，先划过深潭口洋的四周，再到深潭口洋中间原地做载泥坝（360°旋转）。

端午，蒋村龙舟活动有请龙王、趁景、吃龙舟酒、龙舟竞渡、谢龙王等传统程序，现在这些程序均得到了完整的保留。端午划龙舟的一切事务由当年轮值的龙舟头负责操办。龙舟头由自然村按户按年轮值，从当年划完龙船谢龙王之后接手，将龙王请回家，择家中高且明亮之屋保存，到来年端午划完龙舟谢龙王后交下一任龙舟头。

端午当日，在龙舟头家门前的场院上，早早地搭起了炉灶大棚。划龙舟的事，是村里男人们的大事，女人们是不能插手的。端午日，不论有多忙，不论在外有多远，村里的男人一定都会赶回家。划龙舟为的是求龙王保佑风调雨顺，保佑家家户户人丁兴旺。这是西溪农村里最大的事情，同时也是全村男人们一年中唯一齐聚在一起的日子。

上午9时左右，龙舟头家的堂屋正中已摆好了供桌，供桌上摆放了鱼、肉（从前是猪头)、糕点、瓜果和锡纸银元宝等祭品。布置停当，鞭炮炸响，众人在龙舟头的率领下，由锣鼓开道，从自家顶楼恭恭敬敬地请出两尊龙王，敬请上供。在锣鼓鞭炮声中，在烛烟缭绕之中，在热热闹闹之中，所有人一一向龙王跪拜叩头行大礼。这叫"请龙王"。而后，人们分成两拨，一拨准备龙舟酒水，另一拨在龙舟头的带领下装扮龙舟。

　　蒋村的龙舟有三种样式，分别是满天装龙舟、半天装龙舟和赤膊龙舟。

　　(1) 满天装龙舟。高船帮，两头尖，船身通体彩绘龙鳞。船上建有牌楼，牌楼上彩绘或雕刻三国、水浒故事。船上两侧及中间插有装饰大凉伞三把、小凉伞十把，小三角旗28面、飞虎旗十面、大帅旗一面、小帅旗十面，横幅两块。船头龙王后有木雕太子像一座，其上有大伞旗一顶。船尾插有龙纹大旗两面、大百脚旗一面。船上人员24人，包括划手十人，避艄、踩艄各一人，敲钹、打小锣、打锣、打鼓、吹号、吹唢呐等器乐手十人。满天装龙舟是所有龙舟中最大的，是万岁龙舟。现存只有蒋村乡深潭口村石塘角自然村和蒋家兜自然村各一条。

　　(2) 半天装龙舟。低船身，无彩绘，与普通农家船无异。除船头龙王后没有木雕太子像和船尾没有百脚大旗外，其余船上牌楼、角旗、大小伞旗等装饰与满天装龙舟相似。人员配置与满天装龙舟相仿，只是器乐手为四人，共18人。半天装龙舟是龙舟中的"老二"，是九千岁龙舟。现在全西溪有12条半天装龙舟。

　　(3) 赤膊龙舟。船身与半天装一样，船上除龙王外无任何装饰，船上划手十人，敲钹、小锣、锣、鼓各一人，避艄、踩艄各一人，共计16人。该龙舟因人们喜欢赤膊划船，故被称作"赤膊龙舟"。蒋村街道各个自然村均有超过一条的赤膊龙舟，现共有赤膊龙舟136条。

　　此外，还有泼水龙舟，也叫"乌头龙舟"，船身与赤膊龙舟一样，龙头用黑布包住，等胜会结束时便用火烧掉，谓之"放龙归天"，名为"斋龙王"，来年需重新打造。

　　端午当日需装扮一条半天装龙舟、一条赤膊龙舟。装扮半天装龙舟要花费两三个小时。众人装扮完半天装龙舟已时近中午，再一次鞭炮锣鼓齐鸣，大家簇拥着龙舟头，由龙舟头送龙王下船。装扮完毕的龙舟要试一下水，先在村里河道划三圈，再出村去划一圈。这叫"趁景"。

　　龙舟"趁景"回村，龙舟头家里，酒水早已准备妥当。全村老少男人齐聚龙舟头家，大碗喝酒，大块吃鱼、吃肉。这叫"吃龙舟酒"。

　　吃过龙舟酒，时间在下午1时左右，龙圩头村的一大一小两条龙舟出村去深潭口村的古樟树下赛龙舟。两条避艄船也尾随而去。避艄船用于救助因龙舟被碰翻而落水的人员。每条龙舟都配备有一条避艄船，沿河岸而泊，随时准备救援。

在深潭口狭窄的河道里，西溪各个乡村几十至上百条龙舟在那儿打转，你挤我拥，桨手在鼓声的指挥下奋力往前划。艄公一蹲一起，龙舟头在上浮与下沉中压出漂亮的水花，水从龙嘴中喷出，胜似真龙再现。赛龙舟赛的不是速度，而是划船的技巧和满天装、半天装龙舟的巡游展示。十里八乡的人赶来深潭口村，观看一年一度的赛龙舟，人们为自己村的龙舟叫好，也为漂亮的满天装、半天装龙舟喝彩，更为被碰翻的龙舟欢笑。

下午三时左右，龙船渐渐散去，各自回村，深潭口村又恢复了宁静。两条装扮完的龙舟也回到了村里。龙舟头在锣鼓声中请龙王上岸回家，再进行供奉。这叫"谢龙王"。谢完龙王，下一任龙舟头在锣鼓声中把龙王请回家，连同锣鼓一起保存好。旗伞入箱，桨船入仓，待来年端午日再赛龙舟。早些年，龙舟回村后，女人们纷纷从龙舟里舀龙舟水，拿回家去洗门板。她们认为龙舟水吉利，能避邪，保佑家族人丁兴旺。

赛龙舟的经费来源。农历五月初一开始，各个自然村的龙舟都出动，去村里募捐，家家户户都备好了钱款、烟酒，只等各村龙舟上门，给多给少，全看亲疏关系。龙舟在前敲锣打鼓，避稍船在后接钱接物。这钱物就是用于端午日操办龙舟酒。这叫"讨飨"。讨飨这一习俗在数年前渐渐被人们弃用。现今的方法是，在自然村里，按所有人头计算，大人算一股，16岁以下算半股，均摊。

三、蒋村龙舟胜会保护的必要性

（一）蒋村龙舟胜会的传承困境

蒋村龙舟是西溪文化的活化石，它保存了西溪湿地一带的风土人情、社会习俗和民间信仰，但龙舟胜会这一习俗正面临着消失的危险。因为雕刻龙头和打造船只的工匠在蒋村只剩寥寥几人，且后继乏人；装饰龙舟的旗帜、围幔、刺绣，杭州已无人能做，要到苏州、绍兴、丽水等地请别人做。

此外，因为西溪国家湿地公园的保护和建设，原蒋村全部村民往外迁移，不得随意进入原水域划船。2005年开始，每年端午，都需蒋村街道政府与湿地管委会协调好，村民才能进入深潭口景区赛龙舟。这对蒋村村民的热情是一个很大的打击。民俗活动离开了特定的场所也就失去了它的意义。现在的年青一代搬进农居公寓集中居住，离开原门前屋后都是小河港的居住环境，没有了环境的熏陶，他们对龙舟胜会的热情急速减退。

（二）蒋村龙舟胜会的价值

龙舟胜会这项传统习俗不仅仅是一项传统、一种仪式、一类手艺，这项习俗活动还有很多方面的价值和功能供我们挖掘。

1. **艺术价值**

蒋村龙舟本身就是一件艺术品，它的装饰有许多名堂，有满天装龙舟、半天装龙舟、泼水龙舟等。龙舟用香樟木雕刻成龙头和龙尾，分插在船的前后端。船上搭有牌楼，牌楼上雕刻有精美的《西游记》《三国演义》等神话传说，船身遍插牙旗作为龙鳞，还配有幡旗、顶幔等装饰，刺绣千姿百态，有腾龙、飞凤、金刚、麒麟等祥瑞之物。

2. **教育导向价值**

蒋村龙舟是西溪文化的活化石，龙舟节的生命力源于屈原的爱国思想。我们说，龙舟竞赛能广为流传且历代统治者和人民热衷于此的源头在于悼念伟大的诗人屈原，而屈原思想的核心是爱国主义。

3. **文旅资源价值**

蒋村龙舟有浓厚的地方特色，每年农历五月初五端午节，八社四镇的村民都会从四面八方聚集到蒋村乡深潭口，敲锣打鼓划龙舟。龙舟胜会更是蒋村街道挖掘旅游资源、发展社会主义新农村经济、实现乡村振兴的核心所在。西溪国家湿地公园的深潭口民俗区定期开展龙舟表演，弘扬了西溪文化，推广了西溪品牌，吸引了大量的海内外游客，成为展示民族文化、民俗习惯、民俗特色的文化亮点，同时也能带动周边地区的"三产"消费，增加当地老百姓的收入，真正体现"朝阳产业，无烟工业"的优势。

四、有关非物质文化遗产的法律保护

虽然蒋村龙舟胜会已经被列入第三批国家级非物质文化遗产名录，对其的保护也引起了政府和民间的重视，但是由于我国的非物质文化遗产保护起步晚，在立法和制度等方面都不够完善，年青一代保护意识淡薄，龙舟制作技艺面临后继乏人等问题，致使蒋村龙舟胜会的生存和保护现状不容乐观。本文拟从法律保护的角度进行探究，借鉴国内外的各种法律措施，通过已经正式实施的《中华人民共和国非物质文化遗产法》强化对其的保护，加快对有关习俗活动的立法，加大各级政府的资助、扶持力度等举措，切实、有效地推进蒋村龙舟胜会习俗的保护和传承。

（一）国内非物质文化遗产法律保护

现行《中华人民共和国宪法》第二十二条规定："国家保护名胜古迹、珍贵文物和其他重要历史文化遗产。"此处的"其他重要历史文化遗产"应包括有形的物质文化遗产和无形的非物质文化遗产。这为我国制定非物质文化遗产保护法提供了宪法依据。

《中华人民共和国著作权法实施条例》第四条对作品的形式进行了具体的列举，

此处所列举的作品应包括与非物质文化遗产相关的作品。2013年国务院修订的《传统工艺美术保护条例》通过实行传统工艺美术品种和技艺认证制度、命名中国工艺美术珍品、授予中国工艺美术大师称号等措施保护了一大批传统工艺美术品种。此外，《中华人民共和国非物质文化遗产法》于2011年6月1日正式开始实施。

（二）国外非物质文化遗产法律保护

目前国外非物质文化遗产保护模式主要有两种：一种是以日本、韩国为代表的行政法模式，另一种是以美国、突尼斯为代表的知识产权法模式。

1. 日本的相关规定

日本于1950年通过了《文化财保护法》，这也是世界范围内第一部将文化遗产纳入基本大法之中，并第一次提出了"无形文化财"概念的法律。根据规定，文化财里就包括无形文化财，从1954年到1996年，《文化财保护法》经历了四次修改完善。日本各地方自治体，即县、市、町、村各级政府，根据《文化财保护法》，先后都制定了"指定无形文化财的技艺保持者及保持团体的认定基准"法案，以增强各地方对无形文化财的保护意识。比如，东京都和京都府分别于1977年1月和1982年12月率先制定了前述基准。

2. 韩国的相关规定

韩国于1962年1月出台《文化财保护法》（1964年实施）。该法将文化财分为四项，其中一项就是无形文化财，它指具有重大历史、艺术和学术价值的戏剧、音乐、舞蹈、工艺、技术等无形的文化遗产。此外，还颁布了一系列行政法律法令，如《文化产业振兴基本法》《文化财保护法施行令》，逐步完善并健全了民族文化遗产保护与利用的法律网络体系。

3. 美国的相关规定

美国在专利法保护方面，设立了特殊的IDS规则，即信息披露说明书规则。根据该规则，在判断非物质文化遗产是否属于在先技术方面，美国的做法是：国外公开使用的非物质文化遗产不构成在先技术，书面公开的非物质文化遗产应构成在先技术。在商标保护法方面，美国于1990年制定了《印第安艺术和手工艺法》，于2001年建立了美国土著部落官方徽章数据库。

4. 突尼斯的相关规定

突尼斯的知识产权法模式主要体现在著作权法保护方面。于1976年制定了《突尼斯版权示范法》，明确界定了"民间文学艺术"的定义和范围，将包括民间艺术在内的非物质文化遗产归入著作权法保护范畴之中。1994年该法修正后规定："民间文学艺术作品是国家传统的组成部分。民间文学艺术的任何商业利用都应当获得文化部的许可，并支付一定的使用费。"

五、蒋村龙舟胜会的法律保护建议

蒋村为了开展对龙舟胜会习俗的保护工作，早在2004年就申报了杭州市首批民间文化艺术资源保护工程项目，2005年获批成功，为蒋村龙舟保护工作提供了经费上的保障。入选国家级非物质文化遗产名录后，蒋村龙舟胜会更加注重保护与传承，但仍存在一些问题。

第一，当地村政府注重保护蒋村赛龙舟的习俗，却忽视了对设计龙舟、雕刻龙头这些手艺的传承和保护。传承人无法单一依靠制作龙舟、雕刻龙头这些手艺生存。这也是年青一代不愿意学习这门手艺的重要原因。所以，管理部门不仅要为龙舟胜会这一习俗提供资金支持，更要对传承人给予经费资助，给愿意学习这些手艺的年轻人以专项补贴，补贴最好能高于当地民众的人均收入，并提供一系列医疗保障，以利于提高传承人开展传承活动的积极性。

第二，现行《中华人民共和国商标法》无法满足蒋村龙舟胜会民俗文化的保护需求。蒋村龙舟胜会民俗文化有其独特的价值属性，可以进行商业开发利用，形成文化产业。虽然特色节庆活动的开发可以申请商标保护，用地理标志、证明商标、集体商标的制度来保护蒋村龙舟胜会这一民俗文化，但商标法的目的是保护商标权人的财产权，无法保证让即将消亡的优秀民俗文化传承下去，所以无法满足蒋村龙舟胜会民俗文化的保护需求。另外，龙舟设计、龙头雕刻工艺等民俗可以适用《中华人民共和国专利法》，但由于专利的新颖性和创造性，这项工艺可能无法受到专利法的直接保护。因为专利权制度主要是对创新的激励机制，若将传统文化纳入专利权的保护范围，那么其必须满足专利权制度所要求的条件：有完成发明的日期、一个或多个发明人的身份、相关产品的限定参数及有限的保护期等。但是，龙舟胜会习俗是很难遵循上述原则的。

经过调研，本文对蒋村龙舟胜会保护提出以下建议。

（一）关于立法的形式

由于端午节赛龙舟在我国是一个比较普遍的节日习俗，蒋村龙舟胜会可以联合其他地方的端午赛龙舟习俗，共同向立法部门申请以行政法规的形式制定端午龙舟习俗非物质文化遗产保护条例，系统规定赛龙舟习俗的保护制度。因为，赛龙舟习俗是我国优秀传统文化遗产的重要组成部分，具有较高的历史传承价值、爱国主义教育价值、文旅资源价值、经济开发价值，对其进行保护应属于政府的职责范围，而且用行政法规的形式较为合适。

（二）设立专门的保护机构

《保护非物质文化遗产公约》第十三条要求各缔约国"指定或建立一个或数个主管保护其领土上的非物质文化遗产的机构"。国外一般都设立专门的机构负责非物质文化遗产保护工作。如日本设置了文化财保护审议会，韩国成立了文化财委员会，意大利政府专门设有文化遗产部，由这些专门的部门负责非物质文化遗产保护工作。国内的非物质文化遗产保护工作也可以借鉴这种模式。上级政府文化部门设立专门的文化管理机构，比如杭州市非物质文化遗产保护中心是国家级非物质文化遗产代表性项目保护单位，可以由其统领蒋村龙舟胜会民俗的保护工作，通过下设专家委员会，实现蒋村龙舟胜会民俗保护工作的持续性和及时性。

（三）知识产权保护

利用知识产权相关法律保护非物质文化遗产工作中的一大问题是，无论是著作权还是专利权，都面临一个保护期的问题。但是如果通过使用商标权对其进行保护就可以解决，因为商标权的保护期可以通过不断续展而长期存在，而且也与非物质文化遗产的传承性相暗合。同时，权利人可以申请注册集体商标，商标权的主体就为集体所有，这与非物质文化遗产的群体性特征相一致。

在原住民社区利用传统资源经过传统工艺加工的商品、工艺品，或者反映原住民社区传统习俗的仪式，甚至提供的民俗体验活动，都可以注册商品商标和服务商标。由于这种商品、工艺品或习俗，可能不是单一属于某一生产者或服务者，而是由若干生产者或服务者组成的集体组织，蒋村社区可以通过以团体、协会或其他组织的名义注册集体商标和证明商标的方式，供该组织成员在相关活动中使用，以表明若干生产者或服务者所制作的工艺品或者举行的仪式具有相同的质量和规格，并且用以证明该商标的原产地、制造方法、质量或者其他特定品质。这样可以使蒋村所持有的龙舟胜会习俗这一非物质文化遗产得到商标法的保护。

通过注册后的商标，可以保证如未经原住民社区许可，原住民社区以外的人不允许注册原住民社区的原有习俗或手工艺等。这既保护了蒋村龙舟胜会习俗的经济利益，又保证了蒋村龙舟胜会习俗不会因被外界篡改形式或者表现内容而发生传承上的歪曲和失真，确保其能按传统延续下去。

商标模式的保护与非物质文化遗产的保护最为接近，不需要做概念上的重大变化，特别是地理标志目前已经在非物质文化遗产的商业开发保护中起到了十分重要的作用。如云南白药、贵州茅台等。因此，我们应当充分挖掘地理标志方式保护的范围，拓展更多的商标法保护途径。

（四）立法鼓励文化产业大力宣传蒋村龙舟胜会民俗文化

韩国对民俗文化的保护除了依赖政府制定的法律法规，还受益于韩国商业炒作和旅游业的发展。所以，对蒋村龙舟胜会习俗的保护，我们不妨借鉴韩国人的成功经验，大力发挥当地文化产业的力量，促使蒋村龙舟胜会习俗的保护能够自己"造血"，创造经济价值，由传统的政府、社会直接出资负担对其的被动保护转化成政府给予政策引导、法律支持，社会企业给予投资，促进其健康发展的主动保护。因此，当地政府可以注意以下三点：

1. 鼓励文化产业的正当宣传

文化产业以民俗文化为经营对象，不得做出破坏蒋村龙舟胜会民俗文化的行为，不得为了迎合消费者的口味，任意篡改、歪曲蒋村龙舟胜会民俗文化，拒绝一切低俗、恶俗文化的侵入。文化产业可以根据蒋村龙舟胜会民俗创造出具有蒋村龙舟特色的文化产品。例如，根据蒋村龙舟胜会的来历、蒋村龙舟胜会的仪式，以及江浙地区丰富的神话故事、典故等，创造出具有蒋村特色的音像制品，甚至可以拍摄电影、电视剧。例如，蒋村所在的景色迷人的西溪国家湿地公园也是因为电影《非诚勿扰》才为人所熟知。

2. 鼓励创新龙舟雕刻产品

蒋村龙舟极具特色，现存的比较有特色的满天装龙舟数量较少，而且掌握这门手艺的艺人面临后继无人的不利局面。所以，相关企业可以根据蒋村设计的特殊的龙舟以及蒋村历史上各种各样的特色渔船，仿制出相同的、较小的、适合摆放或者收藏的龙舟产品。

3. 鼓励开发蒋村龙舟胜会民俗旅游资源

人们对旅游的需求越来越倾向于文化旅游，因此可以结合畲族丰富的民俗文化，开发蒋村龙舟胜会民俗旅游资源。独特的水乡风情、龙舟胜会的各种仪式、龙舟竞渡及各种节庆都是蒋村民俗旅游的重要资源。蒋村民俗文化的商业化，可以是对蒋村民俗文化的继承，也可以是对蒋村民俗文化的创新，但创新不能背离蒋村民俗的真实意思。民俗文化的商业化要遵循可持续发展以及"在开发中保护，在保护中开发"的重要原则，实现文化、经济利益的双赢。

（五）通过立法确保蒋村龙舟胜会民俗文化保护基金的管理

蒋村政府针对蒋村龙舟胜会习俗已经成立了蒋村龙舟发展专项基金，对保护资金的来源和使用范围也有了相应的初步规划。依托西溪国家湿地公园的开发，蒋村水乡也掀起了新一轮旅游热潮，对蒋村龙舟胜会民俗资源取得的收入，立法征收相应的民俗资源税，将其归入保护基金。建议对蒋村龙舟胜会民俗开发者和旅游公司征收民俗资源税。

同时，立法规定政府设立专项扶持基金、鼓励民间个人捐赠可以成为保护基金的重要来源。虽然对民俗资源开征民俗资源税，但并没有免除国家、政府对民俗的保护责任。对蒋村龙舟胜会民俗文化的抢救、保护、传承，花费巨大，单单依靠民俗资源税是无法满足其需求的，政府仍然要定期投入资金，以弥补民俗保护资金的不足。扶持民俗的资金全由地方政府承担，无疑也不现实。民俗扶持资金无法到位，必将影响蒋村龙舟胜会民俗保护工作的正常开展。政府可以通过立法，鼓励企业、法人、个人投身蒋村龙舟民俗文化的保护工作。我国税收法规定了企业公益捐赠的优惠政策，《中华人民共和国企业所得税法》第九条规定了公益性捐赠支出的扣除及比例：企业发生的公益性捐赠支出，在年度利润总额12%以内的部分，准予在计算应纳税所得额时扣除。我们应该通过立法，引导、鼓励个人为非物质文化遗产保护工作提供资金支持。

和子四珍保护中的法律问题研究①

贺萍②

江西省吉安市永新县和子四珍是 2006 年的省级非物质文化遗产（以下简称"非遗"）项目之一，属于手工技艺类。它们是永新民间用自己生产的农副产品酱后晒制而成的绿色营养食品。和子四珍保护工作困难重重，其中之一便是字样和标志的乱用，这使得市场上的产品良莠不齐，制作工艺没有得到规范，不仅损害了制作技艺的内涵和传承，也妨碍了产业化经营。本文希望在对和子四珍名号使用混乱问题调研的基础上，剖析原因，提出手工技艺类非遗的法律保护建议。

一、前人研究综述

关于非遗知识产权保护的理论建设和法律实践，国内外已有不少成果。国际上通过的《商标国际注册马德里协定》③、《保护原产地名称及其国际注册里斯本协定》④、《与贸易有关的知识产权协议》⑤ 等从法律层面肯定和规定了非遗的知识产权保护。尽管国内在 2011 年 6 月前没有针对非遗知识产权保护的单行法，但《中华人民共和国非物质文化遗产法》（以下简称《非物质文化遗产法》）、《国务院关于加强文化遗产保护的通知》等文件有明确提到保护非遗知识产权，《中华人民共和国商标法》（以下简称《商标法》）、《中华人民共和国商标法实施条例》（以下简称《商标法实施条例》）、《地理标志产品保护规定》等文件对涉及的文化遗产知识产权也有相关规定。在法学界或者是非遗学界历来也有很多的学者提出自己的意见，相关论文和专著不少。以上研究成果均表示非遗保护可以纳入知识产权保护的

---

① 此文为教育部人文社科基地重大项目"非物质文化遗产保护法制建设"的研究成果，完成于 2012 年 6 月，修订后收录入本书。
② 贺萍，中山大学中文系、中国非物质文化遗产研究中心 2009 级硕士研究生。
③ 《商标国际注册马德里协定》1967 年 7 月 14 日签订于斯德哥尔摩，于 1989 年 5 月 25 日生效，是用于规定、规范国际商标注册的国际条约。
④ 《保护原产地名称及其国际注册里斯本协定》1958 年在葡萄牙里斯本签订，是关于保护产品原产地地理名称的协定。
⑤ 《与贸易有关的知识产权协议》是世界贸易组织管辖的一项多边贸易协定。协议保护的范围包括版权及相关权、商标、地域标识、工业品外观设计、专利、集成电路布图设计、未公开的信息包括商业秘密等七种知识产权。

范畴，但是具体如何纳入、应该建立何种保护机制，学者们的看法略有不同。笔者所要论述的是手工技艺类非遗，特别是其中的农产品注册为地理标志的问题，在这点上可以找到很多认同的意见。

国际上对地理标志的保护，最早在1883年的《巴黎公约》中有所体现，但当时并无清晰的定义。《保护原产地名称及其国际注册里斯本协定》第一次明确了地理标志的概念。《与贸易有关的知识产权协议》继《保护原产地名称及其国际注册里斯本协定》后给地理标志下了明确的定义。该协议第二十二条规定："地理标志是指识别某一商品来源于某一成员的地域或该地域中的地区或地点的标识，而该商品的特定质量、声誉或其他特征主要产生于该地理来源。"我国2001年修订后的《商标法》也增设了地理标志方面的规定，其第十六条第二款规定："前款所称地理标志是指标示某商品来源于某地区，该商品的特定质量、信誉或者其他特征，主要由该地区的自然因素或人为因素所决定的标志。"

非遗保护可以纳入知识产权保护的范畴在理论界得到普遍认同，但是具体如何纳入、应该建立何种保护机制，学者们却有不一样的看法。张耕提出，非遗保护应该采用以知识产权保护为主，以反不正当竞争保护为辅的保护模式。[①] 赵方认为，利用传统资源经过传统工艺加工的商品、工艺品等可以注册商品商标或者服务商标，而且以团体、协会或者其他组织的名义注册，可供该组织成员在相关活动中使用。《商标法》对保护传统手工艺的重要性和适宜性在赵方的文章中得到肯定。他接着针对非遗商标权保护制度的建构提出初步意见，认为其应包含权利主体、权利客体、权利内容、权利限制等。[②]

农产品和非遗看似不相干，但是有些农产品融入了传统制作技艺，而这个技艺属于非遗。不少作为非遗的农产品被评选为省市级非遗，成为当地知名的商品，进入产业经营之中。目前，几乎没有关于和子四珍的专业性研究，相关材料零星见于部分史料和县志，如明万历六年（1578）的《万历永新县志》、清同治十三年（1874）的《永新县志》、1992年编的《永新县志》、2006年编的《永新县志》以及《和子四珍项目申报书》等。和子四珍的历史源流、发展现状、法律保护研究等亟待梳理。

[①] 张耕：《非物质文化遗产私法保护模式研究——以重庆市非物质文化遗产保护为例》，载《西南民族大学学报（人文社会科学版）》2010年第8期，第107页。

[②] 赵方：《对非物质文化遗产商标权保护制度建构的探讨》，载《河北青年管理干部学院学报》2010年第3期，第72–76页。

二、和子四珍的历史源流和发展现状

（一）产生环境及历史渊源

永新县地处赣西，东连吉安，南接井冈山，西与湖南茶陵山及江西莲花县毗邻，北与安福交界。永新县全县国土面积 2000 多平方公里，群山环绕的地形条件，加之四季分明、光照资源丰富的亚热带季风气候，使得永新一年收两稻，盛产糯米。山区环境孕育出优质的生姜和蜂蜜。这些季节性出产的食物常常要经过腌制、晒干、密封才能储藏下来。既可生吃又可熟食、既能解馋又能强身健体的和子四珍就是这样反复试制出来的。就地取材的和子四珍风味独特，制作工艺独树一帜。

关于和子四珍的历史渊源，当地流传着这样的传说：东汉建安年间，永新县有个孝子为治老母亲的常年咳病尝尽了百草，一次因误食毒花而不省人事。其孝心感天动地，于是玉帝派一神仙，教会他制作四珍。四珍治好了他母亲的病，也治好了更多穷苦百姓的病。从此，永新人争相学制四珍。唐开元年间，永新歌手许和子被召入宫。临行前，父母赠了一包四珍让她带入宫中。和子入宫后，依然按照家乡的习惯，早上喝酱姜汤，中午喝橙皮水，三餐不离酱萝卜，蜜茄也是从不离口。这样一来，和子声色不减，身体也十分健壮，唱起歌来中气十足，声音悠扬。唐明皇大喜，立即下令将永新四珍封为贡品，取名为"和子四珍"。①

东汉孝子和唐代许和子的传说被收入和子四珍 2006 年省级非遗的申报书中。笔者在县档案馆内共查找到四本县志，其中明万历六年的《万历永新县志》和清同治十三年的《永新县志》的"风俗篇"和"物产篇"均未提到和子四珍，"人物卷"也未提及许和子。1992 年版的《永新县志》的"生活习俗篇"记载："永新人喜食晒制的橙皮、酱姜、茄子、萝卜。80 年代，晒制品种日多，糖晒番茄、李子、梨片，酱制辣椒、瓜豆、香干，色香俱全、花样别致。"②这里并没有把晒制的橙皮、酱姜、茄子、萝卜合称为"和子四珍"。1992 年版的《永新县志》的"名人卷"中，许和子被列为唐朝第一人，但没有提到四珍因她而出名的事情。2006 年版的《永新县志》中正式出现"和子四珍"的词条，指出和子四珍包括酱姜、酱萝卜、橙皮和蜜茄，且提到四珍和许和子的渊源。和子四珍的传承人汤菊娥的传承时期是新中国成立前，同治十三年的《永新县志》是 1874 年编纂的，根据现有的资料，和子四珍的产生时间可能在 1874—1949 年之间，和唐朝的歌女许和子恐怕并没有关系。

---

① 《和子四珍项目申报书》，永新县文化馆，2006 年。
② 参见永新县志编纂委员会编：《永新县志》，新华出版社 1992 年版。

（二）和子四珍的工艺流程①

1. 起酱工序

将糯米饭蒸至八成熟后立即放入木抽屉中摊开，让其自然长出生物菌。然后倒入酱砵，兑入盖满长出生物菌米的水，曝晒成黄色酱米。

2. 原料加工工序

酱姜及酱萝卜的做法：选当年产的嫩姜，刮皮后洗净，晒干表皮水分，拌入酱内。然后，取优质白萝卜用盐腌制后晒干，将干萝卜洗净，用锅煮沸后捞出，晒干表皮水分，拌入酱内。

橙皮的做法：取当年长至半熟的橙子（开始长肉时），切成月牙形，或刻上各种简单的图案。然后倒入大锅内，放上适量铜制品（如铜锣、铜钱等）煮沸。保持绿色皮不变色，橙皮不烂、不变形。最后，捞出漂洗干净，挤干为止。

蜜茄的做法：取新鲜、大小适中的茄子，用竹针扎满洞眼，在锅内煮沸后捞出，洗净、挤干，拌入蜜糖。

3. 配料

酱姜、萝卜和米的比例通常为1∶1∶2。茄子和蜜糖的比例为1∶2。橙皮与白糖的比例为1∶1。

4. 晒制

首先是曝晒，除橙皮摊开晒外，其余三种都是用酱砵放置在太阳下曝晒。其次是翻晒，须不停地翻动砵内的食物，至糖汁被吸收为止。

5. 蒸

蜜茄晒干又蒸，蒸湿又晒，九晒九蒸直至成品。

6. 收坛

当晒蒸到一定程度时，一般是水分全干，其中橙皮及蜜茄糖汁全吸饱满呈透明状时，趁热气放入坛内。注意：若太干则不起糖霜，太湿又易变质。

7. 起沙

酱姜、酱萝卜入坛后一周左右起坛翻晒至热（20分钟左右），趁热继续收入坛内。如此连续两三次翻晒入坛，一月余即起沙。完成整个制作。

8. 相关用具

坛子、木抽屉、酱砵、甑、铜钱或铜盆。

9. 相关用料

糯米、生姜、萝卜、橙子、茄子、铜钱或铜盆。

---

① 《和子四珍项目申报书》，永新县文化馆，2006年。

（三）和子四珍的发展现状

永新每一户家庭生活中都少不了和子四珍，几乎每个主妇都会制作和子四珍。和子四珍的制作多以家庭作坊的方式来进行，但是随着代际更迭、永新经济的发展和对外交流的不断加深，这门传统技艺能否一直延续下去，笔者持怀疑态度。以下是笔者根据调研情况总结的和子四珍的传承情况。

（1）群体性。和子四珍的法定传承人虽然只有汤菊娥老人，但实际上会制作和子四珍的家庭十分之多。在和子四珍的起源地——枧田村，每一户人家都会制作和子四珍。而且在长期的流传过程中，和子四珍已经成为当地人必备的食物。

（2）传承人多为女性。笔者调查后发现，在诸多通晓和子四珍制作工艺的人群中，女性所占比例比男性高很多，其中，家庭主妇和工作较为清闲的女性比受教育程度较高、工作较为忙碌的女性更会制作和子四珍。当和子四珍的制作量增加，产品对外销售量增加，制作和子四珍的收入占家庭或个人经济收入比例增大时，男性从事和子四珍制作的比例逐渐增大。

（3）地域性明显。尽管和子四珍的制作技艺在永新县内广泛流传，和子四珍也在绝大部分家庭的餐桌上占据着一席之地，但它对外的影响力并不强。永新县以外的其他同省的县市对和子四珍还有所耳闻，可以购买到永新产的和子四珍，但在江西省外，很难看到它的踪迹。

和子四珍的发展现状如下：

（1）从原料到制作流程无明显变化。无论是代际的传承还是永新县内的传播，都恪守着原来的酱制手法，并无较大的创新。值得一提的是，和子四珍酱制的技艺已经拓展到更多的食品上。1992年出版的《永新县志》记载："永新人喜食晒制的橙皮、酱姜、茄子、萝卜。80年代，晒制品种日多，糖晒番茄、李子、梨片，酱制辣椒、瓜豆、香干，色香俱全、花样别致。到现在，市场上种类更多。枧田村酱制品厂还开发出酱制胡萝卜、笋尖、盐姜这些食品。"①

（2）对功能认识的改变。一直以来，和子四珍有药用和用作煲汤调味料两大功能。老一辈人中流传着"晨起吃酱姜，胜过喝参汤"的说法。随着食用保健品层出不穷，人们有了更多的选择，和子四珍的保健功能被淡化，用作煲汤佐料的功能留存下来。由此，和子四珍的食用方法也发生了改变，晨起吃酱姜、用橙皮泡茶、日食三片蜜茄、口含酱姜治晕车等食用方法逐渐被遗忘。

（3）存在断层的可能。伴随着城镇化的推进，农业经济规模缩小并逐步让位于第二、第三产业，从事农业生产的人口减少，人口流动量大。愿意固守在当地学习

---

① 参见永新县志编纂委员会编：《永新县志》，新华出版社1992年版。

和从事和子四珍制作的年轻人越来越少,多数"80后"年轻人对和子四珍的制作技艺只有模糊的概念,会制作且能制作出纯正产品的人已经不多了。此外,对和子四珍技艺缺乏工艺流程的科学分析和量化,使得和子四珍难以适应大规模的机器化生产;对产品功能认识的模糊则妨碍了它的推广。

(四)和子四珍的价值

1. 营养价值

永新酱萝卜不仅营养成分丰富,而且几乎所有的营养成分含量均高于新鲜的白萝卜。特别值得关注的是,其中氨基酸不仅种类齐全,而且含量较高,还含有丰富的、人体必需的常量元素和微量元素。用酱姜煲汤有药膳的效果,可治偏头痛、头晕等。长期食用,能祛湿散寒、提神醒目。烹泥鳅、鸭婆、鸡汤时,放入适量酱姜片,既可去除腥味,又可调节汤味,使食物格外鲜甜可口。蜜茄能润肺、止咳血,对治疗肺病、支气管炎有帮助。橙皮具有通气镇咳、润肺化痰、开胃消食、养肝明目的功能,食之不仅满口甜香,还能通中导滞、调理脾胃、帮助消化。

2. 历史价值

和子四珍的历史从侧面反映了当地的经济社会发展情况。和子四珍的制作延续多年,其技艺最初从枧田村传出,后来逐渐传遍整个永新县。和子四珍的制作技巧反映了初创时期劳动人民的智慧和勤劳,它流传迅速,经久不衰。新中国成立后,酱制品的工艺也运用到其他农产品上,整个产品的内涵得到拓展。

3. 经济价值

基于和子四珍的营养价值和历史价值,其具有深厚的经济价值。历史悠久、地域特色明显、酱制技艺独树一帜是它的三大优势。2006年,和子四珍被评为江西省级非遗,对和子四珍价值的肯定为其经济开发潜力增色不少。

永新地处山区,群山环绕。山区环境和独特的红土孕育出优质的生姜。亚热带季风气候使当地一年收两稻,盛产糯米。糯米、姜和蜂蜜是和子四珍酱制原料中的"主力干将"。正因有如此的酱料,才能把茄子、陈皮等农副产品的美味提炼出来并加以封存。和子四珍是独特自然环境下地域性极强的产物,已经深深地融入永新人的生活中。它不仅是当地人的生活必需品,还成为当地饮食文化的一部分,反映了永新人民的质朴、耐心和合理利用资源的智慧。正是这样地域性、文化性极强的非遗,使得合理地保护、发展它成为必要的工作,也使得保护工作必须立足于此,从和子四珍根植的文化生态环境出发,从当地的经济社会出发。

三、和子四珍的经营现状与名号使用问题

考察和子四珍的经营现状,发现名号使用混乱是一个比较突出的问题,这不仅

影响到和子四珍的非遗保护，还妨碍了它的健康发展，而且反映出我国非遗知识产权法制建设中的不足之处。

（一）和子四珍的经营情况

结合调研结果和对原永新食品厂副厂长刘德生、枧田酱制品有限公司销售经理李昔根、家庭作坊从业者等人的采访，笔者发现这样一个有趣的两层分化现象：市场上和子四珍的生产者可分为三类——家庭作坊、批发商、企业或工厂。家庭作坊和批发商属于个体经营，在工商行政部门没有备案，归为第一层。企业和工厂在工商行政部门有注册，列为第二层。从数量和繁荣度上看，家庭作坊最盛，批发商次之，企业或工厂最低，具体的数据在下文会论及。从某种程度上来说，和子四珍的"民间生产"比"官方制造"繁荣度高。

产业化中的相关利益主体有如下几个。

（1）政府。政府不仅在作为非遗的和子四珍的保护中是中坚力量，而且在和子四珍的产业化道路上起着重要的推手作用。和子四珍的保护单位是县非遗中心，主管部门为永新文化广播电视局。《和子四珍项目申报书》上所列举的政府保护行为如下：2005年，开办小型四珍加工厂，投入20万元，研制包装，厂址设在枧田村。县工商局的官方网站上有如下信息："2005年9月22日，工商局立项对和子四珍进行开发，项目单位：永新县果脯开发公司。"该项目对一个县政府来说是很大的。但是，笔者在工商局查找永新县内注册的和子四珍生产企业时，却没有找到这一条记录。据工作人员称，该项目并未实施。可以说，政府在保护和开发和子四珍上有一定作为，但是力度不够。和子四珍具有很大的经济价值，多年来盛而不衰的小型家庭作坊就证明了这一点。

（2）消费者。无论在和子四珍的保护、发展还是在产业化上，消费者都起着十分重要的作用。永新县人民对和子四珍的喜爱是和子四珍流传至今的重要原因，正因如此，它才有经济价值。他们与和子四珍的直接接触从产品开始，良好的产品形象提升了和子四珍的知名度，然而，产品包装的混乱降低了和子四珍的辨识度，质量的良莠不齐会大大损害对和子四珍的内涵认同。

（3）生产者。包括家庭作坊、批发商、企业或工厂。家庭作坊在当地数量庞大，在工商部门也未做登记，凭笔者个人之力无法统计出来。在县城区，有一个专门的市集买卖和子四珍及其他酱制品。虽然是夏季出产，但市集全年都能见到买卖的人，这里的产品主要销售给当地人。批发商的数量也较多，在工商部门无记录，因而统计不出总数。批发商们把产品收集起来，主要将其销往外地。至于企业，笔者在工商部门共查到以下六家：永新县果脯蜜饯总厂、永新县文雅果脯桐油加工厂、永新县烟阁果脯加工厂、永新县里田镇枧田酱制品加工基地、永新县枧田酱制品有限公司、永新县绿宝食品有限公司。其中，果脯蜜饯总厂在2006年已经改制倒闭，里田镇枧田酱制品加工基地2003年注册，2008年注销，更改为永新县枧田酱制品有限公司。

总的来说，政府行政推力的缺失、散乱的生产状况、生产者不注重对和子四珍内在文化内涵的开发等情况，导致和子四珍在产业化道路上步履维艰。

（二）和子四珍名号的使用状况

1. 家庭作坊

为家庭作坊经营规模小且生产产品的销售对象是当地居民，从业人员自然不会在包装上下功夫。许许多多的和子四珍便被装在普通的购物袋内卖给顾客。从集市上销售出去的和子四珍虽然都带着同样的包装，但是产品质量大大不同。同一家商户生产的和子四珍，基于原料的好坏，同一种产品会有质量不同的类别和相应的价格。不同的商户尽管遵循着同样的流程制作和子四珍，但做出的产品外观和味道还是会有所不同。

2. 批发商

绝大部分批发商从农村的家庭作坊中收购和子四珍，聚集后卖给企业或者外地更大的商户。批发商们收购的和子四珍更加正规和精美。以家合山珍海味批发部的和子四珍为例，它的包装是立体小盒，小盒正面的上方印着"家合山珍海味批发部"的字样，中间印着"永新四珍"几个大字，下方印着"酱姜、酱萝卜、橙皮、蜜茄"等小字。背面有一些文字，解释盒内的四珍是和子四珍，并把许和子的传说印上去。其下，则印了原料、生产日期、厂址和联系电话。尽管信息比家庭作坊所采用的包装要全面，整体也更为精致，但是"永新四珍"几个字令人心生疑惑。首先，并没有官方机构申明过何谓永新四珍，在民间也无永新四珍这一说法。其次，虽然在包装背面说明永新四珍便是和子四珍，但既然永新四珍不存在，它又何以等同于和子四珍？最后，笔者发现家合山珍海味批发部还把酱姜、酱萝卜、蜜李、蜜茄放置于一盒内，所用的称号也是"永新四珍"或者"和子四珍"，只是把橙皮换成蜜李。所以，尽管它采用的包装更加正规和精美，但其对和子四珍的混淆程度丝毫不逊色于家庭作坊所采用的包装字样。

3. 注册企业

尽管在生产日期、配料和生产编号等方面，正规企业所做的标示都十分清晰和可靠，但是采用的字样不仅同样混淆了和子四珍这一传统食品的内涵，还互不统一。据笔者统计，此种混乱情况大致分为以下几类：

（1）生造名号。绿宝食品有限公司的宁静食品出售的一款永新四珍，包括橙皮、酱姜、酱萝卜、笋尖。此外，还有永新六宝，包括橙皮、酱姜、酱萝卜、笋尖、蜜李、香菇。事实上，从未有官方或者民间公布的四珍、六宝的说法。

（2）偷换概念。枧田酱制品有限公司既生产只有一珍的和子四珍，也生产四珍俱全的和子四珍。包含所有四珍的产品，其包装又分为两种。但无论是哪一种，都把和子四珍标注为：酱姜、酱萝卜、笋尖、橙皮。笔者拜访枧田酱制品有限公司时，曾就此事询问销售经理。他回答：通过观察多年的销售记录，发现蜜茄的销量并不好，当把笋尖纳入四珍打包销售时，销量最佳。于是，就用笋尖替换了蜜茄。同样的情况还发生在绿宝食品有限公司，用笋尖代替蜜茄，使之成为和子四珍中的一员。

（3）四珍变九珍。枧田酱制品有限公司共生产九种产品，分别是：酱萝卜、酱姜、橙皮、酱胡萝卜、笋尖、盐姜、野生毛栗、蜜茄、蜜李。其中，只有酱萝卜、酱姜、橙皮和蜜茄是和子四珍。但是，在每一款食品的单独包装上，笔者都看到食品名称下标注着和子四珍。如此算来，和子四珍变成了和子九珍。酱胡萝卜和蜜李的制作方法和和子四珍如出一辙，可以算是四珍的衍生食品，但笋尖、盐姜、野生毛栗的制作方法和和子四珍完全不同，却也被印上"和子四珍"的名号。

（4）"陈""橙"混乱，"和""合"不分。在和子四珍的申报材料和中国非遗数据库中，笔者查到的和子四珍中的橙皮采用的是"橙"字。但是，在诸多的产品包装上，却没有统一采用"橙"字。枧田酱制品有限公司所生产的一律印"陈"字，绿宝食品有限公司生产的则用"橙"字。同样，和子四珍有时也被印作合子四珍，不过这种情况笔者只见过一例。既然四珍取名"和子"，那"和子四珍"的叫法毫无问题是正确的。

（5）张冠李戴。笔者在网络上搜到了一家出售和子四珍的网店，但和子四珍变成了"许和子果糕"，店里卖的是南酸枣糕、陈皮糕、脐橙糕和金桔糕。对和子四珍的介绍，则直接把许和子传说中的酱姜、酱萝卜、橙皮、蜜茄替换为南酸枣糕、陈皮糕、脐橙糕和金桔糕。生产该产品的厂家名为永新食品公司，但厂址是在南昌市高兴技术开发区，而这四种糕点的原料皆来自赣州。据笔者所知，这四种糕点实为赣州的特产，与永新并无任何关系。这种胡乱拼凑起来的特产名不副实，它在市场上流通会贬损、扭曲和子四珍的价值。

总之，和子四珍的诸多生产者或因经营规模小而舍弃包装，或包装极其不正规，缺乏应有的信息，或包装正规、信息齐全，在和子四珍的名号使用上却混乱不堪。

（三）和子四珍名号使用混乱的原因

1. 非遗的地域性、文化性使然

非遗都是在一定的地域产生的，与该环境息息相关。该地域独特的自然生态环境、文化传统、宗教、信仰，生产、生活水平，以及日常生活习惯、习俗从各个方面决定了其特点和传承。非遗典型地代表了该地域的特色，是该地域的产物；离开了该地域，非遗便失去了其赖以生存的土壤和条件，也就谈不上保护、传承和发展了。

对和子四珍这一传统手工艺类非遗来说，它在当地的民众生活中渗透力十足，是其饮食文化的一部分。因其深深根植于当地人的生活中，反倒使得文化保护部门、当地民众和企业厂家无法清醒地认识到它与其他地区酱制农产品的区别和特色所在，没有从文化遗产保护的角度、经营竞争的角度来反思和子四珍的名号使用问题。

2. 各利益主体的不作为

生产者和消费者对和子四珍的保护意识不强。当地民众缺乏对和子四珍的保护意识，家庭作坊和批发商们受小农思想影响，未曾考虑将和子四珍做到一定规模，也不懂商标对产品的保护作用。对于他们来说，直接的商品买卖简单实在，他们是不会主动维护代表当地酱制技艺的和子四珍的名誉及内涵的。成规模的企业在注册了本企业的商标后，却忽视了和子四珍这一具有地域因素和文化因素的标志对产品的重要意义。注册商标的费用相对较高，因为注册商标要委托专业的商标代理组织，而且每次续展都要花费不少费用。此外，政府监管和推动力度较弱。笔者在之后的走访中发现，在当地工商局查到的生产和子四珍的企业名录中，有两家其实已经关闭了，但它们却没有及时在工商局注销。

3. 相应法规的不完善

首先是非遗法律法规的不完善。一方面，我们认为我国在非遗保护法制建设方面不足；另一方面，我们也必须承认，毕竟我国非遗保护起步较晚，而且在这方面已经做出了应有的努力，取得了一定的效果。2011年6月《非物质文化遗产法》的诞生具有里程碑式的意义，相较于之前的各类通知、意见、暂行办法等文件，它第一次将非遗保护上升到行政法的高度。美中不足的是，《非物质文化遗产法》的相关实施条例尚未出台，该法仅提出了非遗保护的原则和根本标准，对"误解、歪曲和滥用"的定义十分不明晰，比如"安顺地戏"一案中，法院最终判了原告败诉。

其次，涉及非遗保护和发展的其他法律法规也没有依据具体情况增加适用于非遗保护的条款，特别是涉及知识产权的《中华人民共和国著作权法》《中华人民共和国专利法》《商标法》等。

最后，确切牵涉到本文所探讨之案例——和子四珍的名号使用问题的法律规定，包括《商标法》《商标法实施条例》《地理标志产品保护规定》《关于加强农产品地理标志保护与商标注册工作的通知》《国家知识产权战略纲要》等，它们几乎没有关于手工艺类非遗产品的保护和注册的条款。在可以依据的法律法规不完善的情况下，法律知识的普及很难进行，非遗注册地理标志的帮扶政策也难以落实。

（四）名号使用混乱带来的消极影响

1. 名号之于农产品

国家工商行政管理总局和农业部2004年联合发布的《关于加强农产品地理标志保护与商标注册工作的通知》提出：通过注册农产品商标和地理标志，实施品牌化管理战略，有利于培育地方主导产业，形成地域品牌，不仅可以提高农民进入市场的组织化程度和农业综合效益，而且可以提高农产品的附加值，从而有效增加农民的收入，促进农村经济的发展。此外，2008年6月5日，国务院印发了《国家知识产权战略纲要》，其专项任务第二十三条提出：充分发挥商标在农业产业化中的作用。积极推动市场主体注册和使用商标，促进农产品质量提高，保证食品安全，提高农产品附加值，增强市场竞争力。

2. 商标保护之于非遗保护的可行性和益处

从经济利益出发，注册商标可满足非遗的传承人或传承集体的经济利益诉求，有利于促进非遗的开发和经济利益的实现。将非遗的某些人文因素商标化，使得非遗的开发、保护及利用融为一体，有利于非遗的弘扬与传承。

商标保护对保护对象的期限可以无限期延长，只要定时在过期前进行续展便可。因此，从操作层面上看，非遗的保护期限问题可以得到合理的解决。至于非遗的权利主体的集体性和不完全确定性，根据《商标法》，可以注册集体商标和证明商标，也就是允许商标申请人以集体的形式申请，对其的管理也是集中管理。

总之，名号混乱造成良莠不齐的产品充斥着市场，一方面造成对和子四珍内涵的误解，认为技艺含量不高，另一方面不利于和子四珍的产业化发展。

四、和子四珍的保护途径——地理标志保护

（一）地理标志

《商标法》第一章第十六条规定："所称地理标志，是指标示某商品来源于某地区，该商品的特定质量、信誉或者其他特征，主要由该地区的自然因素或者人文因素所决定的标志。"《商标法实施条例》第一章第四条规定："商标法第十六条规定的地理标志，可以依照商标法和本条例的规定，作为证明商标或者集体商标申请注册。以地理标志作为证明商标注册的，其商品符合使用该地理标志条件的自然人、法人或者其他组织可以要求使用该证明商标，控制该证明商标的组织应当允许。以地理标志作为集体商标注册的，其商品符合使用该地理标志条件的自然人、

法人或者其他组织，可以要求参加以该地理标志作为集体商标注册的团体、协会或者其他组织，该团体、协会或者其他组织应当依据其章程接纳为会员；不要求参加以该地理标志作为集体商标注册的团体、协会或者其他组织的，也可以正当使用该地理标志，该团体、协会或者其他组织无权禁止。"

（二）理论上地理标志和非遗的内在契合①

从理论上考量，可具化为以下五点：

（1）保护期限。非遗历史悠久，其继续发展的时间期限无法人为规定，对它们的保护应该也是无时间限制的。《商标法》虽然限定了商标权人对其注册商标所拥有的权利的期限，但是续展没有时间限制。

（2）传承主体和地理标志权主体的契合。虽然很多的非遗有限定数额的传承人，但更多的是集体传承。这样的群体性和地理标志的集体性一致。地理标志由该地区的自然因素或者人文因素决定，根据《商标法实施条例》，地理标志可作为证明商标或者集体商标申请注册。

（3）地理标志的文化因素和非遗的文化内涵相通。地理标志的价值是自然因素如气候、水土等和当地劳动者在自然因素上通过生产实践累积的知识和技术创新的结合。因此，地理标志具有财产和精神双重属性。

（4）地理标志和非遗共通的历史传承因素。地理标志是在长期的历史过程中逐渐形成的。由自然的、人文的以及两者兼而有之的因素构成的特定地域的地理环境，造就了产品的独特性。地理标志价值的形成是历史积淀的产物。而非遗，也是当地民众在长期的生产生活中积累创造的经验、技术等的总称。

（5）地域性。地理标志具有地缘性，其功能之一就是标示产品的来源地。非遗也具有地域性特点，是特定地理环境的人文历史结晶。

（三）实际上非遗注册地理标志的优越性

和商标的体制相比，地理标志的各项特质使它和非遗保护的特殊需要非常契合。因此，注册地理标志对农产品、手工艺品等衍生产品的保护很实用。国际立法实践中已经出现诸多实际案例，地理标志保护的模式在制度层面已经基本形成了。国际上先后制定了《制止虚假或欺骗性货源标志马德里协定》和《保护原产地名称及其国际注册里斯本协定》。

一些国家已经通过注册地理标志保护非遗。比如，越南通过注册地理标志，管理行业协会，与行业协会合作，成功保护了越南带有浓厚地域特色的饮用品、调味

---

① 李墨丝：《非物质文化遗产保护法制研究》，华东政法大学博士学位论文，2009年；严永和：《民间文学艺术的知识产权保护论》，法律出版社2009年版。

品等传统农产品。美国新墨西哥州的立法机关颁布《印第安艺术和手工艺保护法》，确保当地印第安部落生产的陶器和珠宝是真正的印第安手工艺品。据悉，印第安部落的手工艺品商业销售一年可获利八亿多美元。

截至2010年年底，我国已经注册的地理标志共有903项，其中以农产品居多，不乏美国、意大利等国产品在我国注册为地理标志。下面以永川豆豉为例，分析注册地理标志保护如何对手工技艺产生积极、有效的影响。重庆永川豆豉有着360多年的历史，豆豉传统酿造技艺属于国家级非遗。20世纪90年代以来，永川酱园厂一直是豆豉行业的老牌领头国企，市场化改革落后，失去市场机遇。使得之后的永川豆豉只作为原料和当地特产来维持局面，企业规模小，且以半成品为主，作坊式的企业零散且自动化水平低，上不了档次。2010年，永川区迈出了改变这一前景堪忧的局面的一步：开发永川豆豉品牌，注册地理标志证明商标。永川区政府组织永川豆豉食品有限公司与永川嘉泰实业有限公司、永川佳美调味品有限公司、永川荣美食品厂、永川君意食品厂、永川福六酿造厂等永川区域内具有一定豆豉生产规模的厂家，成立永川豆豉行业协会，集中协会的优势，发掘和发扬永川豆豉文化。区政府组织相关单位和企业专题研究申报永川豆豉证明商标有关问题，明确了永川豆豉由重庆市永川区豆豉协会进行申报。如此一来，统一的宣传力度和宣传资料，使得永川豆豉的知名度大大提高，现有的豆豉生产企业生产质量标准也得以整合，使得豆豉产业健康、有序地发展。通过注册地理标志保护传统技艺的例子还有很多，如云南白药、贵州茅台、重庆涪陵榨菜等。

五、注册地理标志保护传统名号

根据国内外对以传统技艺类非遗的保护制度探索和实践探索，针对和子四珍名号使用混乱的情况，笔者建议注册地理标志以保护其技艺和文化内涵。

（一）成立行业协会

几乎所有的地理标志都是由行业协会集体申请的，商标权也由该集体共同拥有。和子四珍的名号在永新流传已久，懂得制作的集体和个人众多，经营的人也不少。如能把相关利益群体调动起来，组成永新和子四珍行业协会，一方面，协会的成立将激起永新县人民对和子四珍的保护意识，从而保证和子四珍制作技艺薪火相传；另一方面，行业协会对从制作和保护和子四珍中受益的个人或集体有约束作用，规范和子四珍的制作流程，实现名号使用统一化，防止其他地区的商家冒用和子四珍的名号。

成立的行业协会必须符合以下三点要求：（1）由政府牵头的非官方组织。政府组织起各方力量，如中小企业法人代表、家庭作坊主、传承人、官方代表如县非遗保护中心。(2) 有严格的协会运营制度和独立监管小组。无规矩不成方圆，独立监管小组可由资深的民间和子四珍技艺掌握人组成，不仅对和子四珍的制作原料和流程把关，也在监管协会合法使用商标上发挥作用。(3) 恪守保护和子四珍技艺的标准。除了对商标的集体拥有和使用，协会应充分发挥其协同作用。在商标权中所获经济利益用于维持协会正常运转的同时，也应积极应用于和子四珍的保护和技艺开发中，如民众教育活动、技艺比赛、品四珍等。

对于所注册的商标名，笔者认为应是永新和子四珍。前文已经谈到，地理标志商标中必然需要地理名，所以"永新"作为和子四珍的发起地理应加入地理标志商标内。"四珍"其实和唐朝歌妃许和子并没有关系，但是"和子四珍"这一名称已经沿用许久，得到了民众的认可，所以笔者建议保留"和子"二字。

(二) 注册地理标志

商标注册的要求和程序在《商标法》和《商标法实施条例》中已有说明，其规定申请注册的商标应具有显著性，也就是说，商标文字、图形或者图文组合表现形式应与其他已注册的商标鲜明地区别开来。至于申请方式，可以委托商标代理机构，也可以由个人直接到国家工商行政管理总局商标局办理商标注册。

地理标志与其他商标相比，有一定的特殊性，我国 2004 年 12 月由国家工商行政管理总局和农业部联合发布的《关于加强农产品地理标志保护与商标注册工作的通知》对地理标志的注册有更为详细的规定：

申请人应当是团体、协会或者其他组织。

申请人应当附送主体资格证明文件，以表明其具有检测该商标所包含的特定产品质量的能力。申请人应在文件中彻底阐述明白其本身所设立的或者是委托的检验机构，专业检验人员、检验设备是否合格。

申请书件中还应当说明的是：该地理标志所标示的商品的特定质量、信誉或者其他特征。

文件中标明适用的地域范围也是必需的，一般来说，应与行政区域相合，但不排除与其他地域联合拥有。

(三) 权利内容的确定

非遗权利人在《商标法》上的权利包括消极权利和积极权利。消极权利主要是"消极被动"地维护自身权利。在先权利作为消极权利之一，非遗权利人可以防止他人为一己私利再次将此申请为商标，或者采用形似的其他标志、文字符号注册。如果他人已经抢先注册和本商标重复或者在经济利益、精神利益上有冲突的商标，非遗权利人也可以向法院申诉，一经核实，可以撤销。如果有他人或者组织不具备使用该地理标志的权利，却冒用该地理标志，比如在和子四珍的案例中，赣州市某民营企业冒用和子四珍名号生产脐橙糕等完全不相干的产品，则商标持有人或团体可以予以制止，并要求经济赔偿。

积极权利则是实现商标持有人或组织的物质利益和精神利益最主要、最有力的方式。首先是商标的使用权。这里分证明商标和集体商标两种。证明商标的注册组织本身不可以使用该商标，只能在法律规定的范围内对该商标进行管理和对商品的生产质量标准进行监督。当然他可以授权质量、声誉标准符合条件的组织或个人在商业活动时使用该地理标志。集体商标注册组织的全体成员均可以使用该商标，只要使用人遵守商标使用管理规章即可。其次是标识权。在核定何种个体经营者和企业经营组织可以使用该商标之后，商标持有组织有权要求企业在生产商品时，必须印上此商标。在进行其他非直接交易的商业活动时也是如此。不过需要指出的是，在标识时，非遗证明商标和集体商标不能单独使用，各企业还需要标注自己企业单独的注册商标，以示区别。

（四）永新和子四珍注册地理标志的积极影响

1. 永新和子四珍地理标志是一项特殊的集体权利

和子四珍是基于永新独具特色的自然人文环境的历代酱制业劳动者的智慧结晶。作为一项传统手工艺制品，和子四珍兼具文化和历史意义。更重要的是，和子四珍属于集体文化和地域记忆，因此，它的地理标志属于集体所有。永新县内所有的生产厂家、工作坊或者个体经营者，只要生产的和子四珍符合当地真实、完整、一贯的制作传统，都可以申请使用该地理标志。另外，这项权利对该集体来说，是永久的和不可转让的。这样既保证了持有和子四珍商标的永新县的精神权利，也保证了其物质利益得到保护。

2. 特定品质的证明书蕴含了无形的商业价值

永新地区独特而丰富的农产品资源、传统的酱制工艺和技术，以及浓厚、独特的酱制文化底蕴等自然和人文因素决定了和子四珍的特定品质。和子四珍申请地理标志产品保护，在商品经济条件下具有十分重要的商业价值。若和子四珍的地理标志受到国家的专门保护，将有利于挖掘、保护其特色，提高其质量水平，进而可以提高酱制产品的知名度、质量信誉和无形资产价值，使当地消费者甚至外地购买者可以买到货真价实的有质量保证的真品。永新当地的和子四珍经济力量一直比较弱小，借此机会，可以将数股弱小的力量联合起来，综合形成地域品牌效应，带动区域经济发展，同时，也可增加当地参与和子四珍制作的就业机会，为地方经济和社会发展做贡献。

3. 有利于实现和子四珍的可持续发展

自 20 世纪 80 年代以来，和子四珍的制作技艺就基本没有改变，世代延续着相同的制作流程，只是将技艺拓宽到其他农产品上。食用方法单一，没能开拓多元的用途。前文谈到有些湖南等江西周边省市会购入和子四珍，再将其加工为火锅调料，虽然现在这只是少数商人的经营行为，却让我们看到了加大开发和子四珍力度的曙光。永新和子四珍注册为地理标志后，集合政府、企业、个人的力量，关注其技艺的改进、用途的拓展，相信和子四珍会走上多元化的可持续发展道路。

六、结语

经过将近一个月的深入调研，本文在摸清和子四珍概况、产业情况，特别是名号使用状况的基础上，提出注册地理商标的建议，以期对永新县和子四珍制作技艺的保护和发展有所裨益。但是，随着对和子四珍的深入了解，笔者发现仅靠注册地理标志来对和子四珍进行全面保护是不够的。注册地理标志根本上是利益的调整，作为知识产权的一种，协调经济利益是其题中应有之义。保护和子四珍作为非遗的文化记忆特质，恐怕需要更多其他法律形式或者法律外的保护措施。笔者认为，依托管理地理标志而建立起来的行业协会，可以担负起更多的保护义务。比如，把个人或者企业缴纳的商标使用费用综合起来，运用于宣传、推广和子四珍的公众活动中。又比如，举办和子四珍历史展览、技艺培训班，设立和子四珍传承人及学徒专项基金，奖励对和子四珍的保护、传承有重大贡献的人。除此之外，政府对行业协会和公众活动的支持也是促进和子四珍保护工作顺利完成的基础。当地政府可以一方面从官方角度肯定和扶持和子四珍的保护活动，另一方面从地方性法规上认可和子四珍的商标保护、品牌建立和对外销售工作。相信在政府、民众、行业协会这三重力量的作用下，和子四珍的保护、传承之路会越走越平坦。